Aspectos de la sintaxis de los verbos psicológicos en español

Studien zur romanischen Sprachwissenschaft und interkulturellen Kommunikation

Herausgegeben von Gerd Wotjak

Band 14

PETER LANG
Frankfurt am Main · Berlin · Bern · Bruxelles · New York · Oxford · Wien

Henk Vanhoe

Aspectos de la sintaxis de los verbos psicológicos en español

Un análisis léxico funcional

PETER LANG
Europäischer Verlag der Wissenschaften

Bibliografische Information Der Deutschen Bibliothek
Die Deutsche Bibliothek verzeichnet diese Publikation in der Deutschen Nationalbibliografie; detaillierte bibliografische Daten sind im Internet über <http://dnb.ddb.de> abrufbar.

Uitgegeven met steun van de Universitaire Stichting van België.

Publicado con el apoyo de la Fundación Universitaria de Bélgica.

Gedruckt auf alterungsbeständigem, säurefreiem Papier.

ISSN 1436-1914
ISBN 3-631-52831-0

Printed in Germany 1 2 3 4 5 7

www.peterlang.de

Índice general

Índice de figuras

Índice de cuadros

Introducción

En español, como en varias otras lenguas indoeuropeas, se distinguen generalmente tres tipos de verbos "psicológicos", los que se construyen sintácticamente como el verbo *temer* en (1), como *preocupar* en (2), y como *gustar* en (3):

(1) Juan teme el fuego.

(2) Su conducta preocupa a Juan.

(3) El teatro le gusta a Juan.

A pesar de las diferencias sintácticas que se pueden discernir entre estas oraciones, los tres predicados ejemplificados en ellas dan muestras de una equivalencia *temática*: en los tres ejemplos se observa un "experimentante" que reacciona emocionalmente a un "tema". El tema se realiza como el sujeto en (2) y (3) y como el objeto directo en (1), mientras que el experimentante se realiza como el sujeto en (1) y como el objeto directo e indirecto en (2) y (3) respectivamente. Así, uno de los enigmas que conciernen al análisis de estos verbos puede formularse de la manera siguiente: ¿cómo podemos explicar que relaciones temáticas aparentemente equivalentes pueden realizarse con tres construcciones sintácticamente distintas?

El estudio lingüístico de estos verbos está íntimamente relacionado con la génesis y la evolución de la Gramática Generativa Transformacional. Así, Chomsky (1965: 162) menciona ya los distintos tipos de verbos psicológicos, pero sólo como ejemplos de equivalencias semánticas que *no* pueden captarse directamente con una gramática transformacional. Después de este libro, que constituye un momento crítico en la historia reciente de la lingüística, numerosos autores han abordado este tema, en un esfuerzo paralelo para integrarlo en las distintas versiones de la gramática generativa entonces en boga, y para captar mejor la esencia de este tipo de verbos, sobre todo desde un punto de vista sintáctico. Aunque se han escrito textos importantes sobre los verbos psicológicos franceses (Ruwet 1972) e italianos (Belletti & Rizzi 1987), los verbos psicológicos españoles no han merecido más atención que algunas referencias puntuales en varios libros y artículos, escritos además desde puntos de vista teóricos a veces bastante dispares. Aunque hay muchas similitudes entre los verbos psicológicos españoles e italianos, sería precipitado aplicar, sin más reflexión, el análisis de éstos a aquéllos. En realidad, el castellano incluye varios fenómenos sintácticos, no compartidos con otras lenguas romances, que a la vez complican y permiten ver más claro el análisis de estos verbos.

Una de las primeras soluciones para el problema evocado en el primer párrafo toma la equivalencia temática como punto de partida del análisis: podemos explicar de una manera elegante esta equivalencia entre los tres tipos de verbos psicológicos, si postulamos una estructura profunda similar para todos ellos (Postal 1971, Belletti & Rizzi 1987). Generalmente se considera el tipo de *temer* como la clase básica de los verbos psicológicos: son verbos transitivos regulares que no han sufrido ningún tipo de transformación. Los verbos del tipo de *preocupar*, en cambio, tendrían una estructura profunda distinta de su estructura superficial, y habría una relación transformacional entre ambas. Con esta hipótesis se consigue captar la equivalencia temática, ya que la estructura profunda de los verbos del tipo de *preocupar* sería equivalente a la estructura superficial (y profunda) de los verbos del tipo de *temer*. Esta manera de ver las cosas no sólo permite explicar la equivalencia temática sino también varias particularidades sintácticas de que dan muestras los verbos del tipo de *preocupar*: Postal (1971) señalaba ya que los verbos ingleses equivalentes a los verbos castellanos como *preocupar*, se comportan desde varios puntos de vista como predicados en una oración pasiva, es decir como predicados que han sufrido una transformación.

Paralelamente, y más o menos independientemente del estudio de los verbos psicológicos del tipo de *preocupar* en la gramática generativa chomskiana, el estudio de los predicados más típicamente romances como *gustar* ha desempeñado un papel muy importante en la génesis y el desarrollo de la Gramática Relacional (Perlmutter 1984, Legendre 1989). Ahora bien, el análisis de los verbos del tipo de *gustar* en esta teoría se parece mucho al análisis de los verbos como *preocupar* en la Gramática Generativa Transformacional: los niveles subyacentes de los verbos como *gustar* tienen también afinidad con la configuración sintáctica de los verbos del tipo de *temer*. Belletti & Rizzi (1987) proporcionan en realidad un intento de hacer confluir ambos planteamientos en un análisis conjunto en el marco de la teoría del Régimen y Ligamiento: en esta propuesta, en efecto, los verbos como *preocupar* y como *gustar* se analizan de una manera muy similar.

Sin embargo, otros autores, sobre todo Ruwet (1972) y, siguiendo sus huellas, Bouchard (1995b) muestran que las características sintácticas propias de los verbos del tipo de *preocupar*, son mucho menos sistemáticas de lo que podría parecer a primera vista. Así, Bouchard muestra que por lo menos en inglés, todas las particularidades de los verbos como *preocupar* pueden explicarse también con un análisis semántico detallado.

En efecto, un análisis detenido del contenido semántico de los verbos psicológicos mostrará que hay una diferencia sistemática entre los verbos de las "clases" de *temer* y de *gustar* por una parte, y los verbos de la "clase" de *preocupar*, por otra. Nuestro análisis de los datos castellanos mostrará que si los verbos de las clases de *temer* y de *gustar* pueden caracterizarse mejor, desde el punto de vista de su aspecto léxico, como estados, los verbos de la clase de *preocupar* se acercan más, aspectualmente, a los "logros" ("achievements" en la terminología de Vendler 1967). Por otra parte, desde un punto de vista aspectual y más generalmente semántico, los verbos de las clases de *temer* y de *gustar* parecen esencialmente equivalentes. Con todo, estos dos tipos de verbos sí presentan un comportamiento *sintácticamente* diferenciado: los verbos como *temer* se comportan como verbos transitivos regulares, mientras que los verbos de la clase de *gustar* dan lugar a características inacusativas.

Por tanto, el enigma original puede descomponerse en dos nuevas preguntas, complementarias:

1. ¿cómo podemos explicar que los verbos semánticamente equivalentes de las clases de *temer* y de *gustar* dan lugar a configuraciones sintácticas distintas?

2. si consideramos que los verbos de la clase de *temer* siguen el esquema de correspondencia temáticamente no marcada, en el cual un experimentante se realiza como un sujeto y el tema como un objeto directo ¿cómo podemos hacer derivar las configuraciones sintácticas "invertidas" de los verbos del tipo de *preocupar* de sus características semánticas?

En este trabajo estudiaremos los verbos psicológicos españoles desde un punto de vista sincrónico, pero creemos que varios resultados aquí obtenidos pueden tener consecuencias importantes para el estudio de este tipo de verbos en otras lenguas; para un enfoque específicamente tipológico de estos verbos, remitimos a nuestros lectores a Bossong (1998) y Lazard (1994). Trataremos de elaborar aquí un análisis sincrónico unificado de los datos españoles, basándonos en una versión lexicalista de la teoría generativa, la Gramática Léxica Funcional, y más particularmente en el "módulo" que rige la correspondencia entre los papeles temáticos desempeñados por los argumentos de un predicado y sus funciones gramaticales (la "Lexical Mapping Theory"). Nuestro análisis se concentrará primordialmente en los verbos psicológicos de la clase de *preocupar* (es decir en la segunda pregunta formulada más arriba), mientras que seguiremos la propuesta generalmente aceptada de que los verbos de la clase de *gustar* son verbos inacusativos; sin embargo, veremos que en la Gramática Léxica Funcional, se analiza la inacusatividad de una manera distinta en comparación con las teorías generativas transformacionales. Ya que la diferencia entre *preocupar* y otros tipos de verbos parece fundamentalmente semántica (aspectual), propondremos reformular la teoría temática de Dowty (1991), de tal modo que podamos dar cuenta directamente de las diferencias aspectuales; así, haremos depender la proyección de los papeles temáticos en las funciones gramaticales de la caracterización aspectual del evento denotado por un verbo. Para explicar las diferencias *sintácticas* entre *temer* y *gustar*, en cambio, modificaremos la teoría de la correspondencia misma, e introduciremos una regla opcional que opera directamente sobre la estructura temática de los verbos del tipo de *gustar*.

Pasemos ahora revista a la organización concreta de este estudio. En el capítulo 1 explicitamos el modelo teórico que tomamos como base de nuestro análisis, la teoría de la Gramática Léxica Funcional, y señalamos algunas de sus ventajas con respecto a otras teorías lingüísticas. Este capítulo ayudará al lector a mejor entender el razonamiento del resto de este estudio. Nos limitamos en él a lo que es realmente necesario para poder seguir la argumentación en los capítulos siguientes, y remitiremos al lector a otros textos para más detalles técnicos a propósito de este modelo formal. En el capítulo siguiente resumimos brevemente los estudios que ya se han dedicado a los verbos psicológicos desde varias perspectivas teóricas.

En el capítulo 3 afinamos la tipología tripartita clásica, y mostramos que existen otras construcciones que incluyen predicados con sentido psicológico, aunque en líneas generales, la tipología tradicional seguirá válida. También examinamos en este capítulo las particularidades tanto sintácticas como semánticas de los distintos tipos de verbos psicológicos. Después, en el capítulo 4 mostramos que esta tipología puede precisarse más con ayuda de tests semánticos que determinan la clasificación aspectual de los predicados verbales. Además, mostramos que esta clasificación aspectual tiene repercusiones importantes a la hora de analizar las características propias de los verbos psicológicos.

El capítulo 5, por fin, introduce el "núcleo" de nuestro análisis: la manera como podemos elucidar la correspondencia entre los papeles temáticos desempeñados por los argumentos de los predicados psicológicos y las funciones gramaticales que se les asigna en la estructura propiamente sintáctica. Este capítulo es en parte un intento de conciliar varios hilos a primera vista bastante dispares: la Teoría de la Correspondencia Léxica tal como se ha elaborado en el marco de la Gramática Léxica Funcional, la teoría temática de Dowty (1991), el análisis aspectual de los verbos psicológicos y las hipótesis de Alsina (1996) con respecto al análisis del objeto directo e indirecto romance. En el capítulo 6, aplicamos esta teoría a una construcción característica (aunque no exclusiva) de los verbos de la clase de *preocupar*: las construcciones medias pronominales y participiales. Este capítulo proporciona al mismo tiempo una ocasión para averiguar la validez de nuestra teoría de la correspondencia léxica elaborada en el capítulo que le precede.

En el último capítulo finalmente, analizamos una de las características más llamativas de los verbos de las clases de *preocupar* y de *gustar*: el ligamiento desde el objeto (in)directo. Este fenómeno puede considerarse como una verdadera piedra de toque para el análisis de los verbos psicológicos. Mostraremos, en la línea de Bouchard (1995b), que estos efectos pueden explicarse mejor con un análisis semántico-discursivo que con un análisis estrictamente sintáctico. La arquitectura formal propia de la Gramática Léxica Funcional nos dejará entrever al final de este capítulo una manera de resolver una aparente contradicción que rige el ligamiento desde el objeto directo en español.

Al final de este estudio esperamos poder alcanzar, por lo menos parcialmente, el ideal de la adecuación explicativa, generalmente perseguido en los estudios generativos, en el sentido en que esperamos poder mostrar cómo se pueden deducir, de un número relativamente restringido de reglas generales, varios fenómenos aparentemente sin conexión. De este modo, nos situamos explícitamente en las hipótesis generativas de que, en un nivel esencial del análisis, alcanzamos la adecuación explicativa si podemos explicar cómo los seres humanos aprenden su lengua materna y de que una reducción del número de reglas gramaticales sólo puede facilitar el aprendizaje. Por otra parte, en este estudio no tratamos de explicar de dónde procede últimamente la gran variabilidad de la expresión lingüística de los procesos psicológicos en la mayoría de las lenguas humanas. Adoptaremos como punto de partida, y sin elaborarla mucho, la idea cognitivista, expresada por ejemplo por Bossong (1998: 259) o por Lazard (1994: 148), de que la realización sintáctica de los verbos psicológicos es inestable tanto tipológicamente como dentro de una misma lengua, esencialmente porque expresan estados o procesos que no pueden asociarse fácilmente con los procesos normalmente expresados por los verbos transitivos "normales", ya que no diferencian claramente un agente y un paciente (cfr. también, por ejemplo, las ideas de Hopper & Thompson 1980 al respecto). En el capítulo 5, trataremos de dar una expresión formalmente justificada a esta idea intuitivamente adecuada, y mostraremos cómo otros fenómenos relacionados con estos verbos pueden deducirse de esta formulación.

En lo que sigue abreviaremos los distintos tipos de verbos psicológicos de la manera siguiente:

1. la clase de {TEMER} incluye el verbo *temer* mismo así como *odiar*, *amar*, *adorar*, etc. y corresponde con los verbos italianos del tipo de *temere*

2. la clase de {PREOCUPAR} incluye el verbo *preocupar* así como *asustar*, *fascinar*, etc., y corresponde con los verbos italianos del tipo de *preoccupare*

3. la clase de {AGRADAR}, finalmente, incluye los verbos *agradar*, *gustar*, *apetecer*, etc. y corresponde con los verbos italianos del tipo de *piacere*

El corpus, utilizado sobre todo en los capítulos 3 y 6, incluye ejemplos de distinta procedencia. Su núcleo está constituido por dos novelas españolas y algunos cuentos hispanoamericanos (BC1-BC3, BE1-BE4, CA y PR): de estos textos hemos sacado todas las oraciones que incluyen verbos psicológicos (dando un total de 1370 ejemplos). En varios lugares hemos completado esta colección básica con parte del corpus de ejemplos del profesor Roegiest (los textos abreviados por FIL, HC, RL y TCR), con los ejemplos (inventados) propuestos por el diccionario *Salamanca*, con los ejemplos (documentados) propuestos por el *Diccionario del Español Actual* (DEA) y el *Diccionario de Construcción y Régimen de la Lengua Castellana* (DCR), y por algunos corpus generales ya constituidos y de acceso libre

(COR y CREA). Se encontrará una lista completa de los textos y corpus utilizados y de sus abreviaciones en el apéndice D.1. En el apéndice A, proporcionamos una lista de las reglas, principios, entradas léxicas, etc. que utilizaremos a lo largo de este estudio. En el apéndice C.1 se encontrarán las referencias exactas de algunas obras lexicográficas y gramaticales citadas frecuentemente en el texto por medio de abreviaciones.

Ya que utilizamos en este estudio una teoría aplicada hasta ahora pocas veces a la lingüística española, no hemos podido evitar utilizar términos poco usuales en español. Siempre indicaremos su procedencia en el primer lugar en que aparecen o en el lugar en que los definimos por primera vez. En los pocos casos en que construimos un neologismo a partir de un original inglés, también lo indicaremos en su primera aparición. Por fin, en el apéndice C.2, el lector encontrará una lista de las abreviaciones técnicas utilizadas en este estudio.

* * *

Este libro, una revisión de mi tesis doctoral, no hubiera sido posible sin el apoyo y la ayuda del profesor Roegiest. Ha sido él quien me ha motivado en primer lugar para realizar este estudio y lo ha guiado con su natural e incansable entusiasmo. Quiero expresarle aquí mi gratitud. Les agradezco asimismo a los miembros del tribunal de lectura de mi tesis doctoral, Georg Bossong, Marleen Van Peteghem y Dominique Willems, su lectura atenta de mi texto, y sus comentarios valiosos y siempre acertados. Gracias también al comité organizador de la 2002 International LFG Conference de Atenas, que me ha dado la posibilidad de presentar mis resultados ante un público de especialistas reconocidos en el dominio de la lingüística generativa actual. Le agradezco al lector de la fundación universitaria de Bélgica varias sugerencias que me han ayudado a mejorar la legibilidad de mi texto.

También quiero expresar aquí mi gratitud hacia los colegas del departamento de lingüística románica: han aceptado generosamente mis largas ausencias durante los últimos meses en los que he finalizado la redacción de este texto. Quiero mencionar especialmente a Anne-Marie Spanoghe: ha sido una de las primeras personas en orientarme hacia la investigación científica, y ha leído y comentado gran parte de este trabajo.

Gracias sobre todo a ti, Rebecca: no sólo has tenido el ánimo para llevar a cabo la ardua lectura de este texto, sino que has soportado con mucha paciencia mi falta de disponibilidad durante los largos meses de su redacción.

Capítulo 1

Marco teórico

1.1. La Gramática Léxica Funcional: la teoría estándar

En este trabajo, tomaremos como punto de partida para la formalización de las descripciones y explicaciones, la teoría de la Gramática Léxica Funcional (GLF), por primera vez expuesta en detalle en Bresnan (1982a).[1] En este capítulo trataremos de sintetizar la teoría, prestando especial atención a la manera como se pueden formalizar fenómenos gramaticales típicos del español dentro de este modelo teórico. Para introducir en este capítulo la teoría estándar, seguiremos de bastante cerca a Bresnan (2001), que ofrece una descripción actualizada de la teoría y de algunos de sus desarrollos recientes.

Bresnan (2001: vii) caracteriza la GLF de la manera siguiente:

> [Lexical-Functional Grammar] is a theory of grammar which has a powerful, flexible, and mathematically well-defined grammar formalism designed for typologically diverse languages.

En primer lugar, la GLF es una teoría generativa, o, más precisamente, una teoría de gramáticas generativas. Al contrario de la teoría del Régimen y Ligamiento (como está expuesta por ejemplo en Chomsky 1981), no utiliza derivaciones: no se distinguen en la teoría estructuras profundas y superficiales relacionadas entre sí por transformaciones u otros procesos derivacionales. En su lugar se distinguen en la GLF dos estructuras *paralelas* (una "estructura-c" y una "estructura-f") que expresan, simultáneamente, dos tipos de información distintos a propósito de una misma oración. Como veremos de inmediato, de este modo la GLF puede describir de una manera más natural de lo que sería posible en la teoría del Régimen y Ligamiento, ciertas lenguas tipológicamente muy distintas de las lenguas indoeuropeas. Primero trataremos de caracterizar breve e informalmente la índole formal de la GLF, con un ejemplo sacado de Bresnan (2001), para después detenernos más detalladamente en algunos aspectos de la teoría que tienen particular relevancia para el estudio del castellano.

Una de las razones de existir de la GLF son las lenguas llamadas "no configuracionales". Estas lenguas se caracterizan por un orden de palabras muy libre: palabras que, desde un punto de vista semántico, forman un conjunto, no se encuentran necesariamente juntas en la oración. Algunos ejemplos muy conocidos de este tipo de lenguas se encuentran en el continente australiano. Comparemos la estructura arborescente de un ejemplo en una lengua australiana, el warlpiri, en la figura 1.1 (sacada de Bresnan 2001: 6) con una posible representación de la estructura arborescente de una oración equivalente en castellano (figura 1.2). Señalamos

1 Pero elaborada en colaboración con Ronald Kaplan en artículos como Kaplan & Bresnan (1982).

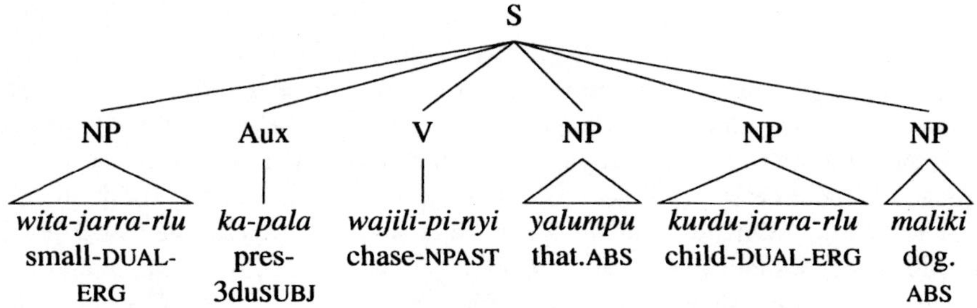

Figura 1.1: 'The two small children are chasing that dog'

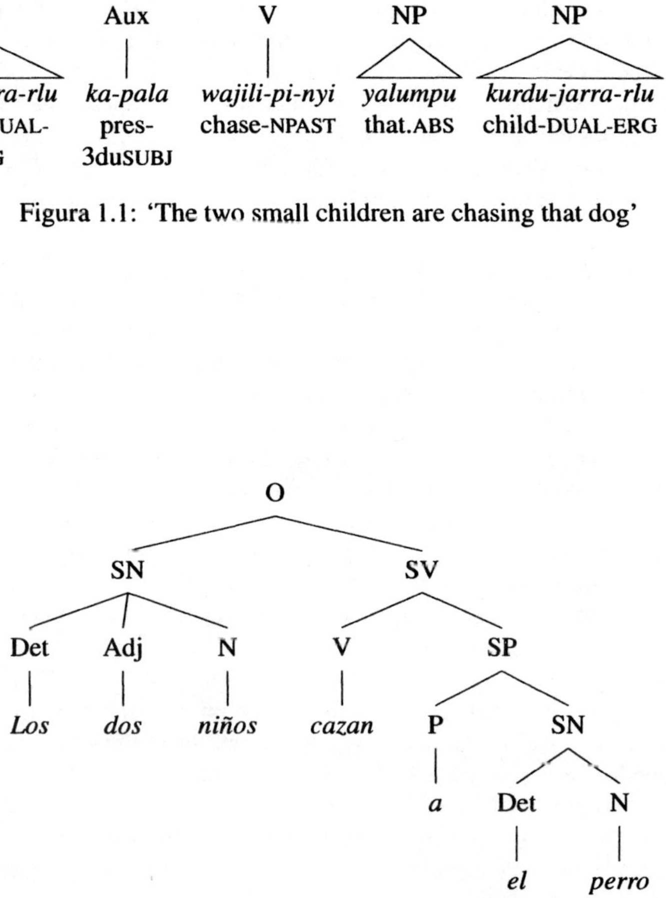

Figura 1.2: 'Los dos niños cazan al perro'

de inmediato que estas estructuras no son más que representaciones provisionales. Las configuraciones exactas deben siempre determinarse empíricamente. Como se puede ver, en la estructura arborescente representada en la figura 1.1, el determinante *yalumpu* ('aquel') está separado del nombre *maliki* ('perro') por otro elemento, aunque en castellano, los núcleos equivalentes forman parte de un mismo sintagma ("el perro"). Lo mismo pasa con el equivalente del otro sintagma nominal ("los dos niños"): el "adjetivo" *wita-jarra-rlu* se encuentra en primera posición, el nombre *kurdu-jarra-rlu* en penúltima posición (además, varios otros órdenes de palabras son posibles). Este tipo de lenguas plantea casi por definición problemas a la gramática generativa chomskiana porque esta última teoría define las funciones gramaticales por su lugar en la jerarquía estructural de la oración: el sujeto, por ejemplo, se define en esta teoría como la hija del núcleo O, es decir del núcleo más alto (S en la figura 1.1), mientras que el objeto directo se define como la hija del núcleo SV.

Según muchos tipologistas, la gramática transformacional analiza las lenguas no configuracionales de una manera poco natural: en la estructura profunda los elementos distintos de la oración se encontrarían en una estructura arborescente tradicional, y a través de varias transformaciones se obtendría la estructura superficial. Esta solución es problemática porque no hay en estas lenguas argumentos empíricos que permitan defender tal configuración jerárquica en la estructura profunda. La GLF analiza estas lenguas de una manera más natural: sólo las funciones gramaticales como tales (el sujeto, el objeto directo,...) son universales, no su lugar en la estructura de la oración.[2] Por medio de reglas sintagmáticas específicas de cada lengua (*phrase-structure rules*), se puede obtener en idiomas como el inglés o el castellano, el tipo de estructuras jerárquicas bien conocidas; las lenguas no configuracionales no incluyen este tipo de reglas sintagmáticas específicas, aunque pueden obedecer a reglas o restricciones sintagmáticas más generales. De esta manera obtenemos dos estructuras paralelas, una "estructura-c" o *constituent structure*, específica de cada lengua (en inglés o en castellano es una estructura jerárquica, en lenguas no configuracionales es una estructura más bien "llana", como se puede ver en la figura 1.1) y una "estructura-f", o *functional structure*, que es en parte universal (por lo menos en lo que atañe a las funciones gramaticales). En la figura 1.3, mostramos la estructura-f (simplificada) que corresponde a la estructura arborescente representada en 1.1; como veremos, esta estructura-f es muy semejante a la estructura-f de oraciones castellanas equivalentes (cfr. Bresnan 2001: 394).

Ahora podemos dar una respuesta a la pregunta siguiente: ¿cuál es el origen de la denominación "Gramática Léxica Funcional"? La GLF es "funcional", entre

2 A este respecto, la GLF tiene muchas afinidades con la Gramática Relacional (cfr. Roegiest 2001a).

$$\begin{bmatrix} \text{PRED} & \text{`chase}\left\langle f_1, f_2 \right\rangle\text{'} \\ \text{SUBJ} & f_1 : \begin{bmatrix} \text{PRED} & \text{`child'} \\ \text{NUM} & \text{DUAL} \\ \text{CASE} & \text{ERG} \\ \text{ADJ} & \begin{bmatrix} \text{PRED} & \text{`small'} \end{bmatrix} \end{bmatrix} \\ \text{OBJ} & f_2 : \begin{bmatrix} \text{PRED} & \text{`dog'} \\ \text{NUM} & \text{SG} \\ \text{CASE} & \text{ABS} \end{bmatrix} \\ \text{TENSE} & \text{NONPAST} \\ \text{ASPECT} & \text{PRESENT.IMPERFECT} \end{bmatrix}$$

Figura 1.3: Estructura-f de 'The two small children. . . '

otras cosas porque considera las funciones gramaticales como funciones primitivas en la teoría.[3] Es léxica, en primer lugar porque gran parte de la información gramatical de una oración no está contenida en las reglas gramaticales, sino en los elementos léxicos mismos (una hipótesis adoptada originalmente para el análisis de la voz pasiva dentro de la GLF, del cual hablaremos más extensamente en el capítulo 6). Por otra parte, es también léxica por causa del principio de Integridad Léxica (Bresnan 2001: 92ss, Falk 2001: 4–6) que se puede definir de la manera siguiente:

(1) **Lexical Integrity:**
Morphologically complete words are leaves of the c-structure tree and each leaf corresponds to one and only one c-structure node. (Bresnan 2001: 92)

Una de las consecuencias de este principio es que la teoría excluye ciertos tipos de categorías abstractas (es decir, fonéticamente vacías). Así, como lo señala Falk (2001: 4), este principio hace imposible toda estructura-c que incluye, como uno de sus núcleos, un conjunto de rasgos sin realización fonética. Así, el análisis, estándar en la teoría del Régimen y Ligamiento, en el que un verbo adquiere sus

3 También se puede considerar como funcional por una razón más bien matemática o formal: toda estructura funcional es también una *función* en el sentido matemático del término (Bresnan 2001: 47–48).

rasgos flexivos por movimiento al núcleo I, es teóricamente imposible en la GLF.[4] En este caso, ni el núcleo I ni el núcleo V son "palabras" morfológicamente llenas. En la GLF sólo puede haber un núcleo I, si domina un verbo auxiliar con contenido fonético.

El principio de Integridad Léxica no excluye la existencia de núcleos fonéticamente vacíos *en general* (a condición de que no incluyan información necesaria para construir morfológicamente otras palabras). Pero otro principio, a veces sólo implícito en los análisis de la GLF, evita también la proliferación de otros elementos (fonéticamente) vacíos: el principio de Economía de Expresión.

(2) **Economy of Expression**
All syntactic phrase structure nodes are optional and are not used unless required by independent principles (completeness, coherence, semantic expressivity).[5] (Bresnan 2001: 91)

Este principio hace que la GLF se haya siempre caracterizado por una fuerte tendencia a evitar las categorías vacías, mientras que la teoría del Régimen y Ligamiento hace un uso muy extenso de ellas. Aunque en la GLF las categorías vacías no se excluyen formalmente, es posible colocar en la estructura funcional misma la información que la teoría del Régimen y Ligamiento recupera a través de las categorías vacías. Un ejemplo de esta manera de proceder es el análisis de las llamadas lenguas de *pro-drop*: lenguas, como el castellano y varias otras lenguas romances, que no tienen que expresar explícitamente un pronombre personal en función de sujeto. Como veremos en la sección siguiente, el verbo mismo puede generar en la estructura-f la función gramatical del sujeto, sin tener que recurrir a una categoría vacía en la estructura-c.

1.2. Algunas construcciones castellanas

Primero mostraremos, con ayuda de algunos ejemplos, cómo se pueden analizar varias construcciones del castellano con el formalismo de la GLF. La primera y la última construcción analizadas aquí (el fenómeno del *pro-drop* y el orden de las palabras) servirán esencialmente para introducir la teoría de la GLF y varios conceptos teóricos que necesitaremos en el resto de este estudio. Por otra parte, el análisis del acusativo preposicional y de las construcciones prepositivas será

4 Falk (2001: 5, nota 3) señala que el análisis del Programa Minimalista, por lo que se refiere al movimiento de V a I, es mejor compatible con el principio de Integridad Léxica, porque el núcleo V no obtiene sus rasgos flexivos a través del núcleo I: ya los posee en el léxico. Sin embargo, todavía debe verificarse, por el mecanismo del "feature checking", la compatibilidad de los rasgos flexivos de V con los de I.

5 Para las nociones de "completeness" y "coherence", cfr. infra, sección 1.2.1.2, página 21.

directamente relevante para el estudio formal de los verbos psicológicos en los capítulos 5 y 6. En muchos casos, los análisis presentados aquí no serán más que versiones preliminares: en algunos casos deberán ser afinados a lo largo de este trabajo, mientras que en otros, la solución de ciertos problemas concretos no será pertinente para nuestro objeto de investigación. Por lo tanto, servirán de punto de partida para los análisis posteriores, al mismo tiempo que ilustrarán cómo se puede trabajar dentro de un formalismo como el de la GLF.

1.2.1. *Pro-drop*

1.2.1.1. El algoritmo de solución

Tomemos como punto de partida la oración siguiente:

(3) ¿Viste el coche?

Las reglas sintagmáticas necesarias para construir la estructura-c de este ejemplo son muy simples:

(4) $$\text{O} \longrightarrow \underset{\uparrow=\downarrow}{\text{V}} \left(\underset{(\uparrow \text{OBJ}) = \downarrow}{\text{SN}} \right)$$

(5) $$\text{SN} \longrightarrow \left(\underset{\uparrow=\downarrow}{\text{Det}} \right) \underset{\uparrow=\downarrow}{\text{N}}$$

La parte superior de (4) y de (5) (es decir, las fórmulas sin las flechas) son reglas sintagmáticas regulares, en las que los paréntesis indican opcionalidad (hay núcleos nominales sin artículo, como hay verbos intransitivos).[6] En muchos estudios dentro de la GLF, se utilizan reglas sintagmáticas compatibles con una u otra versión de la teoría-X', al igual que la teoría del Régimen y Ligamiento (Bresnan 2001: 120ss). Pero lo específico de estas reglas en la GLF es precisamente la parte inferior —las flechas— que incluye las especificaciones propiamente funcionales (Bresnan 2001: 52). En la terminología de la GLF, las ecuaciones representadas con las flechas se llaman esquemas funcionales ("functional schemata"). La ecuación escrita debajo de V en (4), por ejemplo, indica que las especificaciones funcionales del núcleo V, representado por la flecha hacia abajo, deben unificarse con las especificaciones funcionales de su núcleo madre (el elemento a la izquierda del símbolo de reescritura, es decir O, representado por la flecha hacia arriba).

6 Falk (2001: 47) señala que en realidad los paréntesis son superfluos porque, según el Principio de Economía, que acabamos de introducir, todos los sintagmas son opcionales en principio: la obligatoriedad o la opcionalidad de un núcleo en una oración concreta puede siempre deducirse de otros factores. Sin embargo, por razones de claridad seguiremos aquí el uso general de la GLF, y notaremos siempre explícitamente los paréntesis.

Por lo tanto, los núcleos O y V incluyen la misma información funcional, como es también el caso de los núcleos SN, N, y Det. El concepto de la unificación es una noción matemática que la GLF tiene en común con otros tipos de "gramáticas de unificación".[7]

La ecuación bajo SN en (4) contiene una especificación adicional: el contenido funcional del SN debe unificarse con el contenido funcional del *objeto* de O (o de V, ya que O y V contienen las mismas especificaciones funcionales). La subcategorización de un verbo está contenida en su entrada léxica, por ejemplo:[8]

(6) cae V (↑ PRED) = 'caer⟨(↑ SUJ)⟩'
(↑ MODO) = IND
(↑ TIEMPO) = PRESENTE
(↑ SUJ PRED) = 'él'
(↑ SUJ PERS) = 3
(↑ SUJ NÚMERO) = SG

(7) viste V (↑ PRED) = 'ver⟨(↑ SUJ)(↑ OBJ)⟩'
(↑ MODO) = IND
(↑ TIEMPO) = PRETÉRITO PERFECTO SIMPLE
(↑ SUJ PRED) = 'tú'
(↑ SUJ PERS) = 2
(↑ SUJ NÚMERO) = SG

(8) enviamos V (↑ PRED) = 'enviar⟨(↑ SUJ)(↑ OBJ)(↑ OBJ_{IND})⟩'
(↑ MODO) = IND
(↑ TIEMPO) = PRESENTE
(↑ SUJ PRED) = 'nosotros'
(↑ SUJ PERS) = 1
(↑ SUJ NÚMERO) = PL

La entrada léxica de *viste*, por ejemplo, especifica que selecciona un sujeto y un objeto (directo), la entrada de *enviamos* que selecciona un sujeto, un objeto, y un objeto indirecto, etc. Repitamos que el análisis por rasgos presentado aquí sirve sólo para ilustrar el formalismo de la GLF: la descomposición por rasgos exacta de, por ejemplo, el tiempo verbal en castellano, no debe ser fijada *a priori*, como

7 Otro ejemplo de una gramática de unificación es la HPSG, o "Head-Driven Phrase-Structure Grammar" (Pollard & Sag 1994). Las gramáticas de unificación en general están descritas en Abeillé (1993), la operación de unificación, o "merger", por ejemplo en Wescoat & Zaenen (1991: 115).

8 Mostraremos más abajo cómo se pueden analizar las oraciones en las que hay un sujeto explícito y en las que el verbo no tiene que especificar explícitamente (y no lo puede) un atributo SUJ PRED. Señalemos también que 'él' no es más que una abreviación: puede designar tanto un referente masculino como un referente femenino o neutro (cfr. infra).

lo hacemos aquí, sino que debe determinarse empíricamente. El atributo PRED especifica el valor *semántico* de los elementos léxicos. Consideremos la entrada léxica del sustantivo *coche*:

(9) coche N ($\uparrow$ PRED) = 'coche'
($\uparrow$ ANIM) = -
($\uparrow$ NÚMERO) = SG
($\uparrow$ GÉNERO) = MASC

Por convención, si no es necesario analizar el contenido semántico de un elemento léxico, se denota por el elemento mismo entre comillas simples. Así, 'coche' es una abreviación del contenido semántico del elemento léxico *coche*. Utilizaremos aquí esta convención, en la medida en que el análisis semántico de los elementos léxicos no tiene relevancia inmediata para nuestro análisis.[9] Es verdad que el atributo ANIM también especifica un aspecto semántico de un elemento léxico, pero es un rasgo que tiene directamente relevancia sintáctica (por ejemplo en el momento de seleccionar o no un acusativo preposicional).

El verbo mismo especifica la persona y el número del sujeto (a través de la conjugación). Así, *viste* especifica que su sujeto designa una segunda persona en singular. De esta manera, a través de la especificación del valor del atributo PRED del sujeto, el verbo mismo puede "generar" el sujeto.

Veamos ahora cómo se construye concretamente una estructura-f a partir de las reglas sintagmáticas y las entradas léxicas.[10] Ya hemos introducido las entradas léxicas de *coche* (9) y de *viste* (7); sólo nos falta la entrada léxica del artículo definido:

(10) el Det ($\uparrow$ DEF) = +
($\uparrow$ NÚMERO) = SG
($\uparrow$ GÉNERO) = MASC

En un primer momento, se construye la "estructura-c anotada": añadimos las anotaciones léxicas y los esquemas funcionales a la estructura-c obtenida por las reglas sintagmáticas (figura 1.4).[11] El segundo paso en la construcción de la estructura-f, la "instanciación" ("instantiation"), consiste en asignar un índice distinto a la

9 Además, en la GLF, hasta hace poco, se ha prestado relativamente poca atención a los análisis propiamente semánticos de los elementos léxicos. Véase Dalrymple (1999), para un resumen de los desarrollos recientes de la GLF en este dominio, y más concretamente la introducción de este libro (Dalrymple et al. 1999).

10 Para una descripción más detallada del "algoritmo de solución" con el que se pueden construir, con ayuda de una gramática y un léxico, las estructuras-c y las estructuras-f de las oraciones de una lengua remitimos a Bresnan (2001), Wescoat (1989), o Wescoat & Zaenen (1991).

11 Añadimos un atributo TIPOR ("tipo de oración"), con un valor INTERR ("interrogativo"), para indicar que se trata de una oración interrogativa (cfr. Butt et al. 1999: 17ss).

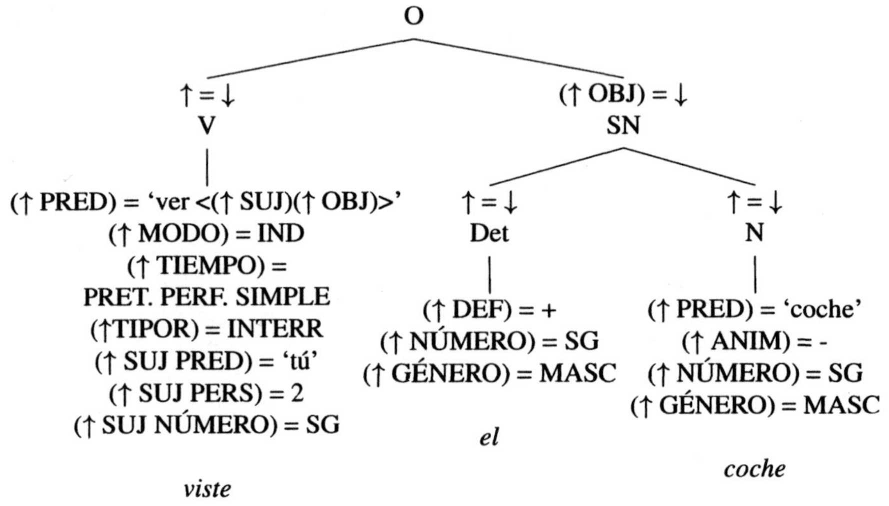

Figura 1.4: La estructura-c anotada de '¿Viste el coche?'

estructura-f asociada con la raíz (O) y a las estructuras-f asociadas con todos los núcleos que incluyen una flecha hacia abajo; generalmente estas estructuras-f se abrevian con la letra *f*, seguida de su índice respectivo. Al mismo tiempo reemplazamos las flechas por las estructuras-f adecuadas, y obtenemos de este modo la "descripción funcional" de la oración (figura 1.5). Nótese que también se asigna un índice único a cada valor PRED cuando se instancia.[12]

El último paso del algoritmo de solución consiste en construir la estructura-f mínima[13] que satisface la descripción funcional generada por el paso anterior (figura 1.6). Ahora se puede ver que a pesar de las grandes diferencias entre una lengua indoeuropea, configuracional, como el castellano y una lengua no configuracional como el warlpiri, las estructuras-f de oraciones con sentidos equivalentes, como las representadas en las figuras 1.3 y 1.6 —en ambas oraciones se trata de un verbo transitivo en una oración principal— son bastante similares. En ambas estructuras hay un verbo con dos argumentos, un sujeto y un objeto. Pero estos argumentos adquieren su lugar en la estructura-f por procedimientos muy distintos. La particularidad de una lengua *pro-drop* como el castellano es el que el verbo

12 Por convención se utiliza el índice del núcleo madre para anotar el valor PRED de un núcleo.

13 Debe ser mínima porque si no, una infinitud de estructuras-f satisfaría la descripción funcional: siempre podrían incluir pares de atributos y valores suplementarios, no mencionados en la descripción funcional (cfr. Bresnan 2001: 60).

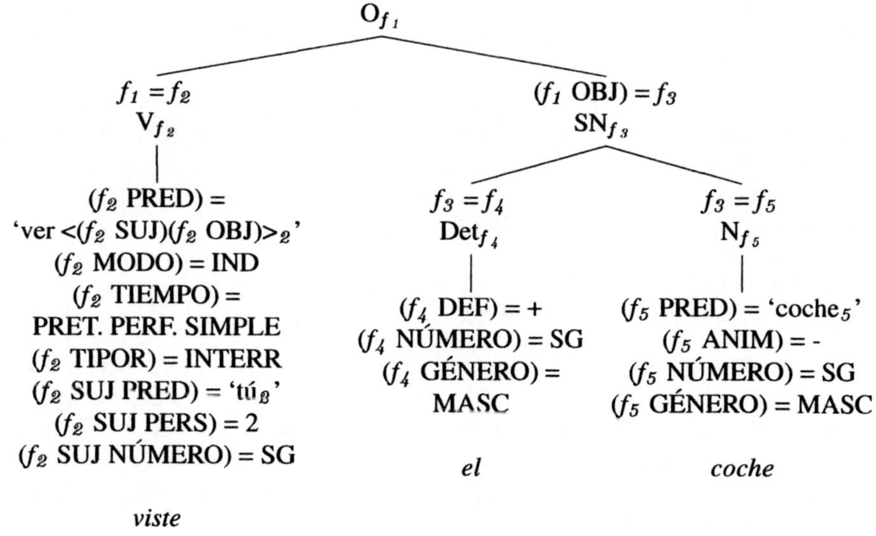

Figura 1.5: La descripción funcional de '¿Viste el coche?'

$$
\left[\begin{array}{ll}
\text{PRED} & \text{`ver}\left\langle(\uparrow \text{SUJ})(\uparrow \text{OBJ})\right\rangle\text{'} \\
\text{MODO} & \text{IND} \\
\text{TIEMPO} & \text{PRET. PERF. SIMPLE} \\
\text{TIPOR} & \text{INTERR} \\
\text{SUJ} & \left[\begin{array}{ll}\text{PRED} & \text{`tú'} \\ \text{PERS} & 2 \\ \text{NÚMERO} & \text{SG}\end{array}\right] \\
\text{OBJ} & \left[\begin{array}{ll}\text{PRED} & \text{`coche'} \\ \text{ANIM} & - \\ \text{NÚMERO} & \text{SG} \\ \text{GÉNERO} & \text{MASC} \\ \text{DEF} & +\end{array}\right]
\end{array}\right]
$$

Figura 1.6: La estructura-f de '¿Viste el coche?'

mismo puede asegurar la presencia de un sujeto en la estructura-f: aunque no hay sujeto explícito en la estructura-c (figura 1.4), la estructura-f sí incluye un atributo SUJ (figura 1.6).

Hay varios principios que restringen las estructuras-f posibles. Nada hasta aquí impide, por ejemplo, que un verbo no tenga sujeto, que un verbo intransitivo tenga un objeto directo, que un verbo tenga dos sujetos distintos, etc. Por lo tanto, una condición fundamental respecto a las estructuras-f es la Condición de Unicidad ("Uniqueness Condition", Bresnan 2001: 47):

(11) **Uniqueness Condition:**
Every attribute has a unique value.

Gracias a esta condición la GLF también es funcional en un sentido matemático: cada estructura-f es una función finita (Bresnan 2001: 47–48). Conviene precisar que la condición (11) no impide que dos o más atributos tengan el mismo valor: sólo indica que un mismo atributo no puede tener dos o más valores distintos. Este principio ya ayuda a excluir muchas oraciones agramaticales. Tomemos como ejemplo la oración siguiente:

(12) * ¿Viste los coche?

Si seguimos el algoritmo de solución que acabamos de introducir, obtenemos la estructura-f representada en la figura 1.7. El atributo NÚMERO tiene dos valores

$$\left[\begin{array}{ll} \text{PRED} & \text{`ver}\left\langle(\uparrow \text{SUJ})(\uparrow \text{OBJ})\right\rangle\text{'} \\ \text{SUJ} & \left[\ldots\right] \\ \text{OBJ} & \left[\begin{array}{ll} \text{PRED} & \text{`coche'} \\ \text{ANIM} & - \\ \text{NÚMERO} & \text{SG} \\ \text{NÚMERO} & \text{PL} \\ \text{GÉNERO} & \text{MASC} \\ \text{DEF} & + \end{array}\right] \end{array}\right]$$

Figura 1.7: La estructura-f de '*¿Viste los coche?'

distintos, un valor SG proviniendo del núcleo N, y otro PL proviniendo del núcleo Det. Tal configuración está prohibida por la Condición de Unicidad, lo que coincide con la agramaticalidad de la oración.

Pero ¿qué acontece si tomamos una oración con un sujeto explícito? El atributo PRED del sujeto tendrá entonces dos valores: un valor que proviene del verbo, otro que proviene del SN sujeto. Consideremos el ejemplo siguiente y su estructura-f en la figura 1.8:

(13) Juan vio el coche.

$$\left[\begin{array}{ll} \text{PRED} & \text{`ver}\left\langle(\uparrow \text{SUJ})(\uparrow \text{OBJ})\right\rangle\text{'} \\ \text{SUJ} & \left[\begin{array}{ll} \text{PRED} & \text{`Juan'} \\ \text{PRED} & \text{`él'} \\ \text{PERS} & 3 \\ \text{NÚMERO} & \text{SG} \\ \ldots & \end{array}\right] \\ \text{OBJ} & \left[\ldots\right] \end{array}\right]$$

Figura 1.8: La estructura-f de 'Juan vio el coche'

En nuestro análisis, esta oración debería estar excluida, porque el atributo PRED del sujeto tiene dos valores. Esta incongruencia en el análisis puede resolverse muy fácilmente si modificamos ligeramente las entradas léxicas de las formas verbales en castellano. Basta hacer opcional el atributo SUJ PRED del verbo:

(14) vio V (↑ PRED) = 'ver⟨(↑ SUJ)(↑ OBJ)⟩'
(↑ MODO) = IND
(↑ TIEMPO) = PRETÉRITO PERFECTO SIMPLE
((↑ SUJ PRED) = 'él')
(↑ SUJ PERS) = 3
(↑ SUJ NÚMERO) = SG

Si hay sujeto explícito, el atributo PRED del sujeto tendrá el valor de este sujeto explícito, si no, tendrá el valor 'él'.

1.2.1.2. Completitud y coherencia

Otros dos principios tienen un contenido más estrictamente lingüístico. El Principio de Completitud puede definirse de la manera siguiente (Bresnan 2001:

63)[14]:

(15) **Principio de Completitud**
El Principio de Completitud exige que cada función designada por un PRED esté presente en la estructura-f de este PRED. Además, cada elemento en la estructura-f que cumple una función argumental debe incluir un rasgo semántico.

Este principio hace que todas las funciones que se encuentran en la entrada léxica de un verbo (o de otro predicado), se realicen efectivamente en la oración. De esta manera se pueden excluir, por ejemplo, oraciones sin sujeto, o verbos transitivos sin objeto directo. Las funciones gramaticales especificadas en una entrada léxica (SUJ, OBJ,...) se llaman las funciones argumentales. La segunda parte de esta definición hace que cada argumento tenga su propio valor semántico. Sin esta restricción sería imposible evitar, entre otras cosas, oraciones sin sujeto explícito en lenguas que no conocen el fenómeno de *pro-drop*. Así, por ejemplo, la forma *sees* en inglés incluye el esquema funcional (↑ SUJ PERS) = 3, y, por consiguiente, puede generar por sí misma una estructura-f SUJ con el par atributo valor [PERS 3]. Sin embargo, ya que esta estructura no incluye un rasgo semántico (es decir, un rasgo PRED), la oración nunca podrá ser gramatical sin tener un sujeto explícito.

Un segundo principio, complementario al primero, el Principio de Coherencia, hace que una misma función no esté presente más de una vez en la misma oración. Se puede definir este principio de la manera siguiente:

(16) **Principio de Coherencia**
Todas las funciones argumentales en una estructura-f deben ser designadas por un PRED.

Este principio excluye, por ejemplo, verbos intransitivos con un objeto directo (el objeto directo no está presente en el valor PRED del verbo), o verbos transitivos con dos objetos directos.

1.2.2. El acusativo preposicional

Otro fenómeno gramatical, más complicado, es el del acusativo preposicional en español. Como lo muestra Roegiest (1979), la aparición del acusativo preposicional depende muchas veces de la presencia de dos factores: un factor de ani-

14 Simplificamos ligeramente la definición: un caso no tratado por esta definición es el de los argumentos "no semánticos", como los sujetos expletivos del inglés (*it*, *there*). En este caso la estructura-f del sujeto no debe incluir un rasgo semántico.

macidad,[15] y un factor de determinación.[16] Pero lo que puede hacer más difícil la formalización en una teoría generativa, es el hecho de que la aparición del acusativo preposicional no depende exclusivamente de la naturaleza inherente del objeto directo, sino también, en algunos casos, del verbo mismo. En el ejemplo siguiente, el SN se acompaña de la preposición *a* porque *Juan* es animado y determinado:

(17) Veo a Juan.

Sin embargo, ciertos verbos favorecen o desfavorecen la aparición del acusativo preposicional. Verbos como *tener, querer, desear, buscar*, expresan muchas veces una relación de posesión (potencial) e implican por lo tanto una especie de "cosificación" del objeto. Esto puede explicar por qué llevan raramente el acusativo preposicional. Roegiest (1979: 49) da el ejemplo siguiente, sacado de Coste & Redondo (1965):[17]

(18) ... Pronto iba a tener el segundo hijo.

Otros verbos favorecen la presencia de la preposición, incluso cuando el objeto no es animado o determinado. Roegiest (1979: 49-50) da como ejemplos *adorar, amar, aprobar*, etc.:

(19) ¿Pero usted cree que se puede aprobar, en conciencia, *a* esos almacenes de palabras?

Antes de pasar revista a otros ejemplos, trataremos de analizar estos casos relativamente regulares.

Veamos algunas oraciones típicas en las que se puede utilizar o no el acusativo preposicional:

(20) Juan vio la casa.

(21) * Juan vio Pedro.

(22) Juan vio a Pedro.

(23) * Juan vio a la casa.

(24) Busco una secretaria.

(25) * Busco a una secretaria.

15 Utilizaremos el término de animacidad como traducción del inglés "animacy".

16 Para más precisiones por lo que se refiere al acusativo preposicional español, remitimos al lector a Roegiest (1998b, 1999).

17 Para las referencias exactas de este ejemplo y el siguiente, remitimos a Roegiest (1979: 49-50).

En el último ejemplo, no se puede utilizar la preposición *a*, porque el objeto no está determinado (aunque sí es animado).[18] Adoptaremos como punto de partida que la presencia o la ausencia del acusativo preposicional depende de los dos rasgos de la animacidad y de la determinación. Las reglas sintagmáticas pueden escribirse entonces de la manera siguiente:

$$\text{(26)}\quad \text{O} \longrightarrow \begin{pmatrix} \text{SN} \\ (\uparrow \text{SUJ}) = \downarrow \end{pmatrix} \begin{array}{c} \text{SV} \\ \uparrow=\downarrow \end{array}$$

$$\text{(27)}\quad \text{SV} \longrightarrow \begin{array}{c} \text{V} \\ \uparrow=\downarrow \end{array} \begin{pmatrix} \text{SN} \\ (\uparrow \text{OBJ}) = \downarrow \\ (\downarrow \text{ANIM}) = - \ \vee \\ (\downarrow \text{DETERM}) = - \end{pmatrix} \begin{pmatrix} \text{SP} \\ (\uparrow \text{OBJ}) = \downarrow \\ (\downarrow \text{ANIM}) = + \\ (\downarrow \text{DETERM}) = + \end{pmatrix}$$

$$\text{(28)}\quad \text{SP} \longrightarrow \begin{array}{c} \text{P} \\ \uparrow=\downarrow \end{array} \begin{array}{c} \text{SN} \\ \uparrow=\downarrow \end{array}$$

$$\text{(29)}\quad \text{SN} \longrightarrow \begin{pmatrix} \text{Det} \\ \uparrow=\downarrow \end{pmatrix} \begin{array}{c} \text{N} \\ \uparrow=\downarrow \end{array}$$

La regla (27) garantiza que un argumento inanimado o indeterminado se expresa por un SN, y un argumento animado y determinado por un SP. El símbolo ∨ indica una disyunción inclusiva: ambos términos pueden ser falsos al mismo tiempo.

Si construimos la estructura-f mínima de (21), siguiendo el algoritmo de solución propuesto en la sección 1.2.1.1 (página 15), obtendremos en realidad tres estructuras-f distintas para la misma oración (por causa de la disyunción introducida en [27]). Una de las tres estructuras está representada, de forma simplificada, en la figura 1.9: los pares atributo valor [ANIM +] y [DETERM +] del objeto provienen de la entrada léxica de *Pedro*, mientras que el rasgo [ANIM -] se introduce a través de la regla (27). En las otras dos estructuras-f que podemos obtener, los pares [ANIM +] y [DETERM +] quedan presentes (ya que provienen de la entrada léxica de *Pedro*), y además, o bien el rasgo DETERM es negativo, o bien tanto el rasgo DETERM como el rasgo ANIM son negativos. La oración en (21) no puede ser gramatical en ninguna de las tres opciones. En la estructura-f representada en la figura 1.9 el rasgo ANIM es positivo y negativo a la vez. Las otras dos estructuras-f tampoco pueden estar bien formadas: en la primera DETERM es positivo y negativo a la vez, y en la segunda ambos rasgos son positivos y negativos

18 Por lo menos, en la interpretación más usual de esta oración. Veremos de inmediato que un artículo indefinido no implica siempre la indeterminación.

$$
\begin{bmatrix}
\text{PRED} & \text{`ver}\left\langle(\uparrow \text{SUJ})(\uparrow \text{OBJ})\right\rangle\text{'} \\
\text{SUJ} & \begin{bmatrix} \text{PRED} & \text{`Juan'} \\ \text{ANIM} & + \\ \text{DETERM} & + \end{bmatrix} \\
\text{OBJ} & \begin{bmatrix} \text{PRED} & \text{`Pedro'} \\ \text{ANIM} & + \\ \text{DETERM} & + \\ \text{ANIM} & - \end{bmatrix}
\end{bmatrix}
$$

Figura 1.9: Una de las estructuras-f de '*Juan vio Pedro'

a la vez. Con (22), no tenemos este problema, porque la regla sintagmática (27) asegura la presencia de un sintagma preposicional, en el que estos dos rasgos son ambos positivos.

Como se puede ver en las figuras 1.10 y 1.11, la estructura-c y la estructura-f parciales de (22), la GLF puede explicar de una manera muy natural el acusativo preposicional en castellano, al menos con los ejemplos "regulares". La naturaleza distinta de los dos tipos de representaciones gramaticales hace posible una falta de correspondencia entre ambas. Mientras que la estructura-c incluye una estructura arborescente con un sintagma preposicional, la estructura-f puede incluir un objeto directo regular; la única huella de la preposición en la figura 1.11 es el rasgo del CASO. En la GLF, no plantea ningún problema el hecho de que el objeto directo pueda ser un sintagma preposicional. Por lo tanto, aquí partimos de la hipótesis de que la preposición puede incluir un atributo CASO con el valor de 'AC' (acusativo). Esto permite distinguir este uso de la preposición de otro que introduce el dativo (y de otros valores aún de la preposición *a*). Daremos más detalles acerca del análisis de las preposiciones en la sección siguiente.

Consideramos los nombres propios como sustantivos animados y determinados por definición. Pero esto no es el caso de los nombres comunes. Así, el sustantivo *secretaria* no es por sí mismo determinado o indeterminado (aunque es siempre animado). Por lo tanto, el rasgo de la determinación no se especifica en la entrada léxica:

(30)	secretaria	N	($\uparrow$ PRED) = 'secretaria'
			($\uparrow$ ANIM) = +
			($\uparrow$ NÚMERO) = SG
			($\uparrow$ GÉNERO) = FEM

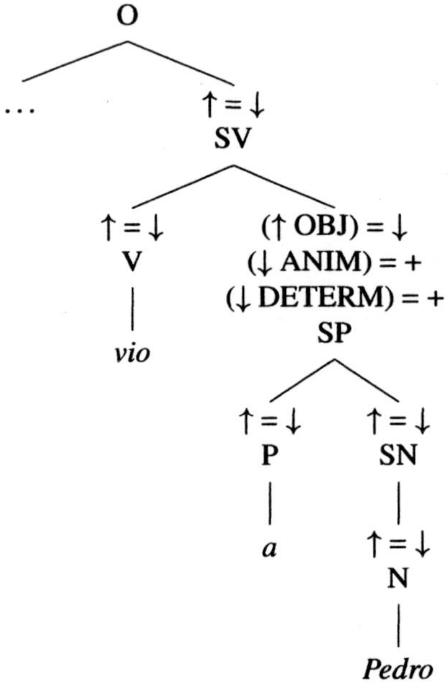

Figura 1.10: La estructura-c parcial de 'Juan vio a Pedro'

$$\begin{bmatrix} \text{PRED} & \text{`ver}\left\langle(\uparrow \text{SUJ})(\uparrow \text{OBJ})\right\rangle\text{'} \\ \text{SUJ} & \begin{bmatrix}\ldots\end{bmatrix} \\ \text{OBJ} & \begin{bmatrix} \text{PRED} & \text{`Pedro'} \\ \text{ANIM} & + \\ \text{DETERM} & + \\ \text{CASO} & \text{AC} \end{bmatrix} \end{bmatrix}$$

Figura 1.11: La estructura-f parcial de 'Juan vio a Pedro'

Podemos partir de la hipótesis de que es el artículo indefinido el que introduce el rasgo de la indeterminación. Pero es seguramente una simplificación, ya que el artículo indefinido no excluye siempre el acusativo preposicional:

(31) Busco a una chica con la que había quedado. (*Salamanca*, bajo *a*)

No elaboraremos más este asunto, ya que su tratamiento tendrá que deducirse de un análisis más a fondo de los determinantes (y probablemente también de otros factores, como por ejemplo de las oraciones relativas).

Pasemos ahora a los verbos que favorecen o desfavorecen el uso del acusativo preposicional. Podemos introducir dos nuevos rasgos que el verbo mismo atribuiría a su objeto: un rasgo PERS (de "personificación") porque los verbos como *adorar*, *amar*, *aprobar*, implican una especie de personificación de su objeto, y un rasgo COSA (de "cosificación") porque, por ejemplo, *tener* parece cosificar su objeto. Las entradas léxicas de los verbos como *tener* y *adorar* podrían entonces escribirse de la manera siguiente:

(32)	tener	V	$(\uparrow \text{PRED}) = \text{'tener}\langle(\uparrow \text{SUJ})(\uparrow \text{OBJ})\rangle\text{'}$ $(\uparrow \text{OBJ COSA}) = +$
(33)	adorar	V	$(\uparrow \text{PRED}) = \text{'adorar}\langle(\uparrow \text{SUJ})(\uparrow \text{OBJ})\rangle\text{'}$ $(\uparrow \text{OBJ PERS}) = +$

También reescribimos la regla sintagmática (27) y reemplazamos la disyunción bajo SN por el esquema funcional siguiente:

(34) $(\downarrow \text{COSA}) = + \vee (\neg(\downarrow \text{PERS}) = + \wedge ((\downarrow \text{DETERM}) = - \vee (\downarrow \text{ANIM}) = -))$[19]

Bajo SP reemplazamos los dos últimos esquemas por el esquema siguiente:

(35) $(\downarrow \text{PERS}) = + \vee (\neg(\downarrow \text{COSA}) = + \wedge (\downarrow \text{DETERM}) = + \wedge (\downarrow \text{ANIM}) = +)$

(34), por ejemplo, hace posible la aparición de un SN si una de dos condiciones está presente: o sea el verbo es un verbo "cosificador" (consecuencia del rasgo COSA positivo), o sea el objeto es no animado o no determinado (o ambos al mismo tiempo). Sin embargo, en este último caso, se debe excluir la posibilidad de que el verbo sea un verbo "personificador", porque en este caso tenemos obligatoriamente un SP. El esquema (35) puede parafrasearse de la misma manera. Pero este análisis es muy poco elegante: los esquemas funcionales (34) y (35) son muy complicados, y, sobre todo, los rasgos de COSA y PERS no se justifican por otros datos empíricos. Además, es poco económico introducir dos nuevos rasgos sólo

19 El símbolo ∧ indica una conjunción, ¬ una negación.

para analizar algunos verbos concretos. Por eso pensamos que es mejor hacer depender la selección de un sintagma nominal o preposicional, no directamente de las reglas sintagmáticas, sino de las entradas léxicas de los verbos mismos; además, este análisis cuadra mejor con el espíritu lexicalista de la GLF. Así, la entrada léxica de un verbo regular sería la siguiente:[20]

(36) ver V $(\uparrow \text{PRED}) = \text{`ver}\langle(\uparrow \text{SUJ})(\uparrow \text{OBJ})\rangle\text{'}$
$[(\uparrow \text{OBJ ANIM}) = + \wedge (\uparrow \text{OBJ DETERM}) = +] \Rightarrow$
$(\uparrow \text{OBJ CASO}) = \text{AC}$

A partir de esta entrada léxica, es muy fácil deducir las entradas léxicas respectivas de *tener* y *adorar*:

(37) tener V $(\uparrow \text{PRED}) = \text{`tener}\langle(\uparrow \text{SUJ})(\uparrow \text{OBJ})\rangle\text{'}$
$\neg(\uparrow \text{OBJ CASO}) = \text{AC}$

(38) adorar V $(\uparrow \text{PRED}) = \text{`adorar}\langle(\uparrow \text{SUJ})(\uparrow \text{OBJ})\rangle\text{'}$
$(\uparrow \text{OBJ CASO}) =_c \text{AC}$

En los tres casos se trata de "ecuaciones restrictivas" ("constraining equations").[21] Las ecuaciones restrictivas se interpretan de una manera particular cuando se construye una estructura-f (Bresnan 2001: 60ss): sólo después de haber construido la estructura-f mínima (sin tener en cuenta las ecuaciones restrictivas) se verifican en la estructura-f. Por eso, al contrario de los esquemas funcionales regulares, una ecuación restrictiva no puede introducir por sí misma un rasgo en la estructura-f. En (38), por ejemplo, si la segunda ecuación no fuera restrictiva, el verbo mismo podría introducir el rasgo del CASO en la estructura-f, y el verbo *adorar* podría siempre construirse con un objeto nominal; la oración no necesitaría la preposición para introducir el rasgo del CASO ya que el verbo mismo podría introducirlo.

Para construir la estructura-f mínima de (18), que repetimos aquí, podemos ahora simplificar la regla sintagmática (27) como en (39):

(18) Se casó. Pronto iba a tener el segundo hijo.

(39) $\text{SV} \longrightarrow \underset{\uparrow=\downarrow}{\text{V}} \left(\underset{(\uparrow \text{OBJ}) =\downarrow}{\text{SN}} \right) \left(\underset{(\uparrow \text{OBJ}) =\downarrow}{\text{SP}} \right)$

Para analizar la estructura interna del objeto, modificamos la regla (29) como en (40), y añadimos la regla (41):

20 Podemos introducir este esquema funcional a través de una regla léxica no marcada ("default rule"): se añade a todo verbo a condición de que el atributo CASO del OBJ no esté determinado de otro modo.

21 En (38) se nota explícitamente con la letra *c* al lado del símbolo de ecuación. Una ecuación negativa es restrictiva por definición (Bresnan 2001: 61). Para la definición particular de la condicional en (36) dentro de la GLF, remitimos a Bresnan (2001: 62).

(40) $$\text{SN} \longrightarrow \left(\begin{array}{c}\text{Det}\\ \uparrow=\downarrow\end{array}\right) \left(\begin{array}{c}\text{SA}\\ (\uparrow \text{ADJUNTO}) =\downarrow\end{array}\right) \begin{array}{c}\text{N}\\ \uparrow=\downarrow\end{array}$$

(41) $$\text{SA} \longrightarrow \begin{array}{c}\text{A}\\ \uparrow=\downarrow\end{array}$$

Con estas reglas obtenemos una estructura-f como la representada (parcialmente) en la figura 1.12.[22] Después de construir la estructura-f, tenemos que comprobar

$$\left[\begin{array}{ll}
\text{PRED} & \text{`tener}\left\langle(\uparrow \text{SUJ})(\uparrow \text{OBJ})\right\rangle\text{'} \\
\text{SUJ} & \left[\ldots\right] \\
\text{OBJ} & \left[\begin{array}{ll}
\text{PRED} & \text{`hijo'} \\
\text{ANIM} & + \\
\text{DETERM} & + \\
\text{DEF} & + \\
\text{ADJUNTO} & \left[\begin{array}{ll}\text{PRED} & \text{`segundo'}\end{array}\right]
\end{array}\right]
\end{array}\right]$$

Figura 1.12: La estructura-f parcial de 'Pronto iba a tener...'

que las ecuaciones restrictivas no están infringidas, lo que no es el caso, porque la estructura-f del objeto no tiene un rasgo CASO. Si hubiera una preposición, la estructura-f del objeto tendría un rasgo CASO con un valor de AC y la estructura-f no estaría bien formada. Algo similar acontece con el verbo *adorar*: si el objeto se introduce por una preposición, el rasgo del CASO tiene el valor de AC, y la estructura obedece la ecuación restrictiva de la entrada léxica de *adorar* (38). Si no, la ecuación no puede introducir por sí misma este rasgo (justamente porque es una ecuación restrictiva) y la estructura-f no está bien formada.

Además de estos ejemplos relativamente regulares del uso del acusativo preposicional, hay otros más complejos. Ciertos verbos, como *anteceder*, *preceder*,... que indican todos una posición relativa en el espacio (Roegiest 1979: 50), exigen el uso del acusativo preposicional. Estos casos no son difíciles de formalizar en el marco de la GLF: se puede postular una entrada léxica como la de *adorar*. Pero hay también construcciones en las que la aparición de la preposición no depende del verbo mismo (por lo menos no exclusivamente), sino de la relación entre el

22 En esta estructura están presentes tanto el rasgo DETERM, como el rasgo DEF (que proviene del artículo definido). Hay seguramente una relación entre ambos rasgos, pero no trataremos de determinarla aquí. Sin embargo, no parece que los dos rasgos coincidan siempre. Cfr. también el ejemplo (31) más arriba.

sujeto y el objeto. Así, los verbos cuyos argumentos son mutuamente permutables (p. ej. *sustituir*, *compensar*, etc.) traen consigo muchas veces el uso del acusativo preposicional (Roegiest 1996b: 79-80):

(42) Pero el precio de los lujos [...] compensa, por caro que resulte, al deleite de haberlo poseído.[23]

Este ejemplo es más difícil de formalizar, porque no está claro cómo se puede expresar formalmente el hecho de que dos argumentos de un verbo son permutables. Además, *compensar* no entraña automáticamente el uso del acusativo preposicional, aun en los casos en los que hay permutabilidad:

(43) Las lluvias de otoño han compensado la sequía del verano. (*Salamanca*)

Parece pues un uso más bien estilístico de una posibilidad inherente al sistema del castellano. No elaboraremos más esta cuestión aquí, pero conviene notar que hay todavía otros usos del acusativo preposicional de que no hemos hablado aquí (por ejemplo los SSNN en un infinitivo dependiendo de verbos factitivos, perceptivos,... cfr. Roegiest 1996a).

1.2.3. Las preposiciones en castellano

El análisis de las preposiciones en castellano no es muy distinto de su análisis en otras lenguas (excepto justamente el tratamiento del acusativo preposicional).[24] Trataremos de exponer aquí un análisis que pueda dar cuenta de los distintos tipos de preposiciones. Para nuestro estudio, es sobre todo necesario poder distinguir el uso acusativo y el uso dativo de la preposición *a*; además será necesario determinar el valor exacto de las preposiciones en la construcción media (en el capítulo 6). Por esto profundizaremos un poco más en el análisis de los distintos tipos de preposiciones.

Para poder incluir otros tipos de sintagmas preposicionales, podemos reescribir la regla sintagmática que expande el SV de la manera siguiente:

(44)
$$\text{SV} \longrightarrow \begin{array}{c}\text{V}\\ \uparrow=\downarrow\end{array} \left(\begin{array}{c}\text{SN}\\ (\uparrow \text{OBJ}) =\downarrow\end{array}\right) \left(\begin{array}{c}\text{SP}\\ (\uparrow \text{OBJ}) =\downarrow\\ (\downarrow \text{CASO}) =_c \text{AC}\end{array}\right)$$
$$\left(\begin{array}{c}\text{SP}\\ (\uparrow \text{OBJ}_{IND}) =\downarrow\\ (\downarrow \text{CASO}) =_c \text{DAT}\end{array}\right) \left(\begin{array}{c}\text{SP}\\ (\uparrow (\downarrow \text{CASO-P})) =\downarrow\end{array}\right)^*$$

23 Referencias exactas en Roegiest (1979: 50).

24 Según Alsina (1996), el análisis del objeto indirecto y del caso "dativo" en español, y probablemente también en las demás lenguas romances, merece también un tratamiento particular. En el capítulo 5 modificaremos el análisis del objeto indirecto presentado aquí.

$$\left(\begin{array}{c} \text{SP} \\ \downarrow \in (\uparrow \text{ADJUNTO}) \end{array} \right)^{*}$$

La preposición *a* dativa tiene un rasgo CASO con el valor de DAT, para distinguirla de la preposición acusativa homónima. Dado que una misma oración puede tener varios complementos preposicionales no seleccionados y varios complementos oblicuos (es decir, los SSPP con especificación del CASO-P), añadimos una estrella ("Kleene star") a los dos últimos tipos de sintagmas: esto permite que se seleccionen varias veces. Ya que una oración puede tener varios complementos preposicionales con la misma función gramatical de ADJUNTO sin que haya infracción de la Condición de Unicidad (11), seguimos aquí a Bresnan (2001: 69-70) y los incluimos en un *conjunto* (*set*) de estructuras-f. Así, el atributo ADJUNTO puede tener como valor un conjunto de varias estructuras-f (cfr. la figura 1.16, más abajo, página 34).

El SP con especificación del CASO-P permite introducir los complementos oblicuos (OBL): sintagmas preposicionales seleccionados por el verbo.[25] Un ejemplo es el verbo *gozar* que lleva siempre la preposición *de* (excepto cuando se utiliza en una construcción absoluta). Este uso del verbo *gozar* puede formalizarse con las entradas léxicas siguientes:

(45)	gozar	V	$(\uparrow \text{PRED}) = \text{'gozar}\langle(\uparrow \text{SUJ})(\uparrow \text{OBL}_{DE}\ \text{OBJ})\rangle\text{'}$
(46)	de	P	$(\uparrow \text{CASO-P}) = \text{OBL}_{DE}$

La notación bajo el penúltimo SP [$(\uparrow(\downarrow\text{CASO-P})) = \downarrow$], indica que la función de este sintagma es idéntica al valor CASO-P de la preposición. De esta manera el verbo *gozar* en (45) no sólo selecciona un complemento oblicuo, sino al mismo tiempo la preposición que introduce el complemento. Para más detalles con respecto a este procedimiento formal algo esotérico, remitimos a Bresnan (2001: 71, nota 6) y Falk (2001: 75ss).[26]

La preposición *de* que introduce un ADJUNTO (es decir, en este caso, un complemento preposicional no seleccionado), tiene, al contrario de la preposición que introduce un oblicuo, un valor semántico propio, y selecciona su propio objeto:

(47)	de	P	$(\uparrow \text{PRED}) = \text{'de}\langle(\uparrow \text{OBJ})\rangle\text{'}$

Esta distinción entre preposiciones *con* contenido semántico y preposiciones *sin* contenido semántico corresponde bien con la naturaleza de los verbos que seleccionan un complemento preposicional. De verdad, en las construcciones verbales

25 Se utiliza la abreviación CASO-P(reposición) porque el análisis de las preposiciones seleccionadas en la GLF es parecido al análisis del caso en las lenguas casuales.

26 Para otro análisis de las preposiciones seleccionadas, cfr. Butt et al. (1999: 127ss). Sin embargo, según Falk (2001: 84), el análisis introducido aquí es mejor compatible con otros principios generales de la teoría.

en las que se selecciona una preposición, la preposición no parece añadir nada al significado de la oración: la preposición *de* en *gozar de* ya no tiene el sentido de posesión o de origen normalmente denotado por esta preposición. Analizaremos más detenidamente este tipo de preposiciones en el capítulo 6.

Hay otro tipo de preposiciones que queremos introducir aquí brevemente y que nos obligan a revisar el análisis de las preposiciones con valor semántico propio. Ciertos verbos no seleccionan una preposición, sino un tipo semántico de complemento preposicional. El verbo *poner*, por ejemplo, puede construirse con varias preposiciones, a condición de que expresen una localización en el espacio (*en*, *bajo*,...). Este tipo de preposiciones ocupan un lugar intermedio entre los dos tipos de preposiciones analizadas hasta aquí: introducen complementos seleccionados (OBL), pero al mismo tiempo conservan su valor semántico. Por esto, adoptamos un análisis en el que las preposiciones con valor semántico propio incluyen al mismo tiempo un valor PRED y opcionalmente, un valor CASO-P:

(48) en P $(\uparrow \text{PRED}) = \text{`en}\langle(\uparrow \text{OBJ})\rangle\text{'}$
$((\uparrow \text{CASO-P}) = \text{OBL}_{LOC})$

La entrada léxica de un verbo como *poner* puede entonces representarse de la manera siguiente:[27]

(49) poner V $(\uparrow \text{PRED}) = \text{`poner}\langle(\uparrow \text{SUJ})(\uparrow \text{OBJ})(\uparrow \text{OBL}_{LOC})\rangle\text{'}$

Para introducir los adjuntos y este último tipo de complementos en la estructura-c, añadimos la regla siguiente que puede expandir el SP (al lado de la regla ya introducida en [28]):

(50) $\text{SP} \longrightarrow \begin{array}{cc} \text{P} & \text{SN} \\ \uparrow=\downarrow & (\uparrow \text{OBJ}) =\downarrow \end{array}$

A título de ilustración, mostramos en las figuras 1.13, 1.14 y 1.15 las estructuras-f simplificadas de las oraciones siguientes, la primera con un objeto indirecto, la segunda con un objeto oblicuo y la última con un objeto oblicuo en el que la preposición conserva su valor semántico:

(51) Juan dio el libro a Pedro.

(52) Juan goza de la vida.

(53) Juan pone el libro en la mesa.

27 Nótese que ahora el verbo sólo selecciona un OBL, y no un OBL OBJ, como en (45). Esto refleja el hecho de que con este verbo el OBJ está directamente seleccionado por la preposición (48), al contrario de lo que pasa con los complementos preposicionales en los que la preposición *no* conserva su valor semántico propio.

$$\begin{bmatrix} \text{PRED} & \text{`dar}\langle(\uparrow \text{SUJ})(\uparrow \text{OBJ})(\uparrow \text{OBJ}_{IND})\rangle\text{'} \\ \text{SUJ} & \begin{bmatrix} \text{PRED} & \text{`Juan'} \end{bmatrix} \\ \text{OBJ} & \begin{bmatrix} \text{PRED} & \text{`libro'} \end{bmatrix} \\ \text{OBJ}_{IND} & \begin{bmatrix} \text{PRED} & \text{`Pedro'} \\ \text{CASO} & \text{DAT} \end{bmatrix} \end{bmatrix}$$

Figura 1.13: La estructura-f de 'Juan dio el libro a Pedro'

$$\begin{bmatrix} \text{PRED} & \text{`gozar}\langle(\uparrow \text{SUJ})(\uparrow \text{OBL}_{DE}\ \text{OBJ})\rangle\text{'} \\ \text{SUJ} & \begin{bmatrix} \text{PRED} & \text{`Juan'} \end{bmatrix} \\ \text{OBL}_{DE} & \begin{bmatrix} \text{CASO-P} & \text{OBL}_{DE} \\ \text{OBJ} & \begin{bmatrix} \text{PRED} & \text{`vida'} \end{bmatrix} \end{bmatrix} \end{bmatrix}$$

Figura 1.14: La estructura-f de 'Juan goza de la vida'

$$\begin{bmatrix} \text{PRED} & \text{`poner}\langle(\uparrow \text{SUJ})(\uparrow \text{OBJ})(\uparrow \text{OBL}_{LOC})\rangle\text{'} \\ \text{SUJ} & \begin{bmatrix} \text{PRED} & \text{`Juan'} \end{bmatrix} \\ \text{OBJ} & \begin{bmatrix} \text{PRED} & \text{`plato'} \end{bmatrix} \\ \text{OBL}_{LOC} & \begin{bmatrix} \text{PRED} & \text{`en}\langle(\uparrow \text{OBJ})\rangle\text{'} \\ \text{CASO-P} & \text{OBL}_{LOC} \\ \text{OBJ} & \begin{bmatrix} \text{PRED} & \text{`mesa'} \end{bmatrix} \end{bmatrix} \end{bmatrix}$$

Figura 1.15: La estructura-f de 'Juan pone el libro en la mesa'

Las preposiciones que introducen un complemento adverbial son distintas de las preposiciones seleccionadas con valor semántico propio, en el que no incluyen un rasgo [CASO-P]; por lo demás, son idénticas. No incluyen este rasgo, porque la ecuación que lo introduce es opcional en las entradas léxicas de las preposiciones con contenido semántico, como en (48); el hecho de que siempre se construya la estructura-f *mínima* hace que no se incluya este rasgo, si no es necesario (cfr. la sección 1.2.1.1, página 15). Por lo tanto, la estructura-f de un complemento adverbial no seleccionado (un ADJUNTO) tendrá siempre una configuración como la en la figura 1.16. (Las llaves indican que se trata de un *conjunto* de estructuras-f.)

$$\left[\text{ADJUNTO} \quad \left\{\begin{array}{l} \begin{bmatrix} \text{PRED} & \text{`en}\langle(\uparrow \text{OBJ})\rangle\text{'} \\ \text{OBJ} & \begin{bmatrix}\text{PRED} & \text{`\ldots'}\end{bmatrix} \end{bmatrix} \\ \ldots \end{array}\right\}\right]$$

Figura 1.16: La estructura-f de un ADJUNTO

1.2.4. Los órdenes OVS y VSO

Un fenómeno particular del español, especialmente nítido en el caso de los verbos psicológicos, es la posibilidad de variar el orden de las palabras. Con un verbo como *asustar* podemos tener, entre otros, los órdenes siguientes:

(54) a. El fuego asustó a Juan.
b. (Le) asustó el fuego a Juan.
c. A Juan le asustó el fuego.

El hecho de que podemos intercalar el sujeto entre el verbo y el objeto directo implica que no es muy adecuado distinguir un sintagma verbal como lo hemos hecho hasta ahora. En una teoría como la del Régimen y Ligamiento, podríamos suponer que, en un ejemplo como (54b), el verbo se genera efectivamente entre el sujeto y el objeto, y que sólo en la estructura superficial, se mueve hacia el inicio de la oración. Pero como en la GLF, no tenemos a nuestra disposición una operación de movimiento, tendremos que analizar estas oraciones de otro modo. Hay probablemente varias maneras de tratar este fenómeno en la GLF. Una manera es la de adoptar una estructura-c más llana que la adoptada en el análisis generativo usual. Podemos formalizar esta idea con las reglas sintagmáticas siguientes ([56] es una combinación de [44] y de [26]):

$$\text{(55)}\quad \text{O}' \longrightarrow \begin{pmatrix} \text{SN} \\ (\uparrow \text{FD}) =\downarrow \end{pmatrix} \begin{pmatrix} \text{SP} \\ (\uparrow \text{FD}) =\downarrow \end{pmatrix} \begin{matrix} \text{O} \\ \uparrow=\downarrow \end{matrix}$$

$$\text{(56)}\quad \text{O} \longrightarrow \begin{pmatrix} \text{SN} \\ (\uparrow \text{SUJ}) =\downarrow \end{pmatrix} \begin{matrix} \text{SV} \\ \uparrow=\downarrow \end{matrix} \begin{pmatrix} \text{SN} \\ (\uparrow \text{SUJ}) =\downarrow \end{pmatrix}$$
$$\begin{pmatrix} \text{SN} \\ (\uparrow \text{OBJ}) =\downarrow \end{pmatrix} \begin{pmatrix} \text{SP} \\ (\uparrow \text{OBJ}) =\downarrow \\ (\downarrow \text{CASO}) =_c \text{AC} \end{pmatrix} \ldots$$

FD es una abreviación de las dos "funciones discursivas" generalmente reconocidas en la GLF: el tópico (*topic*) y el foco (*focus*). Falk (2001: 150) define estas dos funciones de la manera siguiente:

> A TOPIC represents old information, while a FOCUS represents contrast (and thus new information).

No nos ocupa aquí directamente la determinación de las funciones discursivas exactas de los distintos sintagmas en los ejemplos previamente citados, pero sí conviene determinar qué sintagmas cumplen una función discursiva. En la GLF, las funciones discursivas son particulares en la medida en que hay una correspondencia indirecta entre ellas y la estructura argumental (tal como se especifica en la entrada léxica): están identificadas o ligadas anafóricamente con otra función sintáctica.[28] De esta manera, los criterios de selección de un predicado pueden estar satisfechos *indirectamente* por una función discursiva. Si adoptamos las reglas sintagmáticas que acabamos de introducir, sólo el ejemplo (54c) puede incluir una función discursiva. Notemos inmediatamente que este análisis deja abiertas muchas preguntas, una de ellas siendo el hecho de que (54b) es una oración bastante marcada. Según la regla sintagmática en (56), un sujeto posverbal no debería ser más marcado que un sujeto preverbal. Sin embargo, no elaboraremos más este asunto aquí.

Otro fenómeno gramatical difícil de analizar en castellano son los pronombres clíticos.[29] No trataremos de explicar aquí por qué el pronombre es obligatorio en (54c), y no, por ejemplo, en (54a). Utilizaremos provisionalmente la regla sintagmática y la entrada léxica siguientes, que hacen siempre posible el clítico, nunca obligatorio:

$$\text{(57)}\quad \text{SV} \longrightarrow \begin{pmatrix} \text{CL} \\ (\uparrow \text{OBJ}_{IND}) =\downarrow \end{pmatrix} \begin{pmatrix} \text{CL} \\ (\uparrow \text{OBJ}) =\downarrow \end{pmatrix} \begin{matrix} \text{V} \\ \uparrow=\downarrow \end{matrix}$$

---

28 "The TOP and FOC functions indirectly map to the argument structure by being identified with, or anaphorically linked to, another syntactic function." (Bresnan 2001: 97)

29 Como Fernández Soriano (1999: 1221), utilizamos aquí el término de pronombre clítico (o simplemente clítico), para designar los pronombres átonos tanto proclíticos como enclíticos.

(58) le CL (($\uparrow$ PRED) = 'PRO')
($\uparrow$ CASO) = AC
($\uparrow$ NÚMERO) = SG
...

La estructura-c simplificada de (54c) se encuentra en la figura (1.17), su estructura-f en la figura (1.18). Aquí analizamos el clítico como un elemento que tiene opcio-

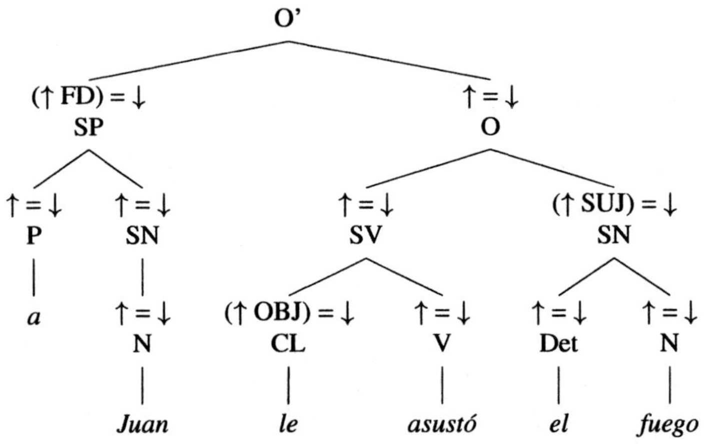

Figura 1.17: La estructura-c de 'A Juan le asustó el fuego'

nalmente un valor PRED. Es necesario que el clítico pueda tener un valor PRED para poder tratar los ejemplos en los que no hay SN que pueda introducirlo. Conviene decir que en el ejemplo que nos ocupa aquí, también podríamos haber analizado el clítico como un elemento *con* valor PRED. En este caso, la estructura-f del objeto no se identificaría con la estructura-f de la función discursiva, sino que las dos estarían ligadas anafóricamente. En el estado actual del análisis no podemos decidir cuál es la opción más adecuada. En el capítulo 7 estudiaremos más detenidamente los fenómenos de ligamiento, y mostraremos cómo se pueden analizar y formalizar dentro de la GLF.

1.3. Conclusión

Hemos introducido en este capítulo la teoría lingüística que utilizaremos como punto de partida para el estudio de los verbos psicológicos castellanos. Hemos enumerado muy brevemente algunas características generales de la teoría. Pero

$$\begin{bmatrix} \text{PRED} & \text{`asustar}\langle(\uparrow \text{SUJ})(\uparrow \text{OBJ})\rangle\text{'} \\ \text{FD} & \begin{bmatrix} \text{CASO} & \text{AC} \\ \text{PRED} & \text{`Juan'} \\ \text{NÚMERO} & \text{SG} \\ \text{GÉNERO} & \text{MASC} \\ \ldots & \end{bmatrix} \\ \text{SUJ} & \begin{bmatrix} \text{PRED} & \text{`fuego'} \\ \ldots & \end{bmatrix} \\ \text{OBJ} & [\ \ ] \end{bmatrix}$$

Figura 1.18: La estructura-f de 'A Juan le asustó el fuego'

sobre todo, en la segunda parte de este capítulo, hemos mostrado cómo se pueden analizar varias construcciones típicamente castellanas con este modelo teórico. Inevitablemente, estos análisis han sido bastante superficiales, pero formarán la base del análisis de los verbos psicológicos en los capítulos siguientes. La teoría de la GLF nos ofrecerá varias ventajas con respecto a otras teorías lingüísticas. Por una parte, los fundamentos formales de la teoría son muy sólidos. Pero este carácter formal no impide que sea posible elaborar análisis muy concretos de los datos empíricamente observables. Además, el hecho de que ya se han realizado varios proyectos informáticos con esta teoría muestra en qué medida ha logrado combinar la precisión formal y la adecuación empírica. El lector podrá encontrar más referencias con respecto a estos últimos desarrollos en Abeillé (1993) y un ejemplo concreto de la manera como se puede elaborar con esta teoría una gramática de gran alcance, en Butt et al. (1999).

En los tres capítulos siguientes, la teoría de la GLF constituirá a lo sumo el telón de fondo para la descripción de los hechos empíricos. Sólo a partir del capítulo 5 utilizaremos más extensivamente las herramientas proporcionadas por esta teoría, y veremos más detalladamente cómo se pueden utilizar para estudiar a fondo algunos fenómenos concretos. En ese capítulo ampliaremos la teoría de tal modo que podamos hacer derivar las funciones gramaticales de los distintos papeles temáticos desempeñados por los argumentos de un predicado, lo cual no podríamos hacer con la teoría tal como ha sido expuesta hasta ahora. Veremos entonces que una de las ventajas prácticas de la GLF es la posibilidad de repartir los distintos aspectos de un problema gramatical por varias estructuras o niveles lingüísticos paralelos, cada uno con su propia organización: en ese capítulo no sólo distinguiremos la estructura-c y la estructura-f introducidas en este capítulo, sino también una "estructura-a", o "estructura argumental".

Capítulo 2

Los verbos psicológicos: un reto para el estudio de las relaciones gramaticales

2.1. Introducción

Como lo nota Ruwet (1993), el estudio de los verbos psicológicos está concentrado en dos períodos distintos de la historia reciente de la lingüística. Un primer período de interés en este tipo de verbos empieza hacia finales de los años sesenta, uno de los primeros textos esenciales siendo Postal (1971), que retoma en realidad un texto ya escrito en 1968. Este primer período coincide con los debates entre los abogados de la Semántica Generativa y los defensores de la Gramática Generativa ortodoxa; además, ciertos estudios han sido escritos por algunos de los actores principales del debate (Lakoff, Postal,. . .) Y naturalmente, hay reflejos de este contexto histórico en los estudios lingüísticos. Este período se cierra hacia mediados de los años setenta (aproximadamente cuando se acabó el debate teórico mencionado). Los verbos psicológicos conocieron un nuevo apogeo a partir de finales de los años ochenta, con la publicación de un famoso artículo de Belletti & Rizzi (1987). Desde entonces muchos artículos y varios libros se han dedicado al asunto, desde perspectivas teóricas bastante diversas.

Ruwet (1993: 95) expresa la relevancia del contexto histórico de la manera siguiente:

> Ce n'est pas un intérêt soudain pour un vaste domaine de l'expérience humaine et pour les diverses manières dont les langues expriment les sentiments, les émotions, les passions, dans toute leur richesse concrète et dans toutes leurs nuances, qui a suscité ce regain d'attention. Ce sont, plutôt, des considérations internes à l'évolution des théories syntaxiques qui ont ramené les [verbes psychologiques] au premier plan des recherches. Les [verbes psychologiques] —plus précisément, certaines classes syntaxiques de [verbes psychologiques]— poseraient des problèmes particuliers à certaines parties importantes de la théorie GB [. . .] Il s'agit donc de ramener les [verbes psychologiques] à la norme, en exploitant les possibilités qu'offre la théorie, et en modifiant celle-ci au minimum.

Si en el primer período, la atención de los estudiosos se dirigió sobre todo hacia los aspectos puramente sintácticos de los distintos tipos de verbos psicológicos, el segundo período se caracteriza también por la aparición de algunos textos que prestan más atención a los aspectos semánticos y pragmáticos de ciertos verbos individuales (el autor principal siendo en este caso el mismo Ruwet).

Empezaremos este estado de la cuestión con el libro fundacional de Postal (1971) —el primer autor que trata extensivamente de los verbos psicológicos y al que se hace todavía referencia en la bibliografía actual—, para después saltar inmediatamente a Brekke (1976). En esta última publicación, el lector podrá encontrar un estado de la cuestión de la bibliografía anterior a 1976. Nos limitaremos en este capítulo a los libros y artículos que tratan los verbos psicológicos desde un punto de vista más bien global. Pero hay también muchísimos artículos que sólo analizan algunos aspectos muy particulares de los problemas relacionados con los verbos psicológicos. Mencionaremos estos artículos en el cuerpo de nuestro texto cuando sean pertinentes para el tema bajo análisis.

2.2. Postal (1971)

Postal (1971) es un estudio de varias particularidades que conciernen a la correferencia, y más precisamente el hecho de que ciertas configuraciones que implican correferencia son imposibles en inglés (Postal 1971: 7):

(1) a. I saw myself.
b. * I was seen by myself.

Postal explica este comportamiento por un análisis por movimiento, y más concretamente por una restricción que prohíbe que un SN pase "por encima" de otro SN correferente con él (el llamado "Cross-Over Constraint"). Bajo este análisis, en el segundo ejemplo el "agente" y el "paciente" han invertido sus lugares respectivos con respecto a la configuración básica tal como se ejemplifica en (1a). Por lo tanto uno de los dos SSNN ha pasado por "encima" del otro; ya que ambos son correferentes, la oración que resulta es agramatical. Postal (1971: 46ss) señala que podemos encontrar una restricción similar con algunos predicados que designan "psychological states, processes, or attributes" (Postal 1971: 39).[1] Véanse los ejemplos siguientes (Postal 1971: 47):

(2) a. I was irritated at myself.
b. * I was irritating to myself.

Postal explica este contraste por la hipótesis de que una regla de "Psych-Movement" se ha aplicado en el ejemplo (2b), y no en el ejemplo (2a); el *Psych-Movement* consiste esencialmente en el intercambio de las posiciones respectivas de los dos argumentos del predicado. Así, el ejemplo (2b) podría derivarse de la manera siguiente:[2]

---

1 Los ejemplos de Postal (1971) son bastante heterogéneos según criterios actuales. Incluyen verbos semánticamente tan distintos como *taste* y *amuse* y adjetivos morfológicamente muy diversos (*loathsome*, *acceptable*, *amused*, *amusing*,...) Volveremos a hablar de esta particularidad de los primeros análisis de los verbos psicológicos en nuestro resumen de Brekke (1976) (sección 2.3, p. 43).

2 Las formas concretas del verbo *irritate* en esta derivación no tienen valor teórico. Además, sólo utilizamos aquí los papeles temáticos del experimentante y del tema para identificar los dos argumentos en las distintas etapas de la derivación; Postal no utiliza estas nociones (por lo menos no de este modo).

(3) a. I (exp.) was irritated at me (theme).

$\Longrightarrow$ (Psych-movement)

b. * I (theme) was irritating to me (exp.).

$\Longrightarrow$ (Reflexive tranformation)

c. * I (theme) was irritating to myself (exp.).

La aplicación del *Psych-Movement* implica el intercambio de las posiciones respectivas del experimentante y del tema, mientras que la transformación reflexiva sustituye simplemente la forma no-reflexiva del pronombre objeto por una forma reflexiva. Ya que los dos SSNN en este ejemplo son correferentes, la aplicación del *Psych-Movement* trae consigo una infracción del *Cross-Over Constraint*: un argumento tiene que pasar inevitablemente "por encima" de otro argumento correferente con él.

Los aspectos técnicos de este análisis ya no son muy relevantes en el contexto de la lingüística actual, pero conviene señalar una consecuencia de este análisis que sería difícil de apoyar en las teorías sintácticas actuales. Es poco probable que el ejemplo (2a) esté más próximo a la estructura subyacente que (2b) si consideramos que la construcción morfológicamente básica repite el orden de los argumentos de este último ejemplo:

(4) John was irritating to Peter.

(5) John irritated Peter.

El análisis de Postal nos obliga a decir que en (2a) el orden de los argumentos refleja el orden subyacente, contrariamente a los ejemplos (2b) y (5), que serían el resultado de una aplicación del *Psych-Movement*...

Es interesante ver que según Postal (1971: 48ss), ciertos predicados (*hurt*, *sore*,...) que denotan sensaciones físicas, también son los resultados de una aplicación de *Psych-Movement* (como en el ejemplo [2b], el tema se encuentra en la posición del sujeto):

(6) a. My arm hurts.

b. Schwarz's foot is sore.

(Los ejemplos 6.64a y 6.64b de Postal 1971.)

Los argumentos invocados concretamente por Postal ya no tienen mucha relevancia, pero señalamos esta hipótesis porque el paralelismo entre los verbos psicológicos y los verbos que denotan una sensación física salta todavía más a la vista en castellano y en otras lenguas romances (comparen "Le duele la cabeza" y "Le interesa esta película").

2.3. Brekke (1976)

La tesis doctoral de Brekke (1976), una de las primeras dedicadas enteramente a los verbos psicológicos, se sitúa en el marco teórico de la Semántica Generativa. Además, defiende, en la línea de Fillmore (1968), la utilización de papeles temáticos para explicar las propiedades de los predicados psicológicos.[3] Como la mayoría de los autores anteriores a él, Brekke se extraña menos del hecho de que los papeles temáticos de verbos como *to like* y *to surprise* parecen invertidos, que del hecho de que los *dos* tipos de verbos admiten una especie de inversión de los papeles temáticos:

(7) a. I am surprised at John.
b. John is surprising to me. / John surprises me.

(8) a. I enjoy movies.
b. Movies are enjoyable to me.

(Brekke 1976: 36; los dos últimos ejemplos proceden de Lakoff 1970: 126)

Un fenómeno similar se puede notar con algunos *adjetivos* con sentido "psicológico":

(9) a. I am very happy with this particular proposal.
b. This particular proposal makes me very happy.

(Brekke 1976: 103)

A pesar de las reservas iniciales de Chomsky (1965),[4] varios autores (Lakoff 1970, Postal 1971, McCawley 1976) reconocieron una relación transformacional entre las formas (a) y (b) de estos ejemplos (llamada "Flip" por Lakoff 1970, y, como ya hemos visto en la sección anterior, "Psych-Movement" por Postal 1971). Esta observación conlleva muchas veces el reconocimiento de la existencia de relaciones semánticamente determinables entre el predicado y sus argumentos ("agente",

3 En este capítulo y en los siguientes utilizaremos la noción de "papel temático" de una manera bastante informal, para designar los papeles semánticos desempeñados por los argumentos de un predicado (tema, experimentante, instrumento, agente, etc.) Además, en este capítulo seguiremos generalmente la terminología utilizada por los autores discutidos. Sólo en el capítulo 5, formularemos explícitamente una teoría temática, que será en parte distinta de las teorías temáticas comúnmente utilizadas.

4 Brekke (1976: 28) señala que Chomsky (1965) menciona los ejemplos de *Psych-Movement* como predicados que indican una "meaning relation [...] not expressible in transformational terms", contrariamente a ejemplos como "John is easy for us to please" - "it is easy for us to please John", en los que se puede entrever más fácilmente un análisis transformacional (Chomsky 1965: 162 *apud* Brekke 1976: 28).

"experimentante", "estímulo",...), relaciones aparentemente independientes de su posición sintáctica en la oración.

Aunque para Brekke la inversión de los papeles temáticos no es exclusiva de los verbos psicológicos[5] —da como otros ejemplos los verbos *hear / sound,*[6] *perceive, imagine,*[7]... —, este autor enfoca los tipos de predicados propiamente psicológicos de *amuse* y *happy*. Como ya lo había hecho Postal (1971), señala que hay tipos de verbos no psicológicos que presentan semejanzas semánticas y sobre todo sintácticas (el hecho de que pueden encontrarse en configuraciones temáticamente invertidas) con los verbos psicológicos: los predicados que denotan sensaciones físicas (*sore, hurt, numb, ache,*...) y ciertos verbos relacionales (*precede / follow, own / belong*).

El objetivo principal del estudio de Brekke es demostrar que la transformación pasiva y el *Psych-Movement* no son operaciones idénticas. Resume su posición de la manera siguiente:

> According to the hypothesis advanced in the present work, Passive will apply in the derivation of sentences with a *nonstative* psychological predicate (PV), while Psych-Movement will apply in the derivation of sentences with a *stative* psychological predicate. Within a G[enerative]S[emantics] model this means that the logical structure of a PV-sentence "undergoing" Passive will involve semantic predicates overtly representing inchoation and in most cases also causation, while the logical structure of a sentence "undergoing" PM will *not*. (Brekke 1976: 16–17)

Esta hipótesis tiene como consecuencia que los verbos a los que se puede aplicar el *Psych-Movement* pertenecen generalmente a dos clases aspectuales distintas: pueden ser "estados" o "incoativos" ("causativos")[8]. En el capítulo 4, en el que trataremos del aspecto léxico de los verbos psicológicos, analizaremos más detenidamente esta distinción.

---

5 Para Brekke la clase de los llamados verbos (o "predicados") psicológicos tiene más extensión que en el uso actual: incluye los verbos "perceptivos", "cognitivos" y "emotivos". La clase de los verbos psicológicos emotivos corresponde a la clase de los verbos psicológicos en el uso actual del término.

6 Como en "I hear that you've made a fool of yourself." /v/ "It sounds to me like you've made a fool of yourself."

7 Como en "I perceive that I may be wrong." /v/ "That I may be wrong is perceivable." o "I imagine that John did it." /v/ "That John did it is imaginable."

8 Brekke no utiliza el término "achievement", pero la caracterización de los predicados como "inchoative" sugiere que desde el punto de vista de su aspecto léxico son equivalentes a "achievements" (logros) y no a "accomplishments" (realizaciones). Véanse por ejemplo Vendler (1967) o Dowty (1979), para las definiciones clásicas de estos términos

En resumen, el *Psych-Movement* sólo se aplica a los predicados psicológicos estativos, mientras que la "transformación pasiva" se aplicaría a la versión causativa (la diferencia entre ambas interpretaciones es una diferencia de estructura subyacente, ya que no se ve directamente en la estructura superficial). Ahora bien, los argumentos alegados por Brekke (1976) para demostrar que una oración pasiva no es idéntica estructuralmente a una oración psicológica como "I am surprised at John" (y eso a pesar de la semejanza superficial, sólo la preposición es diferente) parecen muy fuertes.[9]

Pero no da argumentos tan fuertes en favor de la hipótesis de que las oraciones pasivas son causativas en la estructura subyacente, mientras que las oraciones relacionadas con el *Psych-Movement* serían estativas... Uno de los pocos argumentos es el hecho de que sólo las oraciones pasivas aceptan un complemento adicional que denota un instrumento:

(10) a. Sally was delighted by Bill with a new necklace.
b. * Sally was delighted with Bill with a new necklace.

(Brekke 1976: 252–253)

Según Brekke (1976: 45) un instrumento presupone siempre la presencia de un agente. La oración pasiva puede construirse con un instrumento porque este argumento puede relacionarse con el agente de la oración causativa. En el ejemplo (10b), no hay oración causativa ni agente; por consiguiente, el instrumento no puede relacionarse con ningún complemento y la oración es agramatical.

Uno de los problemas a los que se ve enfrentado Brekke es el hecho de que el *Psych-Movement* muchas veces tiene repercusiones morfológicas y sintácticas poco regulares y de gran alcance: verbos se transforman en adjetivos, adjetivos en locuciones verbales, etc. (véanse los ejemplos [7] a [9] en la página 43). La Semántica Generativa y más concretamente las teorías de casos de Fillmore (1968) y Gruber (1970), que reconocen una especie de nivel semántico profundo "preléxico" en el que se puede hacer abstracción de estas diferencias morfológicas y sintácticas, dan algunas pistas para resolver esta problemática, pero, a nuestro parecer, muchos problemas quedan sin solución. Brekke señala que los mejores candidatos para una operación de *Psych-Movement* son los predicados de las clases

9 Uno de los indicios más convincentes de la diferencia entre ambos tipos de oraciones es su comportamiento distinto respecto a varios tipos de transformaciones, que ahora se llamarían "de extracción", p. ej.:

(i) This mess I am irritated *with* having to clean up.
(ii) * That mess I was irritated *by* having to clean up. (Brekke 1976: 262)

de *amuse* y de *happy*, en las cuales esas repercusiones son relativamente regulares, pero al final del libro parece que los únicos verdaderos candidatos para una operación de *Psych-Movement* son los verbos de la clase de *amuse* (Brekke 1976: 284).

Según Brekke, algunas particularidades sintácticas y semánticas de los predicados psicológicos deben explicarse "pragmáticamente",[10] y más concretamente a través de tres características pragmáticas inherentes a esos predicados: la subjetividad inherente a todo proceso "emotivo", la imposibilidad de controlar esos procesos y el hecho de que los predicados psicológicos pueden expresar tanto un estado como lo que causa ese estado.

Un ejemplo de cómo esos factores podrían explicar ciertas características de los predicados psicológicos es el siguiente: un experimentante en posición de objeto (preposicional) sólo puede designar una primera persona (el *Object-Experiencer Constraint* de Postal[11]). Véanse los ejemplos siguientes:

(11) a. John seems crazy to me.
b. * Johns seems crazy to Sally.

Aparentemente, este tipo de oraciones sólo puede denotar una información "primera", expresada por el experimentante mismo en primera persona, lo que es una consecuencia de la subjetividad inherente a estos ejemplos. Pero hay varios problemas con este análisis. En primer lugar, hay muchos ejemplos contradictorios, como el ejemplo siguiente:

(12) The stolen check makes the manager furious.

Según Brekke, el predicado (*make furious*) en este ejemplo denota una emoción exteriormente visible; por consiguiente, otra persona puede conocer directamente el estado de ánimo del experimentante (el *manager* en este caso). Además, un experimentante de tercera persona es siempre perfectamente posible en la posición del *sujeto*:

(13) Harry detests the use of political blackmail.

Esto obliga a Brekke a suponer que "psych-verb sentences appearing as B-forms [es decir, con el experimentante en la posición del objeto] are somehow more subjective than the same as A-forms [con el experimentante en la posición del

10 El término "pragmático" parece significar para Brekke algo como "psicológicamente o cognitivamente natural o explicable". Como tal se opone al término "semántico" que parece denotar un nivel más estrictamente lingüístico. La distinción operada por Brekke no siempre es muy clara, porque los fenómenos llamados pragmáticos por Brekke, muchas veces tienen reflejos semánticos directos...

11 Las referencias exactas se encuentran en Brekke (1976: 115).

sujeto], and that the rejection of non-first-person Experiencers in B-position is a direct reflection of that stronger constraint." (Brekke 1976: 121). Aunque la evidencia en favor de esta última hipótesis es bastante débil, a primera vista parece difícil entrever otro tipo de explicación para estos datos.

Como ya hemos notado, según Brekke (1976: 196) los verbos psicológicos pueden tener dos interpretaciones distintas: una estativa, que denota un estado emotivo, y otra no estativa, que denota el proceso psicológico que da lugar a un estado emotivo. Esta última interpretación comportaría una estructura causativa subyacente. El papel no experimentante de los predicados psicológicos *estativos* no sería idéntico al estímulo presente en las oraciones psicológicas *causativas*. Por eso Brekke llama el papel no experimentante de un verbo estativo el "objeto emotivo" del proceso psicológico. Así, en una oración como "John amuses me", en su interpretación estativa, *John* no sería un estímulo, sino un objeto emotivo. Este desdoblamiento de los papeles temáticos permite explicar la existencia de ciertos predicados que parecen incluir tanto un estímulo como un objeto emotivo (Brekke 1976: 184, 209):

(14) The refrigerator's smelling of garlic made Fred irritated with his new roommate.

(15) My love for you makes me sorry you are leaving.

Daremos más detalles sobre esto en el capítulo 5.

2.4. Ruwet (1972, 1993, 1995)

Los estudios de Ruwet ocupan un lugar algo particular en el conjunto de los estudios que conciernen a los verbos psicológicos. Aunque Ruwet (1972) es anterior a la tesis de Brekke (1976), lo trataremos sólo ahora, porque contrariamente al estudio de Brekke, que sigue esencialmente en la línea de Postal (1971), el estudio de Ruwet es una crítica fundamental de este último autor. Además, las críticas de Ruwet continúan siendo actuales, a la luz de estudios transformacionales más recientes como Belletti & Rizzi (1987) o Pesetsky (1995). No sólo el mismo Ruwet ha retomado el asunto en algunos artículos más recientes (Ruwet 1993, 1995), sino que sus argumentos también han sido reutilizados por Bouchard (1995b).

Ruwet (1972) (más particularmente el capítulo 5) es esencialmente una crítica de Postal (1971), y de varios otros intentos de tratar los verbos psicológicos por un análisis transformacional. La crítica que dirige Ruwet a Postal se sitúa en el debate entre los defensores de la Semántica Generativa, y los lingüistas favorables al empleo de reglas "interpretativas" (Ruwet 1972: 36ss). Esencialmente, los adeptos de la Semántica Generativa proponen distinguir estructuras profundas semánticamente determinadas, y que pueden ser muy distintas de las estructuras superficiales respectivas, para explicar las similitudes y diferencias semánticas superficiales, mientras que lingüistas como Ruwet pretenden que esos matices semánticos también pueden ser captados por reglas interpretativas más específicas.[12]

Según Ruwet (1972: 182), se pueden distinguir por lo menos dos alternativas teóricas para explicar los datos proporcionados por los verbos psicológicos. En la solución transformacional, la similitud de los papeles temáticos de los verbos psicológicos se explica por la similitud de sus estructuras profundas respectivas. En otra solución posible, se derivan las distintas construcciones psicológicas de estructuras profundas distintas (o sea, la variación superficial está reflejada por una variación en la estructura profunda). Esta última solución se puede llamar semántica, porque supone reglas de interpretación (semántica) más específicas. En efecto, en esta hipótesis los papeles semánticos no pueden deducirse de las posiciones de los argumentos (como sujeto, objeto,...) en la estructura profunda (estas posiciones no son fijas), pero deben ser determinados por reglas interpretativas más sutiles. Ruwet basa esas reglas interpretativas en una versión de la teoría temática, tal como ha sido elaborada por autores como Gruber, Jackendoff, y otros. De una manera más concreta, tal solución "semántica"[13] debe incluir una diferenciación léxica de los distintos verbos psicológicos. Sin embargo, conviene subrayar que ninguna de esas dos opciones teóricas explica el *origen* de la existencia de distintas clases de verbos psicológicos, pero, según Ruwet, la alternativa semántica es más adecuada por otras razones (entre otras de coherencia descriptiva).

En un primer momento, Ruwet trata de demostrar que los fenómenos explicados por la teoría transformacional también pueden tratarse adecuadamente, y a veces incluso de una manera más convincente, en una teoría semántica; por esto, la teoría semántica sería por lo menos equivalente a la opción transformacional en cuanto a su poder explicativo. Así, no es fácil explicar, dentro de un análisis transformacional, por qué a veces el "experimentante" (llamado "lugar psicológico" por Ruwet) está obligatoriamente ausente (Ruwet 1972: 194ss). Comparen los dos ejemplos siguientes:

(16) Il m'est agréable de partir.

(17) Il (*m') est évident que Pierre est fou.

12 Es decir, reglas que determinan la interpretación de una oración a base de una estructura profunda estrictamente sintáctica (cf. p. ej. Matthews 1997). Forma parte, pues, de la versión de la GGT introducida por ejemplo en Chomsky (1965). Esta idea será retomada en una nueva forma por Bouchard (1995b).

13 La terminología puede prestarse a confusión en este contexto: la solución "semántica" no se sitúa en la Semántica Generativa, sino en una teoría generativa relativamente ortodoxa. La solución "transformacional" de Postal, por otra parte, es uno de los precursores de la Semántica Generativa.

Si, según la teoría de Postal, en la estructura profunda de una oración como (17), tal como sería el caso en (16), el experimentante se encuentra en posición de sujeto, ¿cómo se puede explicar que su presencia es inaceptable en la estructura superficial de (17)? Es verdad que el experimentante no está excluido con la preposición *pour* en francés:

(18) Pour moi, il est agréable de partir.

(19) Pour moi, il est évident que Pierre est fou.

Pero estos datos no ayudan a resolver el problema de la ausencia del experimentante, ya que en el caso de *agréable*, la interpretación de la oración varía según la preposición con la que se construye el experimentante, *à* en (16) —la preposición del OI— y *pour* en (18). Por otra parte, es el complemento introducido por *à* el que normalmente se considera como el sujeto profundo en las hipótesis transformacionales; ya que el complemento introducido por *pour* tiene otro sentido, es poco probable que este sea un sujeto profundo (cfr. Ruwet 1972: 195 para más detalles). En una teoría léxica-semántica, según Ruwet, estos ejemplos pueden explicarse más fácilmente que en una teoría transformacional, porque la posibilidad o la imposibilidad de construir un verbo con una preposición puede especificarse simplemente en el léxico. Al mismo tiempo, la *diferencia* entre (16) y (18) puede deducirse del contenido léxico de las preposiciones. Según Ruwet, el análisis de Postal (1971) plantea también ciertos problemas más bien "técnicos". Así, ciertas reglas empleadas por Postal parecen obedecer a criterios y condiciones muy particulares en comparación con los contextos normales de su aplicación (Ruwet 1972: 196ss).[14]

Uno de los argumentos principales de Postal (1971) en favor de un análisis transformacional es la existencia del llamado *Cross-Over Constraint* —véanse los ejemplos (2a) y (2b) en la página 41. Ahora bien, según Ruwet (1972: 218), hay una alternativa teórica (no transformacional) a la hipótesis de Postal y que también puede explicar estos datos: la jerarquía temática introducida por autores como Jackendoff.[15] Además, en francés hay contraejemplos a la restricción de Postal que son perfectamente gramaticales según Ruwet:

(20) Pierre se dégoûte (lui-même).

Según Ruwet, estos contraejemplos son más fáciles de explicar en una teoría temática que en una teoría que utiliza una operación de movimiento; en ciertos contextos, un tema puede interpretarse como un agente, y de esta manera puede ser el antecedente de una anáfora.[16] Pero es verdad que la alternativa temática tampoco

14 Véase por ejemplo Ruwet (1972: 212ss) por lo que se refiere al comportamiento de *personally*.

15 Volveremos a tratar de esta jerarquía y de su papel en la teoría del ligamiento en el capítulo 7.

16 Ciertos verbos psicológicos pueden tener dos interpretaciones, una agentiva y otra no agentiva: "Juan asusta (deliberadamente) a los niños."

consigue explicar todos los ejemplos, porque parece que hay también contraejemplos en los que el tema *no* se puede interpretar como agente:

(21) Pierre se gêne (lui-même).

Estos últimos ejemplos de ligamiento anafórico quedan sin explicación en ambas teorías.

Ruwet (1972: 223ss) señala también que existe una clase muy extensa de verbos con dos sentidos, uno concreto, y otro psicológico (*affaiblir*, *aigrir*, *apaiser*, *frapper*,... cfr. la lista muy extensa en las páginas 228-229 de Ruwet 1972). Estos datos son muy difíciles de explicar en un análisis transformacional. En efecto, es necesario suponer que en estos casos cada verbo tiene dos entradas léxicas muy distintas, según que se trate del sentido concreto o psicológico del verbo: en el sentido concreto son verbos transitivos regulares, en el sentido psicológico dan lugar a una estructura profunda en la que los dos argumentos cambian su sitio respectivo a través del *Psych-Movement*. Así, *frapper* concreto y *frapper* psicológico serían verbos simplemente homónimos, y su identidad fonética sería pura casualidad. Este análisis está claramente en contradicción con la intuición muy fuerte de los hablantes francófonos de que hay una relación semántica entre los dos sentidos de *frapper*. Ahora bien, en una teoría léxica-semántica, estos datos no son problemáticos, porque en los dos casos, el verbo tiene una estructura léxica esencialmente idéntica.[17] Además, no hay siempre una dicotomía nítida entre los dos tipos de empleos (Ruwet 1972: 234ss), tanto desde un punto de vista semántico como sintáctico. En ciertos casos, parece que hay empleos que no son ni puramente psicológicos, ni puramente concretos, lo que hace todavía más problemático el análisis transformacional:

(22) Un rayon de soleil frappait les bibelots. (197)

Con ciertos verbos, el empleo psicológico hereda parcialmente el comportamiento del mismo verbo en su empleo concreto. Comparen el comportamiento de *frapper* (que en su sentido psicológico *no* se comporta como en su sentido concreto) y de *effleurer* (que tiene un comportamiento similar en sus dos empleos):[18]

(23) a. * Le rayon de soleil est frappant pour les bibelots. (202b)
     b. Les bibelots sont frappés {?par / *d'} un rayon de soleil. (202a)

(24) a. La ressemblance entre Tweedledum et Tweedledee est frappante. (158b)

---

17 Es decir, no hay ningún tipo de movimiento; lo que cambia son simplemente los papeles temáticos de los distintos argumentos, y esto es una consecuencia directa de la diferencia de sentido.

18 La numeración entre paréntesis es de Ruwet. Con un empleo enteramente concreto del verbo *frapper* tendríamos un resultado similar pero no idéntico: "*Le boxeur est frappant pour Jean", "Jean est frappé {par le boxeur / ?du boxeur}".

b. Paul-Émile a été très frappé par ces événements. (162b)

(25) a. * Cette balle est effleurante (pour Clark Gable). (191a)

b. Clark Gable a été (*très) effleuré par cette balle. (192a)

(26) a. * Cette idée est effleurante (pour Hamlet). (191b)

b. Hamlet a été (*très) effleuré par cette idée. (192b)

Sin embargo, conviene subrayar que ciertos problemas subsisten también en un análisis temático (Ruwet 1972: 239ss). Con ciertos verbos empleados psicológicamente, el carácter metafórico del empleo psicológico parece subsistir más claramente que con otros verbos del mismo tipo. Comparen los ejemplos siguientes (la posibilidad de utilizar el adverbio *littéralement* en francés parece ser un indicio del valor metafórico de una oración):

(27) Ça me tue littéralement de devoir écouter l'intégrale de la *Tétralogie* par Furtwängler. (212b)

(28) ?? Brutus frappait littéralement César par son ambition. (214)

Además, hay casos en los que el carácter metafórico está más o menos presente, y en los que *littéralement* parece más bien reavivarlo:

(29) J'ai été littéralement blessé par cette remarque. (217)

Ruwet (1993) es de nuevo un artículo crítico, ahora dirigido hacia tres de los análisis que tienen más influencia en el contexto actual: Belletti & Rizzi (1987), Pesetsky (1995) y Bouchard (1992, 1995a,b). Ruwet (1993: 97) resume muy claramente su crítica fundamental de Postal (1971), aplicándola ahora al análisis de Belletti y Rizzi:[19]

> La critique la plus simple et la plus massive que je faisais à Postal (Ruwet 1972: 223–245) s'applique également à [Belletti & Rizzi]: la multitude de [verbes psychologiques de la classe {PREOCUPAR}] qui dérivent historiquement de verbes d'action physique (*navrer*, *tourmenter*, etc.) ou qui sont ambigus dans la langue actuelle (*blesser*, *frapper*, *torturer*, etc.) rend très peu naturelles de telles différences en D-structure.

Además, al igual que Postal (1971) y Belletti & Rizzi (1987), el análisis de Pesetsky (cfr. la sección 2.8, más abajo) asigna una estructura particular a los verbos psicológicos, por lo que su análisis es susceptible de la misma crítica que la que Ruwet destina a Belletti & Rizzi.[20]

19 Resumiremos el análisis de Belletti y Rizzi más abajo, en la sección 2.6.

20 Para un resumen de Ruwet (1995), véase la sección 3.3.3, página 92. En este artículo, Ruwet introduce la noción de "intencionalidad", que desempeñará un papel muy importante en lo que sigue.

2.5. Perlmutter (1984)

Perlmutter (1984) se sitúa en el marco de la Gramática Relacional y estudia los verbos italianos del tipo de *piacere*, a los que añade algunos verbos (y predicados adjetivales) menos claramente psicológicos que, según este autor, se comportan de una manera similar (*mancare*, *bastare*, *facile*, *difficile*,...) Se trata por lo tanto de una clase de verbos típica de las lenguas romances.[21] Perlmutter muestra que el comportamiento de estos verbos, y más precisamente del argumento "dativo", proporciona argumentos en favor de la existencia de una construcción de "inversión". Da 5 argumentos en favor del "final 3-hood"[22] del argumento dativo ("inversion nominal" en la terminología de Perlmutter), y 4 argumentos en favor de su *1-hood*.[23]

Los argumentos de Perlmutter en favor del *final 3-hood* del *inversion nominal* son bastante triviales: su caso dativo, el hecho de que no concuerda con el verbo, el que no puede ser el sujeto sobreentendido en una oración infinitiva ("Equi"), el que, contrariamente a un sujeto en las lenguas romances, no puede ser omitido, y su comportamiento respecto a *floating quantifiers* como *tutti*.[24] Pero los argumentos en favor de su *1-hood* son más interesantes. En realidad los cuatro argumentos son bastante similares; todos muestran que con los verbos como *piacere*, y contrariamente a verbos con un objeto indirecto "normal", el sujeto de una oración subordinada puede estar controlado por el *inversion nominal* (el objeto indirecto) de la oración principal, mientras que normalmente debe estar controlado por el *sujeto* de la oración principal:

(30) a. Giorgio ha abbastanza soldi da poter pagare il riscatto.
'Giorgio tiene bastante dinero como para poder pagar el rescate.'

---

21 Ciertos autores anglosajones también distinguen esta clase en inglés, pero la diferencia entre estos verbos y los verbos de la clase de {PREOCUPAR} es mucho menos nítida en inglés que en las lenguas romances (cf. Grimshaw 1994: 29). En castellano, estos verbos corresponden con la clase de {AGRADAR}.

22 Un argumento 1 corresponde con un sujeto en la terminología usual, un argumento 2 con un objeto directo, y un argumento 3 con un objeto indirecto. Un "3 final" es un argumento que desempeña el papel del objeto indirecto en el nivel (o "estrato") superficial. Por lo tanto, decir que un argumento es un 3 final corresponde con decir que es un objeto indirecto superficial. Decir que tiene *1-hood* corresponde con decir que es un sujeto en algún estrato.

23 La idea de que los verbos psicológicos del tipo de {AGRADAR} son el resultado de una transformación de movimiento está muy generalizada en el paisaje lingüístico actual, incluso con autores que no aceptan un análisis transformacional con los verbos de la clase de {PREOCUPAR}. Grimshaw (1994: 42) por ejemplo, que niega que los verbos de la clase de {PREOCUPAR} den lugar a una operación de movimiento, acepta esta idea en el caso de {AGRADAR}.

24 En realidad, sólo dos de los argumentos alegados por Perlmutter (el caso dativo, y el comportamiento respecto a los *floating quantifiers*) muestran efectivamente que son 3 finales, los otros tres argumentos sólo muestran que *no* son 1 finales (Perlmutter 1984: 302).

b. * Gliel'ho detto tante volte *da arrabiarsi.*
'Se lo he dicho tantas veces que se ha enfadado (lit. para enfadarse).'

c. Gli sono mancate vitamine tanto *da ammalarsi.*
'Le faltaron vitaminas hasta tal punto que cayó enfermo (lit. para enfermar).'

(31) a. Essendo appena tornata$_i$ in città, Maria$_i$ ha dato i soldi a Giorgio.
Lit.: Habiendo apenas vuelto a la ciudad, María...
'Apenas había vuelto a la ciudad cuando María dio el dinero a Giorgio.'

b. * Essendo appena tornato$_i$ in città, Maria ha dato i soldi a Giorgio$_i$.

c. Essendo privo di fantasia, gli piacevano le attività strutturate.
'Siendo desprovisto de imaginación, le gustaban las actividades estructuradas.'

(32) a. Appena tornata$_i$ in città, Maria$_i$ ha telefonato a Giorgio.
Lit.: Apenas vuelta a la ciudad, María...
'Apenas había vuelto a la ciudad cuando María llamó a Giorgio.'

b. * Appena tornato$_i$ in città, Maria ha telefonato a Giorgio$_i$.
Lit.: Apenas vuelto a la ciudad, María...

c. Appena congedato, mi è rincresciuto dover tornare a lavorare.
'Apenas despedido, me aburrió tener que volver a trabajar.'

(33) a. Giorgio ha telefonato a Gilda giusto prima di tornare in città.
'Giorgio ha llamado a Gilda justo antes de volver a la ciudad.'

b. Gli era piaciuta la casa senza sapere esattamente perchè.
'Le había gustado la casa sin saber exactamente por qué.'

Estos ejemplos muestran que el mismo fenómeno se da tanto con *da* + infinitivo (30), como con una construcción de gerundio (31), con un "participio absoluto" (32), o con una oración infinitiva adverbial (33)—en 33a, la única interpretación posible es que Giorgio le haya telefoneado a Gilda, antes de que *él* volviera.[25]

25 Legendre (1989) llega a conclusiones similares en un estudio de los verbos de la clase de {AGRADAR} en francés, lo que corrobora los resultados (por lo menos empíricos) de Perlmutter.

2.6. Belletti & Rizzi (1987)

2.6.1. Un análisis estructural

El artículo de Belletti & Rizzi (1987) se inscribe en el marco de la teoría del Régimen y Ligamiento clásica. Los autores parten de la idea de que las redes-θ (redes temáticas) de las tres clases de verbos psicológicos distinguidas en su artículo, las clases de *temere*, de *preoccupare* y de *piacere* (nuestras clases respectivas de {TEMER}, {PREOCUPAR} y {AGRADAR}), son idénticas, porque cada red incluye supuestamente un tema y un experimentante. ¿Pero cómo se puede explicar entonces que una misma red temática puede proyectarse en configuraciones sintácticas tan variadas? Belletti & Rizzi se proponen demostrar que hay menos arbitrariedad de lo que se ha afirmado a veces, en cuanto a la proyección de la red-θ de los verbos psicológicos en sus configuraciones sintácticas respectivas.

El núcleo de su análisis consiste en demostrar que sólo la clase de {TEMER} *no* sufre movimiento a partir de su estructura-P(rofunda). Los verbos de las otras dos clases incluyen, en su estructura-P, un sujeto vacío, y dos objetos bajo SV (cfr. las figuras 2.1 y 2.2). Uno de esos objetos se mueve hacia la posición del sujeto en la estructura-S(uperficial). Según Belletti & Rizzi, la estructura profunda de

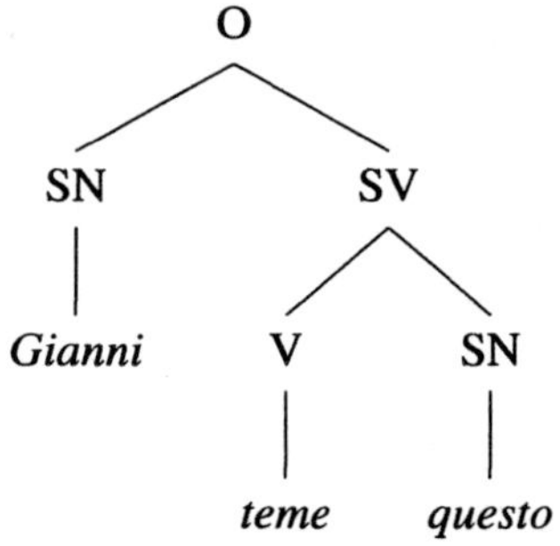

Figura 2.1: La estructura-P de *temere*

los verbos de las clases de {PREOCUPAR} y de {AGRADAR} permite al mismo tiempo explicar varios problemas relacionados con la teoría del ligamiento y otras particularidades de los verbos psicológicos de esas dos clases de verbos.

El análisis de Belletti & Rizzi presupone una teoría temática no mínima, porque postulan la existencia de una jerarquía temática que determina en parte la proyección de los argumentos en la estructura-P. En este caso concreto, implica que en la estructura profunda de los tres tipos de verbos psicológicos, el experimentante se encuentra siempre en un nivel más alto que el tema (como se puede

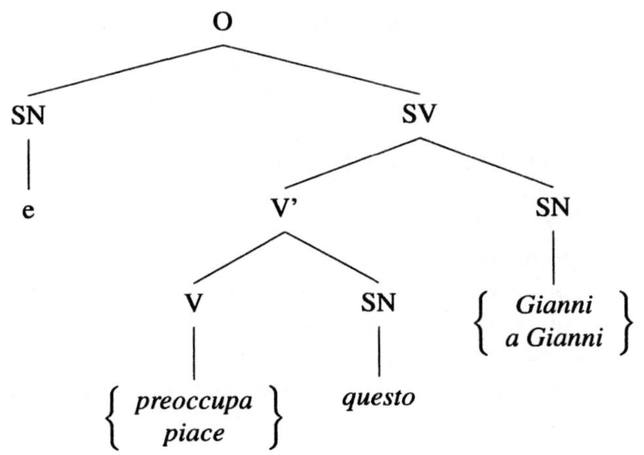

Figura 2.2: La estructura-P de *preoccupare* y de *piacere*

verificar en las figuras 2.1 y 2.2). Los distintos papeles temáticos desempeñan un papel esencial en las zonas de contacto entre la gramática y los demás sistemas cognitivos, pero no desempeñan ningún papel en la gramática misma (Belletti & Rizzi 1987: 64):[26]

> Las jerarquías temáticas y sus equivalentes intervienen sólo una vez, en la formación de las estructuras-P, a partir de este momento la referencia a tales entidades se excluye de la gramática formal.

Por lo tanto, lo que distingue la clase de {TEMER} de las otras dos clases de verbos psicológicos, es el hecho de que el experimentante se encuentra directamente en la posición del sujeto, mientras que con las otras dos clases, la posición del sujeto está vacía. Esto entraña el movimiento posterior del tema hacia la posición del sujeto. Con los verbos de la clase de {AGRADAR} el tema debe moverse hacia la posición del sujeto, porque el experimentante está dotado de un caso in-

26 La traducción al castellano de esta cita y de los ejemplos italianos citados aquí, son de las editoras y traductoras del volumen en el que aparece la versión castellana del artículo de Belletti & Rizzi, Violeta Demonte y Marina Fernández Lagunilla.

herente (el dativo).[27] Belletti & Rizzi (1987) tienen que postular que se asigna también, y de una manera bastante excepcional, un caso acusativo inherente al experimentante de los verbos de la clase de {PREOCUPAR},[28] lo que entrañaría de nuevo el movimiento del tema, y no del experimentante, hacia la posición del sujeto. La diferencia entre las distintas clases de verbos psicológicos se reduce, pues, a una estipulación léxica: no se asigna un caso inherente al experimentante de los verbos de la clase de {TEMER}, mientras que se asigna un caso acusativo o dativo inherente al experimentante de las otras dos clases. Con estas estipulaciones, Belletti & Rizzi consiguen explicar varios fenómenos aparentemente sin conexión entre ellos, y esto de una manera bastante elegante. Además, aunque estas estipulaciones pueden parecer bastante arbitrarias, obedecen siempre a otros principios fundamentales e independientemente motivados (por ejemplo, la jerarquía temática).[29]

Belletti & Rizzi (1987) alegan toda una serie de argumentos empíricos para mostrar que el sujeto de *preoccupare* no es un sujeto en la estructura profunda, así como su objeto no es un objeto normal. Retomaremos aquí brevemente estos argumentos porque han tenido mucha influencia, y porque sintetizan bien la problemática que nos ocupará en el resto de este trabajo.[30]

---

27 Haegeman (1995: 360) señala que "NP-movement is case-driven: it affects NPs which cannot be case-marked in their base-position." Ya que el experimentante ya está marcado inherentemente con el caso dativo, no tiene ningún motivo para moverse. Por otra parte, el tema no puede recibir caso en su posición en la estructura profunda y tiene que moverse, porque los verbos de la clase de {AGRADAR} se analizan como verbos inacusativos, es decir como verbos que no tienen un argumento externo (cfr. Belletti & Rizzi 1987: 103). Cfr. Mendikoetxea (1999b) para un resumen de varias cuestiones relacionadas con la inacusatividad en español.

28 Generalmente un caso inherente es un caso "léxicamente idiosincrásico", como el caso dativo o el genitivo (Belletti & Rizzi 1987: 103).

29 Repitiendo una observación de Benincà (1986), Belletti & Rizzi (1987: 104, nota 23), señalan que ciertos dialectos italianos construyen en dativo (es decir marcado con la preposición *a*) un SN experimentante de un verbo de la clase de {PREOCUPAR}, si está dislocado hacia la izquierda:

(i) A Giorgio, questi argomenti non l'hanno convinto.
'A Giorgio, estos argumentos no lo han convencido'

(ii) * A Giorgio, la gente non lo conosce.
'A Giorgio, la gente no lo conoce'

En la gramática de Renzi et al. (1991: 133–135), Benincà señala que en realidad esta construcción no es exclusiva de ciertos dialectos italianos, sino que se encuentra incluso en el lenguaje escrito estándar. Esto muestra que la "confusión" castellana entre el acusativo y el dativo no es un fenómeno aislado.

30 En la sección 3.4, página 96, aplicaremos estas características a los datos castellanos.

2.6.2. El sujeto de *preoccupare* no es un sujeto profundo

Para demostrar que el sujeto de *preoccupare* no es un sujeto profundo, Belletti & Rizzi utilizan los argumentos siguientes:

2.6.2.1. Los clíticos anafóricos

Los sujetos de los verbos de la clase de {PREOCUPAR} no pueden ligar un pronombre clítico anafórico, a diferencia de los sujetos "normales" (comparen estos ejemplos con los ejemplos [2a] y [2b], en la página 41, sacados de Postal):[31]

(34) Gianni si teme.
'Gianni se teme (a sí mismo)'

(35) * Gianni si preoccupa.
'Gianni se preocupa (a sí mismo)'

Ya que el sujeto superficial *Gianni* es un objeto profundo hay que postular un elemento vacío en la posición del objeto:

(36) * Gianni$_i$ si$_i$ preoccupa e_i.

Según Belletti & Rizzi (1987: 66), para que un objeto pueda moverse hacia la posición del sujeto, es necesario que el sujeto pueda ligar localmente a su huella. En (36), *Gianni* no puede ligar localmente a su huella, porque interviene el clítico *si*; por consiguiente, la oración es agramatical.[32]

Sin embargo, Belletti y Rizzi no consiguen explicar todos los ejemplos con este análisis. Así, esta construcción puede volverse mejor en ciertos contextos, por lo menos cuando se utiliza un pronombre tónico (Belletti & Rizzi 1987: 67):

(37) ? Ultimamente, Gianni preoccupa perfino se stesso.
'Últimamente, Gianni preocupa incluso a sí mismo'

Otro punto que conviene subrayar es el hecho de que ciertos verbos de la clase de {PREOCUPAR} pueden tener un sujeto agentivo. En este caso un pronombre anafórico también es posible (Belletti & Rizzi 1987: 68):

(38) Quei due si spaventano intenzionalmente ogni volta che ne hanno l'occasione.
'Esos dos se asustan (entre ellos) intencionadamente cada vez que de ello tienen ocasión'

31 El segundo ejemplo es posible en una lectura "incoativa" o media, como en "Gianni si preoccupa di questo" ('Gianni se preocupa por esto').

32 Esta explicación es en realidad una nueva formulación del *Cross-Over Constraint* de Postal (1971).

Belletti & Rizzi se deshacen de este problema al asignar una estructura transitiva simple a estos verbos en su uso agentivo, pero no explican cómo es posible que un mismo verbo, con empleos manifiestamente correlacionados, pueda tener dos estructuras léxicas radicalmente diferentes (cfr. también las críticas de Ruwet, mencionadas en la sección 2.4, página 47). Analizaremos más detalladamente estos dos tipos de ejemplos en el capítulo siguiente.

2.6.2.2. Pro arbitrario

Los verbos inacusativos, a la inversa de los verbos inergativos, no aceptan un sujeto *pro* con interpretación arbitraria en la posición del sujeto:

(39) a. *pro* hanno telefonato a casa mia
'han llamado a mi casa'

b. * *pro* sono arrivati a casa mia
'han llegado a mi casa'

Como los verbos inacusativos, que se analizan generalmente como verbos cuyo sujeto superficial es un objeto subyacente, los verbos de la clase de {PREOCUPAR} no aceptan un *pro* arbitrario:

(40) a. Evidentemente, in questo paese per anni *pro* hanno temuto il terremoto.
'Evidentemente, en esta zona durante años han temido al terremoto'

b. * Evidentemente, in questo paese per anni *pro* hanno preoccupato il governo.
'Evidentemente, en esta zona durante años han preocupado al gobierno'

2.6.2.3. La construcción causativa

Una oración pasiva (y que incluye por lo tanto un sujeto derivado) no puede incrustarse en una construcción causativa:

(41) a. Gianni ha fatto telefonare (a) Mario.
'Gianni ha hecho telefonear a Mario'

b. * Gianni ha fatto essere licenziato (a) Mario.
'Gianni ha hecho ser despedido a Mario'

Tampoco los verbos de la clase de {PREOCUPAR} son posibles en una construcción causativa:

(42) a. Questo lo ha fatto temere ancora di più a Mario.
'Esto lo ha hecho temer todavía más a Mario'

b. * Questo lo ha fatto preoccupare ancora di più a Mario.
'Esto lo ha hecho preocupar todavía más a Mario'

2.6.2.4. La construcción pasiva

En general, las estructuras con sujetos derivados no pueden pasivizarse. Así, en francés, sólo los verbos inergativos pueden aparecer en una oración pasiva impersonal, no los verbos inacusativos:

(43) a. Il a été discuté sur la question.

b. * Il a été venu chez moi.

Contrariamente a lo que esperaríamos, parece que los verbos de la clase de {PREOCUPAR} sí pueden aparecer en una oración pasiva:

(44) Gianni è disgustato dalla corruzione di questo paese.
'Gianni está disgustado por la corrupción de este país'

Sin embargo, según Belletti & Rizzi, esta oración no es una oración pasiva verbal, sino adjetival. Una prueba para distinguir las pasivas verbales de las adjetivales en italiano, sería el auxiliar *venire*, que sólo es compatible con una oración pasiva verbal:

(45) a. Gianni viene temuto da tutti.
'Gianni es (lit.: viene) temido por todos'

b. Gianni è preoccupato da tutti.
'Gianni es preocupado por todos'

c. * Gianni viene preoccupato da tutti.
'Gianni es (lit.: viene) preocupado por todos'

Ya que el participio *preoccupato* sólo es compatible con el auxiliar *essere*, no se trataría de una oración pasiva verbal, sino adjetival.

2.6.3. El objeto de *preoccupare*

Belletti & Rizzi (1987: 94) subrayan que el objeto de los verbos de la clase de {PREOCUPAR} no es un objeto normal. Así, a diferencia de los objetos canónicos, el objeto de estos verbos no es transparente a la extracción. Por consiguiente, en italiano no es posible relativizar un complemento genitivo del objeto de un verbo de la clase de {PREOCUPAR}:

(46) a. La compagnia di cui tutti ammirano il presidente.
Lit.: La compañía de la cual todos admiran el presidente
'La compañía a cuyo presidente todos admiran'

b. * La compagnia di cui questo spaventa il presidente.
Lit.: La compañía de la cual esto asusta el presidente
'La compañía a cuyo presidente esto asusta'

(47) a. La ragazza di cui Gianni teme il padre.
Lit.: La chica de la cual Gianni teme el padre
'La chica a cuyo padre Gianni teme'

b. * La ragazza di cui Gianni preoccupa il padre.
Lit.: La chica de la cual Gianni preocupa el padre
'La chica a cuyo padre Gianni preocupa'

2.6.4. Propiedades relacionadas con el ligamiento

Los verbos de la clase de {PREOCUPAR} presentan también varias particularidades relacionadas con el ligamiento. Por una parte, un SN en la posición del objeto directo puede ligar un pronombre anafórico contenido en el sujeto:

(48) Questi pettegolezzi su di sé$_i$ preoccupano Gianni$_i$ più di ogni altra cosa.
'Estos chismes sobre sí mismo preocupan a Gianni más que ninguna otra cosa'

(49) * Questi pettegolezzi su di sé$_i$ descrivono Gianni$_i$ più di ogni bibliografia ufficiale.
'Estos chismes sobre sí mismo describen a Gianni mejor que cualquier biografía oficial'

Ahora bien, estos datos reciben una explicación elegante si adoptamos la representación de la figura 2.2 (p. 55): en la estructura-P, el experimentante (el objeto superficial) manda-c al tema (el sujeto superficial), y por consiguiente puede también ligar un elemento que está contenido en él.

Por otra parte, ciertos datos relacionados con el ligamiento a larga distancia también pueden explicarse de una manera elegante con ayuda del análisis configuracional propuesto por estos autores. Así, según Giorgi (1984), el posesivo *proprio* puede comportarse como una anáfora a larga distancia:[33]

33 Una anáfora a larga distancia puede definirse como una anáfora que no está ligada en un dominio local, si adoptamos el principio A de la teoría del ligamiento tal como lo define (informalmente) Demonte (1989: 178): "Una anáfora tiene que tener un antecedente en un dominio local." Así, en el ejemplo (50a) el pronombre posesivo *proprio*, que normalmente se comporta como una anáfora, no está ligado en su dominio local (la oración subordinada "... che vogliono sostenere la propria candidatura"), sino en la oración principal.

(50) a. Gianni$_i$ teme coloro che vogliono sostenere la propria$_i$ candidatura.
'Gianni teme a aquellos que quieren apoyar la (=su) propia candidatura'

b. * Coloro que vogliono sostenere la propria$_i$ candidatura temono Gianni$_i$.
'Quienes quieren apoyar la (=su) propia candidatura temen a Gianni'

Si adoptamos como hipótesis que una anáfora a larga distancia puede estar legitimada por la condición de mando-c ("c-command"), podemos explicar la gramaticalidad de (50a): en efecto, en este ejemplo, el antecedente manda-c al pronombre anafórico. Pero los juicios de gramaticalidad se invierten con los verbos de la clase de {PREOCUPAR}, aunque la configuración superficial parece idéntica:

(51) a. * Gianni$_i$ preoccupa chiunque dubiti della propria$_i$ buona fede.
'Gianni preocupa a quien dude de la propia (=su misma) buena fe'

b. Chiunque dubiti della propria$_i$ buona fede preoccupa Gianni$_i$.
'Quien dude de la propia (=su misma) buena fe preocupa a Gianni'

Este comportamiento también puede entenderse si adoptamos el principio siguiente (Belletti & Rizzi 1987: 92):

(52) Una anáfora a larga distancia debe estar ligada desde una posición temática.[34]

En (51a), *Gianni* no puede ligar a *propria* porque *Gianni* no es un sujeto superficial, y por consiguiente no ocupa una posición temática. En (51b), en cambio, *Gianni* está en la posición en la que se genera, y, por lo tanto, ocupa una posición temática y puede ligar al pronombre posesivo *propria*. La condición del mando-c sola no bastaría para explicar estos ejemplos, ya que con los verbos del tipo de *preocupar*, no sólo el experimentante manda-c al tema, sino también, viceversa, el tema al experimentante, como se puede ver en la figura 2.2, página 55. Estudiaremos más detenidamente el ligamiento en el capítulo 7.

2.7. Grimshaw 1994 (1990)

Grimshaw (1994) elabora una teoría de la estructura-a ("estructura argumental") y de su proyección en la estructura profunda, basándose principalmente en los verbos psicológicos. Según Grimshaw, la estructura-a se sitúa en la intersección

34 Es decir, una posición en la estructura sintagmática a la que se asigna un papel temático (cfr. Chomsky 1981: 35ss).

entre dos niveles de representación distintos: la estructura profunda y la estructura léxica semántica ("lexical semantic structure"). En la teoría de Grimshaw, la estructura léxica semántica se proyecta en la estructura-a, y la estructura-a se proyecta a su vez en la estructura profunda. En la teoría más fuerte, con más poder explicativo, la estructura profunda debería poder predecirse a partir de la estructura-a, y la estructura-a a partir de la estructura léxica semántica. Tal teoría podría explicar el alto grado de regularidad que se encuentra en el léxico, con respecto a la proyección en las distintas funciones gramaticales de las relaciones semánticas establecidas entre el verbo y sus participantes.

En la teoría de Grimshaw (1994: 7ss), y a la inversa de otras teorías, la estructura-a está regida por relaciones de preeminencia. El argumento externo recibe una definición explícita como el argumento más preeminente según dos ejes distintos (un eje temático y un eje aspectual). La estructura-a se construye a base de las relaciones temáticas representadas en la estructura léxica semántica, pero ya no incluye ningún contenido propiamente temático. Por lo tanto, todas las operaciones definidas a partir de la estructura-a son ciegas a los papeles temáticos concretos, aunque ciertas restricciones aparentemente temáticas pueden hacer indirectamente su aparición en la gramática misma, a través de las relaciones de preeminencia que organizan la estructura-a (ya que ellas mismas son un reflejo de las relaciones temáticas).

La jerarquía temática adoptada por Grimshaw (1994: 24) es la que se puede encontrar, con algunas variaciones, en los textos de varios otros autores (Bresnan & Kanerva 1989: 23, Givón 1984: 139, Van Valin & Lapolla 1997: 127):

(53) (agente (experimentante (meta / fuente / localización (tema))))

El papel de la jerarquía temática es el de determinar (junto con el eje aspectual) la estructura-a de las unidades léxicas predicativas (y es además su *único* papel). La estructura-a ya no incluye especificación sobre los papeles temáticos concretos, sino sólo su preeminencia relativa. (Aunque los papeles concretos no desempeñan ningún papel en la gramática después de la determinación de la estructura-a, Grimshaw continúa utilizándolos por razones puramente notacionales.)

Varios fenómenos sintácticos (entre otros el comportamiento de los verbos psicológicos) inducen a Grimshaw (1994: 19ss) a postular un segundo tipo de jerarquía: la jerarquía aspectual. El argumento preeminente según este segundo eje se identifica en un primer momento con la *causa*. Sin embargo, esta interpretación se revela demasiado estrecha, si se consideran verbos como *detener (un delincuente)*, *trabajar* o *temer*, en los cuales el sujeto tiene que ser preeminente según los dos ejes, para poder seleccionarse como argumento externo (cfr. más arriba la definición del argumento externo), pero que no parecen incluir una causa en su estructura temática. De ahí que Grimshaw (1994: 26) proponga tratar este segundo eje como un eje *aspectual* en vez de causal. Según Grimshaw, que sigue en este aspecto la teoría de Pustejovsky (1988),[35] la estructura interna de un evento puede subdividirse temporalmente. Una realización ("accomplishment") en la teoría de Vendler (1967) y de Dowty (1979), por ejemplo, puede analizarse como un evento constituido por una actividad inicial que da lugar a un estado subsiguiente. Un argumento preeminente según el eje aspectual se define entonces como un argumento que forma parte de un primer subevento.

El análisis es bastante claro para verbos causativos o agentivos como *romper* o *detener*, y puede extenderse fácilmente hacia verbos inergativos como *trabajar* (Grimshaw 1994: 27), pero es menos evidente en el caso de verbos psicológicos estativos como *temer*. Por lo tanto es necesario *estipular* que el sujeto de *temer* es también el argumento preeminente según el eje aspectual, sin poder proporcionar argumentos independientes para tal análisis (el único argumento proporcionado por Grimshaw es la homogeneidad interna de su modelo). En el caso de la clase de {PREOCUPAR}, el argumento aspectualmente preeminente no sería el experimentante, sino el tema, lo que entrañaría la diferencia entre ambas clases de verbos. En efecto, si en la clase de {TEMER}, el mismo argumento es preeminente según ambas jerarquías (ya que se estipula que el experimentante es también aspectualmente preeminente), en la clase de {PREOCUPAR}, el argumento aspectualmente preeminente (eso es, el argumento no preeminente temáticamente) es el tema. Según Grimshaw esto es precisamente una consecuencia de la naturaleza causativa de estos verbos.

Así, habría una relación de paráfrasis entre los dos ejemplos siguientes (Grimshaw 1994: 22):

(54) a. The storm frightened us.
b. The storm caused us to experience fear.

Como lo indica la paráfrasis, el evento denotado por *frighten* en (54a) puede descomponerse en dos subeventos, un primer subevento causativo y un segundo subevento estativo (*experience fear*). Ahora bien, el tema (*the storm*) forma parte del subevento causativo. Ya que está en el primer subevento, es preeminente aspectualmente. Sin embargo, el argumento temáticamente preeminente es el experimentante, y no el tema. Por consiguiente, el carácter particular de la clase de {PREOCUPAR}, en comparación con la clase de {TEMER}, sería en primer lugar la consecuencia de una falta de correspondencia, de un conflicto, entre el eje temático y el eje aspectual que organizan la estructura argumental.

El análisis de la estructura argumental por dos ejes de preeminencia tiene consecuencias teóricas importantes (Grimshaw 1994: 31–33). Permite evitar, en el

35 No hemos podido consultar a Pustejovsky (1988), pero muchas ideas suyas se encuentran también en Pustejovsky (1995).

caso de los verbos psicológicos, una solución como la de Belletti & Rizzi (1987), que analizan la realización de los argumentos como esencialmente imprevisible, por lo menos semánticamente. Por otra parte, permite también evitar un análisis "probabilista", como el de Dowty (1987),[36] que también puede ser descriptivamente adecuado, pero que no consigue explicar por qué ciertas partes del sistema de correspondencia entre estructura semántica y estructura argumental son regidas por restricciones absolutas, no prototípicas.

Este análisis permite explicar de una manera elegante varias particularidades de los verbos psicológicos del tipo de *frighten* en inglés: el hecho de que (supuestamente) no aceptan oraciones pasivas verbales y ciertos fenómenos relacionados con la nominalización. Según Grimshaw (1994: 112ss), estas particularidades se explican por el hecho de que ambas traen consigo la eliminación de un argumento externo. Pero los verbos del tipo de *frighten* no incluyen un argumento externo, ya que hay un conflicto entre los dos ejes de preeminencia que acabamos de introducir. Además es posible explicar con la teoría de Grimshaw (1994: 152ss) por qué los verbos de la clase de {PREOCUPAR}, por lo menos en las lenguas romances, no aceptan un clítico reflexivo, como se ha podido ver en los ejemplos (34) y (35) citados más arriba. No daremos aquí los detalles de su análisis pero según Grimshaw, un clítico reflexivo "liga" ("binds") léxicamente a un argumento externo,[37] y, dado que los verbos de la clase de {PREOCUPAR} no incluyen un argumento externo, no puede haber clitización reflexiva. Sin embargo, un pronombre reflexivo *no clítico* no estaría sujeto a esta condición y esto explicaría la relativa gramaticalidad[38] del ejemplo (37), con *se stesso*, y de los ejemplos ingleses, que tampoco incluyen elementos clíticos (*himself*, en inglés, no es un pronombre clítico).[39]

Notemos también que Grimshaw (1994: 29–30) asigna un lugar particular a los verbos de la clase de {AGRADAR} (es decir, *piacere* en italiano, quizás también *please* y *concern* en inglés). Según Grimshaw estos verbos son "self-evidently unaccusative"[40] y deben analizarse con una operación de movimiento (contrariamente a los verbos de la clase de {PREOCUPAR}).[41]

---

36 No hemos podido consultar este texto, pero sí Dowty (1991), que parece ser una versión posterior del mismo texto.

37 Cfr. Grimshaw (1994: 153ss) para la noción de "lexical binding" (que no debe confundirse con el concepto de ligamiento anafórico).

38 Esa gramaticalidad es sólo relativa porque además, habría un "mismatch between the type of the antecedents and the type of the anaphors": véase Grimshaw (1994: 158) para más detalles.

39 Grimshaw (1994: 162ss) explica la particularidad de las anáforas a larga distancia recurriendo a los aspectos temáticos de su análisis (retomando principalmente la teoría de Giorgi 1984). Por lo tanto, esta propuesta no hace referencia a una teoría aspectual.

40 "Self-evidently", entre otras cosas porque seleccionan, en italiano, el auxiliar típico de los verbos inacusativos, *essere*.

41 En el capítulo 5 elaboraremos un análisis no transformacional de estos verbos.

2.8. Pesetsky 1995

El estudio de Pesetsky (1995) parte también de la observación de que la proyección de los argumentos temáticos de los verbos psicológicos en las distintas funciones gramaticales es aparentemente arbitraria. Sin embargo, a su parecer, esta aparente arbitrariedad es más bien una consecuencia de la utilización de una teoría temática demasiado poco detallada. Por esto, Pesetsky (1995: 56) propone distinguir en vez del único papel de tema, tres papeles distintos: la causa, la "meta" ("Target") y la "Subject Matter". Para nuestros asuntos, no es esencial la distinción entre meta y *Subject Matter* (que abreviaremos conjuntamente, como lo hace Pesetsky, por T/SM), pero sí la distinción entre la causa y estos dos papeles temáticos. Así, según Pesetsky, los papeles temáticos desempeñados por "the article in the *Times*" y por "the television set" en los ejemplos siguientes no son idénticos:

(55) a. Bill was very angry at the article in the *Times*. (Target)
     b. The article in the *Times* angered/enraged Bill. (Causer)

(56) a. John worried about the television set. (Subject Matter)
     b. The television set worried John. (Causer)

Con esta distinción entre varios tipos de papeles temáticos es posible hacer regular su proyección en las distintas funciones gramaticales. En efecto, podemos simplemente reescribir parte de la jerarquía temática, ya introducida en (53), de la manera siguiente:[42]

(57) (agente (causa (experimentante (... (T/SM)))))

Sin embargo, esta distinción entre causa por una parte, y T/SM por otra, da lugar a otro problema, bautizado como "T/SM restriction" por Pesetsky (1995: 60):

> if Causer of Emotion is distinct from either Subject Matter or Target, why can't *Causer*, on the one hand, and *Target/Subject Matter*, on the other hand, cooccur with the same predicate?

Así, según Pesetsky, los ejemplos siguientes no son gramaticales porque incluyen simultáneamente una causa y un T/SM:

(58) a. * The article in the *Times* angered Bill at the government.
     b. * The Chinese dinner satisfied Bill with his trip to Beijing.
     c. * The television set worried John about the veracity of Bill's alibi.

42 Reproducimos el número (166) de Pesetsky (1995: 59), pero adaptado a la notación de Grimshaw.

El resto del libro de Pesetsky consiste en una explicación del porqué de esta *T/SM restriction*. Trataremos de sintetizar en lo que sigue (simplificándolo muchísimo), los aspectos más importantes del análisis, muy sofisticado, de Pesetsky.

Una primera parte de la solución de Pesetsky consiste en adoptar la hipótesis de que los verbos de la clase de {PREOCUPAR} son morfológicamente complejos: incluirían un morfema causativo fonéticamente vacío junto con una "raíz" que tiene la misma red temática que un verbo de la clase de {TEMER} (es decir, incluye un experimentante y un T/SM). Así, un verbo como *annoy* podría representarse de la manera siguiente (Pesetsky 1995: 70):[43]

(59) The book [[$\sqrt{}$annoy] $\varnothing_{CAUS}$] -ed John.

Una segunda parte de su análisis consiste en adoptar (p. 172ss) un nuevo tipo de estructura sintagmática al lado de las estructuras arborescentes tradicionales; llama las estructuras tradicionales "layered structures", o "estructuras estratificadas", mientras que bautiza el nuevo tipo de estructuras sintagmáticas con el nombre de estructuras en "cascada" ("cascade structures"). En una estructura en cascada, como la representada en la figura 2.4, la estructura se dirige hacia abajo (si seguimos el orden de las palabras), mientras que en la estructura estratificada tradicional, como en la figura 2.3, la estructura se dirige más bien hacia arriba (por lo menos cuando hay simultáneamente varios sintagmas preposicionales). La consecuencia es que en esas estructuras en cascada, las preposiciones se encuentran de tal manera en la estructura sintagmática, que siempre hay una relación de mando-c entre las distintas preposiciones. Así, en la figura 2.4, el verbo *give* manda-c a la preposición *to*, que manda-c a su vez a la preposición *in*, que manda-c a la preposición *on*...

Un tercer factor en el análisis de Pesetsky es la hipótesis de que el morfema CAUSA se genera en un nivel más bajo de la estructura sintagmática que las preposiciones (subcategorizadas), como se puede ver en la figura 2.5.[44] Además, Pesetsky (1995: 190) adopta la siguiente restricción sobre el movimiento de las cabezas (*Head Movement Constraint*):

An X^0 may only move into the Y^0 that properly governs it.

Ya que la raíz $\sqrt{}$*annoy* no puede aparecer sin el morfema CAUSA, este último elemento debe moverse en la figura 2.5 hacia arriba, hacia la cabeza V. Ahora bien, si hay una preposición entre CAUSA y el verbo, CAUSA no puede moverse hacia arriba: uno de los efectos de la *Head Movement Constraint* es que, para que una cabeza pueda moverse, no puede encontrarse entre ella y su meta otra cabeza que

43 El símbolo $\sqrt{}$ denota raíces que son "homophonous but not coextensive with words."

44 Gracias a esta hipótesis es posible explicar, esencialmente de la misma manera que Belletti & Rizzi (1987), ciertos fenómenos de ligamiento.

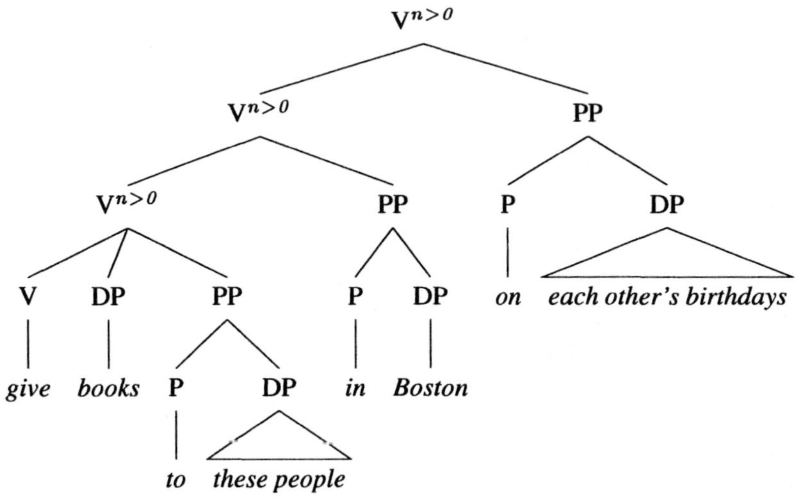

Figura 2.3: Una estructura estratificada

la mande-c, como es el caso en la figura 2.5 (la preposición *at* manda-c a CAUSA). De esta manera, Pesetsky (1995) consigue explicar la *T/SM constraint*. Pero veremos en el capítulo 5 que su análisis presenta algunos problemas empíricos (sobre todo el hecho de que la *T/SM constraint* no tiene siempre los mismos efectos, como lo señalan también Ruwet 1993 y Bouchard 1995b). Probablemente no es imposible refutar estas críticas (como lo hace ya en parte Pesetsky 1995: 214ss). Sin embargo, en lo que sigue no trataremos de invalidar la teoría de Pesetsky (que está muy bien elaborada formalmente),[45] sino que trataremos de mostrar, siguiendo en parte los análisis de Bouchard y de Ruwet, que la *T/SM constraint* también puede explicarse, además más fácilmente, si adoptamos otro tipo de teoría argumental y unas distinciones semánticas más pormenorizadas.

2.9. Bouchard 1995

Como lo muestra el subtítulo ("A Minimalist Approach to Grammar"), Bouchard (1995b) se inscribe plenamente en la "boga" minimalista de los años noventa

45 Pero uno de los defectos de este análisis nos parece justamente el gran número de principios y reglas que se introducen para explicar un solo dato empírico (la *T/SM constraint*). Sin embargo, conviene decir que Pesetsky consigue justificar la mayoría de estos principios y reglas más o menos independientemente.

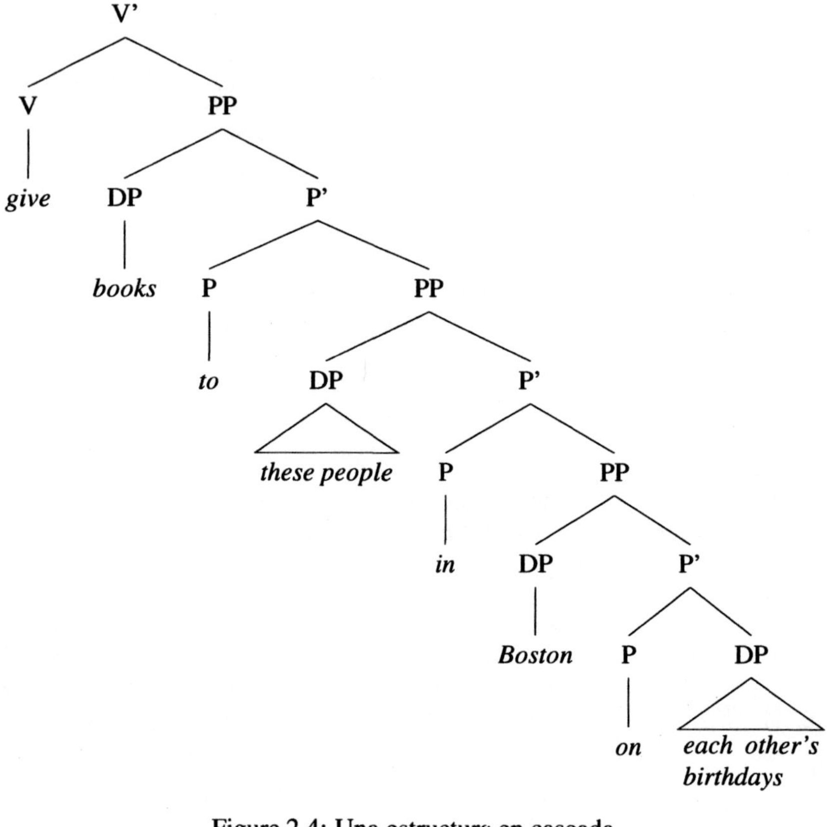

Figure 2.4: Una estructura en cascada

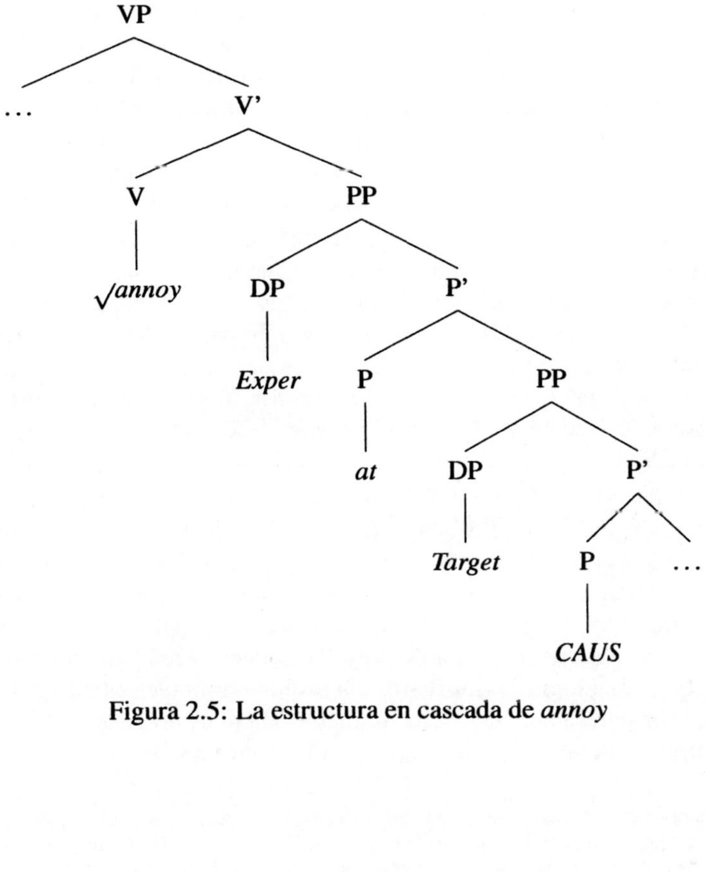

Figura 2.5: La estructura en cascada de *annoy*

(sin seguir por eso de muy cerca el programa minimalista de Chomsky, que no es más que una de las varias formulaciones de la "idea" minimalista). Esta voluntad minimalista se expresa en un primer momento en el proyecto de Bouchard de elaborar una teoría semántica lo más abstracta posible (Bouchard 1995b: 3). En su opinión, las características semánticas así obtenidas se proyectan directamente en la estructura sintáctica básica de una oración. En uno de los capítulos de su libro, trata de aplicar esta idea a la clase de los verbos psicológicos, ya que autores como Belletti & Rizzi (1987) parten de la hipótesis de que los distintos tipos de verbos psicológicos son temáticamente (y semánticamente) equivalentes, y que las diferencias sintácticas no son más que especificaciones léxicas arbitrarias. Según Bouchard, si hay dos clases de verbos distintas (como las clases de {PREOCUPAR} y de {TEMER}), es porque estos verbos no son idénticos desde un punto de vista semántico. Por otra parte, veremos en los capítulos siguientes que si es verdad que hay una distinción semántica entre estas dos clases, es mucho más difícil encontrar una distinción entre los verbos de la clase de {TEMER} y de {AGRADAR}.

Esta voluntad minimalista se revela también en su intento de eliminar en la medida de lo posible las operaciones de movimiento. Más concretamente, excluye la posibilidad de posiciones "vacías" que puedan ser la meta de un movimiento; en efecto, la postulación de posiciones vacías sólo para utilizarlas después como "landing sites" de una operación de movimiento es una manera de proceder poco económica (Bouchard 1995b: 4, 77). Por consiguiente, trata de mostrar en el capítulo sobre los verbos psicológicos que todas las características de estos verbos también pueden explicarse sin recurrir a una operación de movimiento (a la inversa de, por ejemplo, el análisis de Belletti & Rizzi 1987).

También expresa en varias ocasiones su escepticismo hacia las distintas versiones de la teoría temática, porque a su parecer la noción de papeles temáticos no puede incluirse en una teoría semántica restringida o minimalista como la suya (Bouchard 1995b: 41ss). Más concretamente, los papeles temáticos no serían suficientemente abstractos, porque siempre se deducirían en parte del contexto de habla; en la terminología de Bouchard, son nociones más bien situacionales.[46] Por otra parte, nos parece que hay cierta ambigüedad en las propuestas de Bouchard. Quiere eliminar la teoría temática de su teoría sintáctica, pero al mismo tiempo

46 Bouchard (1995b: 41) da como ejemplo del carácter situacional de los papeles temáticos la oración francesa "Jean a enfermé le chat dans le salon." En esta oración el SN sujeto puede interpretarse de varias maneras, dependiendo del contexto de habla, y puede también, por consiguiente, tener distintos papeles temáticos: "The sentence can correspond to several situations. Jean might have put the cat in the room and closed the door; the cat might already have been in the room when Jean closed the door. Furthermore, the latter may or may not have been intentional on Jean's part; he might not even have been aware that the cat was in the room and simply closed the door behind himself, with the result that the cat was shut up. [...] Thus, a wide variety of situational interpretations are possible [...]"

reintroduce algunas nociones "semi-temáticas" como las que implican el concepto de intencionalidad.[47] Anticipando ya la discusión en el capítulo siguiente, podemos caracterizar un sujeto intencional (SI) como un participante *consciente*, que dirige su atención hacia un correlato de la intencionalidad no necesariamente consciente (el objeto de la atención del SI, el CI). Aunque Bouchard (1995b) no presenta estos conceptos como conceptos temáticos, parece que comparten muchas características con ciertos papeles temáticos.[48] Así, está claro que la interpretación de un SN como SI o como CI,[49] o, simplificando provisionalmente, como consciente o no consciente, puede depender, en parte, del contexto situacional. Así, Bouchard (1995b: 280) explica la diferencia entre usos agentivos y no agentivos de un verbo psicológico como la consecuencia de una interpretación distinta del sujeto de la oración, en términos de intencionalidad:

> In a sentence like "Jean a frappé Paul" [...], the Instigator *Jean* can be interpreted as a Concept [i.e. un CI], if he struck Paul as a nice person; [...] or as an I-Subject [i.e., un SI], if he struck Paul with a bat [...] Interpreting *Jean* as an I-Subject gives the "agentive" reading, whereas interpreting *Jean* as a Concept gives the reading where *Jean* is a psy-chose, that is an element in the semantic field of mental space.[50]

De esta cita puede deducirse que las nociones de *I-Subject* y de *Concept* son tan situacionales como los papeles temáticos, y además (como veremos en varias ocasiones) pueden desempeñar un papel muy importante en el comportamiento sintáctico de las oraciones que incluyen un verbo psicológico.[51]

Sin embargo, esas nociones intencionales desempeñan un papel esencial en el análisis de Bouchard de los verbos psicológicos. El aspecto más original del estudio de Bouchard es justamente el que trata de explicar todas las propiedades de los verbos psicológicos por la noción de intencionalidad introducida por Ruwet. La mayor parte del capítulo sobre los verbos psicológicos consiste en mostrar, por una parte, que las propiedades de los verbos psicológicos no pueden analizarse

47 Que Bouchard retoma de varios artículos de Ruwet, cfr. más arriba, la sección 2.4, y sobre todo el capítulo siguiente.

48 Así, por ejemplo, se notan muchas similitudes entre la noción tradicionalmente temática del "experimentante" y la noción, intencional, del sujeto intencional. En el capítulo 5 trataremos de conciliar estas dos nociones en una teoría temática unificada y más abstracta.

49 En la terminología de Bouchard (1995b: 278ss), respectivamente "I-Subject" o "Concept".

50 Además, en este ejemplo, la distinción entre uso agentivo y no agentivo coincide con una distinción entre uso concreto y uso metafórico del verbo.

51 En el capítulo 5 mostraremos que es posible conciliar el carácter situacional de las distintas teorías temáticas con una visión restrictiva de la semántica. Más concretamente, mostraremos que los papeles temáticos sólo intervienen en la determinación de las funciones gramaticales en la estructura-f, pero no en la sintaxis misma.

estructuralmente (es decir por una diferencia estructural o configuracional, como la distinguida por Belletti & Rizzi 1987), y por otra parte, que sí pueden analizarse con un análisis en términos de intencionalidad.

En el capítulo siguiente veremos que en español se confirman en su mayor parte los datos empíricos proporcionados por Bouchard. Más particularmente, veremos que los verbos de la clase de {TEMER} se comportan de una manera fundamentalmente regular e idéntica al comportamiento de otros verbos transitivos. Por otra parte, los verbos de la clase de {PREOCUPAR}, en la mayoría de los casos, sólo tienen un comportamiento particular en sus usos no agentivos. Como lo muestra Bouchard, esta dicotomía entre usos agentivos y no agentivos es el aspecto más problemático para el análisis configuracional propuesto por Belletti & Rizzi (1987): estos autores tienen que partir de la hipótesis, poco económica y poco intuitiva, de que un verbo como *asustar*, que tiene un uso agentivo y no agentivo, incluye dos entradas léxicas distintas, una que da lugar a una estructura superficial idéntica a la estructura profunda (el uso agentivo), y otra que da lugar a dos estructuras distintas, de las que la estructura superficial se deriva por una transformación de muévase-α (el uso no-agentivo, propiamente psicológico). Bouchard (1995b) muestra de una manera convincente que todas las características del uso no-agentivo de estos verbos pueden explicarse a través de sus propiedades intencionales: en el uso agentivo, contrariamente al uso no-agentivo, el sujeto *también* es un sujeto intencional, y de esta distinción se pueden deducir las demás propiedades de estos verbos.

Tendremos la ocasión de tratar más detalladamente el análisis de Bouchard, pero damos ya un solo ejemplo para concretarlo. Había sido notado ya por Postal (1971: 42), que el adverbio *personally* tiene un comportamiento bastante curioso. Con el sentido de "por lo que a mí respecta", normalmente se refiere al sujeto de la oración:

(60) a. I personally smelled the gorilla.
 b. * The gorilla smelled me personally.

Bouchard (1995b: 360) señala que, con respecto a este adverbio, los verbos de la clase de {TEMER} y de {PREOCUPAR} se comportan de una manera opuesta:

(61) a. Personally, I fear Mary.
 b. * Personally, Mary fears me.

(62) a. * Personally, I frighten Mary.
 b. Personally, Mary frightens me.

A primera vista, estos ejemplos constituyen un argumento en favor de un análisis transformacional de los verbos de la clase de {PREOCUPAR}: *personally* sólo puede referirse al argumento que está en el nivel más alto de la estructura profunda.

Con el verbo *fear*, no hay movimiento, y por consiguiente, el sujeto superficial es al mismo tiempo un sujeto profundo y está por lo tanto en el nivel más alto de la estructura sintagmática. Pero con *frighten*, el experimentante (el objeto superficial) se encuentra en un nivel más alto de la estructura profunda que el tema (el sujeto superficial), y por eso *personally* sólo puede aplicarse al experimentante, no al tema (cfr. las figuras 2.1 y 2.2, página 54). Sin embargo, un verbo psicológico utilizado agentivamente tiene otro comportamiento. Así, nos parece que los ejemplos siguientes son posibles, si los interpretamos agentivamente:

(63) Personally, I (deliberately) frighten the children.

(64) Personalmente, siempre asusto a los niños.

Estos datos se explican si partimos de la hipótesis de que el adverbio *personally* sólo es compatible con un SI, no con un CI. En (62b) *personally* puede referirse al objeto *me*, porque el objeto de un verbo psicológico es un SI. Pero el sujeto de este verbo también puede ser un SI, si se utiliza agentivamente, como en (63) y (64); en este caso, *personally* también es compatible con el sujeto. Parece intuitivamente bastante claro por qué este adverbio sólo es compatible con un SI: se utiliza para expresar la opinión de alguien, pero sólo un SI se entiende como un participante consciente, y por lo tanto capaz de tener una opinión.

Capítulo 3

Los verbos psicológicos: tipología

3.1. Introducción

Si examinamos la bibliografía que concierne a los verbos psicológicos, podemos observar que se trata de una categoría muy heterogénea: no sólo pueden encontrarse en ella verbos como *temer*, *preocupar* o *agradar*, sino también verbos que tienen un sentido menos claramente psicológico, como, en castellano, *bastar*, *faltar*, *sobrar* o *valer* (cfr. Whitley 1995: 574) o locuciones verbales idiosincrásicas como, en inglés, *break the resistance / willpower of somebody* (cfr. van Voorst 1992: 86). Por otra parte, también hay verbos que se construyen con un complemento preposicional. En estos casos, en general, la preposición esta determinada léxicamente por el verbo: *confiar en*, *desconfiar de*, *recelar de*, *simpatizar con*, etc. (cfr. Whitley 1995: 573). Por lo tanto, parece que ni desde un punto de vista semántico, ni desde un punto de vista sintáctico, los verbos psicológicos forman una clase bien definida. En este capítulo analizaremos cuáles son los criterios, sintácticos o semánticos, que se pueden utilizar para definir, delimitar y subdividir la clase de los verbos psicológicos.

El objetivo de muchos estudios es precisamente el de demostrar que no sólo *existe* una clase de predicados psicológicos semánticamente correlacionados, sino que estos predicados presentan también un comportamiento sintáctico unido, y distinto de otros tipos de predicados. Si es verdad que existe una clase (o varias clases) de verbos que tienen un comportamiento sintáctico y semántico homogéneo, debería ser posible definirla(s) y delimitarla(s) tanto con criterios semánticos como con criterios sintácticos.

Empezaremos por establecer un catálogo de los distintos tipos de verbos con sentido psicológico encontrados en nuestro corpus. En un primer momento caracterizaremos la clase de los verbos psicológicos como una clase unificada desde un punto de vista semántico, y utilizaremos la noción de "sentido psicológico" de una manera bastante intuitiva: tienen un sentido psicológico todos los predicados que expresan cierto estado psicológico, sin tener en cuenta los verbos de percepción (*ver*, *oír*,...) y de cognición (*saber*, *conocer*,...) Después, trataremos de afinar esta tipología y de especificar más la caracterización sintáctica y semántica de esta clase de verbos.

3.2. Caracterización preliminar

3.2.1. Experimentante–Verbo–Tema

Los verbos que siguen el esquema Experimentante–Verbo–Tema forman parte, en la tipología de Belletti & Rizzi (1987), de los verbos del tipo de *temere*, y de lo que nosotros llamamos la clase de {TEMER}. Reproducimos aquí la lista de los verbos de esta clase, encontrados en nuestro corpus:

(1) *aborrecer, admirar, adorar, aguantar, alabar, amar, anhelar, ansiar, añorar, apreciar, codiciar, desaprobar, desear, despreciar, detestar, experimentar, extrañar, gozar, idealizar, idolatrar, lamentar, necesitar, ningunar, odiar, querer, sentir, soportar, sufrir, temer, tolerar, venerar*

Veamos algunos ejemplos de estos verbos en contexto:

(2) pienso que la muerte de Hitler aquel mes de julio pudo cambiar el rumbo de la historia, pero yo entonces aborrecía la historia (CA, p. 54)

(3) ... engendrar hijos que, a su vez, la alabaran [a la Reina Católica] por los siglos de los siglos. (CA, p. 96)

(4) Daniela me sonreía y, detrás del antifaz, que no se quitó, como yo hubiera deseado, brillaban sus ojos. (BC2, p. 32)

(5) Mi padre es uno de los hombres más odiados de España. (PR, p. 68)

(6) ya los padres de Baby no sabían cómo reaccionar, hasta temían que Baby cometiera una locura si le prohibían que continuara viendo al tal Calín. (BE4, p. 205)

Algunos pocos verbos de esta clase también aceptan una especie de construcción media:[1]

(7) *aborrecerse con/de, alabarse de, lamentarse de/por*

No hemos encontrado ejemplos de estas construcciones en nuestro corpus, pero sí hay varios en los distintos diccionarios:

(8) Se alaba siempre de las mismas tonterías. (*Salamanca*)

(9) Se lamenta de su mala suerte continuamente. (*Salamanca*)

Conviene subrayar que con los verbos de esta clase, en la construcción media, los papeles temáticos no se invierten, al contrario de lo que acontece con los verbos de la clase de {PREOCUPAR}, como veremos de inmediato. Sin embargo, los verbos

1 El verbo *temer* también se emplea muchas veces en una construcción morfológicamente reflexiva. Sin embargo, en este caso se trata de otro tipo de construcción, ya que no está seguida de un complemento preposicional:

(i) recuerdo muy bien lo que dije y lo que no dije, porque me temía una encerrona típica de Lázaro. (PR, p. 224) en una construcción media adquieren generalmente un nuevo matiz significativo con relación a su uso básico. El diccionario *Salamanca*, por ejemplo, define *lamentar* como "*sentir* <una persona> pena o disgusto por [una cosa]", mientras que define *lamentarse* como "*expresar* <una persona> pena o disgusto por [una cosa]" (énfasis nuestro).

La lista de verbos enumerados en (1) es heterogénea porque en ella no sólo hay verbos que expresan un estado psicológico más o menos incontrolable, sino también una serie de verbos que pueden expresar una actitud más activa y controlada. Además, con ciertos verbos este matiz significativo determina su sentido primero. Así, *alabar* probablemente no es un verdadero verbo psicológico, porque no expresa necesariamente un estado psicológico del sujeto: alguien puede alabar a una persona sin ser sincero (por ejemplo, para obtener un favor de esta persona), y por lo tanto se trata de una actitud controlada. Otros verbos varían entre la expresión de una realidad psicológica y un matiz significativo más activo, dependiendo del contexto. Esta diferencia puede apreciarse en los ejemplos siguientes, sacados del diccionario *Salamanca*:

(10) Ya sé que desapruebas mi conducta, pero no hay nada malo en ella.

(11) El director ha desaprobado públicamente a su secretario.

Esta polisemia no ha preocupado sobremanera a los lingüistas, probablemente porque ambas configuraciones concuerdan con la jerarquía temática: tanto el experimentante, como el agente se sitúan en un lugar más alto en la jerarquía temática que el tema; por consiguiente se seleccionan siempre como sujetos de la oración y la elección de uno u otro papel temático no trae consigo consecuencias gramaticales directamente visibles. Con los verbos de la clase de {PREOCUPAR} encontraremos otro tipo de polisemia, la cual sí ha preocupado a los lingüistas.

Algunos adjetivos derivados de los participios pasados de los verbos psicológicos de esta clase tienen lo que se podría llamar un sentido "activo": semánticamente, el núcleo del SN corresponde al sujeto del verbo y no a su objeto. En el diccionario *Salamanca* pueden encontrarse los ejemplos siguientes:

(12) Niño muy sentido ("sensible", es decir, un niño que siente mucho)

(13) Mi padre es un hombre poco sufrido. ("que sufre sin quejarse")

3.2.2. Tema–Verbo–Experimentante

Los verbos que pertenecen a esta clase son numerosísimos. Enumeramos aquí los verbos encontrados en nuestro corpus:

(14) *abrumar, aburrir, acobardar, acorralar, acosar, afectar, afrentar, agitar, agobiar, agotar, ahogar, alborozar, alegrar, alertar, aliviar, amansar, amedrentar, angustiar, animar, apabullar, apaciguar, apagar, apasionar, aplastar, apurar, asombrar, asustar, atontar, atraer, aturdir, avergonzar, cabrear, calmar, cansar, chiflar, cohibir, complacer, conmover, consolar, consumir, contentar, corromper, crispar, decepcionar, defraudar, deprimir, desairar, desanimar, desarmar, desasosegar, desazonar, desconcertar, desconsolar, desencantar, desengañar, desesperanzar, desesperar, desganar, deshacer, deslumbrar, desmoralizar, desorientar, desparramar, despechar, disgustar, distraer, divertir, embobar, embriagar, embromar, emocionar, enardecer, encandilar, encantar, encender, enconar, encrespar, enfadar, enfurecer, enganchar, enojar, enorgullecer, ensombrecer, entretener, entristecer, enturbiar, entusiasmar, escandalizar, espantar, esperanzar, estimular, estorbar, estremecer, exaltar, exasperar, excitar, extrañar, fascinar, fastidiar, frustrar, halagar, helar, hipnotizar, horrorizar, humillar, ilusionar, impresionar, incomodar, indignar, inmutar, inquietar, inspirar, interesar, intranquilizar, intrigar, irritar, joder, maravillar, martirizar, molestar, obsesionar, ofender, oprimir, paralizar, perder, perturbar, pervertir, preocupar, provocar, recrear, regocijar, relajar, ruborizar, satisfacer, seducir, serenar, sobresaltar, solazar, sorprender, subyugar, torturar, tranquilizar, traumatizar, turbar,*

Conviene decir que esta lista podría extenderse todavía más, porque la clase de {PREOCUPAR} es una clase productiva: muchos verbos transitivos no psicológicos pueden convertirse en verbos psicológicos por un proceso de metaforización. Hay varios verbos en la lista anterior con un sentido psicológico que parece derivado, por una metáfora, de un sentido concreto:

(15) *acorralar, aliviar, cansar, desorientar, ensombrecer, hipnotizar,...*

En algunos casos ya no está muy claro qué sentido deriva de qué otro: por ejemplo, ¿cuál es el sentido original de un verbo como *irritar*, el sentido concreto o el sentido psicológico?

Con los verbos de esta clase, la construcción media es muy frecuente, aunque no todos los verbos la aceptan. Veamos algunos verbos que pueden utilizarse en una construcción media, acompañados de sus preposiciones respectivas:

(16) *aburrirse (con/en/de), agobiarse (bajo/por), alegrarse (de/por/con), apaciguarse (con), cansarse (con/de), consolarse (con)*[2]

2 Según Whitley (1995: 576), no aceptan la construcción media, entre otros, los verbos *fascinar*, *decepcionar* y *encantar*. Sin embargo, hemos encontrado en el GDLE un ejemplo con *fascinar*: "Se fascina con los sellos".

Como se puede ver, muchos verbos pueden construirse con distintas preposiciones, y no está siempre claro en qué medida el sentido cambia según la preposición utilizada. De todos modos, las distintas preposiciones posibles parecen determinadas idiosincrásicamente por el verbo concreto. Volveremos a tratar este asunto en el capítulo 6, donde analizaremos en detalle las construcciones medias. La mayoría de estos verbos también pueden construirse bajo la forma de un participio pasado; en estos casos seleccionan normalmente la misma preposición que la construcción media:

(17) Y en seguida cuelgo el teléfono, sin añadir una palabra más, avergonzada de haberle hecho a un desconocido semejante confidencia. (CA, p. 173)

(18) Y cuando no, como también le pasa al mundo empresarial y al mundo... sindical, pues te levantas a las tres de la mañana porque estás preocupado con un problema determinado y a ver lo que pasa y mirar los expedientes o mirar el... el tema que tienes que hacer (COR)

Generalmente, estos participios también pueden construirse con la preposición del complemento agente, *por*:

(19) Mis amigas de Vigo, éstas de "La Pata de la Sopera", están muy preocupadas por la facilidad con que la familia de Gabriela ha asumido la muerte de Gabriela (COR)

(20) [Letraheridos:] dícese de las personas obsesionadas por la literatura hasta el punto de sufrirla morbosamente como una herida de la que no desean sanar. (PR, p. 7)

Como ya hemos visto con los verbos de la clase de {TEMER}, varios verbos psicológicos son polisémicos. La polisemia está todavía más generalizada con los verbos de la clase de {PREOCUPAR}:[3] muchos verbos pueden emplearse tanto activamente, como con un sentido propiamente psicológico. Comparen los ejemplos siguientes:

(21) a. ... pensar que, si a mí me aburren las memorias de los demás, por qué no le [sic] van a aburrir a los demás las mías. (CA, p. 128)

b. Pues nada, no la [a usted] aburro más, gracias por todo. (CA, p. 172)

(22) a. Massey y Daniela estuvieron separados tantos años, que la noticia de que volvían a reunirse me sorprendió. (BC2, p. 27)

b. [Conesal] es el self made man que trafica con las mejores influencias y sorprende a los tiburones fingiendo el lenguaje del delfín y a los delfines mordiéndoles como un tiburón. (PR, cubierta)

3 Pero señalemos ya que en lo que sigue, analizaremos estos usos múltiples de los verbos de la clase de {PREOCUPAR}, no como casos de polisemia, sino como matices de un mismo sentido.

Esta diferencia entre un sentido estrictamente psicológico y un sentido más bien activo parece gramaticalizarse en el caso del verbo *interesar*. En efecto, el verbo *interesar*, con un sentido psicológico no activo, siempre selecciona una forma pronominal dativa (el pronombre *le(s)*), mientras que la variante activa del mismo verbo puede seleccionar una forma acusativa (*lo(s)* o *la(s)*):

(23) Realmente la llegó a interesar, y terminada la corrida, ella aceptó gustosa seguir escuchándolo mientras tomaban un par de oportos en el bar del Bolívar. (BE4, p. 216)

(24) Me permito recordarle que si no se fuga, tampoco va a seguir junto a la personita que tanto le interesa. (BC1, p. 17)

En el ejemplo siguiente, el matiz activo del verbo *sorprender* puede deducirse del uso del imperativo (cfr. también Bouchard 1995b: 352ss):

(25) Simplemente José les ofreció aperitivos que los anfitriones rechazaron y Carvalho aceptó. - Un fino. Pero sorpréndame con la marca. No me abrume con los de siempre. (PR, p. 180)

Ciertos verbos psicológicos de esta clase también dan lugar a participios pasados (adjetivales) "activos"; el núcleo del SN en el que se encuentran estos participios no corresponde al objeto directo del verbo del que los participios se derivan, sino a su sujeto:

(26) Allá estaba parado conversando con tres más de su collera, pero sin puta, sin burdel, sin billar en la Victoria desde hace varios días, qué aburrido. (BE4, p. 209)

(27) Una semana en el Uruguay, con vos. ¡Qué divertido! (BC2, p. 22)

Una construcción muy particular es la que podría llamarse de "emoción exteriorizada". En esta construcción, el núcleo del SN, que normalmente corresponde al objeto del verbo del que el participio se deriva, es un sustantivo que no podría encontrarse en la posición del objeto directo del verbo simple. Es decir, este tipo de construcciones parece entrañar una infracción de las reglas de selección del verbo original:[4]

(28) la mirada alertada y algo irónica de Carvalho (PR, p. 94)

(29) ... Conesal reparó en el tono amedrentado de la respuesta de Altamirano. (PR, p. 278)

(30) Ha sido demasiado directa y apasionada su afirmación como para que pueda seguirse encajando en el terreno de las generalidades. (CA, p. 196)

4 Para más detalles sobre esta construcción, véase Vanhoe (2002c).

(31) Manzaneque sobrevoló su mano pálida ... sobre la copa de vino, ... la empuñó como si su apasionada mano fuera a romperla (PR, p. 47)

Como también lo nota Ruwet (1972: 235ss), algunos verbos de esta clase parecen situarse a caballo entre un sentido genuinamente psicológico y un sentido más bien concreto o físico. Véanse los ejemplos siguientes:

(32) todo mi cuerpo era una antena tensa... al fulgor de los anuncios luminosos alegrando allí, a pocos pasos, la Puerta del Sol (CA, p. 78)

(33) Recuerdo el momento en que me atreví a alzar con desafío la cara y sorprendí su mirada fija en la mía (CA, p. 51)

(34) Retrocedió el culo cuanto pudo para escapar al rayo de la muerte y consiguió que quedara más allá de su nariz, sobre su bragueta, pero aun así ofendía la luminosidad a unos ojos maltratados por veinte mil libros leídos. (PR, p. 210)

(35) No iba trajeado el individuo a la altura de los allí reunidos, pero tampoco ofendía a la vista su conjunto de rebajas de El Corte Inglés. (PR, p. 120)[5]

A veces, el objeto directo del verbo psicológico no es una persona, sino algo que puede representar a esa persona, por un proceso de metaforización o de metonimia:

(36) Los celos de Olinden empezaron probablemente la noche en que Viviana, hablando de quién sabe qué, dijo que él era inteligente «pero, claro, no tanto como Sepúlveda»: palabras que le helaron el alma. (BC3, p. 65)

(37) Salió de su escasa aunque torturada imaginación. (PR, p. 220)

3.2.3. Tema–Verbo–a Experimentante

Los verbos de esta clase son poco numerosos. Los verbos encontrados en nuestro corpus son los siguientes:

(38) *agradar, apetecer, gustar, repugnar*

Otros verbos que suelen introducirse en esta lista a primera vista no son verbos psicológicos (por lo menos, si adoptamos un criterio semántico, como hemos hecho hasta ahora):

(39) *bastar, doler, importar, pesar,...*

5 Nótese que en este ejemplo y el anterior el objeto es probablemente un complemento indirecto, no un complemento directo.

Normalmente estos verbos no denotan un sentido psicológico. Sin embargo, pueden tener un matiz psicológico, o por lo menos sugerir algún estado psicológico correlacionado con el sentido no psicológico del verbo. Hemos encontrado algunos ejemplos de estos usos en los diccionarios consultados:

(40) La muerte de su hermano le ha dolido mucho. (*Salamanca*)

(41) ¿Le importa que fumemos? (*Salamanca*)

(42) Me pesa haberla obligado a venir conmigo. (*Salamanca*)

Uno de estos verbos básicamente no psicológicos, *doler*, admite también una especie de construcción media (con sentido psicológico):

(43) No te duelas de lo que pasó, que la culpa ha sido tuya. (*Salamanca*)

El verbo *bastar*, que también es incluido en esta clase por ciertos autores (cfr. González 1997: 195, Whitley 1995: 574), puede encontrarse en una construcción impersonal bastante idiosincrásica:

(44) Me basta con que [usted] me deje interesante y algo misterioso. (PR, p. 302)

El verbo *gustar* también puede encontrarse en algunas construcciones particulares, en las que el experimentante desempeña la función del sujeto:

(45) ¿Le pruebo quién soy? - Como guste. (BC3, p. 57)

(46) Historias de chicas que no se parecían en nada a las que conocíamos, que nunca iban a gustar las dulzuras del hogar apacible con que nos hacían soñar a las señoritas (CA, p. 152)

Este tipo de verbos normalmente excluye una interpretación activa. Sin embargo, el ejemplo siguiente parece ser una excepción a esta regla:

(47) esa pequeña angustia ... se me antojó de repente una excusa egoísta para librarme de la parte más dura de la militancia, para dedicarme a mi propio placer y a mis pasiones, a torear, a gustar a las mujeres, a vivir. (HC, p. 104)[6]

3.2.4. Experimentante–Verbo–preposición Tema

El tipo de verbos que vamos a considerar ahora, es un tipo generalmente no distinguido por los lingüistas que estudian los verbos psicológicos (véase, sin embargo, a Whitley 1995: 573). El experimentante siempre se encuentra en la posición

6 El profesor Roegiest ha llamado nuestra atención sobre este ejemplo.

del sujeto, mientras que el tema está introducido por una preposición seleccionada por el verbo. Enumeramos aquí los verbos encontrados en nuestro corpus:

(48) *gozar* (*con*/*de*), *recelar de*, *temer* (*de*/*por*)

Pero los verbos documentados en nuestro corpus no son los únicos en aceptar esta construcción:

(49) *anhelar por*, *ansiar por*, *desconfiar de*, *desesperar de*, *sufrir de*, *temblar* (*de*/*por*)

Veamos algunos ejemplos de estos verbos en contexto:

(50) Hacía tiempo que no gozaba de las sutilezas del buffet o del brunch (PR, p. 75)

(51) me desconcertaban los reyes que promovían guerras, los conquistadores y los héroes, recelaba de su gesto altivo cuando ponían el pie en tierra extraña (CA, p. 97)

(52) No tememos por la vida de mi padre. (PR, p. 189)

La mayoría de estos verbos también aceptan una construcción sin preposición, por lo que también pueden incluirse generalmente en la clase de {TEMER} (un ejemplo de este comportamiento es el mismo *temer*). Las excepciones a esta generalización son poco numerosas, y de índole distinta. *Desconfiar* es el único verbo que forma parte exclusivamente de esta clase, aunque se utiliza fácilmente en una construcción absoluta:

(53) a. Ya estás desconfiando -comentó Anselmi ... -No desconfío (BC3, p. 71)

b. Desconfíe de las imitaciones, busque el sello de autenticidad del producto. (*Salamanca*)

Desesperar, por otra parte, no se puede comportar como un verbo de la clase de {TEMER}, sino más bien como un verbo de la clase de {PREOCUPAR}:

(54) a. Desespero de conseguir lo que me propongo. (*Salamanca*)

b. le desesperaba que pasase por un mediocre (RL, p. 125)

Recelar también puede encontrarse únicamente en el esquema Experimentante–Verbo–preposición Tema, a no ser que se construya con una oración subordinada sustantiva en la posición del objeto:[7]

(55) Recelo que no ha dicho todo lo que sabe. (*Salamanca*)

También *temblar* se construye únicamente con un complemento preposicional, pero sólo si tiene un sentido psicológico:

(56) Tiemblo por su vida. (*Salamanca*)

En su sentido literal, se utiliza intransitivamente (como en "temblar de frío").

El verbo *recelar* también puede utilizarse en una construcción "media" (*recelarse de*), sin cambio de sentido:

(57) Fue mortalmente herido de flechas emponzoñadas, de las que el piloto santoñés se recelaba. (DEA, ejemplo de José María de Cossío)

3.2.5. Experimentante–Verbo pronominal–prep. Tema

Muy pocos verbos siguen el esquema Experimentante–Verbo pronominal–prep. Tema:

(58) *arrepentirse de*, *atreverse a*, *gozarse en*[8]

Estos verbos también se utilizan frecuentemente sin el complemento preposicional. He aquí algunos ejemplos de estos verbos en contexto:

(59) Me arrepentí muy pronto. (BC2, p. 35)

(60) Le veo echarse mano al bolsillo y suspiro, arrepentida de haber hecho esa alusión política (CA, p. 68)

(61) no sé de qué entrevista se trata, pero no me atrevo a confesárselo (CA, p. 27)

(62) Mi hermano se goza en hacerme sufrir. (*Salamanca*)

---

7 A primera vista, podríamos pensar que en este ejemplo se omite la preposición al igual que se puede omitir con predicados como *seguro (de) que*, *convencer (de) que*,... (cfr. Butt & Benjamin 1993: §27.4.2). Con todo, pensamos que aquí se trata de otro fenómeno: la omisión de la preposición *de* con *seguro* o *convencer* es un fenómeno del lenguaje coloquial, mientras que con *recelar*, la variante *sin* preposición es la variante "normativa"; aunque es posible encontrar ejemplos con *de*, un diccionario como el *Moliner* cita sólo la variante sin *de*.

8 La clasificación de algunos de estos verbos es algo arbitraria. *Gozarse en* también podría considerarse como una variante de *gozar* (*de/con*), tal como lo hicimos en la sección precedente con *recelarse de*. Sin embargo, dado que la preposición cambia, preferimos incluir esta construcción en esta sección.

3.2.6. Causa–Verbo–Experimentante–prep. Tema

Por fin, hay una serie de verbos bastante heterogénea, compuesta de verbos "causativos". Podemos hacer aquí una distinción entre los verbos que llevan siempre como tema un SP sustantivo y los que pueden llevar un SP verbal. Los verbos del primer tipo son muy poco numerosos:

(63) *aficionar a alguien a una cosa, interesar a alguien en una cosa*

Veamos algunos ejemplos:

(64) La campaña del ayuntamiento me ha aficionado a los transportes públicos. (*Salamanca*)

(65) Quería que [la señora Conesal] interesara en su lectura a su marido. (PR, p. 259)

Pensamos que estos verbos son causativos, porque incluyen al lado de un experimentante y un tema (un "objeto" de la experiencia), un tercer argumento, que parece desempeñar el papel temático de "causa" (en el segundo ejemplo una "causa" humana, agentiva).[9] La mayoría de las veces, el verbo *aficionar* se encuentra bajo la forma del participio pasado:

(66) Qué cansadora esa gente aficionada a las peleas y a las reconciliaciones. (BC2, p. 24)

(67) [Poldnay] fue siempre aficionado a las bromas. (BC3, p. 73)

En el diccionario *Salamanca*, también se encuentra en una construcción pronominal:

(68) Me he aficionado al agua mineral sin gas.

Quizás también pueda incluirse aquí el verbo *encariñar a alguien con una cosa*. Con los tres argumentos a la vez, el verbo parece relativamente excepcional. Hemos encontrado sólo un ejemplo indudable de esta construcción en el DCR:

(69) Pío Cid la habrá encariñado [a Martina] con la vida que lleva. (ejemplo proviniendo de Ganivet, s. XIX)

Este verbo acepta por lo demás todas las construcciones aceptadas por *interesar* y por *aficionar*:

(70) Es un gato que encariña a todos los que lo ven. (*Salamanca*)

9 Nótese que el verbo *interesar* también se documenta en un uso no causativo: "La lectura de su esposa le interesa a Conesal."

(71) No se encariñe con el detenido. (PR, p. 337)

Contrariamente a los verbos de la clase de {PREOCUPAR}, los verbos que siguen este esquema parecen realmente causativos (cfr. el capítulo 5 para una discusión más detallada del carácter causativo de estos verbos).

Hay otra serie de verbos que pueden llevar como complemento una oración subordinada o un sintagma infinitivo:

(72) *animar,*[10] *convencer, disuadir*

En general, estos verbos aceptan también una construcción pronominal. Veamos algunos ejemplos de estos verbos en contexto:

(73) a. De todos modos, la idea de una larga duda me pareció demasiado cansadora y me animé a plantear la pregunta. (BC2, p. 20)
b. Me animaron para que estudiara alemán. (*Salamanca*)

(74) Entre todos la convencimos para que viniera a la fiesta.[11] (*Salamanca*)

(75) a. Lo disuadí de estudiar filología. (*Salamanca*)
b. ... intentaremos disuadirlo de que vaya de vacaciones a la selva. (*Salamanca*)

Estos verbos también se utilizan muchas veces sin la oración subordinada o sin el infinitivo:

(76) Visité al médico. Largamente cavilé sobre la frase que emplearía para comunicarle mis planes [de viaje]. ... En realidad temía que por buenas o malas razones me disuadiera. (BC2, p. 27)

En este caso, estos verbos se acercan sintácticamente a los verbos de la clase de {PREOCUPAR}.

Los verbos *excitar* y *provocar* se sitúan a caballo entre los dos (sub)tipos de verbos mencionados:[12] el diccionario *van Dale* menciona bajo la sección de expresiones construidas a base de *excitar*, "excitar a la rebelión" y "excitar a trabajar" y en el diccionario *Salamanca* encontramos el ejemplo siguiente:

---

10 *Animar* también puede formar parte de la clase de {PREOCUPAR}.

11 *Convencer* se construye también con un complemento preposicional introducido por *de* o con una oración subordinada:

(i) ¿Convencisteis a Juan de que la decisión era la más oportuna? (*Salamanca*)

Sin embargo, pensamos que, en este caso, *convencer* no es un verbo psicológico, sino más bien un verbo de conocimiento o de "percepción intelectual" (causativo), cfr. Cano Aguilar (1981: 174).

12 Pero veremos en la sección 3.3.3, página 92, que estos dos verbos se comportan de una manera muy distinta desde otro punto de vista.

(77) El timonel provocaba a los marineros a la rebelión.

Aunque en este último ejemplo el sintagma "a la rebelión" tiene un núcleo sustantivo, por el sentido el verbo *provocar* se acerca a los que llevan un complemento verbal. En efecto, el tercer argumento de los verbos del tipo de *aficionar* parece ser un auténtico tema, mientras que el tercer argumento de los verbos como *animar* parece ser más bien una especie de meta (el timonel *quiere* que los marineros se rebelen).

3.3. Criterios de delimitación

Aunque el término mismo de "verbo psicológico" implica una noción esencialmente semántica, en la bibliografía lingüística esta noción sólo está presente de una manera bastante intuitiva y vaga. La mayoría de los autores que han estudiado los verbos psicológicos (Belletti & Rizzi 1987, Grimshaw 1994, van de Velde 1995,...) proceden como nosotros hemos procedido hasta aquí: distinguen varias clases de verbos psicológicos basándose en criterios de delimitación esencialmente formales o sintácticos. Esto explica por qué estos autores incluyen tan fácilmente verbos manifiestamente no psicológicos desde un punto de vista semántico en la clase de los verbos psicológicos, sobre todo con respecto al tipo de *agradar*. Aquí presentaremos algunos intentos de delimitación y de subdivisión de los verbos psicológicos, que se basan (al menos parcialmente) en un criterio semántico más estricto. Prestaremos relativamente mucha atención al análisis de Ruwet, porque nos parece el intento más elaborado y más logrado de una caracterización semántica de los verbos psicológicos.

3.3.1. Brekke (1976)

Como ya hemos señalado en el capítulo precedente, la clase de los llamados verbos psicológicos, tal como la ve Brekke (1976), es más amplia de lo que designa este término en el uso actual: no sólo incluye los verbos que él llama "emotivos" (es decir la clase de los verbos psicológicos como la delimitamos aquí) sino también las clases de verbos perceptivos y cognitivos (es decir verbos de conocimiento, o, en la terminología de Cano Aguilar 1981: 160, verbos de percepción intelectual). En un primer acercamiento, Brekke define la clase de los verbos psicológicos en general (incluyendo los verbos perceptivos y cognitivos), por un criterio semántico:

> None of the [psychological] verbs claim to represent the world as it *is*, universally and objectively valid, but only as it *appears*, as

> filtered through the perceptive, cognitive, or emotive faculties of a unique animate (in most cases human) being. They are *private*, not universal, and statements containing them are inherently *subjective*. (Brekke 1976: 1)

La clase de los verbos psicológicos emotivos, más particularmente, puede caracterizarse semánticamente de la manera siguiente:

> [. . .] the semantic subdivision of emotive predicates can be further caracterized as expressing the output of an Experiencer's emotional processing in the form of an emotive *reaction* to a certain type of psychological stimulus. (Brekke 1976: 105)

Sin embargo, para Brekke también, el interés de estos verbos no reside tanto en su contenido semántico, sino en el hecho de que gran parte de ellos presentan varias propiedades sintácticas particulares (más precisamente los fenómenos relacionados con la regla del *Psych-Movement*, cfr. sección 2.2, página 41).

Además, paralelamente a la tripartición *semántica* de la clase de los verbos psicológicos (es decir, cognitivos, perceptivos y emotivos), Brekke distingue también tres clases a base de sus propiedades *sintácticas* (y esas clases son a su vez subdivididas a base de sus características *morfológicas*): una primera clase de verbos en los que el experimentante se encuentra en la posición del sujeto (los "verbos-A"), una clase de verbos en los que el experimentante es un objeto (los "verbos-B") y una tercera clase de verbos en los que el experimentante puede aparecer alternativamente como sujeto u objeto (los "verbos-AB", de los cuales la mayoría son precisamente verbos de la clase de {PREOCUPAR}). Según la hipótesis de Brekke, por lo menos algunos de estos últimos verbos podrían obedecer a la operación de *Psych-Movement*. Algunos ejemplos de verbos-A son *to like*, *to fear* o predicados adjetivales como *impatient*, *reluctant*,... Los verbos-B constan exclusivamente de predicados adjetivales como *awful*, *dreadful*, *horrible*,... Los verbos de la clase de {PREOCUPAR} forman la mayor parte de los verbos-AB porque, mientras que su construcción básica es aquella en la que el experimentante es el objeto, se puede fácilmente construir, a base de estos verbos, oraciones en las que el sujeto es el experimentante (mediante un participio como *amused*, *satisfied*, etc.) Sin embargo, no insistiremos en la clasificación sintáctica de Brekke, porque no nos parece muy oportuna (y además, ya no se hace en los estudios recientes) su decisión de incluir, en una misma clase, elementos de orígenes morfológicos muy distintos: así, por ejemplo, incluye en la misma clase de verbos-A, un verbo (como *to like*), un participio (como *amused*) y un adjetivo (como *reluctant*).

3.3.2. Whitley (1995)

Whitley (1995), por su parte, muestra que es difícil (y a su parecer prácticamente imposible) subdividir los verbos llamados psicológicos en clases distintas y discretas a base de su subcategorización. Varios verbos pertenecen a más de una clase a la vez: Whitley (1995: 574) da como ejemplos, entre otros, *disfrutar*, *necesitar*, *apetecer* y hasta *gustar*. Todos estos verbos pueden ocurrir en varias construcciones sintácticas y pertenecen por lo tanto a varias clases distintas de verbos: tanto *necesitar* como *disfrutar* pueden ocurrir en una construcción transitiva (con el experimentante en la posición del sujeto), como en una construcción con un complemento preposicional introducido por *de* (*disfrutar de*, *necesitar de*); *apetecer* puede construirse como un verbo de la clase de {TEMER}, o como un verbo de la clase de {AGRADAR}; y el mismo *gustar* puede encontrarse, junto con su construcción regular, en una construcción prepositiva (*gustar de*). Por otra parte, Whitley (1995: 578) pretende que la distinción entre verbos de la clase de {AGRADAR} y verbos de la clase de {PREOCUPAR} se basa más en un continuo, que en una distinción discreta, tal como la definen por ejemplo Belletti & Rizzi (1987).

Más concretamente, ciertas conclusiones de Belletti & Rizzi, relacionadas con el italiano, deben, según Whitley, matizarse en español:

1. la observación de que los verbos del tipo de *temere* pueden tener una forma reflexiva, a la inversa de los verbos del tipo de *preoccupare*

2. la distinción entre verbos del tipo de *piacere*, que se construyen con un objeto dativo, y los verbos como *preoccupare*, que se construyen con un complemento acusativo

3. el que los verbos del tipo de *preoccupare* no pueden tener una forma pasiva.

Consideremos estas tres observaciones una a una:

1. por lo que se refiere a la posibilidad de utilizar una forma reflexiva, la crítica de Whitley (1995: 575) se limita esencialmente a señalar que ciertos verbos del tipo de *preoccupare* pueden tener, en español, una verdadera variante reflexiva (es decir no media)—lo que no debería ser posible según el análisis de Belletti & Rizzi (1987):[13]

13 Whitley (1995: 575) señala también que las construcciones medias en castellano, aparentemente a la inversa de las italianas, no son necesariamente incoativas. Por una parte no vemos de qué manera esto puede invalidar el análisis de Belletti & Rizzi (1987), y por otra parte tendremos la ocasión de matizar esta observación en el capítulo 4, donde trataremos el aspecto de los verbos psicológicos.

(78) los dos detectives se sorprendieron / espantaron el uno al otro

Según Whitley, además, estos ejemplos no serían necesariamente agentivos.

2. la segunda observación de Whitley está relacionada con el muy complicado y muy debatido fenómeno del "leísmo" español. Este fenómeno se define en el *Esbozo* (§3.10.5.c) de la manera siguiente: "el empleo predominante de *le* [es decir la forma dativa] en lugar de las formas acusativas, *lo* y *la*".[14] Aunque la Academia Española sólo recomienda el uso de *le* como "acusativo masculino de persona, pero no de cosa" (ibid.) también se utiliza con "acusativos femeninos" (como ya se podía observar en la primera cita). Además, como lo nota Fernández-Ordóñez (1999: 1323ss), el leísmo es particularmente frecuente con los verbos psicológicos de la clase de {PREOCUPAR} (más que con otros verbos transitivos no psicológicos). Whitley parece adoptar (pero no sin reservas) el punto de vista de García (1975), que asocia la elección de *lo* o *le* con las diferencias de "activeness" que el hablante atribuye a los diferentes participantes de la oración, no sin notar de paso que ciertos verbos pueden adquirir un sentido distinto dependiendo del empleo de *le* o de *lo* (da los ejemplos de *distraer*, *repeler*, *pesar* y *encantar*). Según García, si *gustar* se construye con *le*, no es porque la subcategorización de *gustar* lo estipule así,[15] sino porque el experimentante humano de un verbo como *gustar* se considera automáticamente como más activo que el otro argumento (la "causa" de la experiencia) (cfr. Whitley 1995: 576).

3. finalmente, por lo que se refiere a la voz pasiva, las diferencias entre el italiano y el castellano son menos nítidas: exactamente como en italiano, el verbo *preocupar* no acepta la voz pasiva. Sin embargo, hay verbos de la clase de {PREOCUPAR} que parecen aceptar la voz pasiva (Whitley 1995: 587 cita como ejemplos *aterrar*, *disgustar*, *sorprender*).

Whitley propone como punto de partida de una explicación de estos hechos el artículo de Hopper & Thompson (1980) sobre la transitividad, aunque nota al mismo tiempo que este análisis carece de valor predictivo (Hopper & Thompson no pueden explicar, sin apelar a idiosincrasias léxicas, por qué la traducción de *gustar* en inglés utiliza una construcción prácticamente opuesta a la del castellano). De

14 Cfr. Fernández-Ordóñez (1999), para más especificaciones. Varios autores han señalado, a este respecto, la semejanza entre el leísmo y el uso del acusativo preposicional, ya que en ambos casos se utiliza una forma dativa para un objeto normalmente analizado como un objeto directo (cfr. Delbecque & Lamiroy 1992, Roegiest 1996a). Analizaremos más detenidamente el problema del leísmo con los verbos psicológicos en el capítulo 5.

15 El objeto de este verbo se considera generalmente como un objeto *indirecto*.

ahí que Whitley proponga seguir la vía de las teorías de la prototipicidad, más bien que las de los continuos (pero deja el asunto algo en suspenso). Veremos en las secciones siguientes que hay, efectivamente, varios verbos que vacilan entre distintas clases verbales. Sin embargo, trataremos de mostrar que las demás críticas de Whitley (1995) no hacen imposible un análisis por categorías discretas: si sus críticas (por lo menos la primera y la tercera) son efectivamente muy problemáticas para el análisis de Belletti & Rizzi (1987), esto no quiere decir que no se les pueda dar una solución adecuada en otro tipo de análisis por categorías discretas (como en el caso de la Gramática Léxica Funcional). Además, mostraremos en lo que sigue que la primera y la tercera crítica deberán matizarse desde un punto de vista empírico. La segunda observación, acerca de la distinción entre acusativo y dativo, que se inspira más bien en una reflexión teórica sobre el lenguaje, será el objeto de una discusión más detenida en el capítulo 5.

3.3.3. Ruwet (1972, 1993, 1994, 1995)

Ruwet (1993: 96) señala que, de una manera bastante contradictoria, la clase de {PREOCUPAR} se considera generalmente como la clase más aberrante por lo que se refiere a su comportamiento sintáctico, aunque es la clase más grande y además la única clase de verbos psicológicos realmente productiva. Por otra parte, en sus artículos, Ruwet no se cansa de subrayar la "fantástica heterogeneidad" de los verbos de la clase de {PREOCUPAR} (Ruwet 1995: 29). Ruwet (1995) muestra que muchos verbos que se caracterizan por un comportamiento aparentemente equivalente pueden diferir sintáctica y semánticamente de maneras muy variadas y sutiles. Pero muestra también que una descripción meticulosa de esas diferencias puede ayudar a mejor definir los aspectos semánticos fundamentales de los verbos llamados psicológicos.

Las nociones de "sujeto intencional" (SI) y de "correlato de la intencionalidad" (CI), introducidas por Ruwet, permiten distinguir semánticamente varios tipos de verbos. Veamos en un primer momento los ejemplos siguientes proporcionados por Ruwet (1995: 35):[16]

(79) a. Marlène a fait du charme au producteur, mais sans succès.
b. ! Marlène a charmé le producteur, mais sans succès.

(80) a. Eve a provoqué (lascivement) Adam, mais celui-ci est resté de glace.
b. ! Eve a excité Adam, mais celui-ci est resté de glace.

Explica Ruwet el carácter insólito de (79b) y de (80b) en los términos siguientes:

16 El signo de admiración indica incongruencia semántica.

> Dans [(79a)], Marlène est un SI [sujet intentionnel] dont le producteur est le CI [corrélat d'intentionnalité]. L'expression *faire du charme* implique que Marlène est "active" et consciente de ce qu'elle fait, mais il n'est pas garanti que le producteur tombera sous le charme—il peut même ne pas avoir remarqué que Marlène voulait le séduire (le producteur est, ou n'est pas, un SI dirigé vers Marlène). Dans [(79b)], que Marlène soit ou non consciente de ce qu'elle fait (elle est ou n'est pas un SI), le producteur tombe nécessairement sous le charme (il est un SI).
>
> Dans [(80a)], Eve est un SI actif, mais, comme en [(79a)], son CI (Adam) peut fort bien n'éprouver aucune émotion. A strictement parler —et à la différence d'*exciter* en [(80b)]— *faire du charme* ou *provoquer* ne sont pas des expressions de sentiment. Ce verbe et cette expression verbale décrivent seulement des comportements du sujet, destinés à susciter certains sentiments (ou certains actes) chez l'objet, mais sans garantie de réussite. (Ruwet 1995: 36)

Pensamos efectivamente que el criterio semántico más fiable, y que corresponde mejor a los verbos tradicionalmente distinguidos como verbos psicológicos "típicos", es esta distinción entre sujeto intencional (SI) y correlato de la intencionalidad (CI) propuesta por Ruwet (1972, 1993, 1994, 1995).[17] En realidad, Ruwet (1994: 47) elabora una propuesta de Coppieters (1993), mientras que se inspira al mismo tiempo en la obra filosófica (fenomenológica) de Husserl y Heidegger. Señalemos ya que un sujeto intencional no es necesariamente un sujeto *gramatical*: la noción, filosófica, de sujeto intencional no tiene mucho en común con la noción gramatical de sujeto. Ruwet (1993: 32) da como ejemplos típicos de sujetos intencionales los sujetos de los verbos de acción, de decir, de percepción, así como los sujetos de los verbos que pertenecen a la clase de {TEMER}. También considera los *objetos* de los verbos de la clase de {PREOCUPAR} como sujetos intencionales. Por lo tanto, según Ruwet, el *objeto* de un verbo psicológico de la clase de {PREOCUPAR} es normalmente un SI cuya atención está orientada hacia un CI en posición de sujeto gramatical (con ciertos verbos el sujeto también puede ser un SI). Esto implica primero que el objeto de un verbo psicológico es siempre humano o animado[18] y que el sujeto puede ser no humano o no animado (cfr. Subirats-Rüggeberg 1984). El carácter intencional del objeto de la oración también le conferiría, según Ruwet (1994: 50), un matiz de actividad.[19]

17 Esta distinción ha sido retomada también por Bouchard (1992, 1995a,b). Ya que su análisis sólo difiere en algunos aspectos menores del de Ruwet no lo describiremos aquí.

18 Pero comparen con los ejemplos (36) y (37) en la página 82.

19 "Toute intentionnalité comporte une part d'activité: pour éprouver une émotion, il faut avoir perçu, repéré, contemplé (de manière claire ou confuse) son objet [...]"

Sobre todo, esas dos nociones pueden ayudar a distinguir los verbos psicológicos de ciertos verbos que tienen las mismas restricciones de selección que ellos (es decir, que tienen un sujeto humano o no humano y un objeto humano). Veamos otra vez los ejemplos (80a) y (80b), repetidos aquí:

(80a) Ève a provoqué (lascivement) Adam, mais celui-ci est resté de glace.

(80b) ! Ève a excité Adam, mais celui-ci est resté de glace.

Según Ruwet, *provoquer* no es un verbo psicológico, porque su objeto no es un SI: que Eva provoque a Adán no implica necesariamente que Adán se *sienta* realmente provocado, o que Eva *logre* provocarlo, un matiz que se vuelve aparente en la segunda parte de (80a). Pero si Eva ha *excitado* a Adán, Adán no puede haberse quedado indiferente, lo que está indicado por la extrañeza de la continuación de (80b).

Por lo tanto, esta caracterización semántica de los verbos psicológicos permite captar mejor la diferencia entre los verbos psicológicos y ciertos verbos sólo *aparentemente* psicológicos. Así, el objeto de un verbo como *desacreditar* no es un SI porque se puede desacreditar a alguien sin que sea consciente de esto:

(81) Desacreditaron a Juan ante su jefe, pero él todavía no lo sabe.

El objeto sólo puede ser interpretado como un sujeto *intencional* si podemos entenderlo como un participante consciente de que le desacreditan.

Sin embargo, los datos son menos claros con *corromper*:

(82) ? Eva ha corrompido a Juan, pero él todavía no lo sabe / pero sin éxito.

Según la prueba semántica propuesta por Ruwet, el objeto de *corromper* sería un SI, pero al mismo tiempo el verbo no hace referencia a un estado verdaderamente psicológico. El estado de cosas descrito por (82) dice menos de una realidad mental difícilmente controlable de un experimentante, que de un hecho que se puede averiguar más o menos objetivamente. La situación descrita por *corromper* no hace realmente referencia a un estado psicológico de alguien sino al juicio (moral) que otros se pueden formar de esta persona. Una oración como "Juan está excitado" implica que Juan es considerado desde un punto de vista interior a él, mientras que *corromper* presenta a Juan desde un punto de vista exterior.[20] Por otra parte, no parece totalmente imposible inventar un contexto donde el objeto es corrompido sin que sea realmente consciente de este hecho, lo que mostraría que en efecto no es un verdadero SI:[21]

20 Bouchard (1995b: 278) funda su distinción entre "Substantive" y "I-Subject" por una parte, y "Concept" por otra —una distinción parecida a la introducida por Ruwet— en esta noción de punto de vista.

21 Ruwet (1994) muestra que *corromper* se comporta también de una manera particular con respecto a otras pruebas semánticas.

(83) El poder ya ha corrompido al nuevo presidente, pero él mismo piensa que tiene todavía las manos limpias.

Para poder hablar de un SI, el predicado debe provocar en el espíritu del participante cierta reacción mental dirigida hacia el CI, lo que no parece el caso con *corromper*. Esta condición —de que haya una reacción mental por parte del objeto— implica también una interpretación más bien puntual, situada en un momento bien definido. En (80b), la excitación de Adán es un estado mental normalmente pasajero, mientras que en (83), podemos suponer que el estado mental del político es más duradero, que es el resultado de un proceso difícil de invertir.

Ruwet (1995) incluye también algunas observaciones críticas a propósito de la agentividad o no agentividad de los verbos psicológicos de la clase de {PREOCUPAR}. Según muchos autores, un sujeto humano de un verbo psicológico puede recibir una interpretación agentiva. Esta idea tradicional ha sido puesta en duda por van Voorst (1992, 1995). Más concretamente, este autor pretende que hay una correlación entre la interpretación agentiva y física por una parte, y entre la interpretación no agentiva y psicológica por otra parte. Sin embargo, si adoptamos la hipótesis de que un predicado psicológico se define como un predicado en el que el objeto es un SI, nada parece excluir la existencia de predicados psicológicos y agentivos a la vez. En el ejemplo siguiente, Juan actúa por su propia voluntad, y es por lo tanto un sujeto agentivo; pero al mismo tiempo los niños son sujetos intencionales, porque no pueden no estar asustados (cfr. también Ruwet 1995: 33–34):

(84) Juan asusta deliberadamente a los niños.

En los ejemplos franceses siguientes (Ruwet 1995: 35), la diferencia no parece estar en la agentividad o no agentividad del sujeto, sino más bien en el carácter intencional o no del objeto directo:

(85) Les empereurs romains persécutèrent les chrétiens pendant des siècles sans jamais (arriver à) les terrifier.

(86) ?? Les empereurs romains terrorisèrent les chrétiens pendant des siècles sans jamais (arriver à) les terrifier.

En los dos ejemplos, el sujeto, *les empereurs romains*, es un sujeto agentivo (y por eso es también, al mismo tiempo, un SI). Sin embargo, con *persécuter*, el objeto directo no es un SI: se puede perseguir a alguien sin lograr asustarlo (por lo menos en francés); por lo tanto *persécuter* es un verbo agentivo no psicológico. *Terroriser* (*aterrorizar*), en cambio, es un verdadero verbo psicológico, porque implica siempre que el objeto directo es un SI. Pero lo que parece distinguir, en francés, este verbo de otros verbos psicológicos, es el hecho de que es *obligatoriamente* agentivo.[22]

Para terminar, Ruwet (1972: 181, nota 1) sugiere que las restricciones de selección a las que obedecen las clases de verbos psicológicos {PREOCUPAR} y {TEMER} no son siempre exactamente iguales:

(87) a. La couleur verte / Que paul ait pu dire une chose pareille dégoûte Pierre.

b. ? Pierre méprise la couleur verte / que Paul ait pu dire une chose pareille.

No vemos muy bien cuál es la pertinencia de esta distinción, porque nos parece esencialmente una consecuencia del sentido y del comportamiento concreto de estos dos verbos: si *mépriser* no se puede construir con "la couleur verte", nos parece debido en primer lugar al matiz de juicio moral que este verbo parece conllevar; por otra parte veremos más abajo que no es nada excepcional el hecho de que distintos verbos de la clase de {TEMER} tengan distintos criterios de selección. Nos parece más interesante una segunda observación de (Ruwet 1972: 201), según la cual el marco de subcategorización y las restricciones de selección varían según la construcción en la que se encuentra un verbo psicológico:

(88) Paul / Cette table / Le bruit qu'on fait sur cette histoire / Que Jules soit sorti étonne Marie.

(89) Marie s'étonne *de Paul / *de cette table / du bruit qu'on fait sur cette histoire / (de ce) que Jules soit sorti.

(90) Marie est étonnée *de Paul / *de cette table / du bruit qu'on fait sur cette histoire / (de ce) que Jules soit sorti.

3.4. Tipología

En esta sección trataremos de caracterizar nuevamente los distintos tipos de verbos psicológicos, basándonos en la tipología preliminar elaborada al inicio de este capítulo, pero añadiendo los resultados obtenidos por otros autores, sobre todo por Ruwet, y expuestos brevemente en las secciones anteriores. Para cada tipo de verbos, trataremos de elaborar una caracterización semántica que permita captar el sentido genérico de los verbos, y que al mismo tiempo permita excluir

22 Ruwet (1995: 34) cita como otro ejemplo de un verbo psicológico obligatoriamente agentivo en francés, el verbo *importuner*. Por otra parte, a nuestro parecer se puede siempre utilizar con esos verbos un sujeto no humano, entonces evidentemente no agentivo (*Ce bruit m'importune*, *L'orage terrorise cet enfant*).

ciertos verbos atípicos de la inclusión en una clase. También trataremos de ver en qué medida un comportamiento gramatical homogéneo corresponde a los grupos de verbos así definidos. Anticipando ya nuestras conclusiones, veremos que las distinciones sintácticas que existen entre las tres clases son mucho menos nítidas de lo que nos hacen creer Belletti & Rizzi (1987), por lo menos en castellano (cfr. Bouchard 1995b). Por eso, como lo nota en varias ocasiones Bouchard, una explicación semántica tiene más probabilidad de poder explicar las diferencias que sí se notan, que una explicación exclusivamente estructural. Por otra parte, veremos en el capítulo 5, que sí hay unas diferencias gramaticales muy importantes y regulares entre los verbos de la clase de {AGRADAR} y las otras dos clases. En ese capítulo, explicaremos estas diferencias por un análisis inacusativo de los verbos de la clase de {AGRADAR}.

3.4.1. La clase de {TEMER}

3.4.1.1. Análisis semántico

Los verbos que generalmente se consideran como ejemplos típicos de esta clase son, entre otros, *amar*, *temer*, *odiar*, ... A diferencia de los verbos de la clase de {PREOCUPAR}, y de la definición de los verbos psicológicos avanzada por Brekke (1976: 105) (cfr. también la sección 3.3.1), no se puede hablar aquí de una *reacción* por parte del experimentante a cierto estímulo. En efecto, estos verbos siempre parecen designar un estado psicológico más bien duradero. Tomemos como ejemplos las dos oraciones siguientes:

(91) Juan teme el trueno.

(92) El trueno le asusta a Juan.

El ejemplo (91) implica que Juan ya temía el trueno antes del momento de habla, y que probablemente continuará a temerlo después. El ejemplo (92), sin embargo, en su interpretación más natural, quiere decir que en este momento, y sólo en este momento, el trueno asusta a Juan.[23] En su lectura más natural, el segundo ejemplo implica que hay una tormenta en el momento de habla, mientras que esto no es necesariamente el caso en el primer ejemplo: uno puede temer el trueno, mientras que no hay siquiera una nube en el cielo, pero sería absurdo decir que el trueno asusta a alguien si no hay trueno. Un verbo como *temer* parece tener un sentido temporalmente constante, duradero. *Asustar*, en cambio, tiene un sentido más bien puntual. Esta caracterización no excluye que podamos *forzar* una lectura genérica de un verbo como *asustar*:

23 Afinaremos más el análisis temporal interno de los verbos psicológicos en el capítulo 4.

(93) El trueno siempre asusta a Juan.

Por otra parte, podemos también forzar una lectura puntual de un verbo como *temer*:

(94) Juan sólo teme el trueno cuando hay una tormenta.

Pero esto sólo confirma nuestra caracterización general de estos verbos, en los contextos no marcados.

Asimismo, en general estos verbos no tienen una interpretación activa. Esto implica que normalmente los sujetos de estos verbos no pueden controlar el estado emotivo designado por el verbo. No se puede temer, odiar, o amar *deliberadamente* a una persona o una cosa:

(95) a. ! Juan teme deliberadamente el trueno.
b. ! Juan ama deliberadamente a su mujer.
c. ! Juan odia deliberadamente a su hermano.

Si los experimentantes de estos verbos no controlan la situación expresada por los verbos, no implica que no sean conscientes de ella. Por eso, podemos también caracterizarlos como sujetos intencionales. Repetimos que "intencional" no quiere decir aquí volitivo: un sujeto es intencional porque su atención está dirigida, deliberadamente o no, hacia un correlato de la intencionalidad. Los objetos de los verbos del tipo de *temer*, sin embargo, no son sujetos intencionales: Juan puede odiar a su hermano, sin que este último lo sepa, o sea consciente de esto.

En resumen, un verbo de la clase de {TEMER} es un verbo que expresa un estado emocional relativamente permanente de un sujeto intencional no agentivo frente a un correlato de la intencionalidad. El sujeto intencional se encuentra en la posición del sujeto (gramatical), el correlato de la intencionalidad en la posición del objeto directo. Veamos, ahora, cuáles de los verbos enumerados en (1), p. 77, no obedecen a esta caracterización:

(96) *aguantar, alabar, desaprobar, experimentar, gozar, idealizar, ningunar*[24], *sentir, soportar, sufrir, tolerar*

El verbo *alabar* no es un verbo psicológico tal como lo hemos definido, porque es un verbo esencialmente agentivo. Esto se puede ver si le aplicamos algunas de las pruebas sintácticas de la agentividad enumeradas por Miguel (1999: 3014ss):

(97) a. ¡Alaba al rey!
b. * ¡Teme al prisionero!

24 Suponemos que *ningunar*, palabra que no se encuentra en los diccionarios, es sinónimo de *ningunear*, definido por el diccionario *Salamanca* como "no tener en consideración [...]"

c. * ¡Odia a tu primo!

(98) a. Alababa deliberadamente al rey.
b. * Temía deliberadamente al prisionero.
c. * Odiaba deliberadamente a su primo.

(99) a. Obligaban a Juan a alabar al rey.
b. * Obligaban a Juan a temer al prisionero.
c. * Obligaban a Juan a odiar a su primo.

Otros verbos que parecen comportarse de la misma manera que *alabar* y que tampoco son verdaderos verbos psicológicos, son *aplaudir*, *celebrar*, *felicitar*,... (cfr. Cano Aguilar 1981: 191). Todos estos verbos tienen en común que denotan la manera como se exterioriza un juicio de valor. Pero también pueden expresar un juicio de valor insincero, ya que la exteriorización puede no corresponder a lo que se piensa verdaderamente. Por lo tanto no se trata de un estado psicológico, sino más bien de una actitud exterior y controlada:

(100) Juan sólo felicitó a su jefe para lisonjearlo.

Los verbos *aprobar* y *desaprobar* se parecen a estos verbos, pero también pueden utilizarse para expresar un juicio de valor no exteriorizado. En este caso, se trata siempre de un juicio sincero:

(101) No lo dice, pero sé que desaprueba tu conducta.

En este último sentido se acercan a los verbos psicológicos prototípicos. Sin embargo, no pensamos que formen realmente parte de la clase de los verbos psicológicos: tanto *desaprobar* como *aprobar*, si expresan un juicio sincero, denotan siempre un estado de ánimo más bien racional, se trata de un sentimiento en cierta medida controlado por el sujeto de la oración. Si se desaprueba algo, es porque primero hubo un razonamiento que ha conducido a un juicio de valor. Con los verdaderos verbos psicológicos no hay tal razonamiento. Por una razón similar, excluimos el verbo *idealizar* de la lista de los verbos psicológicos. No expresa el resultado de un razonamiento, pero sí el resultado de una decisión relativamente consciente, y posible de controlar, por parte del sujeto:

(102) La situación no es mala, pero no la idealicemos. (*Salamanca*)

Tampoco incluimos los verbos como *aguantar*, *soportar*, *sufrir* y *tolerar*, en la clase de los verbos psicológicos. Desde un punto de vista semántico, a primera vista, se parecen mucho a los verbos auténticamente psicológicos, como *temer* u *odiar*: en general, no son agentivos, y no denotan una *reacción* por parte del experimentante. Sin embargo, es necesario matizar algo la primera observación porque por lo menos *tolerar*, uno de los verbos más "activos" o "agentivos" de la serie, parece aceptar bastante bien un imperativo, en los contextos apropiados:

(103) ¡Tolera los caprichos de tu jefe! No te arrepentirás... [25]

Sin embargo, el mismo verbo acepta menos bien las demás pruebas de agentividad enumeradas por Miguel:

(104) a. ? Tolera deliberadamente los caprichos de su jefe.
b. ?? Lo que Pedro hizo fue tolerar los caprichos de su jefe.

Cano Aguilar (1981: 204) define este tipo de verbos como verbos eminentemente no activos:

> Hay un grupo de verbos transitivos que siempre han sido citados cuando se negaba la interpretación significativa tradicional de la transitividad, verbos semánticamente 'pasivos' como *sufrir* o *padecer*. Con ellos, el sujeto designa a alguien que experimenta o recibe una sensación, acción, etc., sin que actúe para nada.

Por otro lado, nota (ibid.) que "naturalmente, con sujeto [+ Humano], puede haber una participación del sujeto", y también que verbos como *aguantar* y *soportar* "se prestan más a una interpretación donde el sujeto no es totalmente 'pasivo' ". Como se puede ver, no está del todo claro si el sujeto en las oraciones que contienen uno de estos verbos es activo, pasivo, o "no totalmente pasivo". Sin embargo, es necesario distinguir con estos verbos dos tipos de sentido: por una parte pueden construirse con sustantivos que tienen un sentido concreto (con los verbos *padecer* y *sufrir* típicamente sustantivos que designan una enfermedad), por otra parte con sustantivos que tienen un sentido más bien abstracto, objetos humanos o una oración subordinada sustantiva. Con los últimos tres tipos de objeto, el sentido de estos verbos se parece mucho al de los verbos psicológicos, pero esto no es el caso con el primer tipo de objetos:

(105) a. Su tía padece una enfermedad de la piel. (*Salamanca*)
b. Otros hombres, quizás (...) sufran el contagio. (ejemplo citado en Cano Aguilar 1981: 204)
c. sufrir un accidente, heridas, una pérdida (*van Dale*)

25 Miguel (1999: 3015) nota que el imperativo a veces es posible con verbos normalmente no agentivos si "se le atribuye al sujeto la posibilidad de participar activamente en el evento": "¡Quiere a tus semejantes!", "¡Compréndeme!". Según Miguel, esas oraciones tienen entonces el sentido de "haz un esfuerzo por (comprender, querer,...)" Más abajo volveremos a tratar de la compatibilidad de los verbos de la clase de {TEMER} con el imperativo.

(106) a. Sentí que [yo] no toleraba la suposición de que mi inteligencia fuera inferior a otra. (BC3, p. 65)

b. Pero me preocupa el hecho de que de tanto estar en el armario me he convertido en dos personas y una de ellas no soporta a la otra. Lo terrible es que no sé si yo no soporto a la otra o la otra no me soporta a mí. (PR, p. 86)

Es verdad que con un objeto concreto (como en la primera serie de ejemplos), el sujeto de estos verbos es totalmente pasivo: el sujeto no ejerce ningún tipo de control sobre el evento expresado por el verbo. Pero en el segundo tipo de ejemplos sí puede haber cierto tipo de control:

(107) Se sentía capaz de soportar cualquier dolor. (BE2, p. 43)

(108) ¿Cómo puedes soportar a ese imbécil? (PR, p. 305)

(109) Aquí ni siquiera tolero que me observen desde mi propio circuito cerrado de televisión. (PR, p. 310)

(110) Catón, no pudiendo sufrir la victoria de César, se suicidó. (DEA, ejemplo de Leopoldo-Eulogio Palacios)

Este tipo de control más o menos fuerte normalmente está ausente de los verbos psicológicos típicos. Si comparamos las dos oraciones siguientes, mínimamente distintas, quizás podamos mejor caracterizar la diferencia:

(111) a. Pedro siempre ha soportado el comportamiento de su hermano.

b. Pedro siempre ha detestado el comportamiento de su hermano.

En (111b), Pedro tiene una emoción que en general, no puede controlar. En el primer ejemplo, en cambio, la interpretación más natural es que Pedro siempre ha soportado el comportamiento de su hermano, porque siempre ha hecho un *esfuerzo* para soportarlo; quizás sea esta la razón por la que con estos verbos, el imperativo no es totalmente excluido (podemos mandar a alguien hacer un *esfuerzo* para conseguir algo). Por otra parte, y esta es otra diferencia con los verbos psicológicos prototípicos, en general estos verbos no implican una idea de constancia temporal. Si Pedro no soporta el comportamiento de su hermano, no es que no lo soporte en general, fuera de todo contexto temporal, sino sólo cuando su hermano está presente. Por eso, el ejemplo siguiente parece absurdo:

(112) ! No soporto a aquel muchacho, incluso cuando no está presente.

En resumen, podemos decir que este tipo de verbos, construidos con sustantivos abstractos, humanos o con oraciones subordinadas, están semánticamente muy cerca de los verbos psicológicos; sin embargo, su carácter más bien puntual, temporalmente restringido, hace que no se puedan incluir en la clase de los verbos psicológicos.

Tanto el verbo *experimentar* como el verbo *sentir* (en el sentido de "experimentar", no de "tener pena") , que normalmente denotan una sensación más bien física, pueden también denotar un estado de ánimo:

(113) El brazo desciende, desaparece de mi campo visual, experimento un ligero alivio. (CA, p. 34)

(114) Sus ojos se encontraron, y por un momento sintió temor, pero luego vio que el hermano sonreía. (BE2, p. 43)

Pero está claro que no son verbos psicológicos: por una parte, el sentido psicológico de estas oraciones está más bien expresado por el sustantivo que sigue al verbo, y por otra parte, estos verbos siempre denotan una emoción puntual (cfr. el complemento adverbial "por un momento" en el segundo ejemplo). Con el sentido de "tener pena" *sentir* es un auténtico verbo psicológico:

(115) Siento tener que hacerle una pregunta que pertenece a su privacidad, señora ... (PR, p. 316)

(116) Todos sintieron su marcha. (*Salamanca*)

Gozar, empleado transitivamente, se utiliza frecuentemente en expresiones fijas (*gozar la vida*, *gozar buena salud*) y denota muchas veces una predisposición activa por parte del experimentante (pero no, por ejemplo, en *gozar buena salud*).[26] Por eso no parece utilizarse generalmente como un verbo psicológico:

(117) Pero saber el origen de los placeres aumenta la posibilidad de gozarlos. (PR, p. 92)

(118) ... Carvalho sentía una progresiva ternura por aquella rubia que vivía en la clandestinidad, sin atreverse a asumir, gozar su rubiez. (PR, p. 167)

Además, este verbo no sólo denota una sensación positiva y muy intensa, sino también una sensación más bien puntual, como en el ejemplo siguiente, citado por el diccionario *Salamanca*:

(119) Gozamos una temperatura agradable.

Con *ningunar* nos encontramos frente a otro tipo de verbos difíciles de clasificar y que denotan todos un juicio de valor: *menospreciar*, *desdeñar*, *estimar*,

26 Cfr. una de las definiciones de *gozar*, en su uso transitivo, en el DEA: "obtener el máximo placer [de algo]" (corchetes presentes en la definición).

denigrar, *apreciar* y *despreciar* (Cano Aguilar 1981: 199). Ya que con la excepción de *apreciar* y *despreciar*, no hemos encontrado ejemplos de estos verbos en nuestro corpus, tenemos que limitarnos a lo que hay en los diccionarios. Los verbos *apreciar* y *despreciar*, y presumiblemente también *menospreciar*, nos parecen verbos psicológicos auténticos. También *estimar*, por lo menos en uno de sus sentidos ("Sentir <una persona> cariño o afecto por [otra persona]", *Salamanca*), parece un verbo de esta clase. Sin embargo, *desdeñar* (que Cano Aguilar clasifica junto con los verbos ya mencionados), *desairar*, y, de una manera más clara todavía, *denigrar*, parecen denotar más bien una acción volitiva, consciente, por parte del sujeto, en vez de un mero juicio de valor:

(120) ¿Desdeñas nuestros regalos porque te parecen pequeños? (*Salamanca*)

(121) Acabo de pedir unos fiambres, pan, tomate, sal y aceite y no voy a desairar al camarero. (PR, p. 149)

Además, *denigrar*, a la inversa de los demás verbos de la clase de {TEMER}, no exige un sujeto humano:

(122) La violencia gratuita contra los animales denigra a toda la especie humana. (*Salamanca*)

Como ya hemos notado, el verbo *ningunar* no se encuentra como tal en los diccionarios. Sí se encuentra el verbo *ningunear*, definido en el diccionario *Salamanca* como "No tener en consideración (...)": por consiguiente, parece ser un sinónimo de *desdeñar* y no lo consideraremos aquí como un verbo psicológico.

Hay, por fin, una serie de verbos que se encuentran a caballo entre los verbos psicológicos y los verbos que expresan voluntad:

(123) *anhelar*, *ansiar*, *codiciar*, *desear*, *necesitar*

Estos verbos pueden asociarse a los verbos psicológicos, y no sólo a los verbos de voluntad, en la medida en que expresan una emoción incontrolable, a la inversa de un verbo de voluntad prototípico como *querer*. Este contraste se puede observar en el ejemplo siguiente, que no parece imposible en un contexto apropiado si queremos subrayar el carácter incontrolable de *desear* frente al carácter puramente volitivo de *querer*:

(124) *Deseo* que venga, pero no lo *quiero*.

Es verdad que con *desear*, este matiz de ausencia de control puede desaparecer enteramente. Pero parece más fuerte con los demás verbos, y particularmente con los primeros tres, *anhelar*, *ansiar* y *codiciar*. *Necesitar* expresa normalmente algo bastante objetivo, pero puede también expresar un deseo.

Paralclamente a la serie de verbos que acabamos de describir, hay una serie de verbos que se refieren a un objeto situado en el pasado:

(125) *añorar*, *extrañar*

En su sentido primero, están muy cerca de los verbos psicológicos auténticos, pero *añorar* también puede acercarse a un verbo de voluntad. Véanse los ejemplos siguientes:

(126) [Taquito] extrañó profundamente las épocas en que hablaba a solas con el padre Manrique. (BE4, p. 218)

(127) «Ridículo, se dijo[,] por algo te llamaban Taquito, Taquito Carrillo», se repitió en voz alta, añorando aquellos momentos en que [. . .](BE4, p. 191)

(128) El ascensor asolado era un refugio seguro que le llevaba a la añorada suite donde se esperaba a sí mismo, irritado por la obligatoriedad del teatro que había debido representar. (PR, p. 283)

Por lo tanto, si dejamos de lado los verbos sinónimos de *desear*, y de *extrañar*, que sólo pueden asociarse marginalmente a la clase de {TEMER}, sólo nos quedamos con la lista siguiente, muy reducida, de verbos "auténticamente" psicológicos encontrados en nuestro corpus:

(129) *aborrecer*, *admirar*, *adorar*, *amar*, *apreciar*, *despreciar*, *detestar*, *idolatrar*, *lamentar*, *odiar*, *querer*[27], *sentir*[28], *temer*, *venerar*

Algunos de estos verbos también pueden adquirir un sentido activo secundario. En algunos casos este uso activo se acompaña de nuevos matices significativos. Veamos algunos ejemplos:

(130) ¡Todos se han casado y le han quitado todo, le han *aborrecido* y le han abandonado, no le quieren, desagradecidos, malgastadores! (DEA, ejemplo de Juan Marsé)

(131) En México podremos *admirar* las hermosas pirámides precolombinas. (*Salamanca*)

(132) Bueno, baja al bar y sube una de coñac. Tampoco vamos a *despreciar* su invitación. (DEA, ejemplo de Dolores Medio)

En el segundo ejemplo, el verbo *admirar* ha adquirido el sentido de "mirar de una manera admirativa". En el tercero, *despreciar* quiere decir algo como "rechazar, despreciándola". Por otra parte, algunos de estos verbos están derivados, por un proceso metafórico, de verbos concretos que tienen el sentido activo de "dar culto a" (*adorar*, *idolatrar* y *venerar*).[29]

27 En el sentido de "amar"

28 En el sentido de "tener pena".

29 En el capítulo 4 hablaremos más detenidamente del carácter activo de estos verbos.

3.4.1.2. Análisis sintáctico

3.4.1.2.1. Los criterios de selección Veamos ahora si hay particularidades que puedan unificar esta serie de verbos también desde un punto de vista sintáctico. Empezaremos con los criterios de selección y el marco de subcategorización. La posición del sujeto está siempre ocupada por un nombre humano (o por lo menos animado). Esto es una consecuencia directa de su caracterización semántica: un sujeto intencional dirige su atención hacia un correlato de la intencionalidad. Pero es más difícil caracterizar sintácticamente el objeto de estos verbos. Lo único que se puede decir es que todos los verbos de esta clase pueden construirse con un SN que se refiere a una entidad *inanimada* (una cosa). Pero la mayoría de estos verbos también pueden construirse con un SN animado, las únicas excepciones siendo *lamentar* y *sentir*:

(133) Lamentamos el error, pero tendrá que esperar el envío hasta la próxima semana. (*Salamanca*)

(134) * Juan lamenta a su mujer.[30]

La mayoría de estos verbos también pueden encontrarse en una construcción absoluta (sin complemento). Sin embargo, de algunos verbos que nos parecen perfectamente posibles en una construcción absoluta, no hemos encontrado ejemplos (concretamente de *detestar* y de *venerar*). Los ejemplos siguientes sí están documentados:

(135) Confieso que es terrible dolor querer y no ser querido, pero mayor sería amar y ser aborrecido. (DCR, ejemplo de Cervantes, s. XVII)

(136) Valiente moro y galán, | Si adoras como refieres, | Si idolatras como dices, | Si amas como encareces, | —Dichosamente padeces. (DCR, ejemplo de Calderón de la Barca, s. XVII)

Por fin, algunos verbos, aunque minoritarios, aceptan una oración subordinada como complemento directo, sea una oración infinitiva, sea una oración sustantiva introducida por una conjunción. Además, con algunos verbos parece la construcción preferida (con *lamentar* y con *sentir*). Otros verbos aceptan indiscriminadamente ambas construcciones:

(137) ya los padres de Baby no sabían cómo reaccionar, hasta *temían* que Baby cometiera una locura si le prohibían que continuara viendo al tal Calín. (BE4, p. 205)

30 El DCR cita algunos ejemplos de *lamentar* seguido de un SN humano, pero en este uso es sinónimo de *llorar*; por lo tanto no se trata de un sentido psicológico: "Suelto el cabello, humedecida en llanto, Andrómaca lamenta al tierno esposo." (ejemplo de Martínez de la Rosa, s. XIX).

(138) [Andrés Manzaneque] *temía* exponerse a un revolcón que el escritor no deseaba darle (PR, p. 121)

Por otra parte, *detestar* sólo parece construirse con una oración subordinada, y no con un infinitivo, mientras que otros verbos no se construyen con una oración subordinada, sino sólo con un infinitivo (*adorar*, *amar*[31] y *odiar*). En general el modo de la oración subordinada es el subjuntivo, pero *temerse*, y quizás menos frecuentemente *temer*, se construyen también con una oración en indicativo:

(139) Me *temo* que no han encontrado las llaves. (*Salamanca*)

(140) ¡Oh, señor Polichinela! Yo *temía* que no vendríais. Hasta ahora no comenzó para mí la fiesta. (DCR, ejemplo de Benavente, s. XX)

Las posibilidades de complementación en la posición del objeto directo están resumidas en el cuadro 3.1. (Los signos + entre paréntesis indican que no hemos encontrado ejemplos de esta construcción pero que nos parece posible en todo caso.)

3.4.1.2.2. Las pruebas sintácticas de Bouchard Si consideramos las pruebas sintácticas por las que los verbos de la clase de {PREOCUPAR} se diferencian de los de las demás clases de verbos psicológicos,[32] vemos que los verbos de la clase de {TEMER} se comportan de una manera bastante regular. Examinaremos brevemente algunas de las construcciones utilizadas por Bouchard (1995b: 284ss) para caracterizar los verbos de la clase de {PREOCUPAR} y las aplicaremos a los verbos de la clase de {TEMER}:[33]

1. Ligamiento de una anáfora por el sujeto
2. Ligamiento desde el objeto directo
3. Pasivización
4. Forma verbal imperativa
5. Sujeto Pro$_{arb}$

31 El DEA caracteriza esta construcción con *amar* como "rara".

32 Cfr. también más abajo, la sección 3.4.2.2.2, página 116.

33 No consideraremos aquí la cuarta construcción citada por Bouchard (la forma verbal progresiva), porque volveremos a hablar del aspecto verbal de los verbos psicológicos en el capítulo 4. Sin embargo, en ese capítulo no utilizaremos el test de la posibilidad de la forma verbal progresiva, porque, por lo menos en español, es un test que da resultados demasiado ambiguos. Tampoco hablaremos aquí de las características de la nominalización y de la composición, porque los datos ingleses al respecto son difícilmente aplicables al español.

	SN cosa	SN hum.	absol.	infin.	or. sust. subj.	or. sust. ind.
aborrecer	+	+				
admirar	+	+	+			
adorar	+	+	+	+		
amar	+	+	+	+		
apreciar	+	+				
despreciar	+	+	(+?)			
detestar	+	+	(+)		+	
idolatrar	+	+	+			
lamentar	+			+	+	
odiar	+	+	+	+		
querer	+	+	+			
sentir	+			+	+	
temer	+	+	+	+	+	+
(temerse)	+				+	+
venerar	+	+	(+)			

Cuadro 3.1: El objeto directo de los verbos de la clase de {TEMER}

6. Subordinación en una construcción causativa
7. Interacción con adverbios como *personalmente*
8. Extracción desde el objeto

3.4.1.2.2.1. Ligamiento de una anáfora por el sujeto Contrariamente a los verbos de la clase de {PREOCUPAR}, los verbos psicológicos de la clase de {TEMER} aceptan anáforas (es decir, un pronombre reflexivo o recíproco) en la posición del objeto directo, ligadas por el sujeto:

(141) Apréciate en lo que vales. (DCR, ejemplo de Hartzenbusch, s. XIX)

(142) Como el vaho de un espejo que se frota, la imagen desapareció. Estaba en la puerta de su casa, odiaba a todo el mundo, se odiaba. Entró y subió directamente a su cuarto. (DCR, ejemplo de Vargas Llosa, s. XX)

Sin embargo, *lamentar* y *sentir*, cuando se utilizan como verbos psicológicos, no aceptan una anáfora en posición del objeto directo, pero esto coincide con el hecho de que tampoco aceptan un objeto humano:

(143) a. * Juan se siente a sí mismo. (sentido de "tener pena")
b. * Juan se lamenta a sí mismo. (sentido de "sentir disgusto")

3.4.1.2.2.2. Ligamiento desde el objeto directo Simplificando, esta construcción consiste en el que un objeto directo (o indirecto) puede ligar un pronombre reflexivo dentro del sujeto (para ejemplos concretos, véase la sección 3.4.2.2.2.2, p. 118ss). Esta construcción está excluida *a priori* con los verbos de la clase de {TEMER}, porque el sujeto de este tipo de construcciones debe ser un "nombre pictórico" ("picture noun")[34] mientras que los sujetos de los verbos de la clase de {TEMER} son siempre SSNN humanos.

3.4.1.2.2.3. Pasivización La posibilidad o no de un verbo de la clase de {PREOCUPAR} de encontrarse en una oración pasiva está todavía muy debatida. Pero lo que sí parece claro, es que los verbos de la clase de {TEMER} aceptan bastante bien la construcción pasiva (véase también Vogel & Villada 1999: 29):

(144) Las modistas ... eran apreciadas a tenor del lujo con que se hubieran montado y de la lentitud con que llevaran a cabo los trabajos. (CA, p. 82)

(145) Ser odiado por él con un odio como el que yo le tenía era algo, y podía haber sido mi salvación. (DCR, ejemplo de Unamuno, s. XX)

34 Es decir, el núcleo del SN sujeto debe ser un sustantivo como *pintura*, *fotografía*, etc.

3.4.1.2.2.4. Forma verbal imperativa Los verbos de la clase de {PREOCUPAR} generalmente no aceptan el imperativo. Tampoco es muy frecuente con los verbos de la clase de {TEMER}, pero no es imposible:[35]

(146) ¡Quiere a tus semejantes! (Miguel 1999: 3015, ej. 19b)

El imperativo negativo es todavía más natural:

(147) ¡No odies a tu hermano!

(148) No temas, todos tus problemas se solucionarán pronto. (DEA)

3.4.1.2.2.5. Sujeto Pro$_{arb}$ Los verbos de la clase de {PREOCUPAR}, a la inversa de los verbos de la clase de {TEMER}, no aceptan sujetos en tercera persona plural con una interpretación arbitraria:

(149) a. Ya sabes que a Irlanda la llaman la Verde Erín. (Coste & Redondo 1965: 208, ejemplo de J. M. Gironella)
b. ?? En este país, siempre preocupan al gobierno.
c. En este país, admiran a los escritores.

Pero hay que notar que los verbos de la clase de {TEMER} sólo aceptan una construcción con un sujeto arbitrario de tercera persona si la oración tiene un sentido genérico, nunca si se sobreentiende un sujeto singular, como en el ejemplo siguiente:

(150) Han telefoneado de San Fernando que hay una ahogada en el río. (Coste & Redondo 1965: 207, ejemplo de R. Sánchez Ferlosio)

En este caso, normalmente una sola persona ha llamado. Los verbos de la clase de {TEMER} siempre implican un sentido genérico:

(151) Ayer, en casa de mi madre, han temido un fuego.

Es poco probable que haya sido sólo mi madre, la que ha temido un fuego, sino ella junta con otras personas. Como veremos luego, con los verbos de la clase de {PREOCUPAR}, ninguno de los dos tipos de sujetos arbitrarios parece aceptable.

3.4.1.2.2.6. Subordinación en una construcción causativa Un verbo de la clase de {PREOCUPAR} no puede insertarse en una oración causativa:

(152) a. ?? Juan le hizo a su hermano preocupar a María.

35 Cfr. también el ejemplo (141), más arriba.

b. * Su comportamiento extraño le hizo a su hermano preocupar a María.

Con los verbos de la clase de {TEMER} no está excluido:[36]

(153) a. ? Juan le hizo a María temer a su hermano.

b. Su_i comportamiento extraño le hizo a María temer a su $hermano_i$.

3.4.1.2.2.7. Interacción con adverbios como *personalmente* El adverbio *personalmente*, con el sentido de "por lo que a mí respecta", normalmente se refiere al sujeto de una oración:

(154) a. Personalmente, conozco a Juan.

b. * Personalmente, Juan me conoce.

Ahora bien, con verbos de la clase de {PREOCUPAR}, el adverbio *personalmente* puede referirse excepcionalmente al objeto, y no al sujeto de la oración:

(155) Personalmente, María me preocupa.

Los verbos de la clase de {TEMER} se comportan regularmente con este tipo de adverbios:

(156) a. Personalmente, temo a María.

b. * Personalmente, María me teme.

3.4.1.2.2.8. Extracción desde el objeto Según Belletti & Rizzi (1987: 95), hay un contraste entre los ejemplos siguientes:

(157) a. La ragazza di cui Gianni teme il padre.
Lit.: La chica de la cual Gianni teme el padre
'La chica a cuyo padre Gianni teme'

b. * La ragazza di cui Gianni preoccupa il padre.
Lit.: La chica de la cual Gianni preocupa el padre
'La chica a cuyo padre Gianni preocupa'

Nos parece que los ejemplos equivalentes en español y que implican un verbo de la clase de {TEMER} son perfectamente gramaticales (como en italiano). Sin embargo, anticipando ya el análisis de los verbos de la clase de {PREOCUPAR} nos parece que los ejemplos con un verbo de la clase de {PREOCUPAR} presentan un contraste relativamente débil en español (cfr. la sección 3.4.2.2.2.8, más abajo, para más precisiones):

36 Cfr. Vogel & Villada (1999: 19ss) para más ejemplos.

(158) a. ¿De qué muchacha (quién) Juan teme al padre?
b. ? ¿De qué muchacha (quién) Juan preocupa al padre?

(159) a. la muchacha a cuyo padre Juan teme
b. ? la muchacha a cuyo padre Juan preocupa

3.4.1.2.3. Otras construcciones Consideremos otra vez algunas de las construcciones distinguidas al inicio de este capítulo. Algunos pocos verbos de la clase de {TEMER} aceptan una especie de construcción media[37]:

(160) *aborrecerse con/de, lamentarse (de/por)*

El DCR cita también la construcción *sentirse de* que parece bastante arcaizante:[38]

(161) Se sintió [el marqués] altamente de la intimación que le hizo el alcalde. (DCR, ejemplo de Quintana, s. XIX)

Como se puede ver, la construcción media con los verbos de la clase de {TEMER} ciertamente no es una construcción cuasi productiva como lo es con los verbos de la clase de {PREOCUPAR}. Sólo *lamentarse* es bastante regular y frecuente. Además, esta última construcción parece haber sufrido una especialización semántica, porque mientras el verbo simple quiere decir "sentir pena", el verbo pronominal significa "*expresar* pena".

Por otro lado, la construcción pronominal a veces puede ser reemplazada por una construcción prepositiva no pronominal. Así *aborrecerse de* también puede utilizarse en una construcción no pronominal, aparentemente sin cambio de sentido:

(162) Han perseguido a los curas, han quemado los templos, han aborrecido de Dios. (DEA, ejemplo de Jesús Torbado)

El verbo *temer* sólo acepta una construcción prepositiva no pronominal, con la preposición *por*[39]:

(163) No tememos por la vida de mi padre. (PR, p. 189)

(164) Teme por sus hijos. (*Salamanca*)

37 Dado que no consideramos *alabar* como un verdadero verbo psicológico, ya no trataremos aquí la construcción media *alabarse de* que puede construirse a partir de este verbo.

38 Cuervo menciona también las construcciones *despreciarse de* y *temerse de*, pero no parecen formar parte del uso actual de la lengua: para estas construcciones, el DCR sólo cita ejemplos de autores de los siglos XVI y XVII...

39 El diccionario *Moliner* cita también la construcción *temer de* pero la caracteriza como "no frecuente".

Sin embargo, el sentido de *temer por* es muy diferente del sentido de *temer* transitivo: que Juan tema *por* sus hijos no implica que Juan tema *a* sus hijos.[40] Esta posibilidad que presenta el verbo *temer* sugiere que hay un paralelismo entre estos verbos, y los verbos, pronominales o no, que *siempre* introducen su tema por una preposición (cfr. las secciones 3.2.4 y 3.2.5 en las páginas 83 y siguientes). Volveremos a tratar más detalladamente de este tipo de verbos y resumiremos las posibilidades sintácticas que presentan en el cuadro 3.3, página 133.

3.4.2. La clase de {PREOCUPAR}

3.4.2.1. Análisis semántico

Como ya se ha podido ver, esta clase incluye la mayor parte de los verbos psicológicos. No es posible dar una lista exhaustiva de estos verbos, ya que es una clase cuasi productiva. En (14), hemos enumerado los verbos encontrados en nuestro corpus, pero hay muchos más. Pueden encontrarse otras listas de verbos de esta clase en Ruwet (1972: 228–229) para el francés, Oliveira (1984: 159ss) para el portugués, y Subirats-Rüggeberg (1984: tabla S4) para el castellano. Pero como ya hemos mostrado, es posible reducir el número de verbos psicológicos de esta clase, y sobre todo hacerla más homogénea, con ayuda de la distinción que hace Ruwet entre el sujeto intencional y el correlato de la intencionalidad.[41] Por lo tanto, tomaremos la caracterización de Ruwet como base de una definición semántica. Contrariamente a los verbos de la clase de {TEMER}, estos verbos no designan normalmente un *estado*: implican más bien una reacción (mental) de un ser humano frente a un "estímulo".[42] Por consiguiente, implican siempre cierto matiz de dinamicidad. Pues no sólo hay una relación de intencionalidad entre el sujeto intencional y el correlato de la intencionalidad, sino también una reacción más bien puntual por parte del sujeto intencional. Como ya sabemos, el tema, o el correlato de la intencionalidad, es el sujeto del verbo, el sujeto intencional (el experimentante) el objeto directo. Trataremos detalladamente este aspecto dinámico de los verbos de esta clase en los capítulos siguientes.

Veamos ahora cuáles de los verbos de la lista en (14), página 79, no pueden considerarse como verdaderos verbos psicológicos.[43] Los verbos más fáciles de eliminar son los del tipo de *corromper*: el mismo *corromper*, *perder*, y *pervertir*.

40 El profesor Roegiest señala que la versión transitiva implica posibilidad de perjuicio para el sujeto, pero no la versión preposicional. En este sentido, se acerca mucho al predicado *temblar por*, del que hablaremos más abajo.

41 Véase por ejemplo la lista de verbos sólo aparentemente psicológicos en Ruwet (1994: 47, ej. 6).

42 Tendremos la ocasión de confirmar este análisis a través del análisis aspectual que presentaremos en el capítulo siguiente.

43 Para más detalles sobre este tipo de verbos, véase Vanhoe (2002c).

Siempre implican un cambio objetivamente verificable en el objeto directo, y normalmente también un juicio moral por parte del hablante. Lo que diferencia estos verbos de otros verbos claramente no psicológicos como *sobornar* es el hecho de que este último verbo sólo acepta un sujeto humano, mientras que los verbos que nos ocupan aquí también aceptan un sujeto no humano:

(165) Lo que les pierde a las mujeres es su romanticismo (TCR, p. 73)

Otro tipo de verbos que pueden excluirse de la lista (14), es el tipo al que pertenece el verbo *embromar*.[44] Otros verbos similares son *engañar*, *embaucar*, etc. No son psicológicos porque el objeto puede no ser consciente de que está engañado. Por eso se acercan a un verbo como *desacreditar* (analizado muy detalladamente por Ruwet) o a *provocar* (cfr. la sección 3.3.3, página 92). Otros verbos pueden utilizarse de una manera similar, porque no implican necesariamente un cambio, o una reacción, en la mente del objeto. Sin embargo, estos verbos tienen la particularidad de que *pueden* interpretarse psicológicamente. El ejemplo más frecuente de estos verbos es *humillar*, pero pertenecen probablemente a la misma clase otros verbos como *afrentar*, *agraviar*, etc. *Ofender*, por otra parte, implica normalmente una reacción por parte del objeto y es siempre un verbo psicológico. Comparen los ejemplos siguientes que incluyen el verbo *afrentar*:

(166) un tipo de la competencia que afrente a mi padre en público. (PR, p. 97)

(167) El director puede despedirme, pero no tiene derecho a afrentarme, hablando de mis virtudes o mis defectos en esa reunión. (diccionario *Salamanca*)

El segundo ejemplo muestra bien la ambigüedad de este verbo. Es posible que el objeto no esté presente en la reunión, y entonces el hecho de que el director hable de sus virtudes o defectos no puede ofenderlo directamente (no puede sentirse afrentado, porque no está presente). Puede sí sentirse afrentado después, cuando aprenda lo que ha ocurrido. Pensamos que esto muestra que el sentimiento de afrenta por parte del objeto, en este ejemplo no está expresado directamente por el verbo, sino que es más bien una deducción pragmática que podemos hacer, y que normalmente hacemos.[45]. Un mismo proceso de extensión semántica puede explicar el uso psicológico de un verbo como *halagar*; normalmente el sentido de este verbo es casi idéntico al de *alabar*, pero también puede dar lugar a una interpretación psicológica (bastante frecuente):

(168) Halagado Bastenier por haber sido reconocido por tan anónimo personaje recuperó parte de su vertebración. (PR, p. 132)

44 El tipo *abuser*, *berner*, *duper*, *tromper* de Ruwet (1994).

45 No se puede excluir que lo mismo acontezca con *ofender*: el sentimiento de afrenta puede ser una deducción que se hace *siempre*.

3.4.2.2. Análisis sintáctico

3.4.2.2.1. Los criterios de selección Como ya sabemos, los objetos de estos verbos son obligatoriamente humanos o animados (es lo que los define como verbos psicológicos). En la tabla presentada por Subirats-Rüggeberg (1984), hay dos verbos que son excepciones a esta generalización, y que también forman parte de nuestra lista: *afectar* y *amansar*. Sin embargo, cuando *afectar* tiene un objeto no humano, ya no se trata de un verbo psicológico:

(169) El calor afecta mucho a los alimentos frescos. (*Salamanca*)

No vemos muy bien cómo *amansar* se puede construir con un objeto no humano, a no ser que se trate de personificaciones (por ejemplo con *el mar*). Pero entonces podemos añadir otras excepciones, como *alegrar* en en el ejemplo siguiente:[46]

(170) todo mi cuerpo era una antena tensa... al fulgor de los anuncios luminosos alegrando allí, a pocos pasos, la Puerta del Sol (CA, p. 78)

En este ejemplo, se trata otra vez de un uso extendido: el verbo ya no tiene un sentido psicológico sino más bien el de "dar un aspecto alegre a".[47]

Con respecto a los criterios de selección del sujeto, las cosas son más complicadas. Como se puede ver en la tabla en el apéndice B, varias configuraciones son posibles, la única constante siendo la de que con todos los verbos el sujeto *puede* ser una cosa. En su tabla que representa las posibilidades de selección de los verbos psicológicos, Subirats-Rüggeberg (1984) no distingue el criterio de la posibilidad de tener sujetos agentivos o no, pero sí habla de esta posibilidad en el texto de su artículo. Pero esto conduce a cierta ambigüedad en su análisis; por una parte caracteriza en su tabla un verbo como *encantar* como un verbo que no puede tener un sujeto humano, por otra parte da (en la página 290) el ejemplo siguiente:

(171) A Max le encanta la princesa.

Caracteriza todavía otros verbos de la misma manera, aunque es posible encontrar ejemplos de estos verbos con un sujeto humano (*preocupar*, *asombrar*):

(172) me preocupan esos niños... que están en la calle. Me preocupa [sic] mucho esos niños que mueren de hambre, que mueren sin tener alguien querido al la<(d)>o (COR)

46 En la tabla de verbos psicológicos portugueses presentada por Oliveira (1984), hay muchas más excepciones, pero la autora parece tener en cuenta tanto los usos psicológicos, como los usos concretos de estos verbos.

47 Hay todavía otras excepciones. El objeto de un verbo de la clase de {PREOCUPAR} también puede ser un nombre colectivo, como en este ejemplo: "Su muerte entristeció al país" (diccionario *Salamanca*). También puede ser un sustantivo, como *alma*, *corazón*, etc., que puede sustituir a un nombre humano por metonimia: *alegrar el corazón de*, *conmover el ánimo de* (cfr. Subirats-Rüggeberg 1987: 89).

(173) Juan asombró a todos con sus conocimientos sobre abejas. (*Salamanca*)

Pensamos, pues, que en la tabla de Subirats, "sujeto no humano" quiere decir más bien "sujeto no activo", porque, en efecto, los sujetos de estos verbos normalmente no pueden ser activos, incluso cuando son humanos (es para mostrar esto, que Subirats cita el ejemplo 171). A nuestro parecer, es mejor distinguir esos dos criterios, porque hay algunos pocos verbos que *nunca* aceptan sujetos humanos, activos o no; *afectar* parece formar parte de estos verbos, probablemente también *paralizar* en su sentido psicológico. Como se puede ver en el apéndice B, la configuración claramente más frecuente, es aquella en la que el sujeto puede ser tanto humano, como no humano, y en la que además, puede ser agentivo o no. Un verbo típico de esta clase es *asustar*. Por otra parte, hay una lista relativamente reducida de verbos que no pueden ser agentivos. La mayoría de estos verbos pueden tener sujetos humanos no agentivos (por ejemplo el verbo *preocupar*).

Sin embargo, con muchos verbos, los juicios no son tan unívocos. Ciertos verbos que normalmente sólo tienen sujetos humanos no agentivos, pueden tener un sujeto humano agentivo en un contexto apropiado. Así muchos de estos verbos pueden construirse con oraciones imperativas negativas, que implican siempre cierta idea de agentividad, si bien negativa:

(174) ¡Oye, no enfades a tu hermano!

(175) ¡No enfurezcas a tu jefe con tus críticas incesantes!

Quizás se pueda explicar por esta variabilidad e indefinición por qué se pueden encontrar juicios tan diversos sobre los criterios de selección de los verbos psicológicos. Así, Subirats-Rüggeberg (1984) cita *apasionar* como un verbo que no puede tener sujeto humano (o no activo si interpretamos este criterio como lo hemos expuesto arriba). Sin embargo, el diccionario *Salamanca* nota que este verbo también puede tener sujetos humanos. Pensamos que además, en el ejemplo siguiente, el sujeto humano puede ser agentivo:

(176) Este cineasta siempre consigue apasionar al público por la ingeniosidad de su puesta en escena.[48]

Esto acontece también con el verbo *cansar*: según el diccionario *Salamanca* y según Subirats sólo podría tener un sujeto no humano. En el ejemplo siguiente el sujeto es humano, y además parece agentivo:

48 Lo mismo parece acontecer con ciertos verbos de la clase de {AGRADAR}. Subirats caracteriza *gustar* como un verbo que no puede tener un sujeto humano (o un sujeto activo). Sin embargo, veremos que *gustar* puede tener excepcionalmente un sujeto humano activo: cfr. también el ejemplo (47) en la página 83.

(177) Por horrible que me parezca la ausencia de Daniela, peor sería cerrar los ojos, cansarla, notar su cansancio y sus ganas de alejarse. (BC2, p. 24)

A veces es difícil determinar el carácter psicológico o no de un verbo utilizado activamente. Por ejemplo, pensamos que *agitar* con un sujeto no humano es un verbo psicológico:

(178) A las ocho, cuando salía, le (masc.) agitaban todos los tormentos del deseo. (AC1-HM, p. 246)

Sin embargo, cuando tiene un sujeto humano, ya no es un verbo psicológico:

(179) Hay profesionales que están agitando a los huelguistas. (*Salamanca*)

Este último uso de *agitar* hace pensar más bien en el verbo *provocar*: en el ejemplo mencionado, no podemos concluir automáticamente que los huelguistas estén efectivamente agitados (aunque sea la inferencia más natural). Además, si hay agitación, puede ser algo puramente exterior: los huelguistas no se *sienten* necesariamente agitados.[49]

Con otros verbos, muchas veces verbos psicológicos metafóricos, el sentido psicológico parece perderse automáticamente con un sujeto humano. Esto se puede notar por ejemplo con un verbo como *aplastar*, que puede tener un sujeto no humano:

(180) te digo que el excesivo desorden te aplasta (CA, p. 89)

En este ejemplo, el verbo *aplastar* tiene un sentido claramente psicológico. Cuando el sujeto de este verbo es humano, el sentido psicológico se pierde automáticamente en favor del sentido de "derrotar":

(181) El equipo nacional aplastó a los adversarios. (*Salamanca*)

Con otros verbos psicológicos metafóricos, el sentido metafórico parece imposible con un sujeto humano (por ejemplo con *paralizar*).

3.4.2.2.2. Las pruebas sintácticas de Bouchard Más arriba ya hemos notado que los verbos de la clase de {PREOCUPAR} se comportan de una manera especial con respecto a cierto número de características sintácticas, mientras que los verbos de la clase de {TEMER} no presentan tales particularidades. En las secciones siguientes consideraremos más detenidamente el comportamiento de los verbos de

49 Subirats no hace esta distinción, lo que puede explicar por qué en su clasificación, *agitar* se considera como un verbo que puede tener un sujeto humano, y por lo tanto activo (si interpretamos este criterio como parece hacerlo Subirats).

la clase de {PREOCUPAR} con respecto a las características sintácticas distinguidas por Bouchard (1995b). Más particularmente, veremos que la hipótesis de este autor, según la cual el comportamiento de estos verbos no obedece a un criterio sintáctico o estructural sino más bien a un criterio semántico, se verifica con los datos del español.

3.4.2.2.2.1. Ligamiento de una anáfora por el sujeto Como lo nota Bouchard (1995b: 285ss), los verbos de la clase de {PREOCUPAR} no son compatibles con un pronombre anafórico (reflexivo o recíproco) que liga al sujeto:

(182) a. They fear/hate themselves.
b. ?* They frighten/worry themselves.

Una restricción similar parece aplicarse al español:

(183) a. Juan se odia a sí mismo.[50]
b. * Juan se preocupa a sí mismo.

Sin embargo, parece que hay muy pocos verbos que *nunca* aceptan una anáfora que liga al sujeto. En realidad, todos los verbos de la clase de {PREOCUPAR} que pueden tener una interpretación agentiva, pueden encontrarse también en esta construcción (cfr. Bouchard 1995b: 290):

(184) Cuando ven esta película, los niños siempre se asustan a sí mismos.

(185) They frighten themselves.

Además, por lo menos en italiano, los mismos Belletti & Rizzi (1987: 67) señalan que es posible mejorar la aceptabilidad de los ejemplos con *preoccupare*, si el pronombre reflexivo está acentuado:

(186) ? Ultimamente, Gianni preoccupa perfino se stesso.
'Últimamente, Gianni preocupa incluso a sí mismo'

Por lo tanto, frente a tales ejemplos, hay por lo menos dos soluciones alternativas. Una primera solución ha sido propuesta por Belletti & Rizzi (1987): estos verbos tienen simplemente dos entradas léxicas distintas que dan lugar a dos representaciones estructurales distintas en la estructura profunda. Sin embargo, esta solución es poco económica, si sabemos que la mayoría de los verbos de la clase de {PREOCUPAR} pueden ser tanto agentivos como no agentivos; además, incluso con los verbos obligatoriamente no agentivos de esta clase un pronombre anafórico no está siempre excluido (como se puede ver en el ejemplo italiano). Otra alternativa es la propuesta por Bouchard (1995b): estos verbos tienen una sola entrada

50 Cfr. los ejemplos, atestiguados, en los números (141) y (142).

léxica, no especificada para la agentividad, y desde un punto de vista estructural no son especiales. Esto implica que la estructura profunda de estos verbos sería absolutamente regular, e idéntica a la de otros verbos transitivos normales.[51] Según Bouchard, el comportamiento particular que presentan los verbos de la clase de {PREOCUPAR} también puede explicarse con un análisis semántico o discursivo, sin necesidad de postular una configuración estructural particular (cfr. sección 2.9, página 67). En efecto, veremos en las secciones siguientes que en la mayoría de los casos, el comportamiento particular de los verbos de la clase de {PREOCUPAR} depende en parte de factores contextuales.

3.4.2.2.2.2. Ligamiento desde el objeto directo Una de las características más discutidas de los verbos psicológicos de la clase de {PREOCUPAR} es la posibilidad de que un objeto directo pueda ligar un pronombre reflexivo dentro del sujeto (Bouchard 1995b: 295):

(187) Questi pettegolezzi su di sé$_i$ preoccupano Gianni$_i$ più di ogni altra cosa.
'Estos chismes sobre sí mismo preocupan a Gianni más que ninguna otra cosa'

(188) * Questi pettegolezzi su di sé$_i$ descrivono Gianni$_i$ più di ogni bibliografia ufficiale.
'Estos chismes sobre sí mismo describen a Gianni mejor que cualquier biografía oficial'

Sin embargo, este contraste, a primera vista nítido y unívoco, necesita varias matizaciones que hacen efectivamente poco probable, como no se cansa de repetirlo Bouchard, una explicación estructural de estos datos.

Así, Demonte (1989: 185ss) nos da un panorama de datos empíricos castellanos muy distintos de los que proponen Belletti y Rizzi. En primer lugar, la posibilidad de ligamiento desde el objeto no parece limitarse de ninguna manera a los verbos psicológicos de la clase de {PREOCUPAR}. También encontramos ejemplos con verbos de la clase de {AGRADAR} (cfr. también infra) y con verbos no psicológicos:

(189) a. [La confesión sobre sí$_i$ mismo] le costó mucho trabajo a Juan$_i$.
b. ? [La foto de sí$_i$ mismo] le agradó mucho a Emilio$_i$.
c. [La información sobre sí$_i$ mismo] le llegó a Pepe$_i$ muy deteriorada.

(190) a. A Juan$_i$ le costó mucho trabajo [la confesión sobre sí$_i$ mismo] .
b. A Emilio$_i$ le agradó mucho [la foto de sí$_i$ mismo] .

51 En el capítulo 5, veremos cómo se puede formalizar esta idea en la Gramática Léxica Funcional.

c. A Pepe$_i$ le llegó muy deteriorada [la información sobre sí$_i$ mismo] .

Sin embargo, no todos los hablantes consideran como aceptables la segunda serie de ejemplos (con el objeto indirecto antepuesto).[52]

Además, en castellano, por lo menos para algunos hablantes, la aceptabilidad de los ejemplos con los verbos de la clase de {PREOCUPAR} depende también de la presencia o no de un pronombre expletivo (Demonte 1989: 187):

(191) a. Los comentarios maledicentes sobre sí$_i$ mismo le$_i$ preocupan a Juan$_i$ de manera obsesiva.

b. ?? Los comentarios maledicentes sobre sí$_i$ mismo preocupan a Juan$_i$ de manera obsesiva.

(192) a. La foto de sí$_i$ mismo le$_i$ gustó mucho a Juan$_i$.

b. ?? La foto de sí$_i$ mismo gustó mucho a Juan$_i$.

(193) a. Esa caracterización de sí$_i$ misma le$_i$ horrorizó a la psicoanalista$_i$.

b. ?? Esa caracterización de sí$_i$ misma horrorizó a la psicoanalista$_i$.

Y para terminar este panorama, los equivalentes españoles de los ejemplos considerados agramaticales por Belletti y Rizzi, no son completamente inaceptables para muchos hispanohablantes (Demonte 1989: 189):

(194) a. ? La información sobre sí$_i$ mismo, describía al policía$_i$ mucho más elocuentemente que mil palabras.

b. ? El retrato de sí$_i$ mismo arrancaba aplausos al [hombre del sombrero de paja]$_i$.

Para complicar aún más las cosas, Bouchard (1995b: 298) señala que la gramaticalidad de estos ejemplos varía también según la naturaleza del nombre que ocupa el núcleo del SN sujeto. Para que pueda haber ligamiento desde el objeto directo, es necesario que se trate de un nombre pictórico. Sin embargo, según Bouchard, un nombre pictórico siempre puede tener dos contenidos semánticos distintos, como en los dos ejemplos siguientes:

(195) a. That picture of Mary is funny because it has an odd shape/frame.

b. That picture of Mary is funny because of what she looks like in it.

En el primer ejemplo se hace referencia al objeto material de la fotografía, mientras que en el segundo ejemplo se trata más bien de lo que *representa* la fotografía.

52 Demonte no da una explicación para la relativa inaceptabilidad del ejemplo (189b). Nótese que un ejemplo casi idéntico, pero con el verbo *gustar*, se juzga como perfectamente aceptable (192a).

Según Bouchard, sólo puede haber ligamiento desde el objeto directo, si el nombre pictórico tiene el segundo sentido "representativo". Así, en los ejemplos (192), la foto de sí mismo sólo puede gustarle a Juan, si él mismo está representado en ella (no puede ser, por ejemplo, la fotografía que está en su posesión). Esta doble interpretación de los nombres pictóricos explica también el contraste siguiente, notado por Bouchard (1995b: 300):

(196) a. That book about herself struck Mary as embarrassing.
b. * That book about herself struck Mary on the head.

Estos datos muestran otra vez que un análisis estructural, puramente sintáctico, de estos verbos, es poco probable. Más particularmente, la distinción entre las dos interpretaciones de los nombres pictóricos es difícil de representar estructuralmente. Probablemente no es imposible construir las configuraciones sintagmáticas de modo que se puedan acomodar estas diferencias; sin embargo, si es posible explicar los mismos datos sin tener que recurrir a este tipo de procedimientos difíciles de justificar independientemente, es una solución más económica y por lo tanto preferible desde un punto de vista teórico. Pero el mayor problema para un análisis estructural es el hecho de que, por lo menos en castellano, el ligamiento desde el objeto directo no está totalmente excluido con verbos supuestamente "normales", como *describir*. Volveremos a hablar de esta construcción en el capítulo 7.

3.4.2.2.2.3. Pasivización A primera vista, en inglés, los verbos psicológicos de la clase de {PREOCUPAR} pueden construirse perfectamente en oraciones pasivas, sin que esta construcción traiga consigo necesariamente una interpretación agentiva (Bouchard 1995b: 302ss):

(197) Mary was frightened/amused by the clown.

Sin embargo, en la bibliografía lingüística se observan muchísimas discusiones sobre el estatus adjetival o verbal de las oraciones pasivas derivadas de los verbos de esta clase; así, para varios autores la oración en (197) no es un ejemplo de una oración pasiva verbal, sino de una oración pasiva adjetival. El problema es que la mayoría de las lenguas no hacen una distinción nítida entre oraciones pasivas verbales y oraciones pasivas adjetivales. Así, por ejemplo, en italiano, la oración siguiente puede tener, según parece, tanto una interpretación adjetival como una interpretación verbal (cfr. Bouchard 1995b: 305):

(198) La porta é chiusa alle cinque.

Bouchard nota que esta oración puede significar que la puerta (ya) está cerrada a las cinco, o que se cierra a las cinco. En inglés, como en italiano, hay pocas pruebas sintácticas unívocas que nos permiten distinguir estas dos interpretaciones, cuando se trata de los verbos de la clase de {PREOCUPAR}. Así, no es evidente determinar el estatus del participio en el ejemplo (197). Bouchard da varios argumentos para mostrar que en inglés este ejemplo no sólo puede tener una interpretación adjetival sino también una interpretación verbal.

Pero los datos castellanos parecen contradecir los datos del inglés. En efecto, en castellano hay un indicio muy claro del estatus de los participios pasados: un participio adjetival se construye con el auxiliar *estar*, una oración pasiva verbal con el auxiliar *ser*.[53] Bouchard (1995b: 309–310) da varias pruebas para determinar el estatus adjetival o verbal de una oración pasiva.[54] Bouchard nota que, en francés, los verbos sólo pueden estar modificados por *beaucoup*, los adjetivos sólo por *très*. Los adverbios respectivos en castellano son *mucho* y *muy*:

(199) a. Jean a beaucoup/*très lu cette semaine.
b. Jean est très/*beaucoup heureux.

(200) a. Juan ha leído mucho/*muy esta semana.
b. Juan está muy/*mucho feliz.

Según Bouchard, en francés, con los verbos psicológicos, es posible utilizar tanto *très* como *beaucoup*, lo que mostraría que los participios en estas oraciones podrían ser tanto adjetivales como verbales:

(201) a. Jean a été beaucoup dégoûté/impressionné par Paul.
b. Jean a été très dégoûté/impressionné par Paul.

Sin embargo, según esta prueba, las oraciones con el auxiliar *estar*, en castellano, son siempre adjetivales, nunca verbales:

(202) a. Juan estaba muy preocupado/impresionado por Pedro.
b. * Juan estaba preocupado/impresionado mucho por Pedro.

Una prueba similar puede construirse con la distinción entre *tant ... que* y *si ... que* en francés, y entre *tanto ... que* y *tan ... que* en castellano:

(203) a. Jean a tant/*si lu cette semaine qu'il n'a pas pu voir Zoé.

53 El *Esbozo* (452–453) lo expresa de este modo: "El resultado de una acción acabada se enuncia con «estar + participio». Así, por ejemplo, la diferencia entre "Las casas eran edificadas con mucho cuidado" y "Las casas estaban edificadas con mucho cuidado", consiste en que "eran edificadas" alude al proceso de construcción, mientras que "estaban edificadas" se dice desde el momento en que su construcción fue concluida."

54 Dos de las pruebas proporcionadas por Bouchard no se pueden aplicar al castellano, porque implican el progresivo y el progresivo se comporta de una manera distinta en castellano comparado con el inglés. Más concretamente, es simplemente imposible construir una oración progresiva a partir de un predicado como "estar asustado": "*Juan estaba estando asustado."

b. Jean est si/*tant distrait qu'il a oublié sa canne a pêche.

(204) a. Juan ha leído tanto/*tan que no ha podido ver a María.

b. Juan está tan/*tanto feliz que no para de reír.

Según Bouchard, en francés, con los verbos psicológicos son posibles otra vez ambas construcciones:

(205) a. Jean a été tant dégoûté/impressionné par Paul qu'il a immédiatement rejeté/adopté sa théorie.

b. Jean a été si dégoûté/impressionné par Paul qu'il a immédiatement rejeté/adopté sa théorie.

En español, de nuevo, se prefiere claramente la forma con *tan*:[55]

(206) Juan estaba tan preocupado/impresionado por Pedro, que ...

El ejemplo inglés (197) puede traducirse tanto con el auxiliar *ser* como con el auxiliar *estar*, pero con una clara diferencia semántica:

(207) a. María fue asustada por (*con) el payaso.

b. María estaba asustada por (con) el payaso.

El primer ejemplo tiene un matiz claramente activo: el payaso asusta deliberadamente a María. Esto explica por qué con verbos obligatoriamente no agentivos, sólo la variante con *estar* es posible:

(208) a. Juan estaba preocupado por las palabras de su hermano.

b. ?? Juan fue preocupado por las palabras de su hermano.

(209) a. Juan estaba encantado por la princesa.

b. Juan fue encantado por la princesa. (sólo sentido de "embrujar")

Por lo tanto, si contrariamente a lo que Bouchard (1995b) y Pesetsky (1995) pretenden para el inglés, en español no es posible una oración pasiva verbal con un verbo psicológico no agentivo, nos queda siempre por explicar por qué es posible con esos verbos en su uso agentivo. Por consiguiente, se presenta otra vez la necesidad de escoger entre un análisis estructural que no puede explicar todos los usos de estos verbos sin recurrir a dos entradas léxicas distintas para cada verbo, o un análisis semántico o discursivo unificado.

55 Sin embargo, la forma con *tanto* no parece excluida, si está separada del verbo por una coma, como en "Juan estaba preocupado, tanto que ...".

3.4.2.2.2.4. Forma verbal imperativa Con el imperativo nos encontramos otra vez frente a la misma situación; los verbos psicológicos no agentivos generalmente no lo aceptan, los verbos psicológicos agentivos sí:

(210) * ¡Preocupa a tu hermana!

(25) Simplemente José les ofreció aperitivos que los anfitriones rechazaron y Carvalho aceptó. - Un fino. Pero sorpréndame con la marca. No me abrume con los de siempre. (PR, p. 180)

Sorprendentemente, una forma imperativa negativa no nos parece totalmente imposible con ciertos verbos no agentivos (como ocurre también con los verbos de la clase de {TEMER}):

(211) ? ¡No preocupes a tu hermana!

3.4.2.2.2.5. Sujeto Pro$_{arb}$ Los verbos de la clase de {PREOCUPAR} no aceptan, o sólo muy marginalmente, un sujeto Pro$_{arb}$, contrariamente a los verbos de la clase de {TEMER}, como se puede ver en los ejemplos (149b) y (149c), repetidos aquí:

(149b) ?? En este país, siempre preocupan al gobierno.

(149c) En este país, admiran a los escritores.

Sin embargo, con una interpretación agentiva, nos parece otra vez posible:

(212) En este colegio, siempre asustan a los niños.

3.4.2.2.2.6. Subordinación en una construcción causativa Como ya lo hemos señalado, un verbo de la clase de {PREOCUPAR} no puede insertarse en una oración causativa:

(152a) ?? Juan le hizo a su hermano preocupar a María.

(152b) * Su comportamiento extraño le hizo a su hermano preocupar a María.

Sin embargo, con una interpretación agentiva, no parece imposible (cfr. Bouchard 1995b: 359):

(213) Juan le hizo a su hermano sorprender a su novia con un ramo de flores.

3.4.2.2.2.7. Interacción con adverbios como *personalmente* Con verbos de la clase de {PREOCUPAR}, el adverbio *personalmente* puede referirse excepcionalmente al objeto, y no al sujeto:

(155) Personalmente, María me preocupa.

Con una interpretación agentiva, nos parece poco probable. En efecto, la correferencia del adverbio *personalmente* y del pronombre *me* trae consigo automáticamente una interpretación no agentiva:

(214) Personalmente, el payaso me asusta.

3.4.2.2.2.8. Extracción desde el objeto Con respecto a esta característica, el comportamiento de los verbos de la clase de {PREOCUPAR} es menos unívoco de lo que podría parecer a base de los datos proporcionados por Belletti & Rizzi (1987). Por una parte, los contrastes observados en castellano nos parecen menos fuertes que los encontrados en italiano:[56]

(158a) ¿De qué muchacha (quién) Juan teme al padre?

(158b) ? ¿De qué muchacha (quién) Juan preocupa al padre?

(159a) la muchacha a cuyo padre Juan teme

(159b) ? la muchacha a cuyo padre Juan preocupa

Bouchard (1995b: 364) señala algo parecido en francés.[57] Además, según Bouchard (1995b: 365), en algunos contextos, por lo menos en francés, estos ejemplos pueden volverse perfectamente aceptables:

(215) a. Voici la fille dont Jean préoccupe tant le père.
b. La fille dont Jean préoccupe le plus le père, c'est Marie.

De nuevo, un análisis estructural no puede explicar fácilmente estos matices de aceptabilidad.

3.4.2.2.3. Otras construcciones La construcción alternativa más importante con la que se pueden utilizar los verbos de la clase de {PREOCUPAR} es la construcción media, y la construcción participial con la que está emparentada. En el capítulo 6 tendremos la ocasión de tratar detalladamente estas construcciones. En Vanhoe (2002c) analizamos detenidamente la ya mencionada construcción de emoción exteriorizada.

56 Sin embargo, los juicios de gramaticalidad que se pueden aplicar a estos ejemplos nos parecen muy sutiles y merecen un estudio empírico pormenorizado, que no hemos podido llevar a cabo aquí.

57 "[...] the contrasts [...] are not sharp but vary, depending on choice of verb, among other things."

3.4.3. La clase de {AGRADAR}

3.4.3.1. Análisis semántico

Como se puede deducir de las dos listas de verbos en (38) y (39), repetidas aquí, esta clase se compone de muy pocos verbos:

(38) *agradar, apetecer, gustar, repugnar*[58]

(39) *bastar, doler, importar, pesar,...*

Cano Aguilar (1981: 337) incluye en esta clase de verbos también los verbos siguientes:

(216) *desagradar, suceder, concernir, interesar, pertenecer*

González (1997: 195) cita además los verbos siguientes:

(217) *atañer, ayudar*[59], *competer, convenir, faltar, incumbir, ocurrir, parecer, sobrar*

En la página 184, el mismo autor nota que el *Esbozo* (p. 375) incluye también en la misma lista los verbos *placer*[60] y *desplacer*. Whitley (1995: 574), por fin, cita también el verbo *valer* como formando parte de esta clase. Otros autores no hacen ninguna distinción sistemática entre los dos últimos tipos de verbos, y tratan dos verbos como *aburrir* y *agradar* como verbos que forman parte de una misma clase sintáctica (Subirats-Rüggeberg 1984, Vogel & Villada 1999).

Por tanto, el criterio que guía a varios autores para distinguir esta clase de verbos parece ser más sintáctico que semántico. Si incluyen un verbo como *valer*, o más aún, como *ayudar*, está claro que se trata de un criterio puramente sintáctico: ambos verbos sólo tienen dos argumentos y el segundo argumento está expresado por un pronombre dativo, mientras que los verbos transitivos directos "normales" expresan su objeto por medio de un pronombre acusativo. Sin embargo, ninguno de los dos verbos parece tener un sentido claramente psicológico. Las demás clases de verbos están determinadas primariamente por un criterio *semántico*; si nos limitáramos a un criterio sintáctico, tendríamos que incluir *todos* los verbos transitivos en una de las dos clases de {TEMER} o de {PREOCUPAR}, ya que por lo menos los verbos de la clase de {TEMER} se comportan como verbos transitivos regulares. Lo que puede haber favorecido esta delimitación más bien sintáctica

58 Quizás se pueda incluir aquí también un sinónimo más bien coloquial de *gustar*, *molar*. Sin embargo, ya que no tenemos bastantes ejemplos con este verbo, no lo analizaremos aquí.

59 Pero el autor nota que en otros "idiolectos" este verbo se construye con un complemento acusativo.

60 Notemos que el verbo *complacer* parece comportarse más bien como un verbo de la clase de {PREOCUPAR}: acepta una construcción media (*complacerse en*) y un participio adjetival (*complacido de*).

de la clase de {AGRADAR} es el que algunos de estos verbos pueden tener efectivamente un matiz psicológico (*doler*, *importar* y *pesar*, cfr. los ejemplos citados en la sección 3.2.3, página 82). Aunque el verbo *interesar* se construye siempre con un pronombre dativo (por lo menos en su sentido no causativo), nosotros lo incluimos en la clase de {PREOCUPAR}. Volveremos a tratar del verbo *interesar* en el capítulo 5 y motivaremos entonces este análisis.

Veamos brevemente qué verbos pueden tener un sentido psicológico. Los verbos citados en (38) tienen siempre un sentido psicológico, así como algunos cuasi sinónimos y antónimos: *desagradar*, *placer* y *desplacer*. Pero los demás verbos parecen en primer lugar no psicológicos:

(218) *atañer*, *ayudar*, *bastar*, *competer*, *concernir*, *convenir*, *doler*, *faltar*, *importar*, *incumbir*, *ocurrir*, *parecer*, *pertenecer*, *pesar*, *sobrar*, *suceder*

La caracterización semántica de los verbos de esta clase se parece mucho a la de los verbos de la clase de {TEMER}: expresan un estado emocional relativamente permanente de un sujeto intencional no agentivo frente a un correlato de la intencionalidad. Pero ahora el sujeto intencional ya no es el sujeto gramatical, sino el objeto indirecto, y el correlato de la intencionalidad no es el objeto directo, sino el sujeto.

3.4.3.2. Análisis sintáctico

3.4.3.2.1. Los criterios de selección En esta sección trataremos de ver primero cuáles son los criterios de selección de los verbos clasificados como verbos auténticamente psicológicos:

(219) *agradar*, *apetecer*, *desagradar*, *desplacer*, *doler*, *gustar*, *importar*, *pesar*, *placer*, *repugnar*

Todos estos verbos aceptan únicamente un nombre humano en la posición del objeto indirecto (si tienen un sentido psicológico). La mayoría de estos verbos también son posibles sin complemento indirecto (en una construcción absoluta), la única excepción siendo quizás *pesar*:

(220) Y es lo que más apetece, la verdad, que nos regaléis. (COR)

(221) La chica dijo, como para sí misma:
- No importa. Yo quiero el título. (BC1, p. 10)

Por lo que se refiere a los tipos de sintagmas posibles en la posición del sujeto, la situación se parece mucho a la que hemos encontrado ya con el objeto de los verbos de la clase de {TEMER}. Todos los verbos de la clase de {AGRADAR} aceptan como sujeto un SN que designa una cosa:

(222) No me gusta la ópera. (BC2, p. 30)

Todos aceptan también un SN que designa una persona (con las posibles excepciones de *doler* y *pesar*, para los que no hemos encontrado ejemplos de esta construcción):

(223) Hormazábal muy bien para jugar a squash [sic, sin verbo], pero no le apetece [a Conesal] como compañero de mesa. (PR, p. 172)

Todos aceptan tanto una oración infinitiva, como una oración sustantiva en la posición del sujeto.[61] En la oración sustantiva, el verbo está en subjuntivo:

(224) La traductora pensó que al premio Nobel le agradaría mantener un pulso y no hizo caso de la risotada que se escapó de los labios ya perennemente húmedos del achispado Sagazarraz. (PR, p. 30)

(225) Me gustaba que [ella] me hablase de sus experimentos. (BC2, p. 21)

Además, *importar* puede construirse con una interrogación indirecta en la posición del sujeto:

(226) El realismo militante le parecía una deformación de la verdad; prefería mostrar las cosas tal como las veía, con su horror y su fealdad propias, sin importarle si eso era ideológicamente útil o correcto. (AC1, p. 236)

Estas posibilidades seleccionadoras están resumidas en el cuadro 3.2.

3.4.3.2.2. Las pruebas sintácticas de Bouchard Examinemos otra vez las pruebas sintácticas utilizadas por Bouchard para caracterizar los verbos de la clase de {PREOCUPAR}. Sin embargo, el test de la pasivización no se puede aplicar aquí ya que los verbos de esta clase no son verbos transitivos.

3.4.3.2.2.1. Ligamiento de una anáfora por el sujeto Estos verbos parecen compatibles con un pronombre recíproco:

(227) Estos dos se gustan (el uno al otro). (*Salamanca*)

Según algunos autores, ejemplos de estos verbos en oraciones *reflexivas* tampoco pueden excluirse, aunque probablemente son menos frecuentes. Según Vogel & Villada (1999: 26–28), ejemplos como el siguiente son gramaticales:[62]

61 No hemos encontrado ejemplos de *apetecer* o de *repugnar* con una oración sustantiva, pero a primera vista nos parece perfectamente posible.

62 No sabemos si según estos autores habría una diferencia si se utilizara *sí*, en vez de *él* (en otros ejemplos utilizan la primera forma, no la segunda). Por otra parte citan un ejemplo, según ellos gramatical, pero que nos parece difícil de interpretar: "Los payasos se gustan ellos mismos". Trataremos más detenidamente de la distinción entre *sí* y *él* en este tipo de ejemplos en el capítulo 7.

	SN cosa	SN hum.	infin.	or. sust. subj.	interr. indir.
agradar	+	+	+	+	
apetecer	+	+	+	(+)	
doler	+		+	+	
gustar	+	+	+	+	
importar	+	+	+	+	+
pesar	+		+	+	
repugnar	+	+	+	(+)	

Cuadro 3.2: El sujeto de los verbos de la clase de {AGRADAR}

(228) A él mismo se gusta John.

Whitley (1995: 575) matiza más sus juicios:

> (...) *se gusta* (...) is odd, perhaps ungrammatical, but native speakers interpret it as a true reflexive ('pleased with oneself').[63]

Sin embargo, no es imposible encontrar tales construcciones, como lo muestra el ejemplo siguiente de *El Mundo* del 25 de abril de 2001:

(229) El detective de García Pavón es un guardia municipal apacible y un poco zumbón que está muy lejos del Carvalho de Vázquez Montalbán, sujeto nada ejemplar, al contrario del honrado padre de familia que es Plinio. No obstante, tienen algo en común: no se gustan a sí mismos ni les gusta la sociedad en que viven.

Nótese que el contexto excluye aquí una interpretación recíproca: son dos personajes de dos (series de) novelas distintas.

3.4.3.2.2.2. Ligamiento desde el objeto indirecto Si consideramos los ejemplos proporcionados por Demonte (1989: 185ss), podemos concluir que los verbos de la clase de {AGRADAR} se comportan como los verbos de la clase de {PREOCUPAR} (cfr. la sección 3.4.2.2, más arriba):

63 "True reflexive" en contraste con ejemplos como *asustarse de* en los que el elemento *se* no tiene un sentido reflexivo.

(230) A Emilio$_i$ le$_i$ agradó mucho la foto de sí$_i$ mismo.

Además, como ya hemos señalado, la aceptabilidad de estos ejemplos depende también de la presencia o ausencia de un pronombre expletivo (por lo menos para algunos hablantes):

(231) a. La foto de sí$_i$ mismo le$_i$ gustó mucho a Juan$_i$.
b. ?? La foto de sí$_i$ mismo gustó mucho a Juan$_i$.

3.4.3.2.2.3. Forma verbal imperativa El imperativo nos parece poco probable con los verbos de la clase de {AGRADAR}:

(232) * ¡Agráda(le) a Juan!

(233) * ¡Gústa(le) a Juan!

3.4.3.2.2.4. Sujeto Pro$_{arb}$ No parece que los verbos de esta clase puedan construirse con un sujeto Pro$_{arb}$:

(234) ?? En este país siempre gustan al gobierno.

(235) ?? En casa de mi madre, siempre (les) apetecen a los niños.

El único verbo que, quizás, no excluya totalmente esta construcción, es *agradar*:[64]

(236) ? En este país, siempre (le) agradan al consumidor.

3.4.3.2.2.5. Subordinación en una construcción causativa Los verbos de la clase de {AGRADAR} no pueden insertarse en una oración causativa (cfr. Vogel & Villada 1999: 19ss):

(237) * Juan le hizo a María gustar(le) a su hermano.

(238) ?? Su$_i$ comportamiento extraño le hizo a María$_i$ gustar(le) a Juan.

3.4.3.2.2.6. Interacción con adverbios como *personalmente* Con *personalmente*, los verbos de esta clase se comportan como los verbos de la clase de {PREOCUPAR}:

(239) Personalmente, este libro me gusta.

64 Acaso, como lo señala el profesor Roegiest, porque este verbo también puede utilizarse, aunque marginalmente, como un verbo transitivo (pero véase la nota 67, más abajo).

3.4.3.2.2.7. Extracción desde el objeto Los ejemplos de esta construcción con verbos de la clase de {AGRADAR} nos parecen relativamente aceptables:

(240) ¿De qué muchacha (quién) Juan le gusta al padre?

(241) ? la muchacha a cuyo padre Juan le gusta

3.4.3.2.3. Otras construcciones El único verbo de esta clase, compatible con una construcción media, es el verbo *doler*:[65]

(242) *dolerse* (*de*/*con*)[66]

Véanse el ejemplo siguiente:

(243) No te duelas de lo que pasó, que la culpa ha sido tuya. (*Salamanca*)

El DCR menciona también una construcción media con el verbo *agradar*, pero quizás esta construcción, poco frecuente y arcaizante, esté derivada del uso transitivo de *agradar*, que tampoco es muy común.[67]

Otra construcción particular, que sólo se encuentra con *importar*, y más raramente con *pesar*, es la construcción impersonal:

(244) Conocedor de todos los vaivenes de la pintura moderna ..., él se ha mantenido en su línea, sin importarle de la crítica ni del público. (DEA, ejemplo de Francisco de Cossío)

(245) Muchas veces me acuerdo de aquel hombre [del ciego], y me pesa de los sinsabores que le hice. (DCR, ejemplo del *Lazarillo de Tormes*)

En algunos casos, el sujeto de los verbos de esta clase puede tener un matiz agentivo, o por lo menos volitivo (ya hemos citado el primer ejemplo):

(47) esa pequeña angustia ... se me antojó de repente una excusa egoísta para librarme de la parte más dura de la militancia, para dedicarme a mi propio placer y a mis pasiones, a torear, a gustar a las mujeres, a vivir. (HC, p. 104)

(246) Ella había tratado de agradarle, o al menos de someterse sumisamente a sus exigencias. (DEA, ejemplo de Carmen Laforet)

---

65 Hablamos más detenidamente de este verbo en Vanhoe (2002c).

66 El DCR también cita la construcción *dolerse por*.

67 Dice el DCR a este respecto: "lo común y corriente hoy es construirlo con dat. [...] El *loísta* más decidido no diría Quiero agradarlo, en lugar de Quiero agradarle."

3.4.4. Las clases de {DESCONFIAR} y de {ARREPENTIRSE}

3.4.4.1. Análisis semántico

En muchos aspectos los verbos que pertenecen a estas dos clases de verbos se parecen a los verbos de la clase de {TEMER}, tanto sintáctica como semánticamente. Desde un punto de vista semántico, tampoco denotan una reacción por parte del experimentante, sino más bien un estado psicológico relativamente estable dirigido hacia un correlato de la intencionalidad expresado por un complemento preposicional.

Como los verbos de la clase de {TEMER}, estos verbos no pueden tener una interpretación activa:

(247) a. ! Juan desespera deliberadamente de conseguir lo que se propone.
b. ! Juan se arrepiente deliberadamente de no haber venido.

Sin embargo, los sujetos de estos verbos siempre son sujetos intencionales, porque son conscientes de su estado de ánimo. En resumen, los verbos de estas dos clases, como los verbos de la clase de {TEMER}, expresan un estado emocional relativamente permanente de un sujeto intencional no agentivo frente a un correlato de la intencionalidad.

Veamos ahora en qué medida los verbos citados más arriba, en las secciones 3.2.4 y 3.2.5, corresponden con esta caracterización semántica. Repetimos aquí las dos listas de verbos:

(248) *anhelar por*, *ansiar por*, *desconfiar de*, *desesperar de*, *gozar* (*con/de*), *recelar de*, *sufrir de*, *temblar* (*de/por*), *temer* (*de/por*)

(249) *arrepentirse de*, *atreverse a*, *gozarse en*

Contrariamente a *gozar* transitivo que, como hemos visto más arriba, denota normalmente una predisposición activa por parte del experimentante, y además un evento no permanente, *gozar con/de* y *gozarse en* parecen comportarse como auténticos verbos psicológicos:

(250) Hacía tiempo que no gozaba de las sutilezas del buffet o del brunch (PR, p. 75)

(251) Mi hermano se goza en hacerme sufrir. (*Salamanca*)

Por otra parte, *atreverse a* no parece ser un verbo psicológico, porque si bien el sujeto puede caracterizarse como un SI, normalmente se trata de un estado de ánimo más bien puntual:

(252) Recuerdo el momento en que me atreví a alzar con desafío la cara y sorprendí su mirada fija en la mía (CA, p. 51)

3.4.4.2. Análisis sintáctico

3.4.4.2.1. Los criterios de selección El sujeto de estos verbos, como el sujeto de los verbos de la clase de {TEMER} siempre debe ser un nombre humano (como consecuencia de su caracterización semántica). El complemento de la preposición puede ser tanto un SN, como una oración infinitiva, o, más excepcionalmente, una oración subordinada sustantiva:

(253) El barman negro del cóctel bar era más negro, ennegrecido por el sueño, del que gozaba con la cabeza entre los brazos acodados sobre la barra. (PR, p. 159)

(254) Le veo echarse mano al bolsillo y suspiro, arrepentida de haber hecho esa alusión política (CA, p. 68)

En el cuadro 3.3, representamos el conjunto de las posibilidades seleccionadoras de los verbos de las tres clases de {TEMER}, {DESCONFIAR}, y {ARREPENTIRSE} con respecto a su complemento directo o preposicional.[68] Como se puede ver, es casi imposible hacer una distinción nítida entre las tres clases de verbos, ya que muchos verbos pertenecen simultáneamente, y bastante imprevisiblemente, a varias de las tres clases.

3.4.4.2.2. Las pruebas sintácticas de Bouchard Por lo que se refiere a las características sintácticas enumeradas por Bouchard, estos verbos se comportan otra vez como los verbos de la clase de {TEMER}. Sin embargo, varias construcciones están excluidas *a priori*, por la naturaleza sintáctica misma de estos verbos. El ligamiento desde un objeto (in)directo está excluido por la misma razón por la que está excluido con los verbos de la clase de {TEMER} (el sujeto no puede ser un nombre pictórico porque es obligatoriamente humano o animado). La pasivización es imposible porque estos verbos no son verbos transitivos.

El ligamiento de una anáfora por el sujeto parece posible, por lo menos con algunos verbos de estas dos clases:

(255) Juan desconfía de sí mismo.

(256) Juan se aborrece de sí mismo.

(257) ?* Juan goza de sí mismo.

68 Las posibilidades entre paréntesis son usos arcaizantes o poco usuales. Repetimos por otra parte que *lamentarse* parece haberse especializado para el uso, no psicológico, de "*expresar* pena o disgusto". En la tercera columna, sólo recogemos los usos pronominales *medios* de estos verbos; por eso, hemos mencionado aparte en el cuadro el predicado *temerse*... SN, ya que en este caso, se trata del uso que el *Esbozo* (§3.5.4.c) llama "seudorreflejo".

	+SN	+SP	se ... +SP
aborrecer	+	+ de	+ con/de
admirar	+		
adorar	+		
amar	+		
anhelar	+	+ por	
ansiar	+	+ por	
añorar	+		
apreciar	+		
arrepentirse			+ de
codiciar	+		
desconfiar		+ de	
desear	+		
desesperar		+ de	
despreciar	+		(+ de)
detestar	+		
extrañar	+		
gozar		+ con/de	+en
idolatrar	+		
lamentar	+		+ de/por
necesitar	+		
odiar	+		
querer	+		
recelar		+ de	+ de
sentir	+		+ de
temblar		+ de/por	
temer	+	+ por(/de)	(+ de)
(temerse)	+		
venerar	+		

Cuadro 3.3: Los verbos Experimentante—Verbo—. . . —Tema

Algunos, pero no todos los verbos son compatibles con una oración imperativa, aunque, de nuevo, la situación parece distinta en las oraciones imperativas negativas:

(258) ¡Desconfía de tu jefe.!

(259) ?* ¡Desespera de tu resultado!

(260) No desesperes nunca: ni del perdón de tus pecados, como Judas, ni de tu victoria sobre tus defectos y malos instintos. (DEA, ejemplo de Vicente Sánchez Luis)

Con los sujetos Pro_{arb}, con la subordinación en una construcción causativa, y con el adverbio *personalmente*, estos verbos se comportan como los verbos de la clase de {TEMER}.

(261) En este país, se gozan en hacer sufrir a los prisioneros.

(262) El comportamiento extraño de su hermano le hizo a María arrepentirse de no haberlo escuchado.

(263) Personalmente, tiemblo por mi vida.

Por lo que se refiere a los fenómenos de extracción, las cosas se complican por la presencia de la preposición que introduce el tema, y que hace más difícil la extracción. No profundizaremos aquí en este asunto pero señalemos sólo que con *cuyo* aparentemente no se presenta este problema:

(264) a. la muchacha de cuyo padre Juan desconfía

b. ?* ¿De qué muchacha (de quién) Juan desconfía del padre?

3.4.5. La clase de {AFICIONAR}

3.4.5.1. Análisis semántico

Como ya hemos notado al inicio de este capítulo, hay dos subtipos de verbos en esta clase. Trataremos estos dos tipos separadamente y veremos que desde un punto de vista semántico, sólo uno de los dos puede incluirse en la clase de los verbos psicológicos. El primer tipo incluye, por lo menos en nuestro corpus, muy pocos verbos, de los que sólo el último verbo es bastante frecuente:

(265) *aficionar a alguien a una cosa, encariñar a alguien con una cosa, interesar a alguien en una cosa*

En francés parece que hay más verbos en esta clase, si consideramos los ejemplos proporcionados por Ruwet (1993: 107ss):

(266) *alarmer quelqu'un sur, blaser quelqu'un de, consoler quelqu'un de, dégoûter quelqu'un de, distraire quelqu'un de, fatiguer quelqu'un de, rassurer quelqu'un sur*

Sin embargo, la mayoría de los equivalentes castellanos de estos verbos no se encuentran en una construcción causativa, o, por lo menos, no hemos encontrado ejemplos, ni en los diccionarios, ni en nuestro corpus. El único verbo que parece aceptar este tipo de construcciones es *tranquilizar* como traducción de *rassurer*:

(267) Chirac, jefe del Gobierno francés, tranquilizó al Sha en este respecto días atrás. (DEA)

(268) una carta de Londres en que [él] le daba cuenta de mi demisión y le tranquilizaba acerca de mi comportamiento. (FIL, p. 205)

Como traducción de *dégoûter*, el verbo *desaficionar* también parece aceptar esta construcción, pero no las traducciones mucho más frecuentes por *repugnar* o *asquear*. El verbo *distraer*, por fin, acepta esta construcción, pero, a nuestro parecer, no es un verbo psicológico, por lo menos no en este sentido:

(269) Su nueva situación le distrajo un tanto del negocio de las vacas ...(FIL, p. 339)

En efecto, la característica más importante de estos verbos psicológicos causativos parece ser justamente el hecho de que dan lugar a un auténtico estado psicológico, en el que hay un SI (el objeto directo) cuya atención se dirige hacia un CI (el complemento preposicional). Si Juan interesa a su hermana en la lectura, la consecuencia es que su hermana está interesada por la lectura. Sin embargo, esto no acontece con el verbo *distraer*. Que una nueva situación haya distraído a Juan de un negocio, no implica que Juan esté distraído por este negocio.[69]

Por otra parte, los tres verbos ya mencionados, *aficionar*, *encariñar* e *interesar* (el último verbo sólo en uno de sus sentidos), parecen auténticos verbos psicológicos causativos, en el sentido en que describen un evento que da lugar a un estado psicológico (un estado en el que un SI dirige su atención hacia un CI).

El otro tipo de verbos tampoco incluye muchos ejemplos. Al inicio de este capítulo hemos citado los verbos siguientes, encontrados en nuestro corpus:

(270) *animar, convencer, disuadir, excitar, provocar*

Sin embargo, a nuestro parecer, no son verbos psicológicos porque no dan lugar a un estado psicológico (aunque el objeto directo sí parece ser un SI): si, como

69 Lo mismo acontece con el ejemplo francés proporcionado por Ruwet (1993: 107): "Ce film a distrait Léo (de ses ennuis / préoccupations / malheurs)." Este ejemplo no implica que *Léo* esté distraído por sus problemas, por sus preocupaciones o por su desgracia.

en el ejemplo (77), el timonel provoca a los marineros a la rebelión, no podemos decir que los marineros estén provocados por la rebelión. Si me animan a estudiar, después no me gusta necesariamente el estudio. Por lo tanto, estos verbos se acercan mucho más a los verbos "factitivos" del tipo de *obligar*, *impulsar*, *invitar*, descritos por Cano Aguilar (1981: 137ss), aunque incluyen un matiz emocional que estos verbos más neutros no incluyen.

3.4.5.2. Análisis sintáctico

3.4.5.2.1. Los criterios de selección El objeto directo de los verbos *aficionar*, *encariñar* e *interesar* es, por definición, humano. El sujeto puede ser tanto una cosa como un ser humano, como se puede ver en el ejemplo (64), repetido aquí:

(64) La campaña del ayuntamiento me ha aficionado a los transportes públicos.

El tema se expresa siempre con un complemento preposicional, generalmente introducido por *en* con *interesar*, por *a* con *aficionar* y por *con* con *encariñar*.

3.4.5.2.2. Las pruebas sintácticas de Bouchard Por fin, los verbos de esta clase se comportan como verbos agentivos regulares con respecto a las características sintácticas distinguidas por Bouchard. Ya que el sujeto no es un tema, sino una causa, ya no presentan ninguna particularidad con respecto a estas pruebas.

3.5. Conclusión

En este capítulo, hemos empezado por mostrar que hay varios tipos de verbos psicológicos que generalmente no se reconocen en la bibliografía. Además, hemos visto que es posible definir una clase de verbos psicológicos con ayuda de unos pocos criterios semánticos, más concretamente con la noción de intencionalidad introducida por Ruwet: un verbo puede caracterizarse como un verbo psicológico si denota un estado emocional relativamente estable, y si incluye un SI, cuya atención está dirigida hacia un CI. La clase de {PREOCUPAR} se distingue de las clases de {TEMER} y de {AGRADAR}, así como de los verbos que expresan el tema con un complemento preposicional (los tipos de *desconfiar de* y *arrepentirse de*) porque además incluye una noción de reacción mental por parte del SI, es decir, incluye un aspecto dinámico ausente de las demás clases de verbos. Veremos en el capítulo siguiente que esta noción de dinamicidad se desprende también del análisis aspectual de estos verbos. Por otra parte, existe una clase muy poco numerosa de verbos psicológicos causativos (*aficionar*, *encariñar*, *interesar*), que no sólo designan un estado auténticamente psicológico sino también lo que da lugar a este estado psicológico. Sintácticamente, estos verbos se distinguen de los demás verbos psicológicos porque añaden un argumento a su estructura argumental: tienen tres en vez de dos argumentos (una causa, un experimentante y un tema).

Sin embargo, desde un punto de vista *sintáctico*, los verbos más especiales parecen ser los verbos de la clase de {AGRADAR}, no los verbos de la clase de {PREOCUPAR}. En el capítulo 5, daremos más indicaciones respecto a la caracterización sintáctica de estos verbos al analizar su comportamiento inacusativo. La clase de {PREOCUPAR}, por otra parte, pierde mucho de su aparente idiosincrasia si no hacemos la distinción, a nuestro parecer bastante artificial, entre los usos agentivo y no agentivo de estos verbos. Siguiendo a Bouchard (1995b), adoptamos la hipótesis de que las particularidades de los usos no agentivos de estos verbos pueden explicarse mejor con un análisis semántico o discursivo que con un análisis estructural. Explicitaremos más este análisis en el capítulo 7.

Capítulo 4

Clasificación aspectual

4.1. Introducción

La caracterización aspectual de los verbos psicológicos no es tarea fácil. Marín Gálvez (2000: 60–61) lo formula así:

> En lo que a cuestiones propiamente aspectuales se refiere, los predicados psicológicos continúan planteando serios problemas de análisis. Uno de ellos tiene que ver con la valencia aspectual que cabe asignarles, ya que si bien la inmensa mayoría de autores coinciden en señalar que predicados del tipo de *admirar*, *gustar* u *odiar* deben ser clasificados como estados (...), no existe aún un mínimo consenso sobre la información aspectual contenida en otros predicados, como *molestar*, *enfadar* o *preocupar*.

En efecto, en la bibliografía lingüística hay muchas clasificaciones distintas, a veces contradictorias entre sí. Sin embargo, una clasificación aspectual está en la base de varios análisis de los verbos psicológicos. Más concretamente, varias propuestas se basan en la distinción entre, por una parte, verbos delimitados temporalmente ("logros" y "realizaciones") y, por otra parte, estados (un tipo de eventos no delimitados). Así, la distinción entre verbos de la clase de {TEMER} y verbos de la clase de {PREOCUPAR} se ha analizado a veces como una distinción esencialmente aspectual. Como veremos en el capítulo siguiente, otros autores apoyan su análisis en una caracterización *causativa* de los verbos de la clase de {PREOCUPAR}, contrariamente a la estructura supuestamente no causativa de los verbos de la clase de {TEMER}. Ahora bien, esta caracterización causativa tiene también, en parte al menos, su base empírica en una distinción aspectual.

A nuestro parecer, el aspecto de los verbos psicológicos merece un análisis más detenido: veremos que los datos son más ambiguos de lo que se podría pensar a primera vista. En la siguiente sección examinaremos brevemente los análisis propuestos por otros lingüistas e introduciremos una selección de las pruebas semánticas propuestas por varios autores. En una tercera sección trataremos de clasificar los verbos psicológicos encontrados en nuestro corpus según su comportamiento aspectual, apoyándonos en las pruebas previamente seleccionadas. Terminaremos el capítulo con algunas reflexiones sobre la estructura interna de los eventos, y la posibilidad de distinguir "subeventos".

4.2. El aspecto léxico

4.2.1. La tipología de Vendler y Dowty

Recapitulemos brevemente lo que se ha dicho en la bibliografía lingüística a propósito de las distintas clases aspectuales[1] de los verbos y de los predicados.[2] La clasificación más generalmente conocida es la elaborada por Vendler (1967), retomada más tarde por Dowty (1979).[3] Van Valin & Lapolla (1997: 92ss), en un intento de sistematizar y de resumir los resultados de estos dos autores, distinguen cuatro tipos fundamentales de aspectos o "Aktionsarten":

estados por ejemplo, *be sick, love, be dead, know*, o, en español, *estar enfermo, amar*[4], *estar muerto, saber*

logros *explode, collapse*, o *explotar*, en el sentido de "hacer explosión", *derrumbarse*,...

realizaciones *dry, learn, freeze*, en español *secar, aprender, helar*,...

actividades *walk, march, read, think*, o *pasearse, caminar, leer, pensar*[5]

Un estado es no dinámico y temporalmente no delimitado. Una actividad es dinámica y temporalmente no delimitada. Un logro expresa un cambio instantáneo, un cambio de actividad, o más frecuentemente un cambio de estado. Una realización, por fin, es un cambio de estado temporalmente extendido, y que progresa hacia un punto final (Van Valin & Lapolla 1997: 92).[6]

Estas cuatro clases también pueden definirse a partir de los tres rasgos (semánticos) siguientes: [±estativo], [±puntual] y [±télico]. En el cuadro 4.1, se puede ver cómo pueden caracterizarse las distintas clases aspectuales sirviéndose de estos rasgos. Con ayuda de cierto número de pruebas semánticas, se puede intentar

1 Utilizaremos en este capítulo el término "aspecto" como abreviatura de "aspecto léxico". Lo utilizaremos, pues, en el sentido del término alemán "Aktionsart", y no haremos con él referencia al aspecto verbal (que se manifiesta por ejemplo en el contraste entre el pretérito perfecto simple y el imperfecto de indicativo). Véase Miguel (1999: 2980ss), para más precisiones terminológicas.

2 Explicaremos más abajo (sección 4.2.3, página 146), por qué no sólo los verbos sino también los predicados pueden ser clasificados aspectualmente.

3 Esta no es la única clasificación propuesta en la bibliografía lingüística. Tendremos la ocasión de aludir a otras clasificaciones en lo que sigue (véase infra sección 4.2.4.1, página 151).

4 Veremos que la clasificación aspectual de los verbos de la clase de {TEMER}, de que *amar* es un ejemplo, no es indiscutida.

5 En cuanto a la terminología, utilizamos las traducciones propuestas por Miguel (1999). Los términos ingleses son, respectivamente, "state" (estado), "achievement" (logro), "accomplishment" (realización), y "activity" (actividad).

6 Los mismos autores distinguen también para cada clase aspectual, una variante causativa, lo que dobla el número de clases aspectuales. Aquí no utilizaremos este procedimiento. Daremos más especificaciones a propósito de este análisis en el capítulo siguiente (sección 5.2.1).

Estado	[+estativo]	[−télico]	[−puntual]
Actividad	[−estativo]	[−télico]	[−puntual]
Realización	[−estativo]	[+télico]	[−puntual]
Logro	[−estativo]	[+télico]	[+puntual]

Cuadro 4.1: Los rasgos aspectuales

determinar empíricamente cuáles son las clases aspectuales a las que pertenecen los distintos verbos o predicados. Más abajo veremos en detalle cuáles son esas pruebas o "tests" y cómo pueden utilizarse. Nos limitamos aquí a un ejemplo: se puede determinar el carácter télico o no de un verbo si se añade al verbo, o a la oración en la que se encuentra el verbo, un complemento delimitador, como "en X minutos", porque este complemento hace referencia al tiempo necesario para terminar una actividad. Un estado y una actividad, en principio, no aceptan tales complementos, porque no comportan el rasgo [+télico], un logro y una realización sí, porque son [+télicos] (cfr. infra, sección 4.2.4.2, página 156, para más precisiones).

Varios autores opinan que la distinción entre logros y realizaciones, y, por lo tanto, el rasgo de la puntualidad, es menos importante que las demás distinciones introducidas aquí (Mourelatos 1981: 193, Tenny 1994: 5). Otros autores hasta opinan que es imposible distinguir una clase de logros al lado de una clase de realizaciones, o sea, que esta distinción es una invención del lingüista (Verkuyl 1993, pero véase Mittwoch 1990 para otra opinión al respecto).[7] Sin embargo, aquí veremos que no sólo necesitamos estas cuatro clases para poder distinguir los verbos psicológicos, sino por lo menos una clase *más*...

4.2.2. Los verbos psicológicos

Los verbos psicológicos, y más particularmente (pero no exclusivamente) los de la clase de {PREOCUPAR} han sido clasificados muy diversamente. La mayoría de los autores analizan los verbos de la clase de {TEMER} como estados: entre otros autores Grimshaw (1994: 23), Kailuweit (sd), Miguel (1999: 3012), Mourelatos (1981: 192) y Van Valin & Lapolla (1997). Marín Gálvez (2000) ocupa un lugar un poco aparte, porque si bien los analiza también como estados, los con-

7 Uno de los problemas mayores para distinguir las realizaciones de los logros sería el hecho de que el rasgo aspectual que distingue estas dos clases de verbos, la puntualidad, no tendría realidad lingüística: "from the point of view of language the *length* of a time unit involved in an event does not qualify as a meaning element that distinguishes certain verbs from others" (Verkuyl 1989: 58, citado en Mittwoch 1990: 75).

sidera como un tipo especial de estados, "estados no acotados", por oposición a los verbos de la clase de {PREOCUPAR}, que considera como "estados acotados".[8] Wanner (2001) los considera también como estados, pero contrariamente a Marín Gálvez los considera más concretamente como predicados de nivel de estadio (es decir, estados *acotados*). Una notable excepción a los autores que consideran estos verbos como estados, es van Voorst (1992), que los analiza como logros; por esto no se distinguirían aspectualmente de los verbos de la clase de {PREOCUPAR}, que van Voorst también analiza como logros. Di Desidero (1993: 11) afirma que estos verbos son típicamente estados, pero Di Desidero (1992) opina al mismo tiempo que no siempre son verbos estativos típicos, sino que se comportan en muchos contextos como actividades. A este respecto Härtl (1999: 192–193) proporciona un análisis muy similar al de Di Desidero (1992).

La mayoría de los autores analizan los verbos de la clase de {PREOCUPAR} como verbos delimitados, a veces sin especificar a cuál de las dos clases de verbos delimitados, los logros o las realizaciones, pertenecen concretamente. Otros autores se limitan a afirmar que son verbos *causativos* (Brekke 1976: 196, Iwata 1993, 1995, McGinnis 2000, Pustejovsky 1995, Van Valin & Lapolla 1997, etc.) Ahora bien, en la opinión de estos autores, la causatividad parece implicar automáticamente una delimitación aspectual (cfr. también la nota 10).[9] Van Voorst (1992), por su parte, analiza estos verbos explícitamente como logros, mientras que Grimshaw (1994: 27, 29) y Wanner (2001) los consideran como realizaciones, sin dar muchos argumentos en favor de este análisis. Marín Gálvez (2000) los analiza como estados acotados, mientras que Tenny (1994: 64ss), y como ella también Miguel (1999: 3013, nota 46), analiza los verbos de la clase de {TEMER} como verbos estativos y los verbos de la clase de {PREOCUPAR} como verbos que pueden expresar "changes of state", lo que conduce a la inclusión de estos verbos entre los verbos delimitados (logros o realizaciones).[10] Van Valin & Lapolla (1997), y, tomando estos autores como ejemplo, también Kailuweit (sd), analizan los verbos de la clase de {TEMER} como estados, los de la clase de {PREOCUPAR} como "estados causativos". Una particularidad de ciertos verbos, pero no de *todos* los verbos, de la clase de {PREOCUPAR} es que pueden tener un sujeto agentivo.

8 Veremos que esta distinción, entre estados acotados y no acotados, coincide con aquella, mejor conocida, entre, respectivamente, "predicados de nivel de estadio" ("Stage-level predicates") y "predicados de nivel individual" ("Individual-level predicates")—cfr. Marín Gálvez (2000: 57ss).

9 Ya que generalmente un verbo causativo da lugar a un estado resultativo (el cual "termina" por lo tanto el evento).

10 "The causative or change-of-state theme-subject psych verbs instantiate a possible aspectual structure, in which the direct internal argument measures out the event." (Tenny 1994: 66) Y en la página 15: "Delimitedness does not imply measuring-out, although the converse is true."

Según Härtl (1999: 193), pueden interpretarse en este caso como actividades.[11]

Pocos autores mencionan los verbos de la clase de {AGRADAR}, probablemente porque esta clase de verbos no se manifiesta claramente en inglés,[12] pero los que los mencionan parecen coincidir en caracterizarlos como estados. Tanto Grimshaw (1994: 29) como Marín Gálvez (2000) los caracterizan explícitamente como estados, pero según el último autor son un tipo particular de estados, a saber estados no acotados (en contraste con los verbos de la clase de {PREOCUPAR}). Según Kailuweit (sd), en castellano, los verbos de esta clase no están determinados con respecto al carácter acotado o no del evento (son "episódicos" o no, en la terminología de Kailuweit).

Relativamente pocos autores dedican un análisis especial a las construcciones medias (como *asustarse de*). Miguel (1999: 3025) muestra que son verbos muy difíciles de clasificar: son verbos incoativos, pueden tener un matiz terminativo, y también pueden hacer referencia a la "fase intermedia" del evento (denomina este tipo de eventos "inacusativos con se"). Rifón (1997: 252) también hace referencia a su carácter indeterminado y lo atribuye a su caracterización como "verbos incoativos que implican un cambio de estado": "por ser incoativos, son dinámicos, (...) por indicar un cambio a un estado, son extensibles". Härtl (1999: 193) señala que ciertos predicados mediopasivos derivados de un verbo de la clase de {PREOCUPAR} pueden interpretarse como actividades (si tienen un sujeto agentivo). Marín Gálvez (2000), finalmente, los considera como estados acotados (como los verbos simples de la clase de {PREOCUPAR}).

Nos hemos dedicado a elaborar esta larga lista de referencias muchas veces contradictorias para mostrar que, efectivamente, hay algo en estos verbos que resiste a la clasificación. Sintetizamos los resultados en el cuadro (4.2). Estas dificultades de clasificación de los verbos psicológicos se explican parcialmente por el hecho de que muchos de estos verbos dan juicios de gramaticalidad poco concluyentes con varias de las pruebas empíricas conocidas.

En lo que sigue trataremos de refutar la tesis de van Voorst (1992) según la cual todos los verbos psicológicos son logros, y más concretamente, que los verbos de la clase de {TEMER} *no* son estados.[13] Como lo afirma el propio van Voorst, su tesis puede tener consecuencias muy graves, porque hace imposible todo análisis de

11 Pocos autores analizan explícitamente la estructura aspectual de los verbos de la clase de {PREOCUPAR}, utilizados agentivamente...

12 En inglés, no es siempre posible distinguir los complementos directos e indirectos, lo que constituye precisamente la diferencia más importante entre las dos clases de {PREOCUPAR} y {AGRADAR}. Sin embargo, según Grimshaw (1994: 29), en esta lengua también es posible distinguir una clase como la de {AGRADAR}, precisamente a base del contenido aspectual de los verbos (según Grimshaw, los verbos de la clase de {AGRADAR} son estados, contrariamente a los verbos de la clase de {PREOCUPAR}).

13 Para otra crítica de van Voorst (1992), véase Marín Gálvez (2000: 64ss).

	{TEMER}	{PREOCUPAR}	{AGRADAR}
Estados	Di Desidero (1993), Grimshaw, Härtl, Kailuweit, Marín Gálvez,[a] Miguel, Mourelatos, Van Valin & Lapolla, Wanner[b]	Kailuweit,[c] Marín Gálvez,[d] Van Valin & Lapolla[c]	Grimshaw, Kailuweit,[e] Marín Gálvez[a]
Logros	van Voorst	van Voorst	
Realizaciones		Grimshaw, Wanner	
Actividades	Di Desidero (1992),[f] Härtl[f]	Härtl[g]	
Inacus. con se		(Miguel)[h]	
Ev. delimitados		Miguel, Tenny	
Causativos[i]		Brekke, Iwata, Kailuweit,[c] McGinnis, Pustejovsky, Van Valin & Lapolla[c]	

Cuadro 4.2: El análisis aspectual de los verbos psicológicos

a Según Marín Gálvez, más exactamente, estados no acotados.
b Según Wanner, más exactamente, predicados de nivel de estadio.
c Según Kailuweit y Van Valin & Lapolla, más exactamente, estados causativos.
d Según Marín Gálvez, más exactamente estados acotados. El mismo análisis se aplica a las construcciones medias.
e Según Kailuweit, pueden ser tanto episódicos como no episódicos.
f Según Di Desidero y Härtl, *pueden* ser actividades, dependiendo del contexto y del verbo.
g En una lectura agentiva. El mismo análisis se aplica a las construcciones medias.
h Más exactamente, las construcciones medias.
i Están incluidos aquí sólo los autores que caracterizan una clase de verbos *únicamente* como verbos causativos. Así, por ejemplo, para Grimshaw, los verbos de la clase de {PREOCUPAR} son realizaciones y, además, son verbos causativos.

los verbos psicológicos que se base, implícita o explícitamente, en una distinción aspectual. La decisión de analizar los verbos de la clase de {PREOCUPAR} como logros o más bien como realizaciones, en sí no tiene muchas consecuencias para el análisis sintáctico de estos verbos, pero el hecho de no distinguir aspectualmente las dos clases de verbos {PREOCUPAR} y {TEMER} sí puede tener consecuencias muy importantes. Sin embargo, seguimos pensando (como la mayoría de los autores) que hay una diferencia aspectual entre estas dos clases de verbos. Veremos que los verbos de la clase de {TEMER} se caracterizan mejor como estados, lo que corresponde con el análisis tradicional, pero al mismo tiempo veremos que los verbos de la clase de {PREOCUPAR} no corresponden bien con ninguna de las clases propuestas por Vendler y Dowty. Trataremos de mostrar más concretamente que se caracterizan mejor como "verbos ingresivos" (cfr. Miguel 1999: 2989).

4.2.3. Las pruebas formales

Antes de abordar el análisis aspectual de los verbos psicológicos, trataremos de distinguir cuáles son las pruebas empíricas más fiables para determinar el comportamiento aspectual de los distintos tipos de verbos. Como se sabe, hay muchísimos tipos distintos de pruebas y es siempre importante analizar el comportamiento de cada tipo de prueba. Algunas pruebas sólo son aplicables a determinadas lenguas, otras tienen un comportamiento ligeramente distinto en lenguas distintas. Así, la preposición inglesa *in* no tiene exactamente el mismo contenido semántico que la preposición francesa *en*: en inglés no sólo puede denotar el tiempo necesario para que algo pueda ocurrir, sino también simplemente el lapso de tiempo *después* del cual algo ocurre.[14] La preposición española *en* tiene las mismas connotaciones que la inglesa, pero el segundo sentido es más marginal que en inglés (cfr. sección 4.2.4.2, página 156). Ciertas pruebas deben utilizarse con mucha prudencia, porque su comportamiento puede diferir dependiendo de matices semánticos a veces muy sutiles (veremos varios ejemplos de esto en lo que sigue). Y todavía otras, utilizadas en el pasado, han sido criticadas como pruebas insatisfactorias.[15]

Estas pruebas se basan muchas veces en la creación de contenidos semánticos que hacen agramaticales ciertas oraciones, y otras no.[16] El mecanismo consiste,

14 Cfr. el contraste entre "The snow melted in an hour." y "The bomb will explode in one hour" (Van Valin & Lapolla 1997: 96).

15 Sobre todo, algunos tests utilizados para distinguir la estatividad y la no estatividad. Han sido criticados porque en realidad, mostrarían más bien la presencia o la ausencia de agentividad. Cfr. Miguel (1999: 3014ss).

16 Aunque a veces es difícil saber si se trata realmente de una agramaticalidad o simplemente de una incongruencia semántica... Es probablemente por eso que Ruwet (1995: 29) prefiere el término de "prueba semántica" a la de "prueba formal" para designar este tipo de tests empíricos. (Por consiguiente, en este capítulo, un asterisco delante de un ejemplo indicará menos agramaticalidad que incongruencia semántica.)

pues, en crear un contenido semántico que puede o no entrar en conflicto con el sentido del verbo, y que nos da, de este modo, indicios sobre la inclusión del verbo en una clase aspectual determinada.[17]

Así, una locución adverbial como *poco a poco* o un adverbio como *gradualmente* entran en conflicto con los verbos estativos porque esos adverbios o locuciones adverbiales indican, con las palabras de Miguel (1999: 3017), "un avance paulatino en el desarrollo de un evento". Da los ejemplos siguientes:

(1) a. * Juan sabía inglés poco a poco.
 b. Juan escribía su tesis poco a poco.

Los verbos estativos no aceptan estos adverbios, porque no designan eventos que se "desarrollan" en el tiempo. Esto explica por qué verbos como *temer* o *admirar*, generalmente considerados como verbos estativos, no aceptan estos elementos adverbiales:

(2) a. * Poco a poco, Juan teme a la policía.
 b. * Gradualmente, Juan admira a este cineasta.

Sin embargo, es necesario no utilizar estas pruebas mecánicamente. Así, como lo señala Miguel, esos adverbios pueden tener, por sí mismos, el efecto de "dinamizar" un estado. Pues, contrariamente a la "regla" anteriormente expuesta, estos adverbios y locuciones adverbiales son compatibles con ciertos estados, porque, aparentemente, algunos verbos estativos pueden comportarse como realizaciones en la presencia de estos elementos:

(3) Juan supo eso poco a poco. (ibid.)

Por lo tanto, el uso de *poco a poco* puede traer consigo un matiz terminativo, la presencia de un punto culminante hacia el que el evento puede "avanzar". De este modo, el verbo *saber* puede adquirir el sentido de "aprender".[18]

Quizás este fenómeno pueda explicar por qué, si cambiamos el contexto, esos adverbios ya no son tan imposibles con los verbos psicológicos antes mencionados:

(4) a. ? Poco a poco (por causa de tantas malas experiencias con ella) Juan temía a la policía.
 b. ? Poco a poco (por ver todas sus películas) Juan admiraba a este cineasta.

17 Hay otro tipo de tests, que se basan más bien en la consideración de las implicaciones, o "entailments", provocadas en ciertos contextos. Cfr. el comportamiento de ciertos verbos con el adverbio *casi*, analizado por Miguel (1999: 3026ss).

18 El DEA da como una de las posibles definiciones de *saber*: "Adquirir conocimiento o noticia [de algo]" (corchetes presentes en la definición).

En el ejemplo (4a), el verbo *temer* adquiere el sentido de "acabar por temer". De la misma manera, en el ejemplo siguiente, *admirar* adquiere el sentido de "acabar por admirar", o "aprender a admirar". Como se puede ver en los fragmentos entre paréntesis, *poco a poco* y *gradualmente* sólo son posibles con estos ejemplos si el evento denotado por el verbo puede incluir un matiz iterativo (el adverbio adquiere entonces el sentido de "cada vez más"). Otro matiz semántico está correlacionado con este aspecto iterativo: *gradualmente* también puede modificar un predicado que se puede interpretar como "compuesto de sucesivos eventos" (Miguel 1999: 3017, nota 52). Esto puede explicar el contraste siguiente notado por Miguel (ibid.):

(5) a. ?? El atleta llegó gradualmente a la meta.
b. Los atletas llegaron poco a poco a la meta.

Como se puede ver, esta prueba no da siempre resultados unívocos. Sin embargo, esto no debe conducirnos a desistir completamente de utilizar tales tests empíricos. Lo que sí tenemos que hacer es bien determinar los distintos efectos que un mismo procedimiento puede tener en una oración. Es justamente este desenredar de los varios matices semánticos que un mismo test puede conllevar, lo que puede ayudarnos a determinar el aspecto básico de un verbo, y ver en qué medida el aspecto básico puede sufrir modificaciones bajo la influencia del contexto.[19] Así, *llegar*, en su empleo básico, no acepta un adverbio gradual; en plural, el verbo sí es posible con este adverbio, porque la pluralidad de "subeventos" hace posible la idea de un avance hacia un punto final. En su sentido básico, los verbos estativos no se pueden construir con adverbios que denotan un evento gradual: sólo es posible si el verbo puede adquirir otro sentido en combinación con esos elementos (es decir, si el sentido básico del verbo puede cambiar). Por otra parte, es justamente esta prueba, como veremos luego, una de las que pueden distinguir aspectualmente los verbos de la clase de {TEMER} de los de la clase de {AGRADAR}, aunque ambas clases se consideran normalmente como clases de verbos estativos:

(6) Poco a poco, esta película le ha gustado a Juan.

Este ejemplo nos muestra que *gustar* no es un verbo estativo de la misma manera que, por ejemplo, *admirar*: si con *admirar* un adverbio gradual sólo es posible si implica la reiteración de una actividad (en el ejemplo [4b], Juan acaba por admirar el cineasta después de haber visto *varias* películas suyas), no es esto el caso con *gustar*. El ejemplo (6), puede significar que la película le gusta gradualmente, ya durante una primera visión. Si esta prueba no nos permite afirmar automáticamente que *gustar* no es un verbo estativo, nos muestra por lo menos que los verbos de la

19 Volveremos a tratar de esta idea de "aspecto básico" en lo que sigue.

clase de {TEMER} y los de la clase de {AGRADAR} no se comportan siempre de la misma manera, y que un verbo como *gustar*, aun siendo un estado, puede adquirir en ciertos contextos, una dinamicidad interna.

En lo que sigue, en vez de considerar todas las pruebas que existen, o todas las que han sido elaboradas por otros autores, utilizaremos una serie relativamente limitada de tests, y trataremos de deslindar para cada test, en la medida de lo posible, los efectos que pueden traer consigo. Veremos que de esta manera será posible distinguir mejor los matices aspectuales que caracterizan los verbos psicológicos.

Pensamos que una propuesta teórica bastante reciente y utilizada por varios autores, puede sernos muy útil en nuestro intento de caracterizar aspectualmente los verbos psicológicos. Una de las formulaciones más explícitas de esta propuesta se encuentra en Pustejovsky (1995). Este autor distingue varios niveles de representación dentro del sistema léxico de una lengua, uno de ellos siendo la "estructura eventiva" ("event structure") de un elemento léxico. Pustejovsky (1995: 61) define esta estructura de la manera siguiente:

> EVENT STRUCTURE: Definition of the event type of a lexical item and a phrase. Sorts include STATE, PROCESS, and TRANSITION, and *events may have subeventual structure*. (énfasis nuestro)

Utilizaremos esta posibilidad de distinguir "subeventos" para tratar de captar mejor una realidad muy compleja, como lo es el aspecto léxico de los verbos psicológicos, sin tener que introducir automáticamente muchos tipos de clases aspectuales. Si analizamos los verbos de la clase de {PREOCUPAR} como verbos que pueden ser descompuestos por una secuencia de un logro, seguido de un estado, podremos explicar por qué muchos de estos verbos aparentemente pueden ser tanto estados como logros. Es decir, un verbo como *preocupar* designaría siempre tanto un estado como el logro que da lugar a este estado, y habría además mecanismos que permiten al hablante enfocar uno u otro subevento.[20]

En la discusión anterior hemos aludido al aspecto "básico" de un verbo. Es necesario comentar un poco más esta idea. Para empezar, es necesario hacer una distinción entre el aspecto de un verbo y el aspecto de un predicado (cfr. Miguel 1999: 2979). En efecto, muchas veces el aspecto del verbo simple no coincide con el aspecto del predicado entero. Así, un verbo como *llegar* es, a primera vista, un logro. Sin embargo, en el ejemplo (5b), antes mencionado, el mismo verbo puede encontrarse en construcciones normalmente no compatibles con un logro, lo que

20 "(...) an event focusing mechanism called *event headedness*" (Pustejovsky 1995: 16, énfasis del autor)

se puede ver también en los ejemplos siguientes:[21]

(7) a. * El atleta llegó a la meta durante diez minutos.
b. Los atletas llegaron a la meta durante diez minutos.

(8) a. * El atleta paró de llegar a la meta (a las diez menos cuarto).
b. Los atletas pararon de llegar a la meta a las diez menos cuarto.

Por eso, Miguel (1999: 2985) habla de la naturaleza composicional de la aspectualidad: el aspecto léxico del verbo no determina por sí solo el aspecto del predicado entero. Al contrario, lo determina el aspecto léxico del verbo, junto con la información aportada por otros elementos (el sujeto, los complementos, ciertos modificadores adverbiales, etc.)

En otros casos puede ser difícil (o hasta imposible) establecer el aspecto léxico básico de un verbo, porque parece que hay variación libre entre distintos aspectos, dependiendo del tipo de complemento que el verbo lleva. En este caso, el verbo no parece realmente tener un aspecto básico o primordial. Véanse los contrastes siguientes mencionados por Miguel (1999: 3020):[22]

(9) a. Pedro leyó el informe {en una hora / #durante una hora}.[23]
b. Nuria saltó a la piscina {en una décima de segundo / #durante una hora}.
c. Pedro leyó (informes, poesía) {durante una hora / #en una hora}.
d. Nuria saltó (vallas, en el parque) {durante una hora / *en una hora}.

Por otra parte, con ciertos verbos el aspecto depende del sentido en el que se emplea. Así, un verbo como *limitar* puede ser un estado, cuando el sujeto no es animado, o una realización, cuando el sujeto es animado; véanse los ejemplos siguientes, citados por Miguel (1999: 3015, nota 49):[24]

(10) a. La ministra limita el poder de las asociaciones de padres.

21 Veremos en la sección siguiente que un logro normalmente no es compatible con un complemento durativo (durante X tiempo). Tampoco es compatible con el predicado *parar de*, porque este indica la interrupción de un evento que puede continuar, mientras que un logro, siendo puntual, normalmente no continúa. Cfr. también Miguel (1999: 3045, figura IV).

22 Normalmente, ni una realización (como *leer el informe*), ni un logro (como *saltar a la piscina*) son compatibles con la preposición *durante*. La preposición *en* indica normalmente que se trata de una realización, con un lapso de tiempo breve también puede ser compatible con un logro. Véase infra para más precisiones.

23 En la gramática de Bosque & Demonte (Bosque & Demonte 1999: XXXIII), donde se encuentra el artículo de Elena de Miguel, el signo # indica que "[la] secuencia [...] es gramatical, pero resulta inapropiada en la interpretación deseada, o bien es irregular por factores de naturaleza extralingüística."

24 Un imperativo normalmente no es compatible con un estado. Este test no es siempre una prueba infalible de estatividad, pero hay otros tests que confirman este contraste (cfr. Miguel 1999: ibid.).

b. El presidente le dijo: ¡limita su poder!

(11) a. La valla limita el prado.

b. * ¡Limita el prado!

Sin embargo, como ya hemos señalado anteriormente, estas complicaciones no nos deben incitar a abandonar todo esfuerzo de clasificación de los verbos según su aspecto. Terminemos esta sección con las palabras de Miguel (1999: 3008):

> [...] lo que realmente interesa es: [...] el hecho fundamental de que la información contenida [en el aspecto léxico] no es idiosincrásica de cada verbo sino que se pueden establecer ciertos significados aspectuales y, a partir de ellos, discriminar clases relativamente estables de verbos. El comportamiento lingüístico de las clases propuestas ha de ser lo suficientemente homogéneo como para que la inclusión de un verbo en una clase explique su compatibilidad o incompatibilidad con determinados procesos sintácticos del español [...]

4.2.4. Alguntas pruebas formales

4.2.4.1. Complementos adverbiales que indican duración

La prueba semántica que consiste en combinar un predicado verbal con complementos adverbiales que indican una duración, nos ayuda a distinguir predicados [+durativos] de predicados [−durativos].[25] Esta prueba puede tener varias realizaciones concretas, en inglés con *for*, *throughout*, *over* seguidos de una duración, en español esencialmente *durante*, pero también *a lo largo de*, seguidos de una duración. El test nos muestra que los estados, las realizaciones y las actividades son todos [+durativos], contrariamente a los logros que son [−durativos].

Van Valin & Lapolla (1997: 95–96) muestran que no todos los estados son compatibles con esta prueba. Varios autores (Chierchia 1995, Felser 1999, Marín Gálvez 2000), retomando conclusiones anteriores de Carlson (1977), hacen una distinción entre dos tipos de estados: "individual-level predicates" ("ILP") y "stage-level predicates" ("SLP").[26] Los ILP (12) denotan características inheren-

25 O, inversamente, predicados [−puntuales] de predicados [+puntuales].

26 Utilizaremos aquí la traducción propuesta por Marín Gálvez (2000: 57ss): "estados de nivel individual" y "estados de nivel de estadio" (o "estados episódicos"). El mismo autor (ibid.) señala que existen varios términos para designar esta distinción: estados momentáneos y no momentáneos, estados permanentes y transitorios, estados acotados y no acotados,...

tes, mientras que los SLP (13) indican un estado temporalmente limitado[27] (cfr. también Miguel 1999: 3012):

(12) a. Juan sabe inglés.
b. Juan es muy alto.
c. Juan conoce Roma.

(13) a. Juan está hoy muy pesado.
b. Juan ya está listo.
c. Juan tiene sed.

Como se puede ver en estos ejemplos, hay una correlación entre los ILP y el uso de *ser* por una parte, y entre los SLP y el uso de *estar* por otra. Ahora bien, los SLP normalmente son compatibles con adverbios durativos, los ILP no (porque denotan justamente un estado permanente, y por definición, un estado permanente no puede ser delimitado en el tiempo):

(14) a. * Juan {supo inglés / fue muy alto / conoció Roma} durante una hora.
b. Juan {estuvo pesado / estuvo listo / tuvo sed} durante una hora.[28]

Miguel (1999: 3001ss) no sólo muestra que estas locuciones adverbiales son compatibles con los eventos durativos, sino también que se prefieren en contextos no delimitados temporalmente (eso es, las actividades y los estados, más que las realizaciones). No son imposibles con realizaciones, pero el predicado adquiere un matiz distinto: el evento ha tenido lugar durante el tiempo indicado, pero no se ha acabado (15a).[29] En ciertos contextos, un complemento adverbial durativo también puede traer consigo la repetición de un evento (15b):

(15) a. El secretario leyó el informe durante una hora.
b. El secretario leyó informes durante una hora.

Miguel (1999: 3001) parafrasea el último ejemplo de la manera siguiente: "a lo largo de ese intervalo, el secretario repitió el evento de leer informes". El primer ejemplo, sin embargo, tiene como interpretación más natural la de que el secretario estaba leyendo el informe, y que esa actividad se interrumpió después de una

27 Felser nota que los SLP implican a veces cierto grado de control o participación activa en el evento, por parte del sujeto ("the (...) subject is actively involved in the action denoted by the predicate"). Un ejemplo de este fenómeno sería: "Juan está en la cama" (Felser 1999: 43). En efecto, en esta oración sabemos que Juan está en la cama porque decidió estar en la cama, pero puede decidirse a levantarse de un momento a otro. Cfr. también Marín Gálvez (2000: 59, n. 35).

28 A primera vista, la oración con *estar listo* parece menos feliz, pero pensamos que no es imposible: "Juan estaba listo para partir durante una hora, pero nadie vino a buscarle".

29 Pero incluso con esta interpretación no parece muy natural, cfr. el juicio de la misma autora en (9a).

hora sin acabarse la lectura : es la interpretación normal de un complemento durativo que modifica una realización. Una interpretación repetida, iterativa, también es posible con predicados que denotan eventos puntuales (logros) (Miguel 1999: 3002):

(16) Durante años, Inés se acordó de aquel inquietante sueño.

Según Miguel, este ejemplo debe interpretarse de tal modo que durante años, Inés se acordó de vez en cuando, intermitentemente, de su sueño. Otros ejemplos son:

(17) a. Durante dos horas, Juan disparó al aire.
b. Durante 5 minutos, Juana golpeó el cristal.

Un sujeto colectivo puede hacer posible una interpretación durativa de un logro. Por consiguiente, el complemento adverbial durativo también se hace posible (Miguel 1999: 3004–3005):

(18) a. * La mosca entró en la habitación durante horas.
b. El batallón entró en la ciudad durante horas.

Más arriba, ya hemos visto un fenómeno parecido con un sujeto plural (ejemplos 7, página 150).

Miguel (1999: 3024ss) distingue aún otros tipos de verbos, más difíciles de clasificar desde un punto de vista aspectual. La mayoría de ellos también pueden construirse con adverbios durativos, a veces por razones distintas. Uno de estos tipos es el que Miguel llama los "verbos ingresivos".[30] Enfocan la fase inicial de un evento, e incluyen también en su sentido una referencia a lo que sigue a esa fase inicial. La fase posterior puede ser un estado (Miguel 1999: 3023 da como ejemplos de este tipo de verbos *florecer*, *marearse* o *sentarse*), o un "proceso que sigue ocurriendo" (*hervir*, *ver*). Por eso pueden construirse tanto con un adverbio temporal puntual, que designa entonces la fase inicial del evento, como con un adverbio durativo, que se refiere al estado o al proceso posterior. Véanse los ejemplos siguientes de Miguel (ibid.):

(19) a. Tomás se mareó {a las diez / durante una hora}.
b. El agua hirvió {a las dos / durante media hora}.

Así, en el ejemplo (19b), con el complemento puntual, designamos el momento exacto en que la temperatura del agua llegó a cien grados, mientras que con el

30 Los denomina también a veces "verbos inceptivos", "logros ingresivos" o "logros que culminan en un punto". Aparentemente, estos términos son equivalentes para ella. Miguel distingue también una clase de verbos "terminativos", que no tomaremos en cuenta aquí.

complemento durativo, designamos el tiempo durante el cual el agua continuó hirviendo. En el ejemplo (19a), tenemos los mismos efectos: con un complemento temporal puntual, se designa el momento en que Tomás pasó a tener mareo, con el complemento durativo (que nos parece menos natural que en el ejemplo siguiente), el tiempo durante el cual Tomás estaba mareado. Lo interesante aquí es que ya Brekke (1976: 228ss) había señalado este fenómeno, y justamente con el tipo de verbos psicológicos que resiste más a un análisis aspectual, el de {PREOCUPAR}. Según este autor, citando a Geis (1973), estos verbos son a la vez estados y "eventos" (es decir eventos no estativos), lo que se refleja en el hecho de que son *simultáneamente* compatibles con un complemento puntual y con un complemento durativo:

(20) At noon today my doctor worried me for two hours (until the lab returned a negative test).

(21) On my birthday last year John annoyed me for several weeks by his stupid remark.

(22) The minute Sally stepped into the room she amazed everyone until her wig fell off.

Además, Brekke (1976: 229) da un ejemplo en el que no hay un adverbio puntual sino un adverbio delimitador (véase la sección siguiente):

(23) In a split second Sally offended me for the rest of the year.

Veremos en la sección siguiente que típicamente, los logros son sólo compatibles con adverbios delimitadores que denotan un lapso de tiempo muy breve.

Miguel (1999: 3024) distingue los verbos ingresivos de los verbos "incoativos", o, más correctamente, los "verbos incoativos progresivos": contrariamente a un verbo ingresivo, "el evento incoativo (...) puede ser contemplado también en su desarrollo intermedio, en progreso".[31] Un ejemplo de este tipo de verbos es *envejecer*:

(24) Juan envejeció mucho durante los últimos meses.

Una diferencia con los ingresivos (*florecer, hervir,...*), es que estos verbos no son compatibles con complementos puntuales, ni para designar el inicio, ni para designar el final del evento (ibid.):

31 En realidad, los verbos ingresivos (*florecer, hervir,...*) son una subclase de los verbos incoativos: contrariamente a los incoativos progresivos (como *envejecer*), que enfocan el desarrollo intermedio del evento, los ingresivos enfocan el momento inicial del evento. Seguiremos aquí la terminología de Miguel, y reservaremos el término de verbos "incoativos" para los verbos incoativos progresivos.

(25) * Envejeció {ayer / a las tres}.

Algunos de los llamados "inacusativos con se" también aceptan este tipo de complementos, pero sólo con una interpretación iterativa:

(26) Durante años, María se despertó siempre muy temprano.[32]

Para Miguel (1999), los inacusativos con se[33] también son una subclase de los verbos incoativos (cfr. también Pustejovsky & Busa 1995). Pero conviene señalar que el mismo término ya sugiere que no son una clase de verbos propiamente aspectual: se distinguen por un rasgo puramente sintáctico (la presencia del elemento *se*). Sin embargo, queremos ver aquí si esta clase también tiene un comportamiento aspectual particular (según Miguel sí lo tiene). Nos parece particularmente pertinente en el contexto de este trabajo, porque los verbos psicológicos de la clase de {PREOCUPAR} también pueden construirse con el elemento *se*.[34]

Otra cosa poco mencionada en la bibliografía es el que la aceptabilidad de una oración con un complemento durativo también puede ser influenciada por el *tipo* de duración. Al inicio de esta sección hemos dicho que los ILP no son compatibles con complementos durativos. Comparen, sin embargo, los ejemplos siguientes:

(27) a. * Durante una hora, Juan fue muy alto.
b. Durante toda su juventud, Juan fue muy alto.

Así, si Marín Gálvez (2000: 73–74) afirma que los estados no acotados (como, según él, *admirar* o *amar*), son compatibles con complementos durativos, es probablemente porque no hace una distinción entre el primer tipo de complementos durativos, y el segundo, en los que denota una duración más larga. Comparen los dos primeros ejemplos, provenientes de Marín Gálvez (2000: 74), con los dos siguientes:

(28) a. Esteban admiró a Paco durante toda su vida.
b. Juan amó a María durante mucho tiempo.

(29) a. ? Esteban admiró a Paco durante un cuarto de hora.

32 Cfr. también la famosa primera frase de *A la recherche du temps perdu* de Marcel Proust: "Longtemps, je me suis couché de bonne heure." Sin embargo, no pensamos que *se coucher* sea un inacusativo con se, sino un simple logro (como *acordarse* en el ejemplo [16]). Aunque estos dos tipos de eventos son a veces difíciles de distinguir, tenemos un indicio de su diferencia aspectual en su comportamiento distinto con los adverbios *rápidamente* o *lentamente*, aceptables con los inacusativos con se, no aceptables con los logros. Cfr. la sección siguiente.

33 Señalemos que no todos los predicados medios son inacusativos con se. Cfr. el ejemplo (16).

34 Así, por ejemplo, Marín Gálvez (2000) parece partir de la idea de que la variante media de estos verbos tiene automáticamente la misma estructura aspectual que los verbos simples de que proceden. Consideraremos más detenidamente esta hipótesis en lo que sigue.

b. * Juan amó a María durante diez minutos.

Según Miguel (1999: 3001), los complementos con *durante* también pueden tener en castellano una interpretación delimitadora (cfr. la sección siguiente), con objetos "efectuados" o "afectados".[35] En estos casos la preposición *durante* parece interpretarse del mismo modo que la preposición delimitadora *en*, de la que hablaremos en la siguiente sección:

(30) a. El secretario escribió el informe durante una hora.
b. Juan reparó su bicicleta durante dos horas.
c. La empresa construyó el puente durante un año.
(Miguel 1999: 3001)

4.2.4.2. Complementos delimitadores

Los complementos delimitadores permiten distinguir los predicados [+télicos] de los predicados [−télicos]. En inglés se utiliza para introducir estos complementos, la preposición *in*, en español *en*. Sólo las realizaciones aceptan fácilmente los complementos delimitadores. Este tipo de complementos también son compatibles, marginalmente, con los logros, a condición de que se trate de lapsos de tiempo breves. Cfr. los ejemplos ingleses siguientes proporcionados por Van Valin & Lapolla (1997: 96):

(31) a. The snow melted in an hour.
b. The window shattered {in a fraction of a second / *in an hour}.

Miguel (1999: 3020) da los ejemplos castellanos siguientes:

(32) a. Pedro leyó el informe en una hora.
b. Nuria saltó a la piscina en una décima de segundo.

Miguel (1999: 3001) señala que la preposición española *en*, como la inglesa *in*, también puede expresar, quizás sólo marginalmente,[36] "el momento en que el evento comienza".[37] Con esta interpretación el complemento es compatible con todos los tipos de eventos, excepto con los ILP, los estados de nivel individual (son eventos permanentes, y por lo tanto no pueden empezar):

35 "(...) aquellos [predicados] que denotan un evento que al ocurrir tiene como resultado el surgimiento de un nuevo objeto ["efectuado"] o un cambio en el objeto preexistente ["afectado"]" (Miguel 1999: 3001).

36 Miguel (1999: 3001, n. 29) señala que ciertos hablantes sólo aceptan esta interpretación en oraciones futuras.

37 Contrariamente a otras lenguas: en francés por ejemplo, la preposición *en* sólo tiene el sentido delimitador. Se utiliza la preposición *dans* para indicar el comienzo de un evento.

(33) El secretario leyó en una hora.

(Miguel 1999: 3000, ejemplo 6d, juicio de la autora)

Este ejemplo podría parafrasearse de la manera siguiente: "el secretario empezó a leer después de una hora."

Algunos, pero no todos los SLP aceptan un complemento delimitador, porque con algunos verbos, se puede hacer referencia al límite inicial del evento:

(34) a. Juan estuvo listo en una hora.
b. ? Juan tuvo sed en una hora.
c. * Juan estuvo pesado en una hora.

En este caso, como también lo veremos enseguida con el verbo *hervir*, con el complemento delimitador no se hace referencia al tiempo necesario para que el evento se *termine*, sino más bien para que *empiece*. Por lo tanto, con estos verbos el complemento delimitador denota la fase que *precede* al evento (si Juan estuvo listo en una hora, es que precisó de una hora para prepararse).

Los verbos ingresivos normalmente no aceptan complementos delimitadores, a no ser, otra vez, que el sintagma pueda designar el tiempo necesario para que el evento empiece (Miguel 1999: 3023):

(35) a. * Pedro se sentó en su mesa en una hora.
b. El agua hirvió en una hora.

Aquí la interpretación de *en* no es la ejemplificada en (33): en este ejemplo la actividad de leer empieza *después* de una hora, mientras que en el último ejemplo, el proceso de calefacción que conducirá al hervir del agua, *ocupa* una hora. Aquí se trata, pues, efectivamente, de la interpretación delimitadora de la preposición *en*. Sin embargo, no denota la duración del evento principal (el hecho de hervir), sino el tiempo necesario para llegar a este evento principal (la calefacción del agua). No es muy claro en qué medida esta fase preparatoria al evento forma realmente parte del evento mismo. Si forma parte del evento, el evento denotado por *hervir* incluye una realización seguida de una actividad, en vez de un *logro* seguido de una actividad. No pensamos que esta sea la mejor solución, dado que es posible hacer referencia, por medio de un complemento temporal puntual, al momento culminante, el momento en que hierve efectivamente el agua, lo que normalmente no es posible con una realización (daremos más detalles en la sección 4.2.4.6, más abajo):

(36) El agua hirvió a las seis.

(37) ?? Max leyó el libro a las seis.

Los predicados incoativos progresivos también aceptan un complemento delimitador:

(38) Con la lluvia, los campos reverdecieron en un día.

Por otra parte, el verbo *envejecer* no lo acepta tan fácilmente:

(39) ? Juan envejeció en un año.

Sin embargo, pensamos que es posible interpretar este ejemplo con el complemento delimitador, si el envejecimiento (visible, exterior) de Juan se terminó en un año.

Los inacusativos con *se* en general aceptan un complemento delimitador, pero a veces sólo marginalmente:

(40) a. Max se curó en dos días.
b. ? En 5 minutos, Juan se despertó.

4.2.4.3. *Ocurrió que*

Una de las distinciones esenciales es la que existe entre los estados y los demás tipos de eventos. Una de las pruebas elaboradas para distinguir los estados es la posibilidad de insertar el predicado bajo *ocurrió que*:

(41) a. Ocurrió que la fruta maduró.
b. Ocurrió que se volvió ecologista.
c. * Ocurrió que la fruta estuvo verde.
d. * Ocurrió que fue ecologista.
(Miguel 1999: 3011–3012)

Miguel (1999: 3012) señala que *ocurre que* no es imposible con estados cuando se trata del sentido de "se da la circunstancia de que", "la cosa es que".[38] Eso quizás pueda explicar por qué la oración siguiente no parece imposible aunque se trata de un estado:

(42) Ocurrió que Max supo la respuesta.[39]

38 Si entendemos bien el texto de Miguel, se trataría más bien en este caso de un sentido cuasi adversativo. Parece posible delimitar mejor los dos sentidos, si utilizamos la paráfrasis "Lo que ocurrió entonces fue que", que trae consigo generalmente el sentido no adversativo que importa aquí. No tomaremos en cuenta aquí el uso ejemplificado por "se le ocurrió que ..." en el sentido de "le vino a la mente".

39 También es posible que el verbo *saber* pueda tener un sentido más bien puntual. El DEA da como posible definición de *saber*: "*adquirir* conocimiento o noticia [de algo]" (énfasis nuestro, cfr. supra). La paráfrasis "Lo que ocurrió entonces fue que Max supo (encontró) la respuesta" parece traer consigo de preferencia este sentido.

Pero incluso con esta reserva, la prueba en cuestión no es tan perfecta como se podría pensar. Si es verdad que en la interpretación que nos ocupa aquí, *ocurrió que* es incompatible con estados, tampoco es compatible con todos los demás tipos de verbos. Más particularmente los incoativos progresivos no son fácilmente compatibles con esta prueba:

(43) a. ?? Ocurrió que Max envejeció.
b. ?? Ocurrió que Max enflaqueció.

4.2.4.4. *Después de que*

La locución prepositiva *después de que* nos parece una prueba mejor para distinguir los estados de los no-estados:

(44) a. * Después de que Max fuera grueso,...
b. Después de que Max cantara,...
c. Después de que el balón explotara,...
d. Después de que Max leyera el libro,...
e. Después de que el agua hirviera,...
f. Después de que Max envejeciera,...
g. Después de que Max se despertara,...

Sin embargo, conviene decir, que, de nuevo, con los SLP, no es imposible insertar el predicado bajo *después de que*:

(45) a. Después de que Juan estuviera enfermo,...
b. Después de que Juan estuviera listo,...

4.2.4.5. *Lentamente, rápidamente, poco a poco*

Hay una serie de adverbios y locuciones adverbiales que denotan la rapidez con la que se desarrolla un evento. Por eso sólo son compatibles con predicados que pueden denotar eventos no puntuales: sólo estos pueden tener una dinamicidad interna. Ya nos hemos referido antes (sección 4.2.3, página 146) a la prueba con los adverbios y locuciones adverbiales como *poco a poco* y *gradualmente*, mencionada por Miguel (1999: 3017). Pero es necesario hacer una distinción entre esos adverbios y aquéllos como *lentamente* y *rápidamente*. Las posibilidades de combinar un predicado con uno de estos adverbios pueden variar ligeramente dependiendo del adverbio utilizado. Sin embargo, vamos a considerar los dos tipos juntos en esta sección porque los efectos semánticos que pueden traer consigo son comparables. *Poco a poco* y *gradualmente* sólo son posibles con predicados que designan un evento que se dirige hacia un final: esencialmente las realizaciones. Los adverbios que designan la rapidez con la que se desarrolla un evento (*lentamente* y *rápidamente*) son compatibles con más tipos de predicados, más concretamente con todos los que pueden descomponerse en fases que pueden seguirse más o menos rápidamente: no sólo las realizaciones, sino también las actividades. Las dos pruebas tienen en común que no son compatibles con los estados, ni con los logros. Ninguno de estos tipos de predicados se dirige hacia un final, y no pueden descomponerse en fases (los logros porque designan un evento puntual, los estados porque designan algo que continúa sin interrupción):

(46) a. * Max es gradualmente {grueso / un lingüista}.
b. * La casa es rápidamente grande.
c. * Max cree {rápidamente / gradualmente} que la Tierra es redonda.

(47) a. * El balón explotó {rápidamente / gradualmente}.
b. * Juan disparó {lentamente / poco a poco}.

Conviene mencionar que el adverbio *rápidamente* es compatible con varios de estos predicados en el sentido de "después de poco tiempo", "sin tardar", o "en poco tiempo". Así, el ejemplo (47a) es posible con *rápidamente* si este adverbio tiene el sentido de "después de poco tiempo". De este modo podemos explicar por qué este adverbio es posible con ciertos estados y logros:

(48) a. Max supo rápidamente la respuesta.
b. El ciclista llegó rápidamente a la meta.

La primera oración podría parafrasearse como "Max encontró la respuesta después de (o en) poco tiempo". La segunda oración no quiere decir que el ciclista *iba* rápidamente cuando llegó a la meta, sino simplemente que llegó después de poco tiempo (puede haber llegado rápidamente porque tomó un camino más corto...) Señalemos que esto no es posible con su contrario, *lentamente*:

(49) a. * Max supo lentamente la respuesta.
b. * El ciclista llegó lentamente a la meta.

Ya hemos visto anteriormente que *poco a poco* también puede ser compatible con estados porque en ciertos casos puede *dinamizar* el evento:

(3) Juan supo eso poco a poco.

Por otra parte también es posible con logros, si están en plural, como se puede ver en el ejemplo (5b), repetido aquí:

(5b) Los atletas llegaron poco a poco a la meta.

Con realizaciones ambos tipos de adverbios son en principio posibles:

(50) a. Max leyó {rápidamente / gradualmente} el libro.
b. El arquitecto construyó {rápidamente / poco a poco} la casa.

La diferencia entra ambas pruebas se hace más clara con las actividades porque son compatibles con *rápidamente* y *lentamente*, no con *gradualmente* o *poco a poco*:

(51) a. Max {canta / baila} rápidamente.
b. * Max {canta / baila} poco a poco.

Sin embargo el primer tipo de adverbios no es posible con todos los predicados que designan actividades, sin que tengamos para esto una explicación concluyente:

(52) * Tu perro temblaba rápidamente de frío.

La incongruencia de este ejemplo quizás se explique porque *temblar* designa una actividad cuya rapidez no puede variar (o no puede ser controlada por el sujeto).

Tanto *rápidamente* y *lentamente* como los adverbios que indican gradualidad son posibles con los tres tipos de predicados "menores" (incoativos progresivos, inacusativos con se, y verbos ingresivos), aunque el segundo tipo de adverbios puede ser menos feliz con ciertos verbos ingresivos (cfr. el ejemplo [55c]):

(53) a. Max envejeció {rápidamente / poco a poco}.

(54) a. Max se curó {rápidamente / gradualmente}.
b. Max se despertó {rápidamente / gradualmente}.

(55) a. El agua hirvió {gradualmente / rápidamente}.
b. Max se sentó {rápidamente / lentamente}.
c. * Max se sentó gradualmente.

4.2.4.6. Complemento temporal puntual

Como se puede ver en el cuadro 4.3, página 164, con las pruebas introducidas hasta ahora, es posible distinguir, en teoría al menos, todas las clases de predicados, las clases aspectuales "menores" incluidas. Lo más difícil sigue siendo la distinción entre verbos ingresivos y realizaciones, ya que dan prácticamente los mismos resultados con todas las pruebas.[40] Sin embargo, intuitivamente, parece fácil distinguir las dos clases:

40 Sobre todo los logros ingresivos que pueden hacer referencia a una fase preparatoria al evento principal, como *hervir* (y contrariamente a *sentarse*).

(56) a. El agua hirvió.
b. Juan leyó el libro.

En (56a) sabemos que lo que precede al momento en que hierve el agua no forma realmente parte del significado del verbo *hervir*.[41] Pues, en su interpretación más natural, el predicado *hervir* denota un momento culminante: el momento en que el agua empieza a tener 100 grados Celsius. En el segundo ejemplo, en cambio, lo que precede al punto culminante (el momento en que se acaba la lectura del libro), forma parte integrante del significado del predicado: el hecho de leer un libro denota *todo* el proceso de leer. Un test que puede ayudarnos a explicitar algo esta intuición se presenta con los complementos temporales puntuales (*a las seis*, *ayer*,...). Por una parte esos complementos son más naturales con los verbos ingresivos (ejemplos 57 y 58) que con las realizaciones (ejemplos 59). Por otra parte, con los verbos ingresivos, se denota con este complemento el momento culminante, mientras que con las realizaciones, la interpretación depende del tiempo utilizado.[42] Con un imperfecto de indicativo (59c), una realización no indica normalmente el momento culminante, sino un momento en la fase que precede al momento culminante, mientras que con un pretérito indica tanto el momento en que empieza el evento como el momento en que se termina. Por lo tanto, el pretérito sólo es posible cuando la realización puede terminarse en un lapso de tiempo relativamente breve (como en [59b], en contraste con [59a]):

(57) a. El agua hirvió a las seis.
b. A las seis, el agua hervía ya.

(58) a. Max se sentó a las seis.
b. ?? A las seis, Max se sentaba ya.

(59) a. ?? Max leyó el libro a las seis.
b. Max leyó el telegrama a las seis.
c. Max ya leía el libro a las tres, pero sólo lo terminó a las seis.

Veamos ahora brevemente cómo se comportan los demás tipos de verbos, con respecto a este test. Las actividades son compatibles con estos complementos temporales, pero el test no es realmente pertinente, porque este tipo de predicados no puede tener un punto culminante:

41 Aunque no es imposible hacer referencia a lo que precede, como ya hemos visto antes, con ayuda de un complemento delimitador: "El agua hirvió en una hora."

42 En realidad, la interpretación de un verbo ingresivo depende también del tiempo, pero de una manera menos clara. Si el evento puede continuar después del momento culminante, el imperfecto de indicativo denota esa continuación. Si no, el imperfecto de indicativo parece poco natural. Cfr. el contraste entre (57b) y (58b).

(60) A las seis, Juan cantó.

Con los ILP, el pretérito perfecto es muy poco natural con un complemento puntual (y además, los ILP no pueden tener un punto culminante):

(61) a. * A las seis, Max fue grueso.
b. * A las tres, la casa fue grande.

Con algunos SLP, este tipo de complementos no es imposible (aunque sería más natural con el imperfecto), porque, con algunos SLP, el complemento temporal puede denotar el inicio del estado denotado por el verbo:

(62) a. A las seis, Max estuvo pronto.
b. ? A las seis, Max tuvo sed.
c. ?* A las seis, Max estuvo enfermo.

Con los logros, y con los inacusativos con *se*, este tipo de complementos es perfectamente aceptable:

(63) a. A las seis, el balón explotó.
b. A las seis, Max se despertó.

Los verbos incoativos, finalmente, no aceptan estos complementos:

(64) * A las seis, Max envejeció.

4.3. Las pruebas aplicadas a los verbos psicológicos

Trataremos de determinar ahora, con la ayuda de las pruebas semánticas que acabamos de enumerar, a qué clases aspectuales pertenecen los distintos tipos de verbos psicológicos. Trataremos de considerar siempre una serie bastante extensa de verbos de cada clase, porque no todos los verbos se comportan siempre exactamente de la misma manera. Para las dos clases de {TEMER} y de {AGRADAR} será posible considerar gran parte de los verbos de que estas clases se componen, porque, como hemos visto en el capítulo anterior, el número de verbos en estas clases es relativamente limitado. Para la clase de {PREOCUPAR} es casi imposible estudiar a fondo todos los verbos. Por esto trataremos de escoger una muestra representativa de esta clase.[44]

44 No consideraremos aquí los verbos de las clases "menores": {DESCONFIAR}, {ARREPENTIRSE} y {AFICIONAR}. Sin embargo, parece que las dos primeras clases de verbos se comportan como los verbos de la clase de {TEMER}.

	Estados	Logros	Realizaciones	Actividades	Verbos ingresivos	Incoativos progresivos	Inacusativos con se
Ocurrió que	–	+	+	+	+	–	+
Después de que	SLP + ILP –	+	+	+	+	+	+
Durante	SLP + ILP –	–[a]	+	+	+	–	–[a]
En[b]	SLP + ILP –	+[c]	+	–	+/–	+	+
Rápidamente[d]	–	–	+	+	+	+	+
Gradualmente	–	–	+	–	+/–	+	+
Comp. Temp. Punt.[e]	SLP+/– ILP –	+	–	–	+	–	+

Cuadro 4.3: Las pruebas formales

a Posible con una interpretación iterativa.
b En el sentido delimitador de la preposición.
c Sólo con lapsos de tiempo breves
d Indicando la rapidez *interna* del evento.
e Indicando la fase culminante del evento.

4.3.1. La clase de {TEMER}

Las pruebas formales disponibles nos muestran bastante claramente que los verbos de la clase de {TEMER} son estados, y más precisamente ILP. En principio un predicado de la clase de {TEMER} no puede insertarse bajo "Ocurrió que..." ni bajo "Después de que...":

(65) a. * Ocurrió que Ana aborreció la comida vegetariana.
b. * Ocurrió que Ana admiró el carácter de su hermano.
c. * Ocurrió que Ana apreció al director.
d. * Después de que Ana detestara la ociosidad...
e. * Después de que Ana lamentara tener que ir a trabajar...
f. * Después de que Ana odiara a los terroristas...
g. * Después de que Ana temiera a su padre...

Como se puede ver, las dos pruebas más importantes para distinguir los estados de otros tipos de predicados muestran inequívocamente que aquí se trata de estados. Sin embargo, los datos son menos claros con *admirar*:

(66) a. ? Ocurrió que Ana admiró el cuadro de Picasso.
b. Después de que Ana admirara el cuadro de Picasso,...

Ahora bien, pensamos que aquí el verbo *admirar* se comporta más bien como una actividad (como también se podrá ver más abajo con el test de los complementos durativos).[45] Nótese que aquí el sentido de este verbo se aproxima al de "mirar (con admiración)" (y *mirar* es un verbo que denota normalmente una actividad). Por otra parte es necesario hacer una distinción entre *lamentar* y *lamentarse*, porque el último predicado tiene más bien el sentido de "expresar su pena o disgusto" (cfr. sección 3.2.1, página 76). En la construcción pronominal este verbo también se aproxima a una actividad:

(67) a. Ocurrió que Ana se lamentó de que tenía que ir a trabajar.
b. Después de que Ana se lamentara de que tenía que ir a trabajar...

Las demás pruebas formales confirman el análisis de los verbos de la clase de {TEMER} como estados, y más concretamente, como ILP. Ningún verbo de esta

45 Härtl (1999: 193), muestra que, en alemán también, ciertos verbos de la clase de {TEMER} pueden comportarse como actividades, y más concretamente, los que pueden asociarse con un evento perceptivo (por ejemplo *bewundern*, 'admirar'): "Wesentlich ist, daß mit E[xperiencer]-S[timulus]-Verben nur dann Aktivitäten bezeichnet werden können, wenn mit ihnen ein kanonischer perzeptiver Vorgang —wie etwa Sehen— verknüpft werden kann." Cfr. también Di Desidero (1992), Ruwet (1972: 198ss).

clase admite adverbios durativos, excepto quizás *temer*, y *admirar* en su sentido activo:

(68) a. * Durante dos horas, Ana detestó la ociosidad / Ana odió a los terroristas / ...
b. ? Durante dos horas, Ana temió a su padre.[46]
c. Durante dos horas, Ana admiró el cuadro de Picasso.

Estos verbos tampoco son compatibles con adverbios delimitadores:

(69) * En dos horas, Ana aborreció la comida vegetariana / Ana detestó la ociosidad / ...

Con *apreciar*, un adverbio delimitador no parece excluido:

(70) ? En dos horas, Ana apreció al director.

Sin embargo, en este contexto el verbo parece adquirir el sentido de "conseguir apreciar".[47]

Con los adverbios *rápidamente* y *lentamente*, ningún verbo parece compatible,[48] mientras que con *gradualmente* y con *poco a poco*, los datos son algo menos claros (cfr. también supra, sección 4.2.3, página 146):

(71) a. * Ana aborrecía rápidamente la comida vegetariana.
b. * Ana detestaba rápidamente la ociosidad.
c. ? Ana apreciaba gradualmente a su director.
d. * Ana detestaba gradualmente la ociosidad.
e. ? Poco a poco, Ana temía a su padre.

Pensamos que la relativa aceptabilidad de *gradualmente* y *poco a poco* con los verbos de esta clase se explica por su capacidad (ya mencionada)[49] de "dinamizar" un evento.

Con los complementos puntuales temporales, los verbos de la clase de {TEMER} son muy poco naturales:

46 No tenemos explicación para el comportamiento algo extraño de *temer*. Señalamos solamente que algunos otros verbos de esta clase admiten marginalmente una locución adverbial durativa, si es posible situarlos muy precisamente en el tiempo y en el espacio: ?"Durante dos horas Ana lamentó tener que ir a trabajar, pero después se resignó a la dura realidad."

47 Ya hemos visto en varias ocasiones, que en ciertos contextos, un complemento puede determinar un cambio en el aspecto básico de un verbo. Pero no tenemos una explicación por qué es posible en ciertos casos, y en otros no...

48 Algunos de estos verbos son (marginalmente) compatibles con *rápidamente* si este adverbio tiene el sentido de "después de poco tiempo": "Ana apreciaba {rápidamente / *lentamente} a su director".

49 Sección 4.2.3, página 146.

(72) a. ?* A las tres de la tarde, Ana aborreció la comida vegetariana.
b. * A las tres de la tarde, Ana odió a los terroristas.

A pesar de que los datos no corresponden siempre con lo que esperaríamos, pensamos que estas pruebas muestran suficientemente bien que los verbos de esta clase son realmente estados, y más concretamente ILP, (es, además, una posición poco debatida en la bibliografía lingüística).

Veamos ahora qué podemos decir de van Voorst (1992), el único autor que no considera los verbos de la clase de {TEMER} como estados, sino como logros.[50] Por una parte, a nuestro parecer, este autor no utiliza verbos típicos para caracterizar las clases de verbos que distingue. Así, utiliza varias veces como logro típico el verbo *to see*, que, como ya lo muestra Vendler (1967: 113ss), es un verbo con un comportamiento muy particular. Además, utiliza varias veces el verbo *to admire* como verbo típico de la clase de {TEMER}, pero, como ya hemos visto, este verbo es justamente uno de los pocos verbos de esta clase que pueden utilizarse como actividades (quizás el único).[51] Así, si afirma que los verbos de la clase de {TEMER} aceptan un complemento durativo (p. 68–69), puede decirlo sólo porque utiliza como ejemplo el verbo *to admire*: como hemos visto más arriba, los demás verbos de esta clase no son compatibles con este test.

Según van Voorst (1992: 76–77), los verbos de la clase de {TEMER} son (marginalmente) posibles como complementos de *to force*. Sin embargo, el propio van Voorst afirma que quizás, este test determine la agentividad más que la no-estatividad. Si *to admire* es marginalmente compatible con este test, quizás sea porque puede ser un verbo agentivo, contrariamente a otros verbos de esta clase. Marín Gálvez (2000: 72) da los ejemplos siguientes para mostrar que, por lo menos en español, la mayoría de estos verbos no son compatibles con este test:

(73) a. * Juan {convenció / persuadió} a Juan a querer a María.
b. ?? Enrique me {forzó / obligó} a temer a la jefa.

Un fenómeno similar ocurre con el imperativo: por una parte no define la estatividad, y por otra parte los datos son menos claros de lo que afirma van Voorst, que

50 Véanse también las (duras) críticas de Marín Gálvez (2000: 64ss) a van Voorst. No vamos a considerar aquí todos los tests propuestos por van Voorst (1992), ya que algunos sólo son aplicables al inglés.

51 Es verdad que, *a priori*, no es cierto que en inglés, a diferencia de otras lenguas, el verbo *to admire* no sea un verbo típico de esta clase. Sin embargo, el equivalente alemán, *bewundern* (como también el equivalente neerlandés *bewonderen*), tiene asimismo un comportamiento particular (Härtl 1999). Cfr. también lo que dice Di Desidero (1992: 36) a propósito de la oración "What she did was admire the painting for ten minutes.": "The physical component of (...) 'admire the painting for ten minutes' includes the *activity* of looking at the painting." (nuestro énfasis)

utiliza otra vez el verbo *to admire*. Comparen el ejemplo de van Voorst (1992: 77) con los ejemplos siguientes, de Marín Gálvez (2000: 73):[52]

(74) Admire this wonderful color.

(75) a. * ¡Ódiala!

b. * ¡Detesta las acelgas!

Van Voorst (1992: 79) afirma que los verbos de la clase de {TEMER} son compatibles con una "do-contruction":

(76) What I did, was dislike these meals intensely.

No sabemos si este juicio es general en inglés, pero en castellano una oración equivalente no parece posible (Marín Gálvez 2000: 73):

(77) a. * Juan detestó las acelgas y Tomás lo hizo también.

b. * Lo que hizo Juan fue detestar las acelgas.

Además, este test determina, otra vez, más la presencia o no de agentividad que la estatividad.

Van Voorst (1992: 79) nota que los verbos psicológicos de la clase de {TEMER}, contrariamente a los estados, son compatibles con "adverbs refering [sic] to the intensity of an event or to the effort to keep it going":

(78) a. * After counting the group, we discovered that one of the kids was intensely missing.

b. I dislike these meals intensely.

Sin embargo, no pensamos que estos adverbios demarquen exactamente la estatividad. Por una parte, hay otros tipos de estados compatibles con uno de estos adverbios, por otra parte hay verbos que no denotan estados y que tampoco son compatibles con estos adverbios:

(79) a. Juan está intensamente feliz.

b. La cotorra era francamente rubia, y el Führer intensamente moreno. (DEA, ejemplo de Álvaro de Laiglesia)

c. * El balón explotó intensamente.

d. * La casa se ha desmoronado intensamente.

52 Sin embargo, en el capítulo anterior (página 109) hemos visto que el imperativo no es siempre completamente imposible con los verbos de la clase de {TEMER}, como se puede deducir también del ejemplo siguiente, citado por Miguel (1999: 3015, ej. 19b): "¡Quiere a tus semejantes!".

Es verdad que estos dos últimos ejemplos serían posibles con otro adverbio mencionado por van Voorst, *espontáneamente*, pero no pensamos que este adverbio designe la "intensidad" de un evento, ni el esfuerzo por hacerlo continuar.

Finalmente, van Voorst (1992: 80–81) señala que los verbos de la clase de {TEMER} son compatibles con la construcción pasiva, contrariamente a los verbos estativos:

(80) * That color is being missed by that painting.

(81) The lasagna was disliked by the restaurant customers.

Si tiene razón al afirmar que los verbos de la clase de {TEMER} son compatibles con una construcción pasiva (como ya hemos señalado en la página 108 del capítulo precedente), la hipótesis de que los estados no son compatibles con una construcción pasiva es demasiado fuerte, por lo menos en español. Así, el *Esbozo* (§3.5.2) cita los ejemplos siguientes:

(82) Juan es respetado por sus vecinos.

(83) La noticia era ya conocida {por / de} todos.

Si se puede dudar algo del estatus aspectual del primer verbo, el verbo *conocer*, por lo menos, es un verbo estativo típico. Nótese, además, que en el segundo ejemplo el complemento agente es introducido por la preposición *de*, que es también usual con los verbos de la clase de {TEMER} (ibid.):

(84) El que a muchos teme, de muchos es temido. (ejemplo de Saavedra Fajardo)

Creemos por lo tanto, con Marín Gálvez (2000), que los argumentos de van Voorst en favor de un análisis no estativo de los verbos de la clase de {TEMER} no son convincentes.

4.3.2. La clase de {AGRADAR}

Con los verbos de la clase de {AGRADAR}, generalmente considerados como estados, los datos son menos claros, porque con la mayoría de las pruebas, y con casi todos los verbos de esta clase, es difícil decidir definitivamente de la aceptabilidad o no de una oración. Con "Ocurrió que...", por lo menos, todos estos verbos dan resultados inaceptables:

(85) a. * Ocurrió que me agradó que te entendieras bien con tu madrastra.

b. * Ocurrió que me apeteció el helado.

c. * Ocurrió que me importó tu opinión.

Con "Después de que..." ningún predicado de la clase de {AGRADAR} es totalmente aceptable, pero, a nuestro parecer, no todos son totalmente *inaceptables* (comparen con el comportamiento de los verbos de la clase de {TEMER} por lo que se refiere a esta prueba):

(86) a. * Después de que me agradara que te entendieras bien con tu madrastra,...

b. ?? Después de que me gustara esta película, (no pude contener mi entusiasmo).

c. ?? Después de que me pesara haber dicho eso, (me decidí a mejorar mi conducta).

Ningún verbo de esta clase parece compatible con un complemento durativo, con la posible excepción de *pesar* y eventualmente *doler*:[53]

(87) a. * Durante dos horas, me agradó que te entendieras bien con tu madrastra.

b. ? Durante dos horas, me pesó haber dicho eso.

c. ? Durante dos horas, me dolió su traición.

Ningún verbo es compatible con un complemento delimitador (y este parece, junto con el test con "Ocurrió que", uno de los datos empíricos más fiables con respecto al análisis aspectual de esta clase de verbos):

(88) a. * En dos horas, el helado me apeteció.

b. * En dos horas, me importó tu opinión.

Con *rápidamente* y *gradualmente*, finalmente, los datos son, otra vez, más ambiguos. Algunos verbos son incompatibles con los dos tipos de locuciones adverbiales, otros son más o menos aceptables con una o varias de estas locuciones. Sin embargo, ya hemos visto que esta prueba da con frecuencia resultados ambiguos, porque algunos de estos adverbios pueden ser polisémicos. Así, si los verbos de esta clase son compatibles con *rápidamente*, es probablemente porque este adverbio tiene entonces el sentido de "después de poco tiempo" o "en poco tiempo":

(89) a. Me pesó rápidamente haber dicho eso.

b. * Me pesó lentamente haber dicho eso.

53 Véase, sin embargo, el ejemplo siguiente de Marín Gálvez (2000: 43): "A Enrique le gustaron los hombres durante veinte años." Pensamos que aquí se trata de nuevo de otro tipo de duración (más larga), ese sí compatible con los ILP. Comparen con el mismo ejemplo modificado por una duración menos larga: "??Durante dos horas, a Enrique le gustaron los hombres." Cfr. los ejemplos (27a) y siguientes, página 155.

c. ? Me agradó rápidamente que te entendieras bien con tu madrastra.

d. ?* Me agradó lentamente que te entendieras bien con tu madrastra.

Algunos verbos parecen compatibles con *poco a poco* o con *gradualmente*, en el sentido que nos ocupa aquí (cfr. supra, sección 4.2.3, página 146):

(90) a. ? Me agradó poco a poco que te entendieras bien con tu madrastra.

b. Esta película me gustó poco a poco.

Los verbos de esta clase no son compatibles con un complemento temporal puntual, a no ser quizás el verbo *pesar*:

(91) a. * A las tres de la tarde, me agradó que te entendieras bien con tu madrastra.

b. * A las tres de la tarde, me apeteció el helado.

c. ? A las tres de la tarde, me pesó haber dicho eso.

Como se puede ver, las dos pruebas que dan los resultados más fiables ("Ocurrió que..." y los complementos delimitadores), sitúan los verbos de esta clase en la clase aspectual de los estados (y más concretamente los ILP). Sin embargo, la posibilidad de construir estos verbos con oraciones temporales introducidas por *después de que* (como también con adverbios como *rápidamente* o *gradualmente*), nos muestra que se trata de verbos con un comportamiento aspectual algo particular. Por otra parte, algunos verbos de esta clase se comportan más como estados típicos que otros (por ejemplo, *agradar* frente a *pesar*).

Como se puede ver en el cuadro 4.2, página 145, todos los autores que mencionan explícitamente esta clase concuerdan en decir que los verbos de esta clase son estados. Sin embargo, Kailuweit (sd) deja abierta la posibilidad de que puedan ser tanto ILP como SLP: "Italian *piacere* and Spanish *gustar* denote both general preferences and episodic pleasure".[54] Esta observación quizás pueda explicar el comportamiento particular de algunos verbos de esta clase, *gustar*, y, sobre todo, *pesar* y *doler*.

4.3.3. La clase de {PREOCUPAR}

Al inicio de este capítulo, hemos señalado que son los verbos de la clase de {PREOCUPAR} los que resisten más a la clasificación aspectual, lo cual se refleja también en la indecisión de que da muestras la bibliografía lingüística a este respecto. Para determinar empíricamente el aspecto léxico de los verbos de esta

54 Contrariamente al francés *plaire* que sería siempre episódico. No estamos seguro de que esta distinción entre *general preferences* y *episodic pleasure* sea siempre idéntica a la distinción que existe entre SLP y ILP, pero parecen coincidir en muchos casos.

clase, utilizaremos la muestra siguiente de predicados psicológicos (los ejemplos siguientes provienen, con algunas pequeñas modificaciones, del diccionario *Salamanca*):

(92) a. El suceso la afectó considerablemente.
b. Me preocupa el problema de cambiar de casa.
c. Me interesan la poesía y la música.
d. Me enfada mucho que pienses así de mí.
e. Me molesta no poder ayudar a la gente.
f. Sus disquisiciones me aburren.
g. Me apasionan las novelas de aventuras.
h. Fascina a todo el mundo con su labia.

Como se puede ver, hemos tratado de diferenciar los tipos de sujetos: un nombre no humano en (92a), (92b), (92c), (92f) y (92g), un nombre humano en (92h), una oración infinitiva en (92e), y una oración subordinada en (92d). También hemos tratado de diferenciar los tipos de verbos en términos de agentividad potencial: los verbos de los cuatro últimos ejemplos, *molestar*, *aburrir*, *apasionar* y *fascinar*, son verbos potencialmente agentivos, pero sólo el último ejemplo, con *fascinar*, puede tener aquí una interpretación agentiva—es el único verbo con un sujeto humano (vamos a analizarlo aquí bajo la interpretación agentiva). El verbo *afectar* tiene la particularidad de no aceptar nombres humanos como sujeto. Por fin, *interesar* es un verbo notorio por su dificultad de clasificar, y por eso nos interesa particularmente su comportamiento aspectual.

La mayoría de los verbos de nuestra muestra pasan relativamente bien el test con "Ocurrió que":

(93) a. ? Ocurrió que el suceso le afectó considerablemente.
b. ? Ocurrió que me preocupó el problema de cambiar de casa.
c. ?? Ocurrió que me interesaron la poesía y la música.
d. ? Ocurrió que me enfadó mucho que pensaras así de mí.
e. ?? Ocurrió que me molestó no poder ayudar a la gente.
f. Ocurrió que sus disquisiciones me aburrieron.
g. Ocurrió que me apasionaron las novelas de aventuras.
h. Ocurrió que fascinó a todo el mundo con su labia.

Nótese que en el ejemplo (93g), la interpretación (temporalmente) genérica —es decir, la interpretación más natural en el ejemplo original— ya no es posible, y el efecto de insertar este predicado bajo "Ocurrió que" es justamente el de hacer puntual el predicado. También se puede ver en estos resultados que los verbos que se insertan más fácilmente bajo "Ocurrió que" son justamente los que tienen más fácilmente una interpretación agentiva. Por otra parte, con algunos verbos el resultado se vuelve mejor si el objeto es un sustantivo y no una oración subordinada o infinitiva:

(94) a. Ocurrió que me enfadó mucho tu comportamiento.
b. Ocurrió que me molestó mucho tu comportamiento.

En general, todos estos verbos pueden ser insertados en una oración temporal introducida por *después de que*, aunque con algunos verbos el resultado puede ser un poco extraño (no reproducimos todos los ejemplos aceptables):

(95) a. ? Después de que el suceso la afectara considerablemente,...
b. ? Después de que me preocupara el problema de cambiar de casa,...
c. ? Después de que me molestara no poder ayudar a la gente,...
d. Después de que sus disquisiciones me aburrieran,...

Nótese que son otra vez sobre todo los verbos obligatoriamente no agentivos los que dan más problemas.

El único verbo que parece ser poco compatible con un complemento durativo es *afectar*, al mismo tiempo el único verbo que no acepta un sujeto humano:

(96) a. ? Durante dos meses, el suceso la afectó considerablemente.
b. Durante dos horas, me enfadó que pensaras así de mí.
c. Durante dos horas, sus disquisiciones me aburrieron.
d. Durante dos horas, fascinó a todo el mundo con su labia.

El test que plantea más problemas con los verbos de la clase de {PREOCUPAR} es la compatibilidad con un complemento delimitador. Pocos verbos lo aceptan con toda naturalidad, y si lo aceptan, lo aceptan mejor con lapsos de tiempo relativamente breves:

(97) a. ?* El suceso la afectó en una hora.
b. ?* En cinco minutos, el problema de cambiar de casa me preocupó.[55]
c. * En una hora, me interesaron la poesía y la música.
d. ? Que pienses así, me enfadó en cinco minutos.
e. ?* En cinco minutos, me molestó no poder ayudar a la gente.
f. Sus disquisiciones me aburrieron en cinco minutos.

55 Esta oración se vuelve mejor si interpretamos el complemento temporal como "después de cinco minutos". Lo mismo parece producirse con el ejemplo con *preocupar*.

g. ? Las novelas de aventuras me apasionaron en una hora.
h. En cinco minutos, fascinó a todo el mundo con su labia.

Todos los verbos de esta clase aceptan complementos adverbiales como *rápidamente* o *lentamente*:

(98) a. Sus disquisiciones me aburrieron rápidamente.
b. El suceso la afectó lentamente.

Lo mismo acontece con *gradualmente* y con *poco a poco*, excepto acaso con el verbo *preocupar*:

(99) a. Gradualmente, me apasionaron las novelas de aventuras.
b. Poco a poco, me enfadó que pensaras así de mí.
c. ? Gradualmente, me preocupó el problema de cambiar de casa.[56]

Con los complementos temporales puntuales, finalmente, estos verbos son sólo marginalmente aceptables:

(100) a. ?* A las tres de la tarde, el suceso la afectó considerablemente.
b. ?? A las tres de la tarde, me preocupó el problema de cambiar de casa.
c. ? A las tres de la tarde, sus disquisiciones me aburrieron.
d. A las tres de la tarde, fascinó a todo el mundo con su labia.

Lo que sí se puede decir, es que, con un complemento temporal puntual, en imperfecto, y esto contrariamente a las realizaciones, denotan siempre lo que *sigue* al momento culminante:

(101) a. A las tres de la tarde, el suceso ya la afectaba considerablemente.
b. A las tres de la tarde, me preocupaba ya el problema de cambiar de casa.
c. A las tres de la tarde, sus disquisiciones me aburrían ya.

Si comparamos ahora estos resultados con el cuadro 4.3 (página 164), podemos ver que aunque no corresponden perfectamente con ninguna de las clases tradicionales, corresponden mejor con la clase de los verbos ingresivos (*florecer, hervir,...*): estos verbos aceptan relativamente bien las dos primeras pruebas, aceptan también relativamente bien la prueba con un complemento durativo, y relativamente mal la prueba con un complemento delimitador. Las dos pruebas con los adverbios del tipo de *rápidamente* y *lentamente* no parecen plantear mayores problemas. Con los complementos adverbiales temporales, finalmente, si no se

56 Con *poco a poco* el ejemplo se vuelve mejor.

comportan como los ingresivos típicos, tampoco se comportan como, por ejemplo, las realizaciones o los logros. La imposibilidad del complemento delimitador no es realmente problemática porque los verbos ingresivos en general no tienen un comportamiento estable con respecto a esta prueba (ciertos verbos ingresivos lo aceptan perfectamente, otros no). Pero de nuevo, podemos ver que la mayoría de los verbos de la clase de {PREOCUPAR} no se incluyen perfectamente en ninguna de las clases aspectuales tradicionales. Sin embargo, clasificarlos como verbos ingresivos corresponde bastante bien con lo que sabemos ya de los verbos psicológicos: pueden tener en algunos casos una interpretación estativa, en otros, una interpretación más bien puntual.

Veamos ahora cómo podemos juzgar a la luz de estos resultados los análisis de varios autores introducidos al inicio de este capítulo. Como ya hemos notado, Marín Gálvez (2000) considera estos verbos como estados, más exactamente como estados acotados (SLP). Sin embargo, esto no cuadra con el hecho de que aceptan relativamente bien la primera prueba del cuadro 4.3 (con "Ocurrió que"), así como las dos pruebas con *rápidamente* y con *lentamente*. Van Voorst (1992) considera estos verbos como logros, pero esta hipótesis está en contradicción con el hecho de que los verbos de {PREOCUPAR} aceptan bien las dos pruebas con *rápidamente* y con *lentamente*, así como un complemento durativo. Finalmente, Grimshaw (1994) los considera como realizaciones. Ahora bien, hemos visto que con respecto a un complemento temporal puntual, los verbos de la clase de {PREOCUPAR} no se comportan como realizaciones.

4.3.4. Los verbos psicológicos medios

Miguel (1999: 3025) analiza los verbos del tipo de *preocuparse*, *asustarse*, *avergonzarse*, etc., junto a otros verbos "pronominales", como "inacusativos con se". Además, señala que se trata siempre de "variantes intransitivas de verbos causativos". Sin embargo, el término mismo de "inacusativos" hace pensar en una clase estrictamente sintáctica de verbos, más que en una clase aspectual. En lo que precede, hemos tratado de determinar el comportamiento aspectual de los inacusativos con *se*, basándonos justamente en los ejemplos no psicológicos citados por Miguel. En esta sección trataremos de ver en qué medida los verbos psicológicos "medios" se comportan como los demás inacusativos con *se*, o, si no, a qué clase de verbos pertenecen.

El comportamiento aspectual de este tipo de verbos es todavía menos coherente que el de los verbos básicos de la clase de {PREOCUPAR}. Hemos tomado otra vez como punto de partida una serie de ejemplos sacados, con algunas pequeñas modificaciones, del diccionario *Salamanca*:

(102) Juan se afectó mucho con la muerte de su padre.

(103) Me preocupo por este chico.

(104) El director se ha interesado por los nuevos productos.

(105) Me apasioné con la lectura.

(106) Juan se enfadó con su vecina por una tontería.

(107) Mi amigo se molestó en venir a buscarnos.

Todas estas oraciones son bien compatibles con las dos primeras pruebas del cuadro 4.3:

(108) a. Ocurrió que Juan se afectó mucho con la muerte de su padre.
b. Ocurrió que me preocupé por este chico.
c. Ocurrió que Juan se enfadó con su vecina por una tontería.

(109) a. Después de que el director se interesara por los nuevos productos,...
b. Después de que me apasionara con la lectura,...
c. Después de que mi amigo se molestara en venir a buscarnos,...

También son relativamente bien compatibles con un complemento durativo, con excepción de los últimos dos ejemplos:

(110) Durante dos horas, me preocupé por este chico.

(111) ?? Durante dos horas, Juan se enfadó con su vecina por una tontería.

(112) ?* Durante dos horas, Juan se molestó en venir a buscarnos.

Por otra parte, el predicado *enfadarse* parece el único predicado compatible con un complemento delimitador:

(113) * En diez minutos, Juan se afectó con la muerte de su padre.

(114) * En una hora, me preocupé por este chico.

(115) * En dos horas, me apasioné con la lectura.

(116) En media hora, Juan se enfadó con su vecina.

Tanto los resultados con *rápidamente*[57] como con *gradualmente* son bastante ambiguos:

(117) a. ?? Juan se afectó rápidamente con la muerte de su padre.
b. ?* Me preocupé rápidamente por este chico.
c. Rápidamente, Juan se enfadó con su vecina.

---

57 Repetimos que sólo consideramos los casos en los que este adverbio indica la rapidez *interna* de un evento.

(118) a. ?? Juan se afectó gradualmente con la muerte de su padre.
b. ?* Me preocupé gradualmente por este chico.
c. ? Gradualmente, Juan se enfadó con su vecina.

Si no consideramos estas últimas dos pruebas (ya que no dan resultados muy claros), así como los predicados *enfadarse* y *molestarse*, los predicados psicológicos medios se comportan del mismo modo que los verbos básicos de la clase de {PREOCUPAR}, y no como los inacusativos con *se*: este último tipo de verbos generalmente no es compatible con un complemento durativo, pero sí con un complemento delimitador. Su comportamiento con un complemento temporal puntual los sitúa bastante nítidamente en la clase aspectual de los verbos ingresivos, como los verbos básicos de los que se derivan. En efecto, no son compatibles con este complemento en pretérito perfecto simple (con excepción de *enfadarse* y de *molestarse*), pero sí en imperfecto (como los verbos básicos de la clase de {PREOCUPAR}):

(119) a. * A las tres, Juan se afectó con la muerte de su padre.
b. * A las tres, el director se interesó por los nuevos productos.[58]
c. A las tres, Juan se enfadó con su vecina.
d. A las tres, mi amigo se molestó en venir a buscarnos.

(120) a. ? A las tres, Juan se afectaba (ya) con la muerte de su padre.
b. A las tres, el director se interesaba (ya) por los nuevos productos.
c. ?* A las tres, Juan se enfadaba (ya) con su vecina.
d. ?* A las tres, mi amigo se molestaba (ya) en venir a buscarnos.

Lo más importante es que estos verbos (con excepción de *molestarse* y de *enfadarse*) tienen en imperfecto la misma interpretación que los verbos de los que se derivan: denotan lo que *sigue* a un momento culminante; comparen con los ejemplos (59) más arriba. Por consiguiente, los primeros tres verbos aquí analizados se comportan aproximadamente como los verbos básicos de la clase de {PREOCUPAR}, es decir como verbos ingresivos, y no como inacusativos con *se*. Por otra parte, parece que hay ciertos verbos que adquieren un nuevo contenido aspectual al encontrarse en una construcción media (entre los predicados aquí ejemplificados se trata de *molestarse* y *enfadarse*). Veremos en el capítulo 6 que esto no debe sorprendernos, ya que muchos factores intervienen en la formación de las construcciones medias y pueden influir de este modo en el comportamiento aspectual de la construcción; se trata, entre otras cosas, de la preposición con la

58 Esta oración sería posible en el sentido activo, definido de la manera siguiente en el diccionario *Salamanca*: "*Mostrar* <una persona> interés por ..." (nuestro énfasis).

que se construye el verbo pronominal, así como del tipo de sintagma que sigue a la preposición, sea un SN, o, como en el ejemplo (107), una subordinada infinitiva. En la sección siguiente explicaremos más detenidamente este comportamiento.

4.4. La estructura interna de los ingresivos

Según Miguel (1999: 3023), los verbos ingresivos se caracterizan por el hecho de que pueden descomponerse en por lo menos dos fases distintas. Consideremos los ejemplos siguientes:[59]

(19a) Tomás se mareó {a las diez / durante una hora}.

(19b) El agua hirvió {a las dos / durante media hora}.

(121) Pedro se sentó en su mesa {a las dos / durante una hora}.

Miguel (1999: 3023) analiza estos ejemplos de la manera siguiente:

> (...) este tipo de evento desemboca normalmente en un evento diferente (...) El evento que sigue a esa fase inicial puede ser un estado que se mantiene (en el caso de *florecer*, *marearse*, *sentarse*) o un proceso que sigue ocurriendo (en el caso de *hervir* y *ver*).

Con algunos de estos verbos, como ya hemos visto más arriba, puede producirse una complicación adicional, ya que también pueden hacer referencia a una fase que "prepara" el momento culminante:

(35a) * Pedro se sentó en su mesa en una hora.

(35b) El agua hirvió en una hora.

Una de las ventajas de ver las cosas de este modo, es justamente el hecho de que permite explicar el comportamiento ambiguo de estos verbos. A primera vista, parecen estar a caballo entre los logros y las realizaciones: como las realizaciones son compatibles con un complemento durativo, como los logros con un complemento temporal puntual. Este comportamiento puede explicarse de una manera natural si analizamos estos verbos como verbos aspectualmente compuestos: el complemento delimitador puede denotar la fase que precede al momento culminante, el complemento temporal el mismo momento culminante, y el complemento durativo lo que sigue al momento culminante.

59 La posibilidad de descomponer ciertos eventos ha sido formalizada entre otros autores por Pustejovsky (1995).

La mayoría de los verbos psicológicos de la clase de {PREOCUPAR} también son posibles tanto con complementos durativos, como con complementos temporales puntuales (aunque a veces sólo marginalmente, por lo menos en castellano), lo que confirma la clasificación de estos verbos como verbos ingresivos, es decir como verbos que pueden descomponerse aspectualmente; cfr. también los ejemplos (20) y siguientes, proporcionados por Brekke (1976) y citados más arriba, en la página 154. Además, el hecho de que ciertos verbos también sean posibles con un complemento delimitador implica que también pueden hacer referencia a un subevento que *precede* a un momento culminante:

(96c) Durante dos horas, sus disquisiciones me aburrieron.

(97f) Sus disquisiciones me aburrieron en cinco minutos.

(100c) ? A las tres de la tarde, sus disquisiciones me aburrieron.

(101c) A las tres de la tarde, sus disquisiciones me aburrían ya.

Como ya hemos señalado más arriba, el último ejemplo, en imperfecto, hace más bien referencia al evento que *sigue* al momento culminante. El comportamiento poco sistemático de estos verbos, así como las dificultades de analizarlos adecuadamente puede explicarse en parte por este carácter "híbrido", compuesto, de su estructura eventiva. Por otra parte, ciertos verbos parecen hacer más fácilmente referencia al momento culminante y parecen por lo tanto más "puntuales":[60]

(122) A las tres de la tarde, el trueno asustó a Juan.

Otros verbos hacen más fácilmente referencia al evento que sigue, y parecen por lo tanto más "estativos":[61]

(101b) A las tres de la tarde, me preocupaba ya el problema de cambiar de casa.

---

60 Pustejovsky (1995: 213) señala que en inglés, el sujeto del predicado *frighten* puede influir en el aspecto de la oración entera:

(i) The flash of lightning frightened John.

(ii) The electrical storm frightened John.

"... the point-like property of the event in the subject of [(i)] is inherited by the overall experiencing event denoted by the sentence. Likewise, the bounded process event in the subject of [(ii)] influences the aspectual interpretation of the whole sentence as well." Sin embargo, parece que por lo menos en español, el sentido básico de *asustar* es más "puntual" que el de, por ejemplo, *preocupar*, ya que *preocupar* normalmente no se utiliza puntualmente, independientemente del tipo de sujeto.

61 Cfr. lo que dice ya Brekke (1976: 108ss) a este respecto. También Pustejovsky (1995: 16) alude al hecho de que hay mecanismos que permiten enfocar uno u otro subevento en un evento compuesto.

Este análisis subeventivo de los verbos psicológicos también puede arrojar una luz adicional sobre el comportamiento aspectual de los verbos psicológicos medios con respecto a los distintos tipos de complementos temporales; era justamente a este respecto que los verbos psicológicos medios eran más heterogéneos. Parece que hay tres configuraciones distintas. La configuración más generalizada (*afectarse*, *preocuparse*, *interesarse* y *apasionarse*) es aquella en que el verbo psicológico es compatible con un complemento durativo, no con un complemento delimitador, y sólo con un complemento temporal puntual si el verbo está en imperfecto y si denota lo que sigue a un momento culminante (no es compatible en este caso con un complemento puntual temporal en pretérito perfecto simple); por lo tanto, estos verbos parecen denotar de preferencia lo que sigue al momento culminante, y sólo marginalmente el momento culminante mismo o lo que precede a éste. *Enfadarse*, en cambio, parece invertir este esquema: es compatible tanto con un complemento delimitador como con un complemento temporal puntual (en pretérito perfecto simple), no con un complemento durativo; por lo tanto, denota tanto lo que precede al momento culminante como el momento culminante mismo, pero menos lo que sigue. *Molestarse*, por fin, es sólo realmente compatible con un complemento temporal puntual: denota de preferencia el momento culminante mismo, y se acerca aspectualmente a un logro.

4.5. Conclusión

En este capítulo hemos tratado de determinar, con ayuda de una serie limitada de pruebas semánticas, las clases aspectuales de los distintos tipos de verbos psicológicos. La decisión de utilizar una serie relativamente restringida de pruebas, nos ha permitido explotarlas más a fondo de lo que hubiera sido posible con una serie más extensa de pruebas: esta limitación voluntaria nos ha dado la posibilidad de tomar siempre en cuenta los distintos matices que puede introducir una misma prueba en distintos contextos (lo cual ha sido particularmente significativo con los complementos temporales puntuales). Aunque ninguna de las clases de verbos psicológicos se incluye perfectamente en una de las clases aspectuales de verbos generalmente distinguidas, hemos podido comprobar que tanto los verbos de la clase de {TEMER} como los de la clase de {AGRADAR} se analizan mejor como verbos estativos y más concretamente como ILP (lo que corresponde además con el análisis aspectual más corriente de estos verbos). Sin embargo, tanto los verbos básicos de la clase de {PREOCUPAR} como sus equivalentes medios no pueden incluirse en ninguna de las cuatro clases distinguidas en la clasificación aspectual introducida por Vendler. Por eso, siguiendo una sugerencia de Miguel, hemos analizado en un primer momento los verbos de la clase de {PREOCUPAR} como verbos ingresivos. A diferencia de Miguel, también hemos analizado los verbos medios *derivados* de los verbos de la clase de {PREOCUPAR} como verbos ingresivos, y no como inacusativos con *se*. Finalmente, hemos mostrado que un análisis de la estructura eventiva interna de estos verbos puede ayudarnos a explicar mejor su comportamiento aspectual a veces poco sistemático. Como se podrá ver en el capítulo siguiente, basaremos nuestra teoría de la estructura argumental en parte en el análisis de la estructura subeventiva de los distintos predicados.

Capítulo 5

Estructura-a de los verbos psicológicos

5.1. Introducción

Uno de los problemas más rebeldes al análisis lingüístico es la determinación de los papeles temáticos exactos de los distintos tipos de verbos psicológicos, y, más aún, la correspondencia entre los papeles temáticos y las distintas funciones gramaticales.

En el análisis temático tradicional de los verbos psicológicos, tal como se encuentra en la mayoría de los estudios escritos en el marco de la teoría del Régimen y Ligamiento, y que hemos adoptado tácitamente hasta ahora, esos verbos tienen dos argumentos con los papeles respectivos de tema y experimentante. Pero este análisis trae consigo un grave problema teórico: desde esta perspectiva, no habría regularidad que pueda regir la proyección de los papeles temáticos en el marco de subcategorización de los predicados verbales, por lo menos en el caso de los verbos psicológicos. Tanto *preocupar* como *temer* tendrían dos argumentos con los dos papeles temáticos idénticos del experimentante y del tema; con *temer* el experimentante se encuentra en la posición del sujeto y el tema en la posición del objeto directo, mientras que con *preocupar* tenemos una configuración inversa. Si adoptamos este análisis tenemos que concluir que la proyección de los papeles temáticos en las funciones gramaticales es esencialmente arbitraria, por lo menos por lo que se refiere a los verbos psicológicos: no se puede deducir el marco de subcategorización de un verbo de su contenido semántico. Sin embargo, el ideal de poder deducir las funciones gramaticales del contenido semántico se ha expresado de varias maneras en la tradición generativa, por la *Universal Alignment Hypothesis* (Perlmutter & Postal 1984: 97) y, en su versión más fuerte, por la *Uniformity of Theta Assignment Hypothesis* (Baker 1988: 46)—para una comparación de las consecuencias de estas dos hipótesis, cfr. Pesetsky 1995: 11ss.

El intento mejor conocido de reducir el grado de arbitrariedad es a través de la hipótesis de que los distintos tipos de verbos psicológicos incluyen una estructura-P similar. En la propuesta bien conocida de Belletti & Rizzi (1987), todos los verbos psicológicos se caracterizan por una estructura profunda en la que el experimentante se encuentra en un nivel más alto de la estructura arborescente que el tema; las distintas configuraciones superficiales se obtienen a través de distintos principios y procedimientos. Sin embargo, este tipo de análisis nunca puede eliminar toda arbitrariedad, porque de todos modos, debe haber otras diferencias en la entrada léxica de los distintos tipos de verbos, para poder dar lugar a una estructura superficial distinta.[1] Desde un punto de vista teórico, es más deseable

1 Así, según Belletti & Rizzi (1987: 117), los verbos del tipo de *temere* se distinguen de los demás tipos de verbos psicológicos en que escogen al experimentante como papel temático externo, mientras que *preoccupare* y *piacere* asignan un caso inherente al experimentante (un acusativo y un dativo, respectivamente).

un análisis que pueda minimizar el grado de arbitrariedad en la correspondencia entre papeles temáticos y funciones gramaticales. Mostraremos aquí que, si no es posible eliminar toda arbitrariedad, podemos reducirla en su mayor parte.

En muchos casos, es posible deducir las funciones gramaticales de los distintos verbos a partir de su contenido semántico. Como varios autores han mostrado, muchos verbos en distintas lenguas parecen obedecer a una jerarquía temática idéntica. Grimshaw (1994: 8), por ejemplo, propone la jerarquía siguiente:[2]

(1) (Agent (Experiencer (Goal/Source/Location (Theme))))

Esta jerarquía puede ayudarnos a deducir los marcos de subcategorización de muchos verbos a partir de su análisis temático. Si aceptamos que el sujeto expresa un papel temático más alto en la jerarquía que el objeto directo, podemos explicar por qué el sujeto de verbos transitivos agentivos como *batir*, *matar*, *lavar*,... es el agente y no el tema (o el "paciente" en otra terminología). También podemos explicar por qué el sujeto de los verbos psicológicos de la clase de {TEMER} es el experimentante, y no el tema. Pero no podemos explicar de dónde viene la inversión de los papeles temáticos de los verbos de la clase de {PREOCUPAR}.[3]

En los capítulos anteriores, hemos podido distinguir varias diferencias semánticas regulares entre las distintas clases de verbos psicológicos {TEMER} y {PREOCUPAR} (volveremos a tratar de los verbos de la clase de {AGRADAR} más abajo). La diferencia semántica que más nos interesará aquí es la diferencia aspectual establecida en el capítulo anterior: hemos analizado los verbos de la clase de {TEMER} como verbos estativos, los verbos de la clase de {PREOCUPAR} como verbos ingresivos.

5.2. Los papeles temáticos de los verbos psicológicos

En la bibliografía, se pueden encontrar varios intentos de salvar la teoría temática, con respecto a los verbos psicológicos. En las secciones siguientes introduciremos algunos de estos intentos.

5.2.1. Una teoría causativa

Según varios autores, la diferencia esencial entre los verbos con un experimentante en la posición del sujeto, y los que incluyen un experimentante en la posición

2 Existen muchas variantes de esta jerarquía en otros trabajos lingüísticos: Bresnan (2001: 11), Bresnan & Kanerva (1989: 23), Givón (1984: 139, 169), Van Valin (1993b: 41ss)...

3 Tendremos la ocasión de introducir brevemente otras teorías temáticas en la sección siguiente. La jerarquía temática, más concretamente, desempeñará un papel relativamente secundario en el análisis propuesto aquí.

del objeto directo, es una diferencia de causatividad. La mayoría de los autores aceptan que semánticamente, los verbos de la clase de {PREOCUPAR} son verbos causativos. Pero lo que distingue esta opinión, en realidad bastante trivial, del análisis que presentaremos en esta sección, es que, desde esta última perspectiva, el componente causativo entraña la presencia de un núcleo causativo adicional, sea cual sea su naturaleza sintáctica exacta. Según Brekke (1976: 31), ya hay una alusión a un análisis causativo de los verbos psicológicos ingleses del tipo de *frighten* (es decir, nuestra clase de {PREOCUPAR}) en Chomsky (1965). En este análisis, todos los predicados que incluyen uno de estos verbos incluirían un predicado causativo subyacente (Brekke 1976: 34, resumiendo a Chomsky 1965):

(2) The stories [+cause] [$_S$ he was amused at the stories]

Este tipo de análisis ha sido retomado de varias maneras por los autores que trabajan en el marco de la Semántica Generativa (cfr. Brekke 1976, Geis 1973). Sin embargo, estos autores sitúan el predicado causativo, no en una estructura profunda de naturaleza sintáctica, sino en una estructura semántica o lógica subyacente.

Mucho más recientemente, este análisis ha sido revitalizado por Pesetsky (1995), que propone analizar los verbos de la clase de {PREOCUPAR} como verbos que incluyen un morfema CAUS fonéticamente vacío. Si entendemos bien la argumentación de Pesetsky, él considera también este morfema como un núcleo sintáctico que hace posible la presencia en una oración de un argumento con el papel de causa.[4] No insistiremos aquí en los detalles técnicos de este análisis. Sin embargo, tanto los análisis elaborados dentro de la Semántica Generativa como el análisis propuesto por Pesetsky tienen que enfrentarse con el mismo problema empírico: si el núcleo o morfema causativo es análogo con el verbo causativo explícito *to make*, ¿cómo se puede explicar que los verbos como *to frighten* tienen sólo dos argumentos y no tres, como los predicados causativos perifrásticos (Pesetsky 1995: 60ss)? El análisis causativo implica inevitablemente la distinción temática entre la causa, por una parte, y el tema de la experiencia psicológica, por otra.[5] Ahora bien, con un verbo causativo explícito siempre es posible expresar sintácticamente estos dos papeles temáticos (juntos con el papel del experimentante), contrariamente a lo que pasa con los verbos de la clase de {PREOCUPAR}:

(3) a. * The article in the *Times* angered Bill at the government.

b. The article in the *Times* made Bill angry at the government.

4 En ciertos casos (por ejemplo las nominalizaciones), estos verbos podrían utilizarse sin que este morfema esté presente. En estos casos, el verbo tampoco tendría un sentido causativo, cfr. Pesetsky 1995: 85).

5 En realidad, Pesetsky (1995: 56-57) distingue *tres* papeles temáticos: la causa, el "Target" y el el "Subject Matter". Sin embargo, la distinción entre *Target* y *Subject Matter* no es pertinente aquí y utilizaremos el término más neutro de tema para designar ambos papeles temáticos.

(4) a. * The Chinese dinner satisfied Bill with his trip to Beijing.
b. The Chinese dinner made Bill satisfied with his trip to Beijing.

(5) a. * The television set worried John about the veracity of Bill's alibi.
b. The television set made John worry about the veracity of Bill's alibi.

(Pesetsky 1995: 60–61)

Aunque Brekke (1976: 210ss) hace varias referencias a este problema (como por ejemplo en sus críticas a las hipótesis de McCawley 1972, 1976, de las que hablaremos de inmediato), nunca parece resolverlo claramente. Así, señala que un verbo como *disgust* no puede expresar un "Emotive Object" (es decir, un tema), junto con un "Stimulus" (es decir, una causa), porque no es un predicado causativo. Pero señala en la página 106 que ciertos verbos del tipo de *surprise* pueden tener una estructura subyacente causativa, aunque *nunca* pueden incluir los tres argumentos de causa (o estímulo), experimentante y tema, ni en una interpretación causativa, ni en una interpretación estativa... Hace una alusión a una posible explicación en la página 212 al analizar la variante pasiva de un verbo psicológico:

(6) * I was disgusted with your literary taste by your reading *Mein Kampf*.

Señala a propósito de este ejemplo que "what has gone wrong [...] seems to be that each of the postverbal constituents requires a separate point of attachment in the surface structure." Sin embargo, por una parte la misma restricción existe con una oración activa (como hemos visto con los ejemplos [3] a [5] proporcionados por Pesetsky): en este caso, el problema de los *points of attachment* no puede existir porque en una oración activa, uno de los dos argumentos se encuentra en la posición del sujeto. Por otra parte, el propio Brekke (1976: 240, nota 6) señala que hay varias excepciones a esta supuesta restricción de los *points of attachments*. En realidad, todo tipo de complementos adverbiales deberían ser catalogados como excepciones, porque siempre puede haber varios ejemplares (como en "Juan puso el libro en una caja bajo la mesa").

Pesetsky (1995) elabora una argumentación más sofisticada para explicar esta imposibilidad de que los dos papeles de causa y tema ocurran juntos con los verbos de la clase de {PREOCUPAR}. No repetiremos aquí su argumentación, porque se pueden alegar varios datos que minen la base empírica misma de su hipótesis. Más particularmente, Bouchard (1995b: 329) señala que el análisis de Pesetsky hace imposibles ciertos ejemplos, que, según Bouchard, son perfectamente posibles (por lo menos en inglés). Según este autor, los ejemplos siguientes son posibles, a condición de que los sujetos sean potencialmente agentivos:

(7) Mary satisfied Bill with her trip to Beijing.

(8) ? Albert worried John about the adequacy of his insurance coverage.

(9) Mary bores John with her/*his life as a linguist.

(10) Bill constantly bothered Mary about her future.

No estamos seguro de que todos estos ejemplos sean verdaderos contraejemplos a la hipótesis de Pesetsky; pensamos que en los dos ejemplos con *with* (7 y 9) los complementos preposicionales no desempeñan realmente un papel de tema, sino que representan más bien un instrumento: así, en el primer ejemplo, no pensamos que Bill esté realmente satisfecho con su viaje a Pequín, sino que Mary lo utiliza para satisfacerlo. Sin embargo, parece que los otros dos ejemplos sí son verdaderos contraejemplos. Ruwet (1993: 107ss) da otros (muchos) contraejemplos franceses a las hipótesis de Pesetsky:

(11) a. Ces examens médicaux ont rassuré Paul (sur son état de santé).
b. Ces nouvelles nous alarment (sur le sort de Sarajevo).
c. La lecture du *Banquet* console Emile (de ses déboires amoureux).
d. Sa jeunesse dissipée a blasé Max (des voluptés).
e. Ces événements inouïs ont blasé Luc (de tout).

(12) a. (La rencontre de) cette femme merveilleuse a dégoûté Alfred de sa vie de bâton de chaise.
b. (La découverte de) Debussy m'a dégoûté de ces musiques académiques.
c. Le spectacle des gens heureux fatigue Max de sa vie monotone.

Ya hemos visto en el capítulo 3 (sección 3.2.6, página 86), que en español existen también varios verbos que pueden incluir tanto una causa como un tema. Repetimos aquí algunos de estos ejemplos:

(13) La campaña del ayuntamiento me ha aficionado a los transportes públicos. (*Salamanca*)

(14) Quería que [la señora Conesal] interesara en su lectura a su marido. (PR, p. 259)

Estos contraejemplos muestran que un análisis causativo como el de Pesetsky (o el de Brekke), no puede explicar todos los datos empíricos. O bien tenemos que admitir que, como regla general, un verbo de la clase de {PREOCUPAR} tiene *dos* argumentos, pero que esta regla incluye toda una serie de contraejemplos. Si no, tenemos que adoptar la hipótesis de que estos verbos tienen generalmente *tres* argumentos, pero que en ciertos casos léxicamente determinados, sólo pueden expresar sintácticamente dos de ellos. Sin embargo, el número de contraejemplos hace poco deseables ambas alternativas.

McCawley (1976) propone otro análisis causativo de los verbos psicológicos, pero, como lo muestra Brekke (1976: 55ss),[6] tiene que enfrentarse con un problema exactamente inverso. Según McCawley (1976: 194–195), tanto los predicados con un experimentante en la posición del sujeto (nuestros verbos de la clase de {TEMER}), como los predicados con un experimentante en la posición del objeto (nuestros verbos de la clase de {PREOCUPAR}), incluyen un predicado causativo en su estructura (lógica) subyacente. Según McCawley, la estructura representada en la figura 5.1 es la estructura subyacente de los dos ejemplos siguientes:

(15) That Dick was loyal pleased Sue.

(16) Sue was pleased that Dick was loyal.

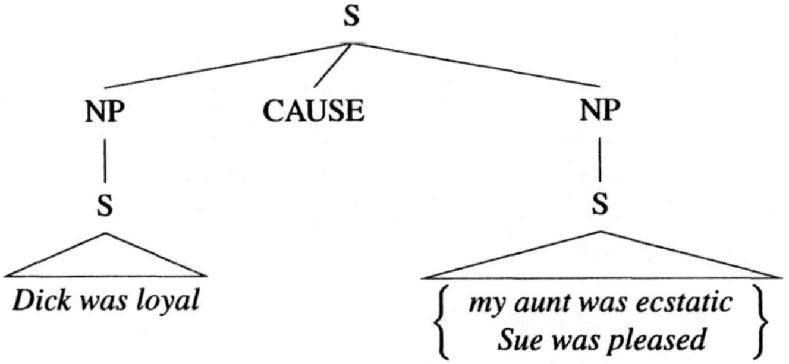

Figura 5.1: La estructura "lógica" de (15) y (16)

Por lo tanto, en este análisis, a la inversa de lo que pasa en el análisis causativo (y transformacional) corriente, en la estructura básica, no es el experimentante sino el tema el que está en la posición del sujeto. El ejemplo (16) podría derivarse por un proceso de *Causal Object Formation* que consiste en desplazar el sujeto de CAUSE hacia el final de su objeto.[7] Sin embargo, Brekke (1976: 55ss) muestra bien que ahora, por lo menos en inglés, McCawley tiene que enfrentarse con un problema exactamente contrario al problema que acabamos de introducir al analizar la hipótesis causativa de Pesetsky (1995). Si, como lo señala Brekke, las expresiones causativas perifrásticas sólo se diferencian de los verbos de la clase de {PREOCUPAR}, por la presencia explícita, en la estructura superficial, del núcleo CAUSE, a través del verbo *to make*, McCawley no puede explicar por qué una

6 Discutiendo la tesis doctoral de esta autora, que no hemos podido consultar (McCawley 1972).

7 O, en las palabras de McCawley (1976: 195): "There is a rule to take the subject of CAUSE, *Dick was loyal* and put it at the end of the object of CAUSE, creating a derived object for the emotive adjectives, *ecstatic* and *pleased*."

construcción causativa perifrástica puede tener *tres* argumentos y no simplemente dos, como los verbos de la clase de {PREOCUPAR}. McCawley (1976: 191ss) trata de defender su tesis, pretendiendo que las oraciones causativas perifrásticas con tres argumentos tampoco son gramaticales (como las oraciones que incluyen un verbo psicológico simple):

(17) * Ann/Ann's letter made my aunt ecstatic over Dick's loyalty.

Sin embargo, este juicio de gramaticalidad está en contradicción con las intuiciones de Bouchard (1995b: 337), Brekke (1976: 58) y de Pesetsky (1995: 61), según los cuales este tipo de oraciones son perfectamente gramaticales.

En resumen, parece que todo análisis causativo tiene que enfrentarse fatalmente con el dato empírico de que los verbos de la clase de {PREOCUPAR} no parecen añadir, o por lo menos no siempre, un argumento a la clase de los verbos no causativos (es decir, en español, los verbos de la clase de {TEMER}). Por eso tampoco nos parece probable el análisis de Van Valin & Lapolla (1997: 97), según los cuales los verbos de la clase de {PREOCUPAR} deberían analizarse (aspectualmente) como "estados causativos". En general, en su análisis todo predicado causativo se caracteriza por la adición de un complemento suplementario al predicado no causativo correspondiente:

(18) a. The balloon popped. (logro)
b. The cat popped the balloon. (logro causativo)

(19) a. The ice melted. (realización)
b. The hot water melted the ice. (realización causativa)

(20) a. The ball bounced around the room. (actividad)
b. The girl bounced the ball around the room. (actividad causativa)

A primera vista, este esquema también funciona bien con los verbos psicológicos, porque Van Valin & Lapolla (1997) escogen como ejemplo de un verbo psicológico estativo *to be afraid*,[8] y lo introducen en una oración sin especificación del tema:

(21) a. The boy is afraid.
b. The dog frightens/scares the boy.

Sin embargo, no es cierto que la construcción básica de *to be afraid*, y sobre todo la de *to fear* o de *temer*, sea la construcción sin especificación del tema. Por otra parte, señalemos que nuestros argumentos no dicen nada de la existencia o la

8 Y en otro lugar, *to fear*, otra vez en una construcción absoluta.

inexistencia de una clase aspectual de estados causativos, sino sólo que los verbos de la clase de {PREOCUPAR} no son (necesariamente) estados causativos.[9]

5.2.2. Una teoría temática más detallada

Otros autores han tratado de captar la diferencia entre los verbos de la clase de {TEMER} y los de la clase de {PREOCUPAR} con una teoría temática más sofisticada. Es verdad que el análisis causativo también ya incluye un componente temático: el papel de causa no es idéntico al papel de tema (Pesetsky 1995: 56ss). Además, Pesetsky distingue dos tipos de temas (el *Target* y el *Subject Matter*). Sin embargo, este componente temático no es esencial para los análisis causativos presentados en la sección precedente ya que se basan más bien en la presencia o ausencia de un núcleo causativo suplementario en una de las estructuras de representación. Aquí presentaremos brevemente dos análisis aspectuales, muy distintos entre sí, de los verbos psicológicos de la clase de {PREOCUPAR}.

5.2.2.1. Dowty (1991)

Dowty (1991: 571ss) distingue sólo dos papeles temáticos, el agente-P ("Proto-Agent" o "P-Agent") y el paciente-P ("Proto-Patient" o "P-Patient"). Estos dos papeles temáticos se caracterizan por dos listas de cinco implicaciones o características ("entailments") prototípicas:

(22) Contributing properties for the Agent Proto-Role:
   a. volitional involvement in the event or state
   b. sentence [sic] (and/or perception)
   c. causing an event or change of state in another participant
   d. movement (relative to the position of another participant)
   e. (exists independently of the event named by the verb)

(23) Contributing properties for the Patient Proto-Role:
   a. undergoes change of state
   b. incremental theme
   c. causally affected by another participant
   d. stationary relative to movement of another participant

9 Quizás un verbo como *interesar* puede ser un verdadero verbo causativo, porque en uno de sus sentidos se añade un argumento a su estructura argumental. Pero entonces parece más bien un verbo *ingresivo* causativo porque, como hemos señalado en el capítulo precedente, el verbo *interesar* no causativo es probablemente un verbo ingresivo.

e. (does not exist independently of the event, or not at all)[10]

La asignación de las funciones gramaticales del sujeto y del objeto se hace a base del Principio de la Selección de los Argumentos (el *Argument Selection Principle*, Dowty 1991: 576):

> In predicates with grammatical subject and object, the argument for which the predicate entails the greatest number of Proto-Agent properties will be lexicalized as the subject of the predicate; the argument having the greatest number of Proto-Patient entailments will be lexicalized as the direct object.

Este principio tiene dos "corolarios", de los cuales sólo el primero nos interesa directamente aquí:

> COROLLARY 1: If two arguments of a relation have (approximately) equal numbers of entailed Proto-Agent and Proto-Patient properties, then either or both may be lexicalized as the subject (and similarly for objects).

Dowty (1991: 579) muestra cómo se pueden analizar los verbos psicológicos como *to fear* o *to frighten* basándose en las dos reglas que acabamos de reproducir:

> What I believe sets this class of predicates off from all other natural-language verbs is that (i) the predicate entails that the Experiencer has some perception of the Stimulus —thus the Experiencer is entailed to be sentient/perceiving, though the stimulus is not— and (ii) the Stimulus causes some emotional reaction or cognitive judgment in the Experiencer. The first of these is a P-Agent entailment for the Experiencer, while the second is a P-Agent entailment for the Stimulus argument. Moreover, these predicates have no OTHER entailments for either argument that are relevant to argument selection (with one possible exception to be discussed directly), which leaves a situation in which each argument has a weak but apparently equal claim to subjecthood.

Este análisis considera otra vez la diferencia entre los dos tipos de verbos {TEMER} y {PREOCUPAR} como un ejemplo de arbitrariedad léxica (aunque con este análisis podemos explicar de dónde viene esa arbitrariedad): cada verbo podría en

10 Esta última propiedad, como también la última propiedad de la lista precedente, está entre paréntesis, porque el autor no está seguro "to what extent they should be attributed to the discourse associations of subjecthood [...] rather than proto-role definition." No daremos más detalles aquí, porque no precisaremos de esta propiedad en lo que sigue.

principio escoger ambos esquemas, pero está especificado léxicamente para uno u otro esquema.

Sin embargo, Dowty (1991: 580), citando a Croft (1986), nota que los *Stimulus-Subject verbs* (como *frighten*) pueden ser tanto estativos como incoativos, a la inversa de los *Experiencer-Subject verbs* (como *fear*), que sólo pueden ser estativos (una observación que también forma parte de nuestro análisis aspectual del capítulo anterior). Así, según Dowty, quizás la distinción entre *Experiencer-Subject* y *Stimulus-Subject verbs* se pueda atribuir al hecho de que "the inchoative interpretation entails a Proto-Patient property in the Experiencer that is not present in the stative—undergoing a (definite) change of state. Hence, though the two arguments are still equal in Agent properties, they are unequal in that one is a 'better' Patient, so it must be the direct object according to the selection principle."[11] Este análisis no es completamente satisfactorio porque no podemos explicar por qué no hay ningún verbo en la clase de {PREOCUPAR} que sea siempre estativo, es decir por qué todos los verbos de la clase de {PREOCUPAR} tienen dos interpretaciones, una incoativa, otra estativa:[12] el análisis de Dowty predice la existencia de verbos exclusivamente estativos en la clase de {PREOCUPAR}. Por otra parte, este análisis tampoco puede excluir la existencia de verbos que, en un sentido estativo, se construyan como *temer*, y, en un sentido incoativo, como *preocupar*, aunque este tipo de verbos no parece existir en realidad.[13] En resumen, el análisis de Dowty predice la posibilidad de varios tipos de verbos que en realidad no existen.

5.2.2.2. Wechsler (1995)

Wechsler (1995) pretende poder determinar los papeles temáticos presentes en los distintos predicados, con ayuda de tres restricciones semánticas (de las que sólo dos nos interesarán directamente aquí)—junto con otros principios que gobiernan

11 Es esta la excepción a que alude Dowty en la cita precedente.

12 Hemos visto en el capítulo precedente (sección 4.4, página 178) que hay verbos más y menos estativos en la clase de {PREOCUPAR} (uno de los verbos más estativos es el mismo *preocupar*). Sin embargo, hemos visto también que es siempre posible hacer referencia a la fase inicial del evento.

13 Hay algunas aparentes excepciones, como *admirar* y *extrañar*. En español, estos verbos pueden utilizarse como un verbo de la clase de {PREOCUPAR} y como un verbo de la clase de {TEMER}. Sin embargo, pensamos que no expresan el mismo sentido en el empleo estativo (es decir, como verbo de la clase de {TEMER}), e incoativo (como verbo de la clase de {PREOCUPAR}): así, *admirar* tiene los sentidos respectivos, muy distintos, de "tener respeto o estima a" y "causar sorpresa o extrañeza a", mientras que *extrañar* tiene los sentidos respectivos de "recordar la ausencia o la pérdida de" y "producir sorpresa a" (definiciones adaptadas del diccionario *Salamanca*). Un verbo como *asustar*, en cambio, que se utiliza siempre como verbo de la clase de {PREOCUPAR}, tiene el mismo sentido en su uso estativo e incoativo (con excepción de la diferencia aspectual). Más aún, los dos verbos *admirar* y *extrañar* también pueden utilizarse estativamente cuando se construyen como un verbo de la clase de {PREOCUPAR}.

la estructura sintáctica de los complementos seleccionados y la correspondencia entre estos complementos y sus papeles temáticos. La teoría de Wechsler se inscribe en la teoría de la HPSG ("Head-Driven Phrase-Structure Grammar"), pero podría aplicarse sin muchas modificaciones a la GLF, o a otra teoría sintáctica (generativa). La primera restricción, y al mismo tiempo la restricción más general, se llama la *Notion Rule*. Esta regla se basa en una "primitiva semántica" que, según Wechsler (1995: 29), reconstruye esencialmente el papel temático del agente en términos más generales. Wechsler (1995: 35–36) caracteriza informalmente esta regla de la manera siguiente:

> The generalization suggested by this entailment pattern is just that each sentence entails that the individual denoted by its subject NP has a notion of the individual denoted by its object NP, while the converse entailment does not go through.

El concepto de *notion* introducido por Wechsler es muy parecido a la noción de sujeto intencional introducida por Ruwet (1995)—cfr. sección 3.3.3, página 92.[14] Si entendemos bien el análisis de Wechsler (1995: 31ss), lo que Ruwet llama un sujeto intencional tiene también, por definición, una "noción" de otro participante (el correlato de la intencionalidad en la terminología de Ruwet).[15]

Esta regla incluye tanto los participantes volitivos, como los experimentantes. Wechsler (1995: 39) da el ejemplo siguiente de un predicado con un sujeto volitivo:

(24) Oswald murdered Kennedy.

Como lo nota Wechsler, el asesino tiene forzosamente noción de su víctima, mientras que el esquema inverso, en el que la víctima tiene una noción de su asesino, no es necesariamente válido. Lo mismo acontece con los verbos que tienen al experimentante en la posición del sujeto:

(25) John fears Mary.

Para que Juan pueda temer a María, Juan debe tener una noción de María, pero puede temerla sin que María lo sepa.

Los ejemplos en los que el experimentante o el "perceiver" están introducidos por una preposición, como puede ser el caso en inglés, o están en dativo, como

14 Pero señalemos ya que la regla introducida por Wechsler está en contradicción con la idea de Ruwet de que el objeto de los verbos de la clase de {PREOCUPAR} sería un sujeto intencional.

15 Wechsler (1995: 34) define el concepto de *notion* así: "To have a notion *n* is just to have one or more Intentional mental state(s) in whose structure *n* is included." Ahora bien, un estado mental intencional parece siempre implicar un contenido intencional, un objeto del estado mental intencional (si no, no sería intencional). Este contenido intencional parece corresponder al correlato de la intencionalidad de Ruwet.

en las lenguas romances, también se pueden explicar con este principio, si aceptamos otra regla, la *Isomorphy Condition*. Esta regla o condición es fundamentalmente una restricción sobre la correspondencia entre los papeles temáticos y las funciones gramaticales (Wechsler 1995: 4). No repetiremos aquí la definición de Wechsler pero señalamos sólo que tiene como consecuencia que un participante, que normalmente desempeñaría la función del sujeto, también puede ser expresado, bajo ciertas condiciones,[16] por un complemento preposicional o, en las lenguas romances, por un complemento dativo. En este caso, el participante que normalmente estaría expresado por un objeto debe realizarse como sujeto. Así, ciertos verbos pueden realizar su experimentante no como un sujeto, sino como un objeto indirecto, marcado por el caso dativo (Wechsler 1995: 38ss):

(26) La mort est apparue à Jean dans ses rêves.

(27) La mort lui est apparue dans ses rêves.

(28) A Juan le gusta el teatro.[17]

Nuestro análisis se parecerá al análisis de Wechsler en la medida en que también consideramos los verbos de la clase de {TEMER} y los verbos de la clase de {AGRADAR} como tipos de verbos temáticamente equivalentes, y la diferencia sintáctica entre ambos tipos como una idiosincrasia léxica de los verbos de la clase de {AGRADAR} (la clase de {TEMER} siendo la clase no marcada).

Según Wechsler (1995: 40ss), los verbos de la clase de {PREOCUPAR} no son excepciones a la regla, aunque en este caso, el experimentante no está introducido por una preposición ni está en dativo, simplemente porque la *Notion Rule* no se aplica en este caso. Comparemos los dos ejemplos proporcionados por Wechsler (1995: 41):

(29) The movie frightened John.

(30) John feared the movie.

En el segundo ejemplo la *Notion Rule* debe aplicarse, porque el sujeto *John* tiene noción del objeto *the movie*. El primer ejemplo, sin embargo, sería distinto: "[this example] tells us that the movie caused John to experience fright, but it does not tell us what, if anything, is the Intentional content of that fright—what, if anything, John became frightened *of* as a result."[18] Este tipo de ejemplos obedecería más bien a otra regla, la *Nuclear Role Rule*. Dicho informalmente, la *Nuclear Role Rule* especifica que el objeto (directo) debe desempeñar un papel nuclear; y un papel

16 Es decir, el participante debe desempeñar un papel "semánticamente restringido". Cfr. Wechsler (1995: 3-4) para una caracterización de esta noción.

17 Los primeros dos ejemplos provienen de Wechsler (1995: 39).

18 Cfr. también el análisis de Pesetsky (1995: 56).

nuclear se define como "all such roles for which a change of state in the participant filling them lends the denoted event its temporal constitution".[19] Veamos algunos ejemplos típicos (Wechsler 1995: 47):

(31) The virus infected the organism.

(32) The organism metabolized the sugar.

(33) The acid dissolved the metal.

(34) The sponge absorbed the water.

Los sujetos de estos verbos no pueden caracterizarse como participantes que tienen una "noción" (no pueden ser sujetos intencionales). Por otra parte, si tomamos como ejemplo el número (33), la configuración interna del evento depende temporalmente del objeto directo:

> [...] the metal but not the acid is affected in a manner which is intrinsically tied to the individuation and temporal structure of the event itself: the dissolving-event is half over when the metal is half gone; the event is complete when the metal is completely gone.

Ya que los experimentantes de los verbos de la clase de {PREOCUPAR} también pueden considerarse como desempeñando un papel nuclear, se puede explicar por qué se realizan como objetos directos.

Sin embargo, este análisis presenta algunos problemas empíricos.

1. el análisis depende decisivamente de la posibilidad de distinguir la causa de una emoción del objeto (o tema) de la emoción. Sin embargo, parece que hay muchos casos donde es imposible hacer esta distinción. El propio Wechsler (1995: 44) ya nota que, en inglés, hay al menos dos contraejemplos a su teoría, *preoccupy* y *concern*, con los que el objeto tendría siempre una noción del sujeto. Por otra parte, Ruwet (1993: 110) muestra que hay muchas más excepciones, por lo menos en francés. Según Ruwet, en los ejemplos siguientes, es imposible construir "des interprétations qui impliqueraient l'existence d'un objet de l'émotion, «impossible» ou non syntaxiquement, et *distinct de la cause de l'émotion*" (énfasis nuestro):

   (35) La beauté d'Ava Gardner éblouit Paul.

   (36) Ce souvenir d'enfance m'obsède.

   (37) Ce cauchemar qu'est l'Histoire hantait James Joyce.

19 Como tal, este papel parece ser una extensión del concepto de "tema incremental", analizado por varios autores, entre otros Dowty (1991). Señalemos también la semejanza de este análisis con el análisis aspectual de Tenny (1994).

...

Por lo tanto, el objeto de un verbo psicológico sí tendría normalmente una noción del sujeto, a la inversa de lo que pretende Wechsler.

2. el análisis de Wechsler no puede establecer la diferencia entre verbos psicológicos y otros verbos que tienen los mismos criterios de selección que ellos. Así, en el análisis de Wechsler, desde un punto de vista temático, no hay ninguna diferencia entre un verbo como *asustar* y un verbo como *desacreditar* o *corromper*.[20]

3. Wechsler tiene que enfrentarse otra vez con el problema del número de los argumentos. Si la causa y el objeto de la emoción son dos papeles distintos, ¿por qué entonces es muchas veces imposible expresarlos ambos al mismo tiempo?[21]

5.2.3. Una teoría aspectual

La solución propuesta por Grimshaw (1994) y Pustejovsky (1995) (cfr. también Pustejovsky & Busa 1995) se basa en la idea de que es posible descomponer aspectualmente los eventos designados por los distintos predicados verbales.[22] En la versión de Grimshaw, la inversión de los papeles temáticos de los verbos de la clase de {PREOCUPAR} es el resultado de un conflicto entre dos jerarquías distintas. La primera jerarquía, que ya conocemos, es la jerarquía temática. Grimshaw distingue además una jerarquía aspectual en la que las posiciones respectivas de los dos argumentos de un verbo de la clase de {PREOCUPAR} se invierten con respecto a su lugar en la jerarquía temática (cfr. sección 2.7 para más detalles). Esta inversión de las posiciones jerárquicas de los dos argumentos, explicaría por qué hay también inversión en la proyección de los argumentos en las funciones gramaticales.

La explicación de Grimshaw se funda, pues, en la observación de que se puede hacer un análisis temporal *interno* de los eventos designados por los predicados verbales: los verbos psicológicos de la clase de {PREOCUPAR}, a la inversa de los verbos de la clase de {TEMER}, designan eventos que pueden descomponerse en subeventos temporalmente ordenados entre sí. Ya que el tema se encuentra en el primer subevento, se realiza como el sujeto de la oración. La propuesta de Grimshaw ha sido criticada, no tanto por su análisis temporal de los predicados,

20 Cfr. la sección 3.4.2.1, página 112.

21 En los ejemplos (35) a (37) de Ruwet, sería imposible añadir un complemento preposicional que expresaría un tema distinto del sujeto.

22 Cfr. también las propuestas de Tenny (1994) y Wanner (2001), desde otras perspectivas teóricas

sino por las consecuencias teóricas que ella deduce del análisis aspectual: el sujeto de un verbo como *preocupar* sería un argumento *interno* y no externo, a la inversa de los sujetos "normales" (en la opinión de Grimshaw, sólo los argumentos preeminentes según las dos jerarquías pueden ser argumentos externos). Ya que este análisis da lugar otra vez a una diferencia *estructural* entre los verbos psicológicos de la clase de {PREOCUPAR} y otros verbos no psicológicos, está sujeto a muchas de las críticas ya dirigidas anteriormente al análisis transformacional tradicional (véase nuestro resumen de Bouchard 1995b en el capítulo 2).

En el capítulo anterior hemos visto que la dimensión aspectual es efectivamente un criterio importante a la hora de distinguir semánticamente los distintos tipos de verbos psicológicos. Por lo tanto, aquí utilizaremos la dimensión aspectual como base de nuestra formalización. Sin embargo, analizaremos la correspondencia entre los papeles temáticos y las funciones gramaticales de una manera muy distinta del análisis de Grimshaw. Por ejemplo, no consideraremos los verbos de la clase de {PREOCUPAR} como verbos inacusativos.

5.3. La teoría de la correspondencia en la GLF

5.3.1. La Teoría de la Correspondencia Léxica

Ahora bien, ¿cómo podemos formalizar la correspondencia ("mapping") entre papeles temáticos y funciones gramaticales, y, más concretamente, cómo podemos hacerlo dentro de la GLF? En el capítulo 1, en el que hemos introducido la teoría de la Gramática Léxica Funcional, no hemos hecho referencia a la estructura argumental de las distintas entradas léxicas. Así, un verbo como *caer* tenía la entrada léxica siguiente:

(38) cae V $(\uparrow \text{PRED}) = \text{`caer}\langle(\uparrow \text{SUJ})\rangle\text{'}$

Con esta entrada léxica no se hace ninguna referencia al hecho de que este verbo se considera normalmente como un verbo inacusativo (cfr. Bosque 1991: 168ss). En efecto, un verbo considerado inergativo, como *bailar*, tiene una entrada léxica equivalente:

(39) baila V $(\uparrow \text{PRED}) = \text{`bailar}\langle(\uparrow \text{SUJ})\rangle\text{'}$

Con las nociones introducidas en el capítulo 1, es imposible distinguir un verbo inacusativo y un verbo inergativo. En las primeras versiones de la GLF todavía no había una teoría de la estructura argumental (aunque su necesidad ya había sido postulada en un nivel más bien teórico). Hacia finales de los años ochenta y principios de los años noventa se ha elaborado la "Lexical Mapping Theory" destinada a llenar esta laguna (Bresnan & Kanerva 1989).[23] La "Lexical Mapping Theory", o, como vamos a llamarla en lo que sigue, la Teoría de la Correspondencia Léxica o TCL, trata de proporcionar, como lo indica el nombre, una teoría de la correspondencia entre la estructura semántica de un elemento léxico, su estructura argumental, y las funciones gramaticales a las que corresponden los argumentos distinguidos en la estructura argumental. Se pueden visualizar las relaciones entre estos distintos niveles como en la figura 5.2 (adaptada de Alsina 1996: 12). La

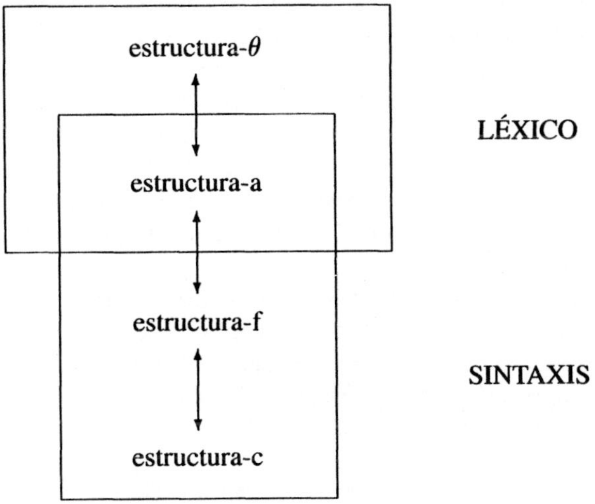

Figura 5.2: Los niveles de la TCL

estructura temática, o estructura-θ,[24] corresponde a una estructura más bien semántica e incluye los distintos papeles temáticos, esto es, por ejemplo, los papeles de agente, paciente, tema, etc. La estructura-f, como ya hemos visto anteriormente, incluye, entre otras cosas, la especificación de las funciones gramaticales (sujeto, objeto, adjunto, etc.) La especificidad de la estructura argumental es justamente la de mediar entre la estructura-θ y la estructura-f, y, por lo tanto, entre el léxico y la sintaxis. Sin embargo, tan importantes como estos tres niveles, son las *corres-*

23 Para un resumen de la génesis de la "Lexical Mapping Theory", remitimos al lector a Butt & Holloway King (2000b). Para una introducción más detallada a la teoría remitimos, por ejemplo, a Bresnan (2001) o a Falk (2001).

24 A veces llamada "lexical conceptual structure" (Alsina 1996: 12).

pondencias que existen entre ellos: la correspondencia entre la estructura-θ y la estructura-a por una parte, y entre la estructura-a y la estructura-f por otra parte. Consideraremos uno a uno estos componentes en lo que sigue.

5.3.2. La estructura-θ

Dentro de la bibliografía lingüística, hay muy poco consenso por lo que se refiere a la teoría temática: existen varias teorías temáticas y a veces son muy distintas una de otra (hemos visto algunos ejemplos en la primera parte de este capítulo). Dentro de la GLF, se han utilizado varias teorías temáticas, a veces sin dar muchos argumentos para motivar la elección de una teoría sobre otra (en general, la GLF parece interesarse más en la correspondencia entre estructura-a y estructura-f que en aquella entre estructura-θ y estructura-a). Bresnan (2001: 307) utiliza una jerarquía temática "[that] might be derived from semantic primitives along the lines of Dowty (1991) and Engdahl (1990) or Jackendoff (1990) and Pinker (1989)",[25] sin explicar *cómo* podría hacerse derivar. Falk (2001) se inspira explícitamente en la teoría de Jackendoff (1990), mientras que Alsina (1996) utiliza como punto de partida la teoría de Dowty (1991).

Aquí nos inspiraremos, como Alsina (1996), en la teoría de Dowty, pero la modificaremos de varias maneras; más particularmente, la modificaremos de tal manera que pueda incluir una dimensión aspectual.[26] Veamos de nuevo, y ahora más en detalle, la teoría temática propuesta por Dowty (1991). Repetimos aquí las dos listas de propiedades del agente-P y del paciente-P:

(40) Contributing properties for the Agent Proto-Role:
   a. volitional involvement in the event or state
   b. sentence [sic] (and/or perception)
   c. causing an event or change of state in another participant
   d. movement (relative to the position of another participant)
   e. (exists independently of the event named by the verb)

(41) Contributing properties for the Patient Proto-Role:
   a. undergoes change of state
   b. incremental theme
   c. causally affected by another participant

25 De estos autores, sólo hemos consultado el primero.

26 Otros autores que trabajan en el marco de la GLF utilizan también la teoría de Dowty como base de su teoría de la correspondencia: Ackerman & Moore (1999, 2001), Kelling (2002), Zaenen (1993). Sin embargo, la propuesta presentada aquí es diferente en varios aspectos de los análisis desarrollados por estos autores. Cfr. Vanhoe (2002b) para más detalles.

d. stationary relative to movement of another participant

e. (does not exist independently of the event, or not at all)

En la teoría original de Dowty, las nociones de agente y paciente son prototípicas porque se determinan a base del *número* de propiedades que incluyen.[27] Sin embargo, aquí seguiremos una sugerencia de Alsina (1996: 40) y no interpretaremos las propiedades de Dowty como propiedades prototípicas, sino como propiedades definitorias:

> I propose to treat [the proto-role scale] as providing three discrete categories: arguments are classified as either *P-A* (for Proto-Agent), *P-P* (for Proto-Patient), or neither, depending on whether each argument has or doesn't have key semantic properties of either P-Role.

Pero antes de continuar esta propuesta, tenemos que hacer algunas observaciones a propósito de las propiedades distinguidas por Dowty. Por una parte, hay asimetría entre ambas listas. No todas las propiedades típicas de agentes-P tienen una propiedad correspondiente en la lista que caracteriza a los pacientes-P. Las dos propiedades (d) son complementarias: para que un participante pueda ser estacionario con relación al movimiento de otro participante, es necesario que haya otro participante que se mueva. Las propiedades (e) son opuestas pero no son complementarias: ninguna de las dos propiedades presupone la existencia de un participante que pueda ser caracterizado por la propiedad opuesta. Por otra parte, la propiedad del agente-P (c), parece tener como complementos las propiedades del paciente-P (a) y (c). Quizás podemos incluir también la propiedad del paciente-P (b), ya que Dowty (1991: 568) da como ejemplos de temas incrementales "traditional 'effected' objects, 'destroyed' objects, and objects entailed to undergo a DEFINITE change of state" (esta definición muestra, además, que las propiedades (a) y (b) del paciente-P se solapan parcialmente). Las primeras dos propiedades del agente-P no parecen tener un complemento en la segunda lista (aunque las primeras tres propiedades de paciente pueden coexistir con un participante volitivo). En lo que sigue trataremos de elaborar dos nuevas listas, en las que cada propiedad tiene una propiedad simétrica en la lista opuesta. Nos inspiraremos por una parte en una propuesta de Alsina (1996: 41), y por otra parte en las reglas de Wechsler (1995), introducidas en la sección 5.2.2.2:

(42) a. el participante está implicado volitivamente en el evento

---

27 No está muy claro en el texto de Dowty si las propiedades individuales también se definen prototípicamente. Por ejemplo, ¿puede un participante ser más o menos volitivo, y por lo tanto, más o menos agentivo? Por otra parte, no sabemos si Dowty establece una jerarquía entre las distintas propiedades, es decir, si unas propiedades son más importantes que otras.

b. el participante desempeña el papel temático principal en un primer subevento
c. el participante siente o percibe algo
d. el participante contiene o posee algo

(43) a. el participante sufre un cambio de estado
b. el participante desempeña el papel temático principal en un segundo subevento
c. el participante es el objeto de un sentimiento o de una percepción
d. el participante está contenido o entra en otra cosa, u otro participante lo posee u obtiene

Aunque estos dos conjuntos de propiedades no son más que una propuesta provisional, son capaces de explicar todos los ejemplos analizados por las tres reglas de Wechsler (1995). La última propiedad de ambas listas (a propósito de las cuales daremos más detalles de inmediato) corresponde a la *Part Rule* propuesta por Wechsler (1995: 58). La *Nuclear Role Rule*, por otra parte, está incluida en nuestra distinción aspectual (b). Y la *Notion Rule* está incluida en las dos reglas que quedan, ya que los ejemplos típicos de la *Notion Rule* en el texto de Wechsler incluyen participantes volitivos, experimentantes o *perceivers*. A primera vista, las propiedades propuestas aquí también son capaces de explicar la gran mayoría de los ejemplos proporcionados por Dowty (1991) (daremos más indicaciones en lo que sigue). Pero, sobre todo, la distinción entre participantes volitivos y experimentantes (a la inversa de lo que hace Wechsler), y la propuesta de establecer una jerarquía dentro de los dos conjuntos de propiedades (cfr. también Alsina 1996: 41), nos ayudarán a dar cuenta formalmente de los distintos tipos de verbos psicológicos.

Pasemos ahora revista a las propiedades distinguidas por Dowty (1991), y veamos cómo pueden analizarse dentro del esquema propuesto aquí. Hemos conservado las primeras dos propiedades del agente-P ("volitional involvement" y "sentience") como también hemos conservado la primera propiedad del paciente-P ("change of state"). Las dos propiedades que conciernen al carácter causal de la oración, como también la propiedad del "incremental theme", están reemplazadas por la distinción aspectual. En efecto, por una parte, la distinción aspectual parece más general que la distinción causal, y, por otra parte, como lo nota Dowty (1991: 567), los temas incrementales son típicos de los predicados télicos (los logros y las realizaciones) y son justamente los predicados télicos los que pueden dar lugar a una descomposición aspectual (cfr. también la propiedad de "Measuring-Out" distinguida por Tenny 1994, y correlacionada directamente con el aspecto léxico). Hemos añadido la segunda propiedad del paciente-P (la de ser el objeto de un sentimiento o de una percepción) para asegurar la simetría entre las dos listas. Las últimas dos propiedades de las listas de Dowty son las que dan más dificultades. Varios de los ejemplos propuestos por Dowty (1991: 573) para ejemplificar su última propiedad pueden ser subsumidos por nuestra última propiedad (la distinción entre todo y parte, y entre poseedor y poseído):

(44) John needs a car.

(45) John seeks a unicorn.

(46) John lacks enough money to buy it.

(47) This situation constitutes a major dilemma for us.

En los primeros tres ejemplos, John parece ser el poseedor (virtual en este caso), y el objeto, lo que quiere poseer. Wechsler (1995: 59) da varios argumentos para analizar también *constitute* como un ejemplo de la distinción parte-todo (cfr. la nota 23, página 244). Otros dos ejemplos pueden analizarse como subsumidos por la distinción *aspectual*, ya que se trata de predicados télicos ("John built a house", "John erased an error"). La mayoría de los ejemplos de la propiedad del movimiento también pueden analizarse como ejemplos de la distinción aspectual:

(48) Water filled the boat.

(49) The bullet overtook the arrow.

Pero señalemos que el primer ejemplo también podría analizarse como un ejemplo de parte-todo. Sin embargo, según este análisis esperaríamos una configuración inversa (*water* debería ser el objeto, *boat* el sujeto). Este es precisamente un argumento para introducir una jerarquía en las dos listas de propiedades (encontraremos otro argumento a la hora de analizar los verbos psicológicos). Adoptaremos la hipótesis de que las primeras dos propiedades son preeminentes comparadas con las últimas dos. En este caso, la propiedad aspectual lleva la delantera a la propiedad de parte-todo. Por otra parte, nos parece poco probable que las primeras dos o las últimas dos propiedades puedan entrar en conflicto entre sí (si esto fuese el caso, tendríamos que especificar una jerarquía más detallada). Los casos más difíciles de analizar nos parecen los verbos inacusativos. Según Dowty, en el ejemplo siguiente, el sujeto es un agente-P porque hay movimiento:

(50) He accidentally fell.

Sin embargo, pensamos que sería mejor analizarlo como un paciente-P, para poder explicar las propiedades típicas de los verbos inacusativos.[28] Podríamos pensar que el sujeto es un paciente-P porque sufre un cambio de estado. Sin embargo,

28 Además, este análisis parece coincidir con el análisis del propio Dowty (1991: 605), más abajo en su artículo.

parece que hay también verbos inacusativos que no denotan un cambio de estado y, como no hay subeventos, la segunda propiedad tampoco puede ayudarnos. Así, Mendikoetxea (1999b: 1579) cita como verbo inacusativo el verbo *existir*, cuyo sujeto no parece tener propiedades de paciente-P (y tampoco de agente-P). Pero no profundizaremos más en este problema aquí y dejaremos su análisis para otra ocasión.

Para terminar, notemos que, aunque en muchos casos la propiedad volitiva coincide con la de formar parte del primer subevento, no es siempre el caso. Por una parte, puede haber participantes agentivos sin que se pueda descomponer el evento, y esto sobre todo con verbos que pertenecen a la clase aspectual de las actividades (51); por otra parte existen participantes no volitivos incluidos en un primer subevento (52):

(51) Juan trabaja la tierra.

(52) El viento rompió el vidrio.

En el primer ejemplo, Juan es un participante volitivo pero es imposible descomponer el predicado *trabajar (la tierra)*, porque no es un predicado télico. Por otra parte, en el segundo ejemplo, el viento no es volitivo, pero sí forma parte de un primer subevento. Por lo tanto, ambas propiedades son necesarias para poder describir estos ejemplos. Nótese que este desdoblamiento de la noción de "agente" —en un aspecto volitivo y la inclusión en un primer subevento— tiene como consecuencia el que el sujeto de un verbo de la clase de {PREOCUPAR} se analiza como un agente-P, independientemente de su carácter volitivo. Así, el sujeto de *asustar*, por ejemplo, puede ser volitivo o no volitivo, pero en ambos casos desempeña el papel temático principal en un primer subevento, y se caracteriza por lo tanto como un agente-P. De esta manera podemos evitar uno de los problemas mayores en el análisis de los verbos psicológicos de la clase de {PREOCUPAR}: en muchas propuestas teóricas un mismo verbo puede tener dos estructuras temáticas distintas, dependiendo del carácter agentivo (volitivo) o no del sujeto (cfr. Belletti & Rizzi 1987: 68).

Ya hemos señalado que no utilizaremos las nociones de agente-P y paciente-P como nociones prototípicas sino como conceptos discretos. Seguiremos a Alsina (1996: 40) y distinguiremos tres categorías discretas: un agente-P, un paciente-P, y los argumentos que no tienen ninguna propiedad de agente-P ni de paciente-P. Sin embargo, es posible que un mismo participante tenga al mismo tiempo una propiedad de agente-P y de paciente-P. En este caso, como ya hemos señalado, la jerarquía interna de los dos conjuntos de propiedades determinará la inclusión del argumento en una de las dos categorías temáticas.[29]

5.3.3. Correspondencia entre estructura-θ y estructura-a

Veamos ahora cómo podemos deducir la estructura-a de la estructura-θ propuesta en la sección precedente. En la TCL "clásica", esta correspondencia se hace por vía de dos rasgos binarios: [±o] y [±r]. En la sección siguiente veremos que estos dos rasgos desempeñan realmente el papel de nivel intermedio entre la estructura-θ y la estructura-f: a partir de ellos se podrán deducir las funciones gramaticales desempeñadas por los distintos participantes. En efecto, cada función gramatical se caracteriza por una combinación de estos dos rasgos, como se puede ver en el cuadro 5.1, sacado de Falk (2001: 107). El rasgo [±o] denota

	[−o]	[+o]
[−r]	SUBJ	OBJ
[+r]	OBL_θ	OBJ_θ

Cuadro 5.1: Los rasgos [±o] y [±r]

el carácter objetivo o no de un elemento: los objetos directos (OBJ) y los "objetos secundarios"[30] (OBJ_θ) son argumentos [+o]. Los otros dos argumentos son [−o]. El rasgo [±r] denota la propiedad de la "restricción" ("restrictiveness"): tanto OBJ_θ como OBL_θ son temáticamente restringidos,[31] mientras que SUJ y OBJ son temáticamente libres (pueden denotar una gran variedad de papeles temáticos). Veremos en la sección siguiente como se hace concretamente la correspondencia entre estructura-a y estructura-f.

Por ahora, veamos cómo podemos determinar el valor de los dos rasgos [±o] y [±r] a partir de la estructura-θ distinguida en la sección precedente. Falk (2001: 107) explicita las reglas de correspondencia entre estructura-θ y estructura-a de la

29 Aunque ya no consideramos estas nociones como prototípicas, continuaremos utilizando los términos de agente-P y de paciente-P, para distinguirlas de los papeles temáticos del agente y del paciente, tales como se utilizan en otras teorías temáticas.

30 La existencia de un objeto secundario (también llamado "objeto temático", de ahí la abreviatura OBJ_θ), ha sido postulada para lenguas como el inglés, para caracterizar el segundo "objeto" en oraciones ditransitivas ("Both parents cooked the children supper" — cfr. Bresnan 2001: 316). No parece que exista tal tipo de complementos en las lenguas romances.

31 "[...] each member of the OBL_θ family is thematically "restricted" by being explicitly marked (by overt morphological Case or preposition) for its thematic role and the OBJ_θ family is restricted by language-specific constraints to a small set of thematic roles" (Falk 2001: 107).

manera siguiente:[32]

(53) **θ-structure to a-structure mapping**
Patients and Themes map to [−r]
"secondary" Patients and Themes map to [+o] as a marked option
non-Theme/Patient arguments map to [−o]

Los temas y los pacientes corresponden *grosso modo* a nuestros pacientes-P, los "non-Theme/Patient arguments" a nuestros agentes-P. Los pacientes y temas "secundarios" se caracterizan de maneras diferentes en distintas lenguas; en inglés, los argumentos secundarios serían los temas que no son al mismo tiempo pacientes (con la estructura-θ distinguida aquí sería necesaria otra definición). En castellano (y probablemente también en otras lenguas romances), estas reglas de correspondencia son distintas, entre otras cosas porque estas lenguas no tienen objetos secundarios (cfr. supra, nota 30). Si adaptamos las reglas de Falk a nuestra teoría de la estructura-θ obtenemos las reglas siguientes:

(54) **Correspondencia entre estructura-θ y estructura-a**
Los agentes-P corresponden con argumentos [−o]
Los agentes-P secundarios corresponden con argumentos [+o] en la opción marcada[33]
Los pacientes-P corresponden con argumentos [−r]

Como se puede ver, los agentes-P (primarios) son siempre [−o], lo que deja abierta la posibilidad de que sean [−r], y por lo tanto SUJ, o [+r], y entonces OBL_θ (los complementos agente). Los pacientes-P son [−r], y por lo tanto SUJ (por ejemplo en el caso de los inacusativos) u OBJ. Definimos los agentes-P secundarios como los participantes que son agentes-P a base de las últimas dos propiedades en la lista (42): el participante siente o percibe algo, o contiene o posee algo (es decir, las dos propiedades jerárquicamente inferiores en la lista de propiedades de agentes-P). [34]

Con estas reglas, teóricamente, un agente-P secundario puede realizarse como un argumento [−o] o como un argumento [+o]. Sin embargo, consideramos la segunda opción como una opción marcada *léxicamente*: un agente-P secundario se realiza normalmente como un argumento [−o] (como cualquier agente-P), pero

32 Cfr. también Bresnan (2001: 309) para una serie de reglas paralelas.

33 Nótese que en castellano, los argumentos [+o] corresponden con los agentes-P, no con los pacientes-P.

34 Nótese que esta jerarquía de propiedades refleja también la idea, cognitivista, de que los argumentos de los verbos psicológicos no son agentes o pacientes "prototípicos", y de que por lo tanto los verbos psicológicos no son verbos transitivos "prototípicos" (cfr. Bossong 1998, Hopper & Thompson 1980, Lazard 1994): en nuestro análisis, las propiedades que caracterizan a estos argumentos son secundarios con respecto a las primeras dos propiedades, que definen los predicados más típicamente transitivos.

ciertos verbos pueden especificar en su entrada léxica que este agente-P secundario se realiza como un argumento [+o]. Conviene decir que esta parte de las reglas de correspondencia probablemente no es una regla generalizada en las lenguas humanas (aunque parece existir en varias lenguas romances). Los argumentos [+o] son compatibles tanto con OBJ como con OBJ_θ, pero las reglas de correspondencia entre estructura-a y estructura-f sólo harán posible la primera opción: los agentes-P secundarios se realizarán obligatoriamente como OBJ (objetos indirectos en la terminología usual). Esta parte de las reglas de correspondencia es probablemente la parte más original de nuestra propuesta (aunque se basa en algunas ideas de Alsina). Alsina (1996: 150ss) da varios argumentos en favor de un análisis objetivo, y no oblicuo, de los objetos indirectos en catalán, pero los argumentos pueden aplicarse directamente al castellano. Motivaremos más extensamente estos cambios con respecto a la teoría estándar, después de haber introducido la estructura-f propiamente dicha y las reglas de correspondencia entre estructura-a y estructura-f, en la sección siguiente. Pero veamos primero algunos ejemplos de cómo se puede deducir la estructura-a de un participante a partir de su análisis temático.

Un verbo intransitivo inergativo, como *bailar*, tendrá las estructuras temática y argumental siguientes:

(55)	estructura-θ	<P-A >
		|
	estructura-a	[−o]

El sujeto de *bailar* tiene una propiedad de agente-P (P-A), porque es el sujeto quien decide *bailar*: es un participante volitivo. La primera regla en (54) basta para asignarle el rasgo [−o]. Un verbo inacusativo, en cambio, por ejemplo *caer*, tiene las estructuras temática y argumental siguientes:

(56)	estructura-θ	<P-P >
		|
	estructura-a	[−r]

Ya hemos visto en la sección precedente que el sujeto de *fall* o de *caer*, en español, se analiza mejor como un paciente-P (P-P). Por medio de la última regla en (54), el único participante de *caer* obtiene el rasgo [−r].

Un verbo transitivo normal, como *construir* tiene las estructuras temática y argumental siguientes:

(57)	estructura-θ	<P-A,	P-P >
		|	|
	estructura-a	[−o]	[−r]

El sujeto de *construir* es un participante volitivo y además, desempeña un papel en el primer subevento; por consiguiente es un agente-P. El objeto de *construir* (por ejemplo, un edificio), adquiere existencia a través del evento de construir, y, por lo tanto cambia de estado.[35] Por otra parte, desempeña un papel en el segundo subevento denotado por el verbo *construir*; por consiguiente es un paciente-P. Las reglas de correspondencia determinan que el agente-P tiene el rasgo [−o], el paciente-P el rasgo [−r]. Con *ver*, por ejemplo, tendremos la misma estructura argumental: el sujeto es el agente-P (es el participante que percibe algo), el objeto el paciente-P (es el objeto de la percepción). Con el verbo *ver* se sigue la regla general: el agente-P es marcado [−o], el paciente-P [−r]. Veremos enseguida ejemplos en los que se sigue la opción marcada en (54). El hecho de seguir o no la opción marcada parece ser una característica léxicamente determinada de un verbo o de un predicado: el verbo *ver* no se especifica léxicamente como un verbo que sigue el esquema marcado, y por lo tanto, se comporta como un verbo transitivo regular.

5.3.4. Correspondencia entre estructura-a y estructura-f

La correspondencia entre estructura-a y estructura-f está regida por las reglas de correspondencia siguientes (adaptadas de Bresnan 2001: 311 y Falk 2001: 108):

(58) a. un argumento [−o] corresponde con SUJ

b. un argumento [−r] corresponde con SUJ o con OBJ

c. un argumento [+o] corresponde con $\begin{pmatrix} \text{OBJ} \\ (\uparrow \text{DAT}) = + \end{pmatrix}$

Seguimos a Alsina (1996: 149ss) al considerar el objeto indirecto en castellano no como un objeto oblicuo sino como un objeto marcado (morfológicamente) con el caso dativo. Es decir, en español un verbo puede tener dos argumentos que desempeñan el papel de objeto.[36] Alsina (1996: 150-160) da varios argumentos empíricos para motivar su análisis del objeto indirecto romance como un objeto morfológicamente marcado con el caso dativo. Notemos que el análisis adoptado aquí difiere del análisis del objeto indirecto adoptado en el capítulo 1. Ahora ya no distinguimos un rasgo CASO que puede tener uno de los dos valores DAT o AC, sino que distinguimos sólo un rasgo DAT positivo o negativo. Más importantemente, ya no distinguimos una función gramatical particular de OBJ_{IND}, ya que tanto los objetos [DAT +] como los objetos [DAT −] se consideran simplemente como OBJ.[37] Esta opción nos permitirá conservar el esquema presentado en el cuadro 5.1 sin tener que considerar los objetos dativos como OBJ_θ o como

35 Dowty (1991: 573) analiza "coming into being" como un ejemplo de "change of state".

36 Esta hipótesis puede traer consigo un problema formal: parece implicar una infracción de la *Uniqueness Condition* introducida en la sección 1.2.1.1, página 20. Sin embargo, Alsina (1996: 21, 47-48) da algunas indicaciones de la manera como se puede resolver este problema.

37 Continuaremos utilizando el término de objeto indirecto u OI como abreviación de OBJ [DAT +].

OBL_θ. Por otra parte nos permitirá analizar la estructura argumental de cierto tipo de verbos españoles, que no podríamos analizar de otra manera (los verbos como *interesar* de los que hablaremos luego).[38] También tenemos que modificar la regla sintagmática que expande el núcleo O para poder dar cuenta de este nuevo análisis de los objetos castellanos—cfr. las reglas (1.44), página 30 y (1.56), página 35:[39]

(59)
$$\text{O} \longrightarrow \begin{pmatrix} \text{SN} \\ (\uparrow \text{SUJ}) =\downarrow \end{pmatrix} \quad \begin{matrix} \text{SV} \\ \uparrow=\downarrow \end{matrix} \quad \begin{pmatrix} \text{SN} \\ (\uparrow \text{SUJ}) =\downarrow \end{pmatrix}$$
$$\begin{pmatrix} \text{SN} \\ (\uparrow \text{OBJ}) =\downarrow \end{pmatrix} \begin{pmatrix} \text{SP} \\ (\uparrow \text{OBJ}) =\downarrow \\ (\downarrow \text{AC}) = + \end{pmatrix} \begin{pmatrix} \text{SP} \\ (\uparrow \text{OBJ}) =\downarrow \\ (\downarrow \text{DAT}) = + \end{pmatrix} \ldots$$

Los dos principios generales siguientes también son operativos (Falk 2001: 108):

(60) a. **Function-argument biuniqueness**
Each a-structure role corresponds to a unique f-structure function, and each f-structure function corresponds to a unique a-structure role.[40]

b. **The Subject Condition**
Every verb must have one and only one SUBJ.[41]

La Condición del Sujeto tiene como consecuencia, entre otras cosas, el que el argumento [−r] de un verbo inacusativo se realiza como SUJ y no como OBJ (si no, este verbo no tendría sujeto). El principio de biunicidad entre funciones y argumentos hace imposible, por una parte, que un mismo papel en la estructura-a corresponda con varias funciones gramaticales (en un mismo núcleo predicativo), y, por otra parte, que una misma función gramatical corresponda con varios papeles en la estructura-a. Así, por ejemplo, un argumento [−r] (es decir un paciente-P) no puede expresarse al mismo tiempo como SUJ y como OBJ (aunque ambas opciones son posibles separadamente, según la regla 58b). Por otra parte, un SUJ no

38 Alsina (1996: 183, nota) señala que Ackerman (1992: 22) analiza los objetos dativos como OBJ_θ. Aunque esta opción no se puede excluir *a priori*, los objetos dativos romances no parecen comportarse como los OBJ_θ típicos de otras lenguas. Además, no vemos cómo podríamos analizar los verbos como *interesar* si analizáramos su objeto como un OBJ_θ (cfr. infra).

39 Nótese que un SP acusativo y un SP dativo pueden encontrarse en una misma oración (De Bruyne 1989: §716): "Soledad presentó a Pepita y a Larrañaga a Silvia" (ejemplo de Pío Baroja). Se encuentran más especificaciones acerca de esta construcción en el *Esbozo*: §3.4.6.2.

40 Según Alsina (1996: 46ss), este principio es demasiado restrictivo. Sin embargo, ya que las consideraciones de Alsina a este respecto no tienen relevancia para nuestros propósitos, podemos conservarlo tal como está formulado aquí. Cfr. también la nota 18, página 241.

41 Siguiendo a Alsina (1996: 20), añadimos a la definición original de Falk la restricción de que cada verbo no puede tener más de un sujeto. Esto es necesario porque, para hacer posible la presencia de dos objetos en un mismo núcleo predicativo, Alsina (1996) interpreta la *Uniqueness Condition* de una manera menos restrictiva que otros autores (cfr. la nota 36, más arriba). Sin embargo, esta interpretación también haría posible la presencia de dos sujetos en un mismo núcleo predicativo.

puede expresar al mismo tiempo un argumento [−r] y un argumento [−o], aunque, de nuevo, ambas opciones son posibles separadamente según las dos reglas (58a) y (58b).

Veamos ahora cómo podemos deducir las funciones gramaticales de las estructuras-a de los verbos ejemplificados en la sección precedente:

(61) a. *bailar*:

estructura-θ	<P-A >
	|
estructura-a	[−o]
	|
estructura-f	SUJ

b. *caer*:

estructura-θ	<P-P >
	|
estructura-a	[−r]
	|
estructura-f	SUJ

c. *construir*:

estructura-θ	<P-A,	P-P >
	|	|
estructura-a	[−o]	[−r]
	|	|
estructura-f	SUJ	OBJ

Con *bailar*, la correspondencia es muy directa: el argumento [−o] se realiza obligatoriamente como SUJ, por medio de la regla (58a). Con *caer*, el argumento [−r] también se realiza como SUJ, por medio de la regla (58b), junto con la condición del sujeto. Con un verbo transitivo como *construir*, el argumento [−o] se realiza de nuevo como SUJ, el argumento [−r] como OBJ, por medio de las dos reglas (58a) y (58b).

Los verbos ditransitivos, como *dar*, pueden analizarse de una manera elegante si consideramos al beneficiario como un agente-P secundario. En efecto, este participante entra en posesión de la cosa dada, y por eso obedece a la última propiedad del agente-P:[42]

42 En lo que sigue vamos a representar un agente-P secundario como P-A②.

(62) *dar*:

estructura-θ	<P-A,	P-A^{②},	P-P >
	|	|	|
estructura-a	[−o]	[+o]	[−r]
	|	|	|
estructura-f	SUJ	OBJ	OBJ
		(↑ DAT) = +	

Adoptamos como hipótesis el que el rasgo [DAT −] se asigna a los OBJ en los casos no marcados (es decir, cuando el atributo DAT todavía no está presente independientemente, por medio de las reglas de correspondencia).[43] Así, la estructura-f de una oración como "Juan dio el libro a María" sería la siguiente:

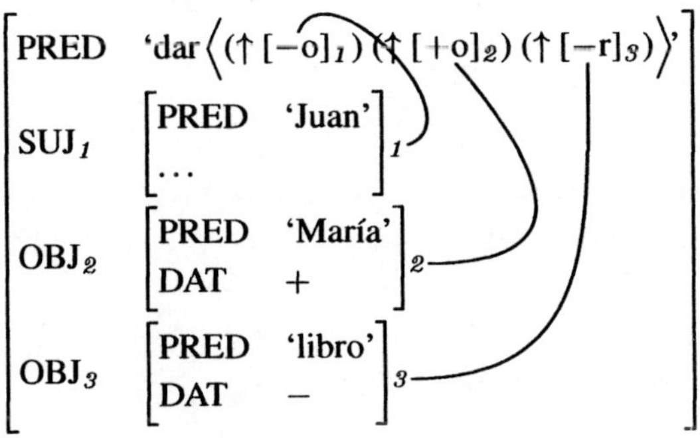

Figura 5.3: Estructura-f de 'Juan dio el libro a María'

Alsina (1996: 172) da también una serie de verbos (no psicológicos) que no toman un objeto directo, sino un objeto indirecto. Sus ejemplos están en catalán, pero existen ejemplos equivalentes en español:

(63) Juan le ha hablado / gritado / mentido / telefoneado.

En algunos casos el complemento del verbo alterna entre objeto directo e indirecto, pero con consecuencias semánticas nítidas (*li* es una forma dativa, *el* una forma acusativa):

(64) a. En Ferran li crida. (Ferran le grita.)

b. En Ferran el crida. (Ferran lo llama.)

43 También es posible que el atributo DAT simplemente no esté presente en la estructura-f de los objetos directos.

Estos verbos pueden incluirse en nuestro esquema si analizamos al participante que corresponde al objeto indirecto como un experimentante. Entonces es un agente-P secundario y tiene que realizarse obligatoriamente como un OBJ [DAT +] (el agente-P primario, “en Ferran”, ya se realiza como un argumento [−o], y por lo tanto ocupa ya la posición del sujeto en la oración). Los ejemplos alternantes en (64) pueden analizarse de la misma manera: el objeto en (64a) se analiza como un experimentante y por consiguiente, como un P-A②.[44] Por lo tanto, estos verbos darían lugar a las representaciones siguientes:[45]

(65) *mentir*:

estructura-θ	<P-A,	P-A② >
	|	|
estructura-a	[−o]	[+o]
	|	|
estructura-f	SUJ	OBJ
		($\uparrow$ DAT) = +

Veamos ahora cómo podemos caracterizar los distintos niveles léxicos de los verbos psicológicos. Los verbos de la clase de {TEMER} incluyen las representaciones siguientes:

(66) *temer*:

estructura-θ	<P-A②,	P-P >
	|	|
estructura-a	[−o]	[−r]
	|	|
estructura-f	SUJ	OBJ

Aunque el sujeto de *temer* sólo es un agente-P gracias a la propiedad temática de ser el participante que siente o percibe algo, no sigue la opción marcada, y es simplemente marcado [−o]. Las demás informaciones representadas en (66) se siguen de ello. Las representaciones de los verbos de la clase de {PREOCUPAR} son esencialmente equivalentes: ahora el sujeto es un agente-P porque está incluido en un primer subevento. No es un agente-P secundario; por lo tanto sólo puede expresarse como un SUJ:

44 El objeto de *crida* en (64b) es probablemente un paciente-P: por lo menos su equivalente español, *llamar*, se comporta como un logro, y por consiguiente, puede descomponerse aspectualmente. Se le asigna en la estructura-a un rasgo [−r] y se realiza por lo tanto como un objeto directo normal. Nótese que *llamar* no puede tener el sentido de *crida* ejemplificado en (64a).

45 Para otro análisis de fenómenos similares en castellano y en otras lenguas, referimos al lector a Ackerman & Moore (1999). Sin embargo, como mostraremos más abajo, no estamos de acuerdo con algunos de sus análisis de ciertos verbos castellanos.

(67) *preocupar*:

estructura-θ	<P-A,	P-P >
	|	|
estructura-a	[−o]	[−r]
	|	|
estructura-f	SUJ	OBJ

Notemos que también podríamos analizar el objeto de *preocupar* como un agente-P secundario (es un experimentante). Sin embargo, en estos casos —cuando un participante puede ser tanto un paciente-P primario como un agente-P secundario—, parece escogerse la primera opción. No tenemos una explicación definitiva para este comportamiento, pero podemos formular algunas sugerencias. Por una parte, hemos visto que la correspondencia de un agente-P secundario con un argumento [+o] es una opción marcada, contrariamente a la correspondencia de un paciente-P con un argumento [−r]. Por consiguiente, si ambas opciones están presentes, es normal que se escoja la opción no marcada. Por otra parte, más generalmente también puede influir un principio que podríamos llamar de "diferenciación máxima": ya que el objeto de *preocupar* puede ser tanto un agente-P secundario como un paciente-P, se escoge la segunda opción porque garantiza una mayor diferenciación con respecto al agente-P primario realizado como el sujeto. En cambio, con *mentir* tenemos obligatoriamente un agente-P secundario porque el objeto de este verbo simplemente no puede ser un paciente-P: no participa de ninguna de las características de paciente-P enumeradas en (43).

Los verbos de la clase de {AGRADAR}, por fin, se distinguen de los verbos de la clase de {TEMER}, únicamente porque se asigna ahora el rasgo [+o] al experimentante, gracias a la opción marcada en las reglas de correspondencia (54) entre estructura-θ y estructura-a:

(68) *gustar*:

estructura-θ	<P-A②,	P-P >
	|	|
estructura-a	[+o]	[−r]
	|	|
estructura-f	OBJ	SUJ
	($\uparrow$ DAT) = +	

Por lo tanto, las diferencias entre los verbos de la clase de {TEMER} y los verbos de la clase de {AGRADAR} con respecto a la realización de sus argumentos pueden deducirse del solo hecho de que los verbos de la última clase siguen la opción marcada en la regla (54).

No coincidimos con el análisis por Ackerman & Moore (1999: 5-6) de los verbos psicológicos de la clase de {PREOCUPAR}. Según estos autores, el objeto de ciertos verbos de esta clase alterna entre complemento directo (OBJ no-dativo en nuestra terminología) y complemento indirecto (OBJ dativo). La diferencia sería una consecuencia de la presencia o no de la propiedad de paciente, ("undergoes change of state"), distinguida por Dowty. Un verbo como *molestar*, empleado como estado, seleccionaría un complemento indirecto, porque el objeto no tiene la propiedad "undergoes change of state". *Molestar* no estativo seleccionaría un complemento directo, porque ahora sí tiene la propiedad "undergoes change of state" (el número [12] de Ackerman & Moore 1999: 5):

(69)	a.	*molestar*$_a$	<arg$_1$,	arg$_2$>
		'harass'	Causer (Proto-Agent)	Sentient (Proto-Agent)
				Change of state
				(Proto-Patient)
			SUBJ	**DO**
	b.	*molestar*$_b$	<arg$_1$,	arg$_2$>
		'bother	Causer (Proto-Agent)	Sentient (Proto-Agent)
			SUBJ	**IO**

Sin embargo, no pensamos que en castellano el objeto de uno de estos verbos pueda analizarse como un objeto [DAT +]. No es siempre fácil distinguir en castellano los objetos no-dativos de los objetos dativos, sobre todo con los verbos psicológicos, por causa de la existencia del fenómeno del "leísmo" (ya introducido brevemente en la sección 3.3.2, página 90). Sin embargo, Roegiest (1999: 68ss) da algunos indicios que pueden ayudarnos a distinguir los dos tipos de complementos en castellano.[46] Aquí, aplicaremos esos "tests" al verbo *molestar* pero podrían aplicarse también a otros verbos de la clase de {PREOCUPAR}:

1. aunque en ciertos contextos un OD u objeto no-dativo puede pronominalizarse con el pronombre *le*, el pronombre acusativo *lo* (y más aún en femenino *la*) es siempre posible. Con *molestar*, el leísmo nunca es obligatorio, ni en el sentido estativo, ni en el sentido incoativo (es decir, cuando denota *change of state*):

    (70) Pero la poca satisfacción que eso pudo causarle se derrumbó ante la evidencia de una cosa que sí que lo molestaba (BE4, p. 199)

    (71) ¿La molesta el humo? (diccionario DEA, ejemplo de Dolores Medio)

    (72) sé que estoy haciendo el ridículo, sí, y lo que es peor, sé que estoy entremetiéndome en su vida, dándole a usted un susto o por lo menos molestándole [fem.] sin ningún derecho. (TCR, p. 72)

46 No podemos utilizarlos todos aquí ya que no son todos aplicables a los verbos psicológicos.

(73) La noche del 12 de enero, mientras [el individuo] comía en una oscura fonducha, sintió una ya conocida desazón que fue molestándole más y más. (AC1-HM, p. 246)

En los primeros dos ejemplos el verbo parece utilizarse con un sentido estativo, pero esto no impide la aparición del pronombre acusativo. Las últimas dos oraciones ejemplifican más bien el sentido incoativo (más claramente en el último ejemplo), sin que esto haga imposible el pronombre dativo (en el tercer ejemplo se trata además de un referente femenino).

2. los verbos con un objeto no-dativo, a la inversa de los que se construyen con un objeto dativo, son compatibles con una construcción pasiva. Tanto *molestar* estativo como *molestar* incoativo pueden encontrarse en una oración pasiva, por lo menos una oración pasiva adjetival:[47]

(74) debía desaparecer de la sala y recuperar su mismidad, molestada porque le seguía de cerca el detective privado contratado por Álvaro (PR, p. 282)

Nos parece que este ejemplo puede interpretarse tanto estativa como incoativamente.

3. a la inversa de un objeto dativo, un objeto no-dativo normalmente no se anuncia por un pronombre "expletivo". Sin embargo, como lo nota Roegiest (1999: 71), no se trata de un principio absoluto: con ciertos verbos transitivos es posible anunciar el objeto no-dativo, mientras que no es siempre imposible *no* anunciar el objeto dativo con un verbo intransitivo (transitivo indirecto), como se puede ver en el ejemplo (3.47) ya citado en la página 83. El objeto de los verbos de la clase de {PREOCUPAR} se comporta generalmente como un objeto no-dativo desde esta perspectiva. No se documentan en nuestro corpus ejemplos con el verbo *molestar*, pero sí con el verbo *preocupar*, con un sentido aparentemente estativo:

(75) Y esto yo creo que ha de <vacilación> preocupar a los ciudadanos, porque con eso no es que se vean mermadas las garantías o los derechos... de los delincuentes (COR)

Además, en nuestro análisis temático, basado en su análisis aspectual, el objeto de estos verbos tiene siempre una propiedad de paciente, la de formar parte de un

47 En el capítulo siguiente analizaremos esta construcción como una construcción media (adjetival).

segundo subevento; un verbo de la clase de {AGRADAR} en cambio, denota un estado, y por consiguiente su objeto no tiene una propiedad de paciente.

Es posible que la distinción hecha por Ackerman & Moore (1999) tenga consecuencias en otro nivel de análisis: quizás la opción del leísmo con los verbos psicológicos depende, por lo menos en parte, de la presencia o no de la propiedad del cambio de estado. Pero como acabamos de ver, la forma pronominal *le* no es nunca un signo unívoco de la presencia de un objeto indirecto (dativo). Más generalmente, parece que el fenómeno del leísmo es siempre un fenómeno discursivo, y por lo tanto no se puede captar con el análisis más estrictamente sintáctico elaborado aquí. La posibilidad de utilizar el pronombre *le* para designar un OD parece ser una característica del sistema sintáctico del español (por lo menos en algunos de sus dialectos). Pero la decisión de utilizar un pronombre acusativo o dativo en un contexto concreto parece estar guiada generalmente por factores discursivos (en algunos contextos también semánticos). Al utilizar un pronombre dativo, un hablante puede orientar ya en cierta medida la interpretación de la oración, pero un pronombre acusativo siempre sería posible. Pensamos por lo tanto que el fenómeno del leísmo español no puede analizarse ni en la estructura-a, ni en la estructura-f, ni en la estructura-c, ya que estos niveles de representación son niveles estrictamente sintácticos. Por otra parte, nada excluye la elaboración de una hipotética estructura-d(iscursiva) en la que sería posible representar los factores que intervienen en el leísmo. Pero probablemente este nivel de representación obedecería a principios muy distintos de los que operan en los demás niveles de representación.[48]

Sin embargo, en algunos casos el leísmo hace irrupción en la misma sintaxis: con ciertos verbos el leísmo parece haberse generalizado de tal modo que los verbos en cuestión excluyen un pronombre acusativo, aunque el objeto se analiza muchas veces como un objeto directo. Así, el verbo *interesar* es distinto de los demás verbos psicológicos como *molestar*, en el sentido de que el empleo de la forma pronominal *le* es siempre obligatorio.[49] En nuestro corpus, entre los 16 ejemplos en los que *interesar* se construye con un pronombre de tercera persona, sólo un ejemplo incluye un pronombre acusativo:[50]

(76) Realmente la llegó a interesar, y terminada la corrida, ella aceptó gustosa seguir escuchándolo mientras tomaban un par de oportos en el bar del

48 Hay algunas sugerencias a este respecto en Glasbey (2001), por lo que se refiere a las implicaciones discursivas del aspecto léxico. Volveremos a hablar de la estructura-d en el capítulo 7.

49 La presencia casi obligatoria del pronombre dativo con un objeto analizado como un objeto directo no se limita a los verbos psicológicos: Butt & Benjamin (1993: 121) dan una lista de verbos aparentemente transitivos que se construyen siempre con un pronombre dativo.

50 Nótese que con *interesar* la presencia del pronombre dativo es tan frecuente en América Latina como en Europa, a diferencia del leísmo en general, que está más desarrollado en el español europeo (cfr. las referencias en Fernández-Ordóñez 1999).

Bolívar. (BE4, p. 216)

Sin embargo, no es un verdadero contraejemplo, ya que se trata aquí del uso *causativo* del verbo *interesar*, y en este uso se construye de preferencia con el pronombre acusativo (hemos visto en la sección 3.4.5, página 134, que es necesario distinguir estos dos usos).[51] Por otra parte, los otros dos factores distinguidos por Roegiest (1999) llevan más bien a analizar el objeto de *interesar* (no-causativo) como un objeto directo. Este verbo es perfectamente posible en una construcción pasiva adjetival (como también en una construcción media) y no exige que se anuncie un objeto pospuesto con un pronombre expletivo:

(77) a. ... hasta que al final, estábamos las dos tan interesadas que nos olvidamos de poner la mesa para comer (CA, p. 19)

b. Todos los compañeros de mesa estaban interesados por la descubierta relación entre el joven viejo escritor y aquella mujer ... (PR, p. 18)

(78) a. Pero así es la vida y tanta carga biográfica como la que traía el tal Calín no podía menos que interesar a una mujer interesante (BE4, p. 203)

b. Es horrible enamorarse así ... vivir pensando sólo en hacer las cosas para interesar a un hombre (CA, p. 151)

Parece que hay todavía otros verbos psicológicos que se construyen siempre con un pronombre dativo. Así, en nuestro corpus el verbo *encantar* (utilizado en su sentido psicológico), documentado con un pronombre de tercera persona en 16 ejemplos, no se construye nunca con un pronombre acusativo (tampoco en los ejemplos de autores hispanoamericanos), aunque también es compatible con una construcción pasiva adjetival:

(79) Los padres de la chiquilla estarían encantados de entregársela. (DEA, ejemplo de José Luis Castillo-Puche)

Roegiest (1996a: 86) y Roegiest (2001b: 11) citan todavía otros verbos que se construyen siempre con un pronombre dativo en el corpus consultado: *chocar* y *extrañar* (junto con *encantar* e *interesar* y ciertos verbos que nosotros hemos incluido en la clase de {AGRADAR}).

Este conflicto entre la forma del pronombre y la función gramatical que desempeña en la oración, puede representarse de una manera elegante en la GLF si aceptamos, con Alsina, que el caso dativo no es más que una marca morfológica y que esta marca puede estar especificada en la entrada léxica, con independencia de la función gramatical que desempeña el argumento en la oración. Además, esta posibilidad de que coexistan niveles conflictivos entre sí es justamente una de las

51 Cfr. también un ejemplo muy semejante citado en Roegiest (1996a: 86).

características esenciales de la teoría de la GLF. Se pueden deducir fácilmente las demás características de *interesar* (no-causativo), si adoptamos la representación siguiente como entrada léxica:

(80) interesar V (↑ PRED) = 'interesar⟨(↑ [−o])(↑ [−r])⟩'
(↑ OBJ DAT) = +

A través de esta entrada léxica, el verbo obtiene un objeto directo normal (es decir, un objeto que corresponde con un rasgo [−r]), pero al mismo tiempo se le asigna un caso dativo. La presencia del pronombre dativo con este tipo de verbos es probablemente, por lo menos en parte, una consecuencia del fenómeno (discursivo) del leísmo, pero parece haberse generalizado con estos verbos.[52]

5.4. ¿Un análisis inacusativo de {AGRADAR}?

Como ya hemos señalado en varias ocasiones, los verbos de la clase de {AGRADAR} presentan algunas particularidades en comparación con los verbos de la clase de {PREOCUPAR}. Estas particularidades no pueden explicarse sólo por el hecho de que seleccionan un complemento dativo en vez de un complemento no-dativo. En italiano, la característica más llamativa de los verbos de la clase de *piacere* (*gustar*) es la selección, en los tiempos compuestos, del verbo auxiliar *essere*, en vez de *avere* (Belletti & Rizzi 1987: 105):

(81) A Gianni è sempre piaciuta la musica.
'A Gianni (le) ha (lit.: es) siempre gustado (femen.) la música'

Belletti & Rizzi (1987: ibid.) señalan que "[esta] propiedad clasifica inmediatamente a estos verbos como ergativos en el sentido de Burzio (1986) [inacusativos en nuestra terminología]".[53] En el análisis presentado aquí la estructura-a de los verbos de la clase de {AGRADAR} también tiene similitudes con la estructura-a de los verbos inacusativos intransitivos: en ambos casos el sujeto es un argumento [−r] en la estructura-a (un paciente-P en la estructura-θ); comparen los distintos niveles de análisis de *caer* representados en (61b) y los de *gustar* representados en (68).

52 Belletti & Rizzi (1987: 107) señalan en una nota que el verbo italiano *interessare* puede utilizarse como un verbo de la clase de {PREOCUPAR} y como un verbo de la clase de {AGRADAR}. En este último caso, en los tiempos compuestos, el verbo se construye con el verbo auxiliar típico de los verbos de la clase de {AGRADAR} (*essere*). Por lo tanto, la ambivalencia de este verbo no se limita al castellano. Sin embargo, tiene reflejos distintos en ambas lenguas: sólo el castellano puede asignar un caso dativo a un objeto directo, quizás justamente gracias a la existencia del fenómeno del leísmo.

53 Véase también (Grimshaw 1994: 29): "In Dutch and Italian [the *please* class] is easy to detect because it consists of verbs that are self-evidently unaccusative".

Aunque el español "carece de manifestaciones sintácticas claras de lo que hemos llamado la inacusatividad" (Miguel 1992: 46), vamos a aceptar, con esta y otros autores (p. ej. Bosque 1991: 168ss, Mendikoetxea 1999b), que existen bastantes indicios para admitir la existencia de una clase de verbos inacusativos en castellano. Sin embargo, muchas veces los verbos de la clase de {AGRADAR} no aceptan las construcciones típicas de los verbos inacusativos. Examinemos brevemente algunos de los criterios enumerados por Bosque (1991: 168ss) y Miguel (1992: 46ss).

1. los verbos inacusativos, como los verbos transitivos, "admiten SSNN pospuestos sin determinante, posibilidad negada a los verbos intransitivos" (Miguel 1992: 47): "leen libros", "cantan canciones", "recomiendan películas" / "faltan ejercicios", "crecen hierbajos", "llegan coches" / "*nadan niños", "*andan perros", "*trabajan personas". Los verbos de la clase de {AGRADAR} no son compatibles con esta construcción:

   (82) * A Juan (le) gustan películas.

   (83) * A Juan (le) agradan libros.

   Nótese que tampoco es posible con los verbos de la clase de {PREOCUPAR}:

   (84) * A Juan (le) preocupan discusiones.

2. "el sujeto de un verbo inacusativo puede ser, al igual que el objeto de un verbo transitivo, el sujeto de un adjetivo en *–ble*; en cambio, con los verbos intransitivos no se puede formar este tipo de adjetivos" (Miguel 1992: 47): *recomendable / oxidable, variable / *nadable, *gritable.* Ahora sí, algunos verbos de la clase de {AGRADAR}, pero no todos, aceptan este tipo de adjetivos: *(des)agradable, apetecible,* pero no **gustable, *importable.*[54]

3. "los verbos inacusativos manifiestan una tendencia a presentar su sujeto pospuesto al V [...] frente a la preferencia de los [verbos inergativos] por el orden S–V" (ibid.). Esta es la característica más claramente inacusativa de los verbos de la clase de {AGRADAR}: el orden de palabras más natural con los verbos de esta clase es OI–V–S. En italiano, los verbos como *piacere* también siguen este orden "invertido" (Belletti & Rizzi 1987: 105). Algunos

54 Según la tabla 4 de Subirats-Rüggeberg (1987: 243ss), *ningún* verbo de la clase de {PREOCUPAR} admite tal adjetivo (tampoco *interesar* y *encantar*). Los únicos verbos en esta lista que admiten un adjetivo en *–ble* son *desagradable* y *admirable* pero pensamos que el último adjetivo está construido más bien sobre el empleo de *admirar* incluido en la clase de {TEMER}. No entendemos bien por qué Subirats no incluye en su cuadro el adjetivo *agradable* (como tampoco *apetecible*), mientras que sí incluye *desagradable*...

verbos de la clase de {PREOCUPAR} también pueden construirse fácilmente con el orden OD–V–S (sobre todo cuando tienen una interpretación estativa) pero el orden S–V–OD siempre es posible sin ser marcado (pero véase Vogel & Villada 1999: 6 para otra opinión a este respecto).

4. los verbos inacusativos, como los verbos transitivos, admiten una perífrasis con el verbo *acabar*, en la cual *acabar* se emplea en una construcción participial: "noticias acabadas de llegar", "un libro acabado de traducir", "*un niño acabado de gritar" (Bosque 1991: 170). Los verbos de la clase de {AGRADAR} no admiten esta construcción ("*una pieza de teatro acabada de agradar").

5. ocurren en una construcción absoluta: "pasadas las diez de la mañana", "hasta bien entrada la noche". Los verbos de la clase de {AGRADAR} no admiten esta construcción: "*gustado el helado".[55]

6. los verbos inacusativos pueden construirse con el adverbio *recién*: "recién llegado", "recién salido del horno". Los verbos de la clase de {AGRADAR} no lo admiten: "*recién gustado el helado".

7. Bosque (1991: 170) señala que los verbos inacusativos "no son compatibles con el uso impersonal de la flexión verbal" (es decir con un sujeto Pro_{Arb}). En el ejemplo siguiente, el sujeto del verbo inacusativo *llegar* no puede tener una interpretación impersonal:

   (85) Siempre llegan tarde.

   En el capítulo 3 ya hemos visto que los verbos de la clase de {AGRADAR} tampoco aceptan un sujeto Pro_{Arb}. Pero también hemos observado que los verbos de la clase de {PREOCUPAR}, por lo menos en sus usos no-agentivos, tampoco lo aceptan.

Por lo tanto, los verbos de la clase de {AGRADAR} sólo son compatibles con tres de las siete pruebas mencionadas (el orden de las palabras, la incompatibilidad con un sujeto impersonal y, con algunos verbos, la posibilidad de formar

55 Miguel (1992: 68) señala que no todos los verbos generalmente considerados como verbos inacusativos aceptan esta construcción: "*faltado el café en la posguerra", "*amanecido un día espléndido". Según Miguel (1992: 244-245) esta construcción sí es compatible con los verbos de la clase de {PREOCUPAR}, pero sólo con el *objeto* del verbo original realizado como "sujeto" del participio: "Preocupados todos por el incidente,..." Los verbos de la clase de {AGRADAR} tampoco son compatibles con esta construcción en esta configuración: "*Gustado Juan con (?) el café,...". Según Miguel, la construcción también es compatible con el verbo *interesar*, lo que muestra otra vez que este verbo se comporta desde varios puntos de vista como un verbo de la clase de {PREOCUPAR}, no como un verbo de la clase de {AGRADAR}: "Interesado Gustavo repentinamente por los ordenadores,..."

adjetivos en *–ble*). Por otra parte, conviene señalar que algunas de estas pruebas probablemente son incompatibles con estos verbos por razones más bien aspectuales. Hemos visto en el capítulo anterior que los verbos de la clase de {AGRADAR} son estados; ahora bien, un adverbio como *recién* normalmente no es compatible con un estado. Lo mismo puede decirse de la construcción con *acabar*, y quizás también de la construcción absoluta.[56] Nótese que las características inacusativas de los verbos de la clase de {AGRADAR} no son una consecuencia del hecho de que seleccionan un objeto indirecto. Los verbos del tipo de *mentir* o *hablar*, que también se construyen con un OI, no tienen estas propiedades inacusativas. No admiten adjetivos en *–ble*, S–V–OI es el orden normal y un sujeto impersonal parece generalmente posible:

(86) El político habló a sus seguidores. (*Salamanca*)

(87) En esta empresa, siempre le mienten al director.

En resumen, podemos decir que los verbos de la clase de {AGRADAR} tienen algunas propiedades de los verbos inacusativos, pero que no se comportan como verbos inacusativos prototípicos. Esto puede ser en parte una consecuencia del hecho de que en castellano, a diferencia de lo que pasa en italiano, hay relativamente pocos indicios unívocos de la inacusatividad. Por otra parte, el análisis inacusativo corresponde bien con nuestro análisis argumental de estos verbos. Nótese que por lo menos en castellano no hay ningún argumento fuerte en favor de un análisis inacusativo de los verbos de la clase de {PREOCUPAR} (a la inversa de lo que pretenden Belletti & Rizzi 1987 con respecto al italiano): un sujeto impersonal es posible cuando estos verbos se utilizan agentivamente y generalmente, el orden S–V–OD es posible sin ser marcado.

En la tradición de la Gramática Relacional se ha abordado el análisis sintáctico de los verbos de la clase de {AGRADAR} de una manera distinta. Como ya hemos señalado en nuestro estado de la cuestión (sección 2.5), no se analizan como verbos inacusativos, sino como verbos con "inversión". El argumento principal para clasificarlos como verbos con inversión es el hecho de que el argumento dativo tiene en ciertos contextos un comportamiento normalmente característico de un sujeto. Como hemos visto en los ejemplos (30) a (33) del capítulo 2, este comportamiento concierne esencialmente a ciertos fenómenos de control: el complemento dativo puede, excepcionalmente, ejercer "control" dentro de ciertos tipos de complementos infinitivos y participiales adverbiales. Así, en el ejemplo siguiente, ya citado en el capítulo 2, el sujeto del infinitivo es correferente con el OI de la oración principal:

56 Miguel (1992: 108ss) señala que la construcción absoluta sólo es posible con verbos "perfectivos".

(88) Gli era piaciuta la casa senza sapere esattamente perchè.
'Le había gustado la casa sin saber exactamente por qué.'

González (1988) cita otros dos fenómenos de control con los verbos españoles de la clase de {AGRADAR}:

1. González (1988: 68) señala que *sí mismo* normalmente sólo puede ser correferente con un sujeto, no con un objeto (directo o indirecto):[57]

   (89) a. Pepe$_i$ alejó a María$_j$ de sí mismo$_i$.
   b. * Pepe$_i$ alejó a María$_j$ de sí misma$_j$.

   (90) a. Marta$_i$ le habló al psiquiatra$_j$ de sí misma$_i$.
   b. * Marta$_i$ le habló al psiquiatra$_j$ de sí mismo$_j$.

   Ahora bien, el OI de un verbo de la clase de {AGRADAR}, al igual que el sujeto de una oración transitiva (directa o indirecta), puede ligar una anáfora (González 1988: 71):

   (91) El príncipe árabe compartía sus esposas con el Primer Ministro, pero cuando llegó Soraya le gustó para sí mismo.

2. en la construcción "no ... sino que", un sujeto fonéticamente vacío en la segunda oración ("pro") sólo puede ser correferente con un sujeto en la primera oración, no con un objeto directo o indirecto (González 1988: 73):

   (92) Sócrates$_i$ no transcribió a Aristóteles$_j$ sino que (pro$_i$) (*pro$_j$) perpetuó a Platón.

   (93) La CIA$_i$ no le pidió explicaciones a Nixon$_j$ sino que (pro$_i$) (*pro$_j$) obedeció.

   Si la primera oración incluye un verbo de la clase de {AGRADAR}, el sujeto de la segunda oración también puede ser correferente con el OI (González 1988: 75):

   (94) A Juan$_i$ no le gustan las rubias sino que (pro$_i$) prefiere las morenas.

Todas estas construcciones, tanto las ejemplificadas por Perlmutter (1984), como las que analiza González (1988), serían por lo tanto argumentos en favor de un análisis inacusativo de los verbos de la clase de {AGRADAR}. Con todo, queda por

57 Hemos modificado ligeramente los ejemplos originales de González para subrayar mejor los contrastes.

averiguar en qué medida las construcciones analizadas por Perlmutter son aplicables al castellano, y por otra parte, en qué medida tanto estas construcciones como las que analiza González, son aplicables o no a los verbos de la clase de {PREOCUPAR}. Quizás las construcciones que implican control no sean totalmente imposibles con los verbos de la clase de {PREOCUPAR}, por lo menos si tienen una interpretación estativa:[58]

(95) *? Le asustó el relámpago sin saber por qué.

(96) ? Le asustaba el fuego sin saber por qué.

No elaboraremos más estos temas aquí, ya que hace falta una base empírica más elaborada.

5.5. Conclusión

En este capítulo hemos elaborado la parte central de nuestra investigación: la manera como se pueden deducir las funciones gramaticales de los predicados psicológicos a partir de su estructura temática. En primer lugar hemos visto que ninguna de las propuestas de análisis temático que se encuentran en la bibliografía lingüística, es realmente satisfactoria cuando analizamos los verbos psicológicos. Por esto hemos tratado de elaborar aquí una nueva teoría temática, que utiliza crucialmente la Teoría de la Correspondencia Léxica elaborada en la GLF. En nuestra teoría hemos reutilizado en parte la teoría temática de Dowty (1991), y hemos integrado en ella un componente aspectual (en el capítulo precedente hemos visto que el aspecto es uno de los factores distinguidores de los distintos tipos de verbos psicológicos). Si adoptamos esta teoría, la particularidad de los verbos de la clase de {PREOCUPAR} ya no reside en una hipotética estructura profunda, estructuralmente distinta de la estructura superficial, sino más bien en el contenido aspectual de estos verbos: por consiguiente, en nuestro análisis, desde un punto de vista estrictamente sintáctico, estos verbos son verbos transitivos "normales". Los verbos de la clase de {TEMER} y de {AGRADAR}, en cambio, son aspectualmente equivalentes, pero los verbos de la clase de {AGRADAR} especifican en su entrada léxica que el agente-P secundario debe realizarse como un objeto marcado con el caso dativo. En el capítulo siguiente veremos en qué medida podemos utilizar este análisis para explicar otros tipos de estructuras sintácticas que implican los verbos psicológicos. Y si los verbos de la clase de {PREOCUPAR} son efectivamente verbos transitivos regulares, ¿cómo podemos explicar las particularidades aparentemente sintácticas

58 Los ejemplos citados por Cresti (1990) muestran que en italiano, el objeto (el experimentante) de un verbo como *preoccupare* también puede ejercer control. Además, esta autora menciona varios otros factores que pueden hacer más o menos aceptables este tipo de ejemplos.

enumeradas por Bouchard (1995b: 284), y sintetizadas aquí en las páginas 116 y siguientes? Este será el tema del capítulo 7, en el que estudiaremos más a fondo una de estas particularidades (el ligamiento desde el objeto directo).

Capítulo 6

Los verbos psicológicos medios

6.1. Introducción

En este capítulo trataremos de arrojar una luz nueva sobre el tipo de predicados ejemplificado en las oraciones siguientes:

(1) Pero [Lázaro Conesal] *se asustó* por derivaciones fatales de gente próxima y solía recurrir a estimulantes, vamos a llamarles, sanos. (PR, p. 129)

(2) Sánchez Bolín se situó a espaldas de Mona d'Ormesson y desde allí le hizo gestos al duque sobre lo insoportable que era la dama, pero *se recreó* en el mudo discurso, porque Mona se revolvió en busca del sorprendentemente desaparecido (PR, p. 114)

(3) Perdonen que *me emocione* pero fue un encuentro tan humano... (PR, p. 231)

En esta construcción el verbo se construye típicamente con el morfema clítico *se* (o *me*, *te*,...) homófono con el pronombre reflexivo átono del español, pero que en esta construcción no tiene un sentido claramente reflexivo. Al mismo tiempo es siempre posible, aunque no obligatorio, añadir un complemento preposicional (el sintagma "por derivaciones fatales [...]" en el primer ejemplo, "en el mudo discurso" en el segundo) que exprese el papel temático de tema, mientras que el experimentante está siempre en la posición del sujeto.

Uno de los problemas relacionados con esta construcción es un problema terminológico. Existen varias clasificaciones y denominaciones de las construcciones que incluyen un elemento *se* sin sentido claramente reflexivo. Aquí utilizaremos el término de "medio" para estas construcciones, siguiendo la terminología utilizada por Cano Aguilar (1981: 273ss) y por Mendikoetxea (1999a: 1639ss).[1] Reservaremos el término de "mediopasivo" para los predicados "donde se supone siempre un 'agente' ", como en "se dijeron cosas horribles", donde "se presupone alguien que las dijo" (Cano Aguilar 1981: 281–282). Otro término utilizado a veces en la tradición gramatical española es el de "oraciones cuasi-reflejas"[2] (Bello & Cuervo 1958: 247, Alonso 1968: 96).

Veremos que en muchos casos es posible utilizar una construcción similar pero que no incluye un verbo pronominal, sino sólo un participio pasado:

(4) uno se queda *maravillado* de que tengan algo que ver esos perfiles con nuestras ansiedades, decepciones y entusiasmos. (CA, p. 24)

1 Esta última autora utiliza este término para una clase de verbos que tiene mayor extensión que la distinguida aquí, pero que incluye la construcción analizada en este capítulo.

2 "Cuasi-reflejas" porque según los autores que utilizan este término, sólo son "reflejas" desde un punto de vista morfológico, no semántico.

(5) El viernes de su llegada debió de estar *perturbado* por el susto, ya que ahora no recordaba el momento en que vio por primera vez buena parte de lo que había registrado en la memoria. (BC3, p. 63)

En este caso, el sustantivo modificado por el participio denota al experimentante, mientras que el complemento preposicional sigue denotando el tema. Esta construcción existe también en inglés, y ha sido analizada con bastante frecuencia en los primeros estudios de los verbos psicológicos (Lakoff 1970, Postal 1971, Brekke 1976). Sin embargo estos autores en general no se interesaban mucho por las características propiamente *sintácticas* de esta construcción; lo que llamaba sobre todo su atención era el hecho de que esta construcción parece reflejar, a la inversa de la configuración básica de estos verbos, el esquema temático considerado como fundamental (es decir el esquema en que el sujeto expresa al experimentante y el objeto al tema):[3]

(6) a. I was amused at what he did.
b. What he did amused me.

(7) a. I was surprised at what he did.
b. What he did surprised me.

Así, según Lakoff (1970: 126), el primer ejemplo refleja cada vez la configuración temática no marcada, mientras que el segundo ejemplo sería el resultado de una transformación. Sin embargo, este autor no explica cómo la configuración morfológicamente fundamental puede derivarse de una configuración morfológicamente más compleja (es decir, cómo el verbo simple puede derivarse de la construcción participial). En este capítulo, mostraremos (entre otras cosas) que la construcción participial sí se deriva del verbo simple, y no a la inversa; ya hemos mostrado en el capítulo precedente cómo se puede obtener la configuración funcional del verbo simple a partir de su estructura-θ.

6.2. Una variedad de preposiciones

En el apéndice B hemos reproducido una lista de las preposiciones con las que se construyen los verbos de la clase de {PREOCUPAR}, tanto en la construcción media como en la construcción participial que parece correlacionada con ella.[4]

3 Brekke (1976: 243ss) es el único autor en dar algunas indicaciones sobre la naturaleza propiamente sintáctica de estas construcciones, y señala que no se deberían confundir con la construcción pasiva. Cfr. lo que ya hemos dicho de Brekke en nuestro estado de la cuestión (sección 2.3, páginas 43ss).

4 Notemos que esta tabla no representa necesariamente todas las posibilidades que ofrece la lengua, sino sólo las configuraciones documentadas en nuestro corpus, completadas con los ejemplos proporcionados por el diccionario *Salamanca*.

Una primera observación ya nos ayuda a reducir algo la aparente arbitrariedad de que da muestras la elección de las distintas preposiciones. En efecto, en la mayoría de los ejemplos, se utiliza una de las tres preposiciones *con*, *de* o *por*. Las demás preposiciones son poco o muy poco frecuentes: *ante*, *bajo*, *contra*, *en* y *sobre*. Empezaremos por ver si es posible discernir una regularidad en la distribución de esta última serie de preposiciones.

La preposición *en* parece estar legitimada en parte por un criterio sintáctico, ya que introduce muchas veces una oración infinitiva:

(8) Me complazco *en* fumar un cigarrito de vez en cuando. (*Salamanca*)

(9) [él] se complacía *en* exhibir su spleen y aquella indiferencia que me lo hacía tan deseable (CA, p. 50)

(10) la playa es más fácil de imaginar porque todas se parecen un poco, podría ser la misma donde yo me entretenía *en* hacer dibujos hace un rato (CA, p. 22)

(11) Jorge estaba interesado *en* comprar ese libro. (*Salamanca*)

(12) Mi amigo se molestó *en* venir a buscarnos. (*Salamanca*)

Sin embargo, esta preposición no es imposible con un SN:

(13) Me complazco *en* la apreciación de las superficies, los colores y los enseres que destacan sobre la bandeja. (CA, p. 106)

(14) El arquitecto se ha recreado *en* el diseño de este edificio. (*Salamanca*)

Pero los dos sustantivos en los dos ejemplos precedentes también denotan una actividad; por lo tanto, esta preposición parece construirse de preferencia con un sintagma, infinitivo o nominal, que denota una actividad. Por otro lado, en el conjunto de los ejemplos citados, la preposición se encuentra en dos contextos semánticos distintos. Con *complacerse*, *entretenerse* y *recrearse*, el complemento preposicional introduce una idea de simultaneidad: en estos ejemplos el complemento preposicional puede generalmente parafrasearse con una oración subordinada adverbial introducida por *mientras* ("me entretenía *mientras* hacía dibujos", "el arquitecto se ha recreado *mientras* diseñaba este edificio"). En cambio, los verbos *interesarse* y *molestarse* parecen traer consigo más bien un matiz de finalidad. Además, en el *Corpus Oral de la Lengua Española* (COR) se documentan ejemplos similares con *preocupar*, aunque no se encuentra esta construcción en los diccionarios, lo que puede ser un indicio de su carácter productivo, por lo menos en la lengua hablada:

(15) las personas que se han preocupado *en* mezclar estos temas, se deberían acordar de que (...) (COR)

(16) a pesar de que tiene amor y que tiene todo lo que quiere, no se preocupa tampoco *en* montar el... el numerito, ¿no? (COR)

Semánticamente, este uso concuerda con nuestra caracterización de la preposición *en*, ya que estos ejemplos también parecen incluir un matiz de finalidad.

En el capítulo 1 (sección 1.2.3, página 30), hemos distinguido varios tipos de preposiciones (al lado de las preposiciones, sin contenido semántico propio, que introducen el acusativo preposicional y el dativo). En ese lugar, hemos distinguido esencialmente dos factores que pueden delimitar los distintos tipos de preposiciones:

- el verbo mismo selecciona o no el complemento preposicional
- la preposición conserva o no su valor semántico propio

Con ayuda de estos dos factores hemos discernido tres tipos fundamentales de preposiciones:

- Las preposiciones que introducen un complemento no seleccionado por el verbo: es el caso de todos los complementos preposicionales adjuntos (los complementos circunstanciales).
- Las preposiciones que introducen un complemento seleccionado por el verbo y que no conservan su propio valor semántico (en este caso la forma concreta de la preposición está determinada por el verbo): p. ej. *gozar de*.
- Las preposiciones que introducen un complemento seleccionado por el verbo pero que conservan al mismo tiempo su propio valor semántico: p. ej. el complemento locativo del verbo *poner*.

En el conjunto de los ejemplos que acabamos de citar la preposición *en* no parece tener un comportamiento homogéneo con respecto a estas distinciones. Por una parte esta preposición parece implicar cierto matiz significativo propio (de finalidad o de acción simultánea), lo que acerca este uso al tipo ejemplificado por el complemento locativo de *poner*. Pero con ciertos verbos, la forma de la preposición está determinada por el verbo mismo: los verbos *complacer*, *molestar* y *recrear* se construyen siempre en nuestro corpus con la preposición *en*, lo que implica más bien su inclusión en el tipo de *gozar*. Por otra parte, *interesar* también se construye con otra preposición, pero sólo si se trata de la preposición "genérica" *por* (genérica en el sentido de que es compatible con la mayoría de los verbos psicológicos, a la inversa de las preposiciones *ante*, *en*, *contra*, etc.) *Entretener* también se construye con la preposición *con* y *preocupar* con la preposición *de* (al lado de la preposición *por*), pero veremos que estas dos preposiciones también pueden considerarse como preposiciones "genéricas". Dejaremos (provisionalmente) abierta la cuestión de la selección de la preposición *en* y trataremos primero de las demás preposiciones.

He aquí los ejemplos de nuestro corpus que incluyen la preposición *ante*:

(17) Se acobarda *ante* la enfermedad. (*Salamanca*)

(18) Se desconcertó *ante* la falta de delicadeza de sus palabras. (*Salamanca*)

(19) [El jefe de personal] fumaba y le observaba, con las narinas posiblemente excitadas *ante* el olor de un antagonista. (PR, p. 199)

(20) Fíjate, posmarxista, fíjate, el gran teórico crítico asumía como únicos consuelos el espíritu, la fantasía, la religión, horrorizado *ante* lo que él llamaba la tendencia irreversible del progreso técnico a crear un mundo ... (PR, p. 112)

(21) Victor se humilló *ante* su padre. (*Salamanca*)

Además, tenemos un solo ejemplo con la locución preposicional *delante de*:

(22) El delantero se apabulló *delante del* portero y fue incapaz de meter gol. (*Salamanca*)

Parece que en este último ejemplo, el complemento preposicional no expresa un tema, sino que conserva su sentido literal ("en presencia de, enfrente de"); es decir, es un simple adjunto (un complemento circunstancial). Lo mismo ocurre con la preposición *ante* en el ejemplo (21): el complemento preposicional "ante su padre" no expresa el tema y es por consiguiente un simple adjunto. Un argumento en favor de este análisis es el hecho de que en ciertos contextos se puede combinar el tema con este último complemento:

(23) Las palabras de María humillaron a Juan ante su padre.

(24) El miedo apabulló al delantero delante del portero.

Hay aquí una complicación adicional ya que no se pueden combinar fácilmente un tema y este tipo de complemento en una construcción media:

(25) ?? Juan se humilló por las palabras de María ante su padre.

Pero esto nos parece más bien una consecuencia del hecho de que la construcción *humillarse (ante)* se ha especializado para denotar una actitud externa, ya no un estado psicológico; el diccionario *Salamanca* define esta construcción en una de sus acepciones como "Adoptar <una persona> un [sic] actitud de inferioridad ante [otra persona]." Nótese que la oración no se vuelve claramente mejor si eliminamos el complemento preposicional introducido por *ante*:

(26) ? Juan se humilló por las palabras de María.

Es quizás una consecuencia del hecho de que *humillarse* simplemente no se puede utilizar con un sentido psicológico. En los ejemplos (17) a (20), el complemento preposicional introducido por *ante* parece sí indicar un tema:

(27) ?* Los insultos desconcertaron a Juan ante la falta de delicadeza de sus palabras.

Sin embargo, aunque en estos ejemplos el complemento preposicional introduce un tema, la preposición conserva al mismo tiempo parte de su sentido original: implica generalmente una idea de antagonismo. Esto explica por qué esta preposición es poco frecuente con verbos como *alegrar*, *recrear*, *solazar*, etc. Sin embargo, es más o menos natural con la mayoría de los verbos que implican un matiz de antagonismo. No sólo es posible con los verbos documentados en nuestro corpus (*acobardar*, *desconcertar*, *excitar*, *horrorizar*), sino también, probablemente, con verbos como *aburrir* o *asustar*:

(28) Juan se aburrió ante la monotonía del discurso.

(29) Juan se asustó ante la amenaza de su primo.

Otra preposición con un comportamiento similar es la preposición *contra*. Es menos frecuente que la preposición *ante*, pero al mismo tiempo implica una idea de antagonismo más fuerte:

(30) El público se exaltó *contra* el árbitro. (*Salamanca*)

(31) Ramiro estaba indignado *contra* todo y contra nada (PR, p. 323)

Esta preposición denota otra vez el tema sin perder completamente su sentido original:

(32) ? Esa decisión exaltó al público contra el árbitro.

(33) ? Su enfermedad indignó a Ramiro contra todo y contra nada.[5]

Por otra parte el verbo *exaltar* parece cambiar parcialmente su sentido en presencia de esta preposición. En efecto, la construcción *exaltarse contra* no tiene el mismo sentido que *exaltarse con*: *exaltarse contra* se define en el diccionario *Salamanca*

5 El DCR cita algunos ejemplos de esta construcción, pero siempre con un nombre humano agentivo en la posición del sujeto: "Los criados de la reina Catalina, madre del rey don Juan el Segundo, la indignaron contra el infante don Fernando." (ejemplo de Diego de Saavedra Fajardo, siglo XVII). Parece que el sujeto en estos ejemplos es más bien una causa, y que en este uso el verbo debe incluirse en la clase de verbos causativos de {AFICIONAR}.

como "Mostrar <una persona> nerviosismo o impaciencia", mientras que *exaltarse* se define en el DEA como "Dejarse llevar de la pasión [...]".[6]

Por fin, se documentan en nuestro corpus otras dos preposiciones de las que sólo tenemos un ejemplo, *sobre* y *bajo*:

(34) Toda la policía está alertada *sobre* los ladrones de la autopista. (*Salamanca*)

(35) Si no interpretara el papel de escritora desparramada *bajo* el peso de su creatividad probablemente Conesal no se habría exasperado lo suficiente para preguntarle: ... (PR, p. 284)

Son dos ejemplos bastante dispares, y también muy distintos de los ejemplos ya examinados. Por una parte, el ejemplo (34) no incluye un verbo claramente psicológico. Para notarlo basta compararlo con el ejemplo siguiente, en el que este verbo se utiliza con un sentido auténticamente psicológico:[7]

(36) Álvaro Conesal salió del despacho, se precipitó sobre la dama, la cogió por un brazo y la volvió a introducir de un brusco tirón, para cerrar a continuación la puerta con la misma agresividad con que sellara su derecho a la intimidad frente a la mirada alertada y algo irónica de Carvalho que el hombre desafió durante un segundo. (PR, p. 94)

En el ejemplo (34) el verbo *alertar* significa algo como *avisar*, mientras que en este último ejemplo tiene más bien el sentido de *inquietar*. Además, el verbo *alertar* no psicológico parece copiar la preposición con la que se utiliza normalmente el sustantivo *alerta*:

(37) Los consejeros del banco dieron la alerta sobre el estado confuso de la contabilidad. (*Salamanca*)

Finalmente, a la inversa de lo que pasa con un verbo psicológico, es posible utilizar el tema (o quizás más bien la "causa" en este caso, ya que no se trata de un verbo psicológico) junto con el complemento preposicional:

(38) El comisario alertó a Juan sobre los ladrones de la autopista.

6 *Exaltarse contra* probablemente no es una construcción muy usual ya que no se cita en el diccionario *Moliner*, ni en el DEA. El DCR da un solo ejemplo: "Y yo me exaltaba contra esta injusticia pública, y seguía, cada día, con más amargura" (ejemplo de D. F. Sarmiento). Por otra parte, el mismo diccionario da también algunos ejemplos en los que el propio verbo transitivo *exaltar* significa "airar, enfadar, encolerizar". Pero entonces tampoco es casualidad que la preposición *contra* "seleccione" justamente este sentido de *exaltar*.

7 Además, se trata en este ejemplo de una construcción bastante particular, en la que el papel del experimentante está reemplazado por algún aspecto físico que puede exteriorizar un sentimiento, en este caso una mirada.

El ejemplo (35) es uno de los ejemplos más claros de un verbo concreto utilizado psicológicamente: el verbo *desparramar* no se encuentra con este sentido en ninguno de los diccionarios consultados.[8] En este caso, parece que el uso psicológico ha adoptado la preposición que se puede utilizar también con el uso concreto: el uso psicológico imita al uso concreto, quizás justamente porque el uso psicológico de este verbo no está lexicalizado.

Pasemos ahora a las preposiciones que sobran, pero que son las preposiciones más frecuentes en este tipo de construcciones: *con*, *de* y *por*. La preposición *por* es la preposición menos marcada, y parece compatible con la mayoría de los verbos y en la mayoría de los contextos:

(39) Ella no se había impresionado *por* la primera [mirada], pero pactó con la segunda y dedicó una sonrisa a la oración compuesta que salió algo seseante de los labios del crítico literario más temido y criticado del Estado. (PR, p. 13).

(40) Lázaro Conesal, enardecido *por* el juego, pasó a increparle [al recién llegado] mientras su compañero daba la partida por concluida (PR, p. 176)

(41) Deja ahora que tu respiración se produzca espontáneamente, sin que tú tengas ya que preocuparte *por* ella (COR)

Las preposiciones *con* y *de*, en cambio, se utilizan muchas veces en contextos distintos, aunque no siempre es fácil caracterizarlos exactamente. Veamos primero algunos ejemplos:

(42) a. … Sagalés, escritor ensimismado que sólo permite proximidades a los espíritus más dispuestos a sorprenderse todavía *con* una literatura opuesta a las leyes del mercado … (PR, p. 17)

b. Y cuando no, como también le pasa al mundo empresarial y al mundo… sindical, pues te levantas a las tres de la mañana porque estás preocupado *con* un problema determinado y a ver lo que pasa y mirar los expedientes o mirar el… el tema que tienes que hacer (COR)

c. Entraron una muchacha vestida de dama antigua, con miriñaque, un «noble» y un «turco»; divertidos *con* la conversación, se demoraban en la puerta entreabierta. (BC2, p. 33)

(43) a. Taquito hasta se sorprendía *de* lo bien que Baby se ajustaba a las circunstancias que él iba creando. (BE4, p. 217)

8 El *Moliner* señala que *desparramarse* puede utilizarse con el sentido de "distraerse o divertirse excesivamente", pero este no parece el sentido utilizado aquí, sino más bien algo como "estar aplastado por".

b. [Laura] miraba hacia los cuatro lados de la habitación como sorprendida *de* haber sido atrapada (PR, p. 313)

c. Me alegro *de* estar sentada de espaldas a la mesa (CA, p. 186)

De nuevo, parecen escogerse de preferencia otros tipos de sintagmas como complementos de estas dos preposiciones: un SN en los ejemplos con la preposición *con*, un sintagma infinitivo o un sintagma adverbial —como en (43a)— en los ejemplos con *de*. Sin embargo, esta preferencia no es absoluta. Así, hay en nuestro corpus varios ejemplos en los que la preposición *de* está seguida de un SN, y también un ejemplo en el que la preposición *con* está seguida de un infinitivo:[9]

(44) Esa respuesta es de Hemingway - reconoció Altamirano, asombrado *de* aquella cita literaria que le llegaba desde la penumbra. (PR, p. 215)

(45) Conesal ... se contentó *con* meterse en el living para comprobar que estaba cerrada la comunicación con el dormitorio donde presumía la progresiva irritación de Laura. (PR, p. 309)

Si consideramos los distintos tipos de sintagmas con los que se construyen estas dos preposiciones y los números respectivos de sus ocurrencias en nuestro corpus, representados en el cuadro 6.1, tenemos que matizar algo nuestras conclusiones. Si la preposición *con* se utiliza casi exclusivamente con un SN, la preposición *de* también se utiliza más con un SN que con otros tipos de sintagmas (aunque la diferencia es mínima en nuestro corpus: 14 ocurrencias con un SN contra 13 con otros tipos de sintagmas). Por lo tanto lo que distingue esta preposición de la preposición *con* no es tanto su incompatibilidad con un SN sino más bien su compatibilidad con otros tipos de sintagmas (infinitivos, oraciones subordinadas sustantivas y sintagmas adverbiales).

	SN	inf.	subord.	SAdv	Total
con	11	1	0	0	12
de	14	7	5	1	27

Cuadro 6.1: Los complementos seleccionados por *con* y *de*

Esta diferencia sintáctica parece tener un reflejo semántico, aunque es bastante difícil caracterizarlo exactamente. Si utilizamos la preposición *con*, el tema parece tener más fuerza, más presencia cognitiva, que si utilizamos la preposición *de*.

9 Pero probablemente no es una casualidad que el único ejemplo de *con* seguido de un infinitivo incluya el predicado *contentarse*, que selecciona casi siempre la preposición *con*. Cfr. la nota 11, más abajo.

Además, y esto está quizás correlacionado con esta fuerza cognitiva, los ejemplos con la preposición *con* implican muchas veces una idea de simultaneidad no compartida por los ejemplos con *de*: un tema introducido por *de*, en cambio, denota simplemente el "origen" de un estado psicológico, lo que ha dado lugar a él, y está muchas veces situado en el pasado, como en el ejemplo (43b).[10] Por otra parte, en algunos casos, los ejemplos con la preposición *con* conservan en cierta medida un sentido instrumental, como en el ejemplo (42a).

A veces el uso de una u otra preposición implica también un cambio de sentido. Así, en los ejemplos siguientes, *preocuparse de* quiere decir "dedicar atención a" en vez del sentido básico de "sentir intranquilidad o temor por" (*Salamanca*):

(46) Sí, los mismos colegios profesionales, yo lo traigo a colación respecto al Colegio de... de Psicólogos, los mismos colegios profesionales eh... están preocupándose de ese, de ese aspecto para dar una... formación a sus colegiados. (COR)

(47) Es decir, Madrid quiere ganarse... <vacilación> la idea de que es una comunidad que se preocupa de sus ciudadanos y hará una campaña para... (COR)

(48) Que... no te preocupes ya de nada que lo han arregla<(d)>o por otro lado y no hay que... no tienes que hacer nada. (COR)

(49) No os preocupéis tanto de escribir, ocuparos [sic] de mirar, lo que yo digo podéis encontrarlo en cualquier libro, lo que señalo no está en cualquier libro. (COR)

No está claro en qué medida este sentido todavía es verdaderamente psicológico. La definición misma de este sentido en el diccionario *Salamanca* ("dedicar atención a") muestra que se trata más bien de una decisión razonable y no de un sentimiento incontrolable, a la inversa del sentido básico de *preocupar(se)*.

Otros verbos parecen seleccionar exclusivamente una u otra preposición. Así, por ejemplo, el verbo *contentarse* selecciona siempre en nuestro corpus la preposición *con*, nunca *de* (como en el ejemplo 45 ya citado).[11] Sin embargo, este uso no es contradictorio con el sentido que parece tener esta preposición en las construcciones medias: *contentarse con* implica generalmente una idea de simultaneidad.

El comportamiento de estos complementos preposicionales es difícil de formalizar desde varios puntos de vista. Ciertas preposiciones parecen "seleccionar" más bien un infinitivo (la preposición *en* y menos claramente *de*), mientras que otras

10 Quizás esta distinción coincide con la que establece Pesetsky (1995: 56–57) entre los papeles temáticos de "Target" y de "Subject Matter". Sin embargo, no podemos realmente averiguarlo ya que Pesetsky no define claramente esta distinción.

11 El *Moliner* señala que el verbo *contentarse* se construye generalmente con "«con», no frec. «de»".

preposiciones se construyen de preferencia con SSNN (por ejemplo la preposición *con*). Pero sobre todo parece que hay un conflicto entre el carácter subcategorizado del complemento preposicional y el hecho de que la forma misma de la preposición normalmente no está determinada totalmente por el verbo. En ciertos casos la preposición misma está sí seleccionada por el verbo (como en el caso de *contentarse con*) mientras que en otros es posible escoger distintas preposiciones y la selección de una u otra preposición implica generalmente otro matiz significativo. Pero estos casos se distinguen del uso ejemplificado por el verbo *poner*, ya que con los verbos psicológicos el sentido de la preposición se adapta siempre al papel temático general de tema de un estado psicológico. Si utilizamos por ejemplo la locución preposicional *al lado de* con el verbo *poner*, el sentido concreto del complemento preposicional depende únicamente del sentido de la locución preposicional misma, no del sentido del verbo. Si utilizamos *contra* con un verbo psicológico, se trata siempre de un tema, pero a este contenido temático general se añade cierto matiz significativo de antagonismo. En la sección siguiente, trataremos de situar mejor en nuestra teoría formal los distintos usos de los complementos preposicionales con los predicados psicológicos medios.

6.3. Formalización

Como ya lo había notado Brekke (1976), sintácticamente, la construcción media participial, se acerca mucho a la construcción pasiva (en español más específicamente la construcción pasiva adjetival), hasta tal punto que en ciertos casos es difícil determinar el estatuto exacto de una oración:

(50) La casa está construida por un arquitecto famoso.

(51) Juan está preocupado por el comportamiento de su hermano.

En ambos casos el SN que desempeña la función del sujeto en la oración activa está introducido por una preposición, y el SN que cumple la función del objeto en una oración activa ahora está en la posición del sujeto. Además, en ambos casos se utiliza el verbo auxiliar *estar*. Antes de examinar la construcción media, presentaremos aquí brevemente el análisis usual de las oraciones pasivas dentro de la GLF.

6.3.1. La construcción pasiva

El primer análisis de la construcción pasiva en la GLF se expresó a través de una regla de redundancia léxica ("lexical redundancy rule"):

(52) $(\uparrow \text{SUBJ}) \mapsto \emptyset$
$(\uparrow \text{OBJ}) \mapsto (\uparrow \text{SUBJ})$
Morphology: passive participle
(Falk 2001: 94)

Esta regla expresa simplemente lo que se puede observar si se compara una oración activa con una oración pasiva: el sujeto de la oración activa se elimina,[12] y el objeto ocupa la posición del sujeto. La diferencia más importante respecto a los distintos análisis transformacionales, es simplemente el hecho de que la forma verbal pasiva ya está como tal en el léxico (Falk 2001: 95):

(53) a. construir V $(\uparrow \text{PRED}) =$ 'construir$\langle(\uparrow \text{SUJ})(\uparrow \text{OBJ})\rangle$'
b. construido V $(\uparrow \text{PRED}) =$ 'construido$\langle\emptyset\ (\uparrow \text{SUJ})\rangle$'

Más recientemente, este análisis ha sido sustituido por un análisis que utiliza la Teoría de la Correspondencia Léxica, introducida en el capítulo precedente.[13] La regla de formación de la construcción pasiva está todavía en el léxico, pero ahora más específicamente en el componente que proyecta la estructura-a en la estructura-f. Falk (2001: 111) caracteriza esta regla de la manera siguiente:

(54) Do not map $\hat{\theta}$ to the syntax.[14]

Así, los distintos niveles asociados con la entrada léxica de un predicado pasivo podrían representarse de la manera siguiente:

(55) *construido*:

estructura-θ	<P-A,	P-P >
	|	|
estructura-a	[−o]	[−r]
	|	|
estructura-f	$\emptyset$	SUJ

En efecto, las reglas de correspondencia entre estructura-a y estructura-f (5.58, página 208), juntas con la condición del sujeto (5.60b, página 209) garantizan la realización del argumento [−r] como sujeto de la oración: la condición del sujeto

12 Pero siempre puede reaparecer bajo la forma de un complemento agente.

13 Falk (2001: 96ss) señala que este análisis tiene varias ventajas con respecto al análisis tradicional, tanto desde un punto de vista teórico como también, y sobre todo, desde un punto de vista empírico.

14 $\hat{\theta}$ se define como el argumento temáticamente más preeminente en la jerarquía temática (Falk 2001: 107)—cfr. la versión de esta jerarquía citada en el número (5.1), página 185, del capítulo precedente. Este argumento corresponde probablemente en nuestra teoría, en la que no hemos definido explícitamente una jerarquía temática, con el agente-P (el agente-P primario si hay también un agente-P secundario).

exige la presencia de un sujeto, y las reglas de correspondencia hacen posible la realización de un argumento [−r] como sujeto; ya que este argumento es el único candidato, se realiza obligatoriamente como sujeto. Por lo tanto, en esta versión de la teoría de la voz pasiva, las "modificaciones" de las funciones gramaticales en una oración pasiva son todas una consecuencia de la "supresión" del argumento $\hat{\theta}$.

Sin embargo, una cuestión que queda algo en suspenso en la bibliografía consultada es cómo puede reaparecer el argumento [−o] a través de un complemento oblicuo. En efecto, en general, podemos reintroducir el sujeto de una oración transitiva activa en una oración pasiva con ayuda de un complemento oblicuo introducido por la preposición *por* (es decir el complemento agente):

(56) Esta casa ha sido construida por Le Corbusier.

Consideremos primero un ejemplo típico de un complemento oblicuo *subcategorizado*, otro que el complemento agente. Un verbo como *poner* (por lo menos en su sentido locativo) se construye obligatoriamente con un complemento locativo:

(57) ? Juan puso las flores.

(58) Juan puso las flores {en / bajo / al lado de} la mesa.

Para analizar este tipo de complementos, seguiremos una sugerencia de Alsina (1996: 41), el cual clasifica los argumentos que no obedecen a ninguna de las propiedades prototípicas del agente o del paciente como argumentos "indirectos".[15] Si examinamos las listas de propiedades (5.42) y (5.43) del capítulo anterior (página 201), podemos notar que el complemento locativo en (58) no corresponde con ninguna de las propiedades citadas en ellas. Por eso, para introducir un complemento oblicuo subcategorizado, basta con completar las reglas de correspondencia entre estructura-θ y estructura-a (5.54) de la manera siguiente:[16]

(59) **Correspondencia entre estructura-θ y estructura-a** (nueva versión)
Los agentes-P corresponden con argumentos [−o]
Los agentes-P secundarios corresponden con argumentos [+o] en la opción marcada

15 Alsina (1996: 19–20) llama a los sujetos y a los objetos argumentos directos, y denomina los complementos oblicuos argumentos indirectos.

16 Este análisis es distinto del análisis más usual dentro de la GLF, tal como está expuesto por ejemplo en Bresnan (2001: 308ss) o Falk (2001: 107ss). Sin embargo, esta diferencia es una consecuencia del hecho de que estos autores utilizan otro tipo de teoría temática (es decir una teoría en términos de papeles temáticos específicos como "localización", "instrumento", etc., y no en términos de propiedades más generales como las de agente o de paciente). Sin embargo, aquí también utilizaremos estas nociones específicamente temáticas (como la de "localización"), pero sólo para designar el sentido concreto de un complemento preposicional; no intervienen a la hora de determinar las funciones gramaticales de los argumentos que Alsina llama directos.

Los pacientes-P corresponden con argumentos [−r]
Los demás papeles temáticos corresponden con argumentos [+r]

Por otra parte, tenemos que añadir una regla a las reglas de correspondencia entre estructura-a y estructura-f (5.58):

(60) a. un argumento [−o] corresponde con SUJ
b. un argumento [−r] corresponde con SUJ o con OBJ
c. un argumento [+o] corresponde con $\left(\begin{array}{c}\text{OBJ}\\ (\uparrow \text{DAT}) = +\end{array}\right)$
d. un argumento [+r] corresponde con OBL_θ

De esta manera, la entrada léxica de un verbo como *poner* puede escribirse de la manera siguiente:

(61) *poner*:

estructura-θ	<P-A,	P-P,	LOC >
	|	|	|
estructura-a	[−o]	[−r]	$[+\text{r}]_{Loc}$
	|	|	|
estructura-f	SUJ	OBJ	OBL_{Loc}

Nótese que la estructura-f de este verbo equivale a la entrada léxica de este verbo introducida en el capítulo 1 (ejemplo 1.49).

Ahora podemos preguntarnos cómo se puede introducir el complemento agente de una oración pasiva en su estructura-f. Bresnan (2001: 310) se limita a señalar que "the most prominent role [...] can be linked to an argument adjunct such as the by-phrase in English." Alsina (1996: 54) es más concreto al incluir en la especificación léxica de la preposición que introduce el complemento agente, el hecho de que *puede* introducir un complemento que exprese el papel temático más preeminente de un verbo:[17]

(62) by P_1 $\left[\begin{array}{ll}\text{PRED} & \text{`X} < [\ ]_1 \ldots >\text{'}\\ \text{GF} & [\ \text{PRED} \quad \text{`by} < [\text{P-P}] >\text{'}\ ]_1\end{array}\right]$

Por otra parte no es necesario especificar explícitamente que este tipo de complementos sólo puede ocurrir cuando el sujeto no está presente, ya que en este caso el mismo papel temático estaría expresado por dos funciones gramaticales distintas (las del sujeto y del complemento agente); como ya hemos visto, esto está excluido por la restricción de *Function-argument biuniqueness* como se expresa en el número (5.60a) del capítulo precedente. Sin embargo, no está claro cómo se

17 GF significa en esta representación cualquier función gramatical ("Grammatical Function").

puede introducir la restricción expresada en (62) en la versión más corriente de la teoría adoptada en este trabajo. En efecto, no está bien establecido cómo se puede hacer referencia en la entrada léxica de una preposición a la estructura-θ de otro predicado (ya que el hecho de ser el papel temático más preeminente es una noción de estructura-θ); en la versión más corriente de la teoría, una entrada léxica sólo puede expresar restricciones con ayuda de pares de atributos y valores, pero las especificaciones temáticas no se expresan de este modo en la estructura léxica de un verbo. Por eso nos limitaremos a adaptar la solución más antigua propuesta en el marco de la GLF (cfr. por ejemplo Wescoat & Zaenen 1991: 122) al nuevo análisis de la voz pasiva formulado dentro de la Teoría de la Correspondencia Léxica. En esta solución, la regla de formación de la voz pasiva da lugar a dos opciones, o bien se elimina simplemente el papel temático más preeminente, o bien está expresado por un complemento oblicuo agentivo:

(63) *construido*:

estructura-θ	<P-A,	P-P >
	|	|
estructura-a	[−o]	[−r]
	|	|
estructura-f	$\emptyset$/OBL_{AG}	SUJ

Hemos prestado relativamente mucha atención a la construcción pasiva y más particularmente a la realización del complemento agente porque veremos que la construcción media muestra muchas similitudes respecto a la construcción pasiva; además es la realización del complemento preposicional de una construcción media lo que da más problemas a la hora de formalizar los resultados empíricos.

6.3.2. Las oraciones medias

La bibliografía lingüística española y romance en general, ha conocido muchos debates acerca del análisis sintáctico de los pronombres reflexivos clíticos en oraciones como las siguientes:

(64) a. Juan se lava.
b. María se defiende.

Alsina (1996: 81) señala que se sigue generalmente una de dos alternativas teóricas para el análisis de los pronombres reflexivos romances. Varios autores los analizan como pronombres verdaderos, es decir como elementos que expresan su propio papel temático, y que desempeñan por lo tanto una función gramatical en la oración, al igual que un SN. Pero según otros autores, el elemento *se* no desempeña por sí mismo una función gramatical, sino que *señala* más bien la supresión de uno de los argumentos del predicado verbal, de manera que sólo uno se expresa abiertamente. Alsina muestra que la existencia de dos alternativas teóricas es el reflejo del comportamiento ambiguo de este elemento, y que por eso es necesario introducir otro análisis que pueda explicar esta ambigüedad misma. Según Alsina (1996: 116), es mejor analizar el clítico *se* como un elemento que implica una operación de "A-Structure Binding", es decir como un elemento que señala que dos argumentos (correferentes) de un mismo predicado están expresados por una misma función gramatical.[18] Según este análisis, hay dos argumentos en una oración reflexiva, pero ambos argumentos están realizados a través de una misma función gramatical.

La construcción media se distingue de la construcción ejemplificada en (64) por el hecho de que la construcción media parece ser verdaderamente intransitiva. Por una parte, no es necesario que los dos papeles de tema y de experimentante estén abiertamente presentes en una construcción media: el tema, expresado por el complemento oblicuo puede siempre quedar sin expresar. Por otra parte, con las construcciones reflexivas es siempre posible expresar explícitamente ambos argumentos, con ayuda de un pronombre reflexivo tónico:

(65) a. Juan se lava a sí mismo.
b. María se defiende a sí misma.

Pero esto no es posible en una oración media:

(66) a. * La abuela se preocupa a sí misma por cualquier cosa.
b. * El niño se asusta a sí mismo por los ladridos.

Es probablemente por esto que Bello (Bello & Cuervo 1958: §759) llama a estas construcciones "cuasi-reflejas":

> [...] otra cosa es cuando se dice que «nos espantamos de la muerte», que «se acobardan a vista del peligro», que «las olas azotadas por el viento se embravecieron»; gramaticalmente parece decirse que el sujeto obra en sí mismo produciendo el espanto, la cobardía, el embravecimiento; pero ésta es una imagen fugaz que desaparece al instante, un símbolo con el cual anunciamos meramente la existencia de cierta emoción o estado espiritual, verdadero o metafórico, cuya causa real se indica por alguna expresión accesoria (*de la muerte, a*

18 Sin embargo, esta operación da lugar a una infracción del principio de *Function-argument biuniqueness*. Por otra parte, Alsina (1996: 46) señala que no es necesario adoptar tal restricción para garantizar el buen funcionamiento de la gramática.

vista del peligro, azotadas por el viento).[19]

Cano Aguilar (1981: 281–282) llega a conclusiones similares:

> [...] la aparición de un sintagma 'causal' [es decir, el complemento preposicional] en las frases con la forma reflexiva de estos verbos es opcional, y no se sienten necesarios, ni se exigen en la interpretación semántica, cuando están ausentes. Por tanto, hemos de seguir considerándolos como 'adjuntos circunstanciales', a pesar de que algunas veces aparezcan como sujetos de las frases transitivas. Esto diferencia las frases 'medias', como éstas, de las 'medio-pasivas' (o de 'pasiva refleja'), donde se supone siempre un 'agente', aunque no se explicite en la oración. En *Juan se enfada* no se presupone nada ni nadie que provoque en él tal estado de ánimo; mientras que en *se dijeron cosas horribles* sí se presupone alguien que las dijo.

Sin embargo, nos parece que los complementos preposicionales de estos verbos no se pueden considerar como simples "adjuntos circunstanciales", ya que en varias ocasiones, es el verbo mismo el que determina la forma concreta de la preposición (como hemos visto ya en la sección 6.2, página 227).

Si este análisis es correcto, no podemos analizar las construcciones medias del mismo modo que Alsina (1996) analiza las construcciones reflexivas con *sentido* reflexivo (como *lavarse* o *defenderse*). En efecto, el sujeto de la oración media realiza un solo papel temático (el experimentante) y por consiguiente un solo argumento. Pero esto es también lo que pasa con una oración pasiva, ya que en una construcción pasiva el antiguo sujeto también puede eliminarse en la estructura gramatical. Por eso, podemos formular (provisionalmente) la regla de formación de la oración media de la manera siguiente:

(67) Proyecta el papel preeminente en un complemento oblicuo (OBL_{Tema}) o suprímelo.

Esta regla es idéntica, por lo menos conceptualmente, a la regla de formación de los predicados pasivos (54): sólo hemos añadido explícitamente la observación de que no sólo es posible suprimir el papel preeminente, sino que también es posible realizarlo con un complemento oblicuo. Con esta regla no se *modifica* el análisis

19 Nótese, sin embargo, que López García (1996: 390) parece llegar a una conclusión opuesta a la nuestra (valiéndose de la misma cita de Bello): "En *Juan se preocupa por la marcha del negocio* volvemos a tener un sujeto medio, *Juan*, en el que coinciden el momento activo de la persona que desarrolla una preocupación y el momento pasivo de la persona que la siente." Si desde un punto de vista cognitivo, este puede ser el funcionamiento de esta construcción, no parece que haya argumentos propiamente *lingüísticos* para justificarlo; además, a nuestro parecer no se puede deducir este análisis de las observaciones de Bello.

temático o argumental de estos verbos, sino sólo la proyección de la estructura-a en la estructura-f: el rasgo asignado al sujeto de *preocupar* en la estructura-a es [−o], y este rasgo es compatible tanto con el sujeto (que puede descomponerse, como ya hemos visto más arriba [cuadro 5.5.1, página 205] en los dos rasgos [−o] y [−r]), como con un objeto oblicuo (que puede descomponerse en [−o] y [+r]). Si adoptamos la regla (67), los distintos niveles de representación de un predicado como *preocuparse* serían los siguientes:

(68) *preocuparse*:

estructura-θ	<P-A,	P-P >
	|	|
estructura-a	[−o]	[−r]
	|	|
estructura-f	$\emptyset$/OBL$_{Tema}$	SUJ

Pero este análisis no explica por qué en algunos casos sólo se puede utilizar una construcción pasiva (por ejemplo con el verbo *construir*), en otros casos sólo la construcción media (por ejemplo con los verbos psicológicos no agentivos de la clase de {PREOCUPAR}):

(69) * Juan fue preocupado por su hermana.

(70) * La casa se construye {del / con el} arquitecto.

Por otra parte, no es verdad que la construcción media sea sólo posible con verbos de la clase de {PREOCUPAR}. Ya hemos visto en el capítulo 3 que también es posible con algunos (pocos) verbos de las clases de {TEMER} y de {AGRADAR}:

(71) *aborrecerse con/de, lamentarse (de/por), sentirse de*[20]

(72) *dolerse* (*de*/*con*)

Sin embargo, todavía hay otro tipo de verbos que pueden utilizarse con esta construcción:

(73) *bastarse con,*[21] *componerse de*

Veamos algunos ejemplos:

(74) Juan se basta con el bastón. (Alcina Franch & Blecua 1982: 916)

(75) Se compone de bueno y malo. (*Salamanca*)

20 Este último verbo sólo en un lenguaje más bien arcaizante.

21 Citado por Alcina Franch & Blecua (1982: 916), los cuales citan también el verbo *sobrar*, pero sin dar ejemplos.

Por otra parte, conviene señalar que la construcción media sólo es verdaderamente productiva con los verbos de la clase de {PREOCUPAR}.[22] Pero lo que nos interesa más aquí es el hecho de que todos estos verbos adquieren su configuración en términos de funciones gramaticales, a través de las dos propiedades de agente y de paciente secundarias citadas en las listas (5.42) y (5.43) del capítulo anterior ("el participante siente o percibe algo" / "el participante es el objeto de un sentimiento o de una percepción" y "el participante contiene o posee algo" / "el participante está contenido o entra en otra cosa, u otro participante lo posee u obtiene"). Ya lo hemos notado con respecto a los verbos de las clases de {TEMER} y de {AGRADAR}, pero lo mismo puede observarse con los verbos que incluyen una relación de posesión o de inclusión. Así, hay varios verbos que realizan el "contenedor" en la posición del sujeto:

(76) Las tinajas y conos ... se destinan a contener vino y aceitunas. (DEA, ejemplo de Natacha Seseña)

(77) Allí, en su archivo gigante, estaban las fichas de Aníbal González, de Juan Pablo Díez, ... de todos los que componían aquella célula comunista de El Pecos. (DEA, ejemplo de Juan José Armas Marcelo)

(78) El consejo de Ministros celebrado ayer ha declarado monumento histórico artístico el antiguo cuartel de Conde Duque, con edificios y terrenos que lo constituyen. (DEA)

Otros verbos del mismo tipo son, por ejemplo, *incluir*, *poseer*, *integrar*, etc. Todos estos verbos realizan el contenedor o el poseedor en la posición del sujeto, ya que el hecho de contener o poseer algo es una propiedad de agente-P.[23] Sin embargo, de estos verbos, sólo el verbo *componer* parece poder utilizarse en una construcción media del tipo analizado aquí.

Parece que el verbo *bastar*, citado en el ejemplo (74) también puede asociarse a los verbos que incluyen un contenedor o un poseedor: si a Juan le basta un bastón, es que posee un bastón. De este modo, se acerca a otros verbos que incluyen un SN dativo con el papel de poseedor o contenedor:

(79) *faltar*, *pertenecer*, *sobrar*

22 Aunque no con *todos* los verbos de esta clase: ?**encantarse por*.

23 El análisis del sujeto de los verbos *componer* o *constituir* como contenedor quizás pueda parecer contraintuitivo. Sin embargo, Wechsler (1995: 59), al analizar los verbos ingleses *constitute* y *form*, muestra, con ayuda de los contrastes siguientes, que con estos verbos el sujeto es realmente el contenedor del objeto:

(i) Twelve men and women constitute/form a jury.

(ii) Only three women constituted/formed the jury. #The others were men.

Veamos algunos ejemplos de estos verbos en contexto:

(80) El perro es danés, se llama “Top”, pertenece a un actor alemán. (DEA)

(81) Una vez hecho el vestido le sobraron tres metros de tela. (*Salamanca*)

En nuestra teoría temática, esta configuración, en la que se asigna un caso dativo al contenedor o al poseedor, puede explicarse del mismo modo que la configuración de los verbos psicológicos de la clase de {AGRADAR}: el OI expresa un agente-P secundario a base de la propiedad de agente “el participante contiene o posee algo” (5.42d). Por otra parte, de estos verbos, sólo el verbo *bastar* (y quizás *sobrar*) se encuentra en una construcción media, lo que muestra otra vez que para este tipo de verbos no es una construcción productiva.

Por lo tanto, si recapitulamos los casos examinados hasta ahora, podemos observar que la construcción media no sólo es posible con las tres clases principales de verbos psicológicos, sino también con dos tipos de verbos que implican una relación de posesión o de inclusión. El factor común para todos estos verbos es el hecho de que incluyen un agente-P secundario. Si este análisis es correcto podemos reescribir la regla (67) de la manera siguiente:

(82) Proyecta el papel otro que el agente-P secundario en un complemento oblicuo o suprímelo.

Sin embargo, si formulamos así la regla, tenemos que cambiar la estructura-a de un verbo para poder construir un predicado medio: con los verbos de la clase de {TEMER}, por ejemplo, el papel otro que el agente-P es un argumento [−r] y este rasgo no es compatible con un complemento oblicuo (que, como ya hemos visto, se descompone en los rasgos [−o] y [+r]). Por esto formulamos la hipótesis de que la regla de formación de la construcción media opera directamente entre la estructura-θ y la estructura-a:

(83) Asigna un rasgo [+r] al papel otro que el agente secundario o suprímelo.

Esta modificación de la regla tiene como consecuencia que se aplica enteramente en el componente léxico de la gramática (como se puede ver en la figura 5.2, página 199, del capítulo precedente), mientras que la construcción pasiva tiene lugar entre el componente léxico y el componente propiamente sintáctico (es decir, interviene en la proyección de la estructura-a en la estructura-f). Quizás esto se correlaciona con el hecho de que la construcción media es una construcción más “lexicalizada” que la construcción pasiva (no es siempre productiva, y la preposición no es uniforme).

Con esta nueva regla la estructura léxica de un predicado como *preocuparse* sigue esencialmente idéntica (pero ahora notamos explícitamente que, en la estructura-θ, el experimentante es al mismo tiempo un P-P y un P-A②, un agente-P secundario). Además, especificamos más detalladamente el papel temático expresado por el complemento oblicuo, el del "experimentado", para poder diferenciarlo de los papeles del "contenido" y del "poseído":

(5.67) *preocupar*:

estructura-θ	<P-A,	P-P >
	|	|
estructura-a	[−o]	[−r]
	|	|
estructura-f	SUJ	OBJ

(84) *preocuparse*:

estructura-θ	<P-A,	P-P/P-A^{②} >
	|	|
estructura-a	[+r]	[−r]
	|	|
estructura-f	$\emptyset$/OBL$_{Exp^{do}}$	SUJ

Los predicados como *aborrecerse de* o *componerse de* tienen una estructura léxica esencialmente equivalente, con la única diferencia de que con *componerse de*, el objeto oblicuo está obligatoriamente presente:

(85) a. *aborrecer*:

estructura-θ	<P-A^{②},	P-P >
	|	|
estructura-a	[−o]	[−r]
	|	|
estructura-f	SUJ	OBJ

b. *aborrecerse de*:

estructura-θ	<P-A^{②},	P-P >
	|	|
estructura-a	[−o]	$\emptyset$/[+r]
	|	|
estructura-f	SUJ	$\emptyset$/OBL$_{Exp^{do}}$

(86) a. *componer*:

estructura-θ	<P-A^{②},	P-P >
	|	|
estructura-a	[−o]	[−r]
	|	|
estructura-f	SUJ	OBJ

b. *componerse de*:

estructura-θ	<P-A^{②},	P-P >
estructura-a	[−o]	[+r]
estructura-f	SUJ	OBL$_{Cont^{do}}$

También *dolerse de* y *bastarse con* tienen una configuración léxica equivalente:

(87) a. *doler*:

estructura-θ	<P-A^{②},	P-P >
estructura-a	[+o]	[−r]
estructura-f	OBJ	SUJ
	(↑ DAT) = +	

b. *dolerse de*:

estructura-θ	<P-A^{②},	P-P >
estructura-a	[−o]	∅/[+r]
estructura-f	SUJ	∅/OBL$_{Exp^{do}}$

(88) a. *bastar*:

estructura-θ	<P-A^{②},	P-P >
estructura-a	[+o]	[−r]
estructura-f	OBJ	SUJ
	(↑ DAT) = +	

b. *bastarse con*:

estructura-θ	<P-A^{②},	P-P >
estructura-a	[−o]	[+r]
estructura-f	SUJ	OBL$_{Pos^{do}}$

Como se puede ver en estos ejemplos, tenemos que adoptar como hipótesis que ya no se asigna un rasgo [+o] al P-A^{②}, sino que se sigue en este caso la opción no marcada de asignar un rasgo [−o] a cualquier agente-P, secundario o no. Sin embargo, esto no nos debería sorprender, ya que en este nivel de la estructura léxica (entre la estructura-θ y la estructura-a), esta opción todavía está abierta. Además, es la única opción disponible porque si no, el predicado no podría tener un sujeto:

tendría en la estructura-a un argumento [+r] y un argumento [+o], y ninguno de estos dos argumentos puede dar lugar a un sujeto (que se descompone en los rasgos [−r] y [−o]). Por otra parte, si hubiéramos situado la operación de formación de las construcciones medias entre la estructura-a y la estructura-f (donde se sitúa generalmente la formación de la voz pasiva), habría sido imposible obtener la función del sujeto, ya que en la estructura-a, el agente-P secundario ya habría tenido el rasgo [+o]. La decisión de situar la formación de la construcción media entre la estructura-θ y la estructura-a nos permite también resolver este problema.

Hasta ahora, no nos hemos preguntado cuál es la naturaleza sintáctica del elemento "–se" (o "–me", o "–te", etc.) en la construcción media. No puede desempeñar por sí mismo una función gramatical en la oración, ya que en general los dos papeles temáticos asignados por el predicado (el experimentante y el tema) ya están realizados abiertamente por el sujeto y el complemento oblicuo. Lo consideraremos aquí como un indicio morfológico de la construcción media, al igual que en el análisis de la voz pasiva en la GLF, se considera la morfología pasiva como un signo morfológico de la voz pasiva. No tiene su propia entrada léxica, sino que señala la modificación de la entrada léxica de un verbo transitivo simple.[24]

6.3.3. El complemento oblicuo

Finalmente, podemos preguntarnos de dónde viene el contenido temático del complemento oblicuo en las construcciones medias. En (61), hemos visto que con un complemento oblicuo subcategorizado "regular", su contenido temático corresponde simplemente con el contenido temático del mismo argumento en la estructura-θ: el complemento oblicuo del verbo *poner* no designa un agente-P, ni un paciente-P, sino una localización en el espacio, y por consiguiente es un OBL_{Loc}. Además, su caracterización como OBL_{Loc} le permite seleccionar una preposición locativa (hemos explicado cómo funciona la selección de las preposiciones en el capítulo 1, sección 1.2.3, página 30). En otros casos, el verbo mismo parece seleccionar directamente la forma exacta de la preposición (como con el predicado *gozar de*). Pero la construcción media nos proporciona una configuración más problemática, porque es más ambigua: en algunos casos el verbo no parece seleccionar la preposición, y ella conserva en cierta medida su valor original, mientras que otros verbos parecen sí seleccionar la forma exacta de la preposición. En la mayoría de los casos los verbos psicológicos en una construcción media son compatibles con las tres preposiciones *por*, *con* y *de*; esto nos hace pensar que estas preposiciones expresan, o pueden expresar, un mismo contenido temático.

24 Ya hemos visto al inicio de esta sección que Alsina analiza también el pronombre reflexivo en oraciones como "María se lava" como una marca morfológica, no como un SN con su propia función gramatical.

En general, se sigue la hipótesis de que sólo se puede asignar un rasgo [+r] a un papel temático muy específico, como los argumentos locativos, los instrumentos, etc. Pero desde un punto de vista teórico, nada nos impide distinguir un complemento oblicuo que designa un papel temático más neutro o más general como el de "tema" (o quizás, más específicamente, de "experimentado", o de "contenido") —como ya hemos hecho en lo que precede en las representaciones léxicas de los distintos verbos.

Si seguimos esta hipótesis, podemos apuntar la estructura léxica de un predicado como *entristecerse* de la manera siguiente:

(89) entristecerse V $(\uparrow \text{PRED}) = \text{'entristecerse}\langle(\uparrow [+r]_{Exp^{do}})(\uparrow [-r])\rangle\text{'}$

Por otra parte, asignamos a las tres preposiciones *de*, *con*, y *por* una entrada léxica con un atributo CASO-P que tiene el valor de $\text{OBL}_{Exp^{do}}$; se ejemplifica aquí con la preposición *con*:[25]

(90) con P $(\uparrow \text{PRED}) = \text{'con}\langle(\uparrow \text{OBJ})\rangle\text{'}$
$(\uparrow \text{CASO-P}) = \text{OBL}_{Exp^{do}}$

Así, la estructura-c y la estructura-f del ejemplo siguiente pueden representarse como en las figuras 6.1 y 6.2:

(91) Se entristece con esa película. (*Salamanca*)

Ya que la preposición conserva su valor predicativo, también puede contribuir al sentido de la oración. Esto puede ayudarnos a explicar la diferencia significativa entre los ejemplos con las preposiciones *con*, *por* y *de*: aunque las tres preposiciones incluyen un mismo valor de CASO-P, pueden siempre añadir un matiz significativo propio al sentido más general de "experimentado".

Sin embargo, hay varios verbos que parecen especificar directamente la forma de la preposición.[26] Pero el predicado continúa seleccionando un complemento $\text{OBL}_{Exp^{do}}$. Así, por ejemplo, un verbo como *contentarse con*, si es verdad que sólo puede construirse con la preposición *con*, puede representarse de la manera siguiente:

(92) contentarse V $(\uparrow \text{PRED}) = \text{'contentarse}\langle(\uparrow [+r]_{Exp^{do}})(\uparrow [-r])\rangle\text{'}$
$(\uparrow \text{OBL}_{Exp^{do}}\ \text{PRED}) = \text{'con}\langle(\uparrow \text{OBJ})\rangle\text{'}$

Hemos visto que otros predicados medios, como *entretenerse*, que a veces se utiliza con la preposición "genérica" *con*, y otras veces con la preposición más específica *en*, planteaban un problema a la hora de determinar su marco de subcategorización. Sin embargo, con lo que sabemos ahora, podemos resolver este problema

25 Para el papel concreto del atributo CASO-P en la teoría, véase la sección 1.2.3, página 30.
26 Pero normalmente no puede haber contradicción entre el sentido del verbo y el sentido de la preposición.

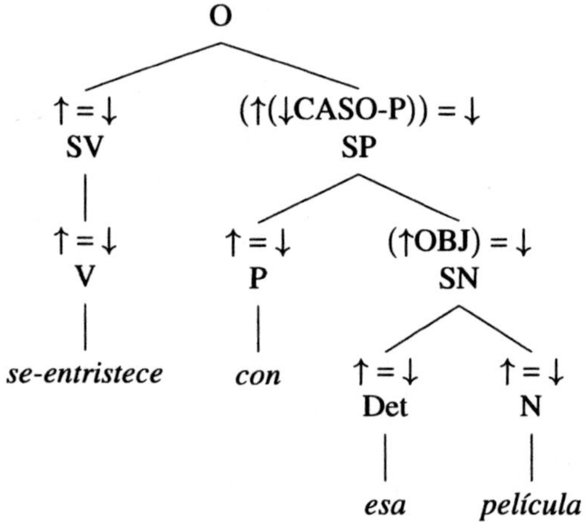

Figura 6.1: La estructura-c de 'Se entristece con esa película'

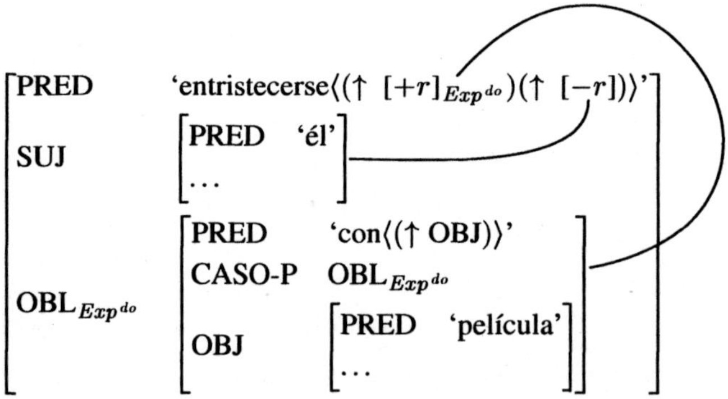

Figura 6.2: La estructura-f de 'Se entristece con esa película'

muy fácilmente, si adoptamos la hipótesis de que selecciona, como los demás verbos psicológicos de esta clase, un $\text{OBL}_{Exp^{do}}$, y que además, puede determinar *opcionalmente* la forma concreta de la preposición utilizada (de ahí los paréntesis alrededor del segundo esquema funcional):

(93) entretenerse v $(\uparrow \text{PRED}) = \text{`entretenerse}\langle(\uparrow [+r]_{exp^{do}})(\uparrow [-r])\rangle\text{'}$
$((\uparrow \text{OBL}_{exp^{do}}\ \text{PRED}) = \text{`en}\langle(\uparrow \text{OBJ})\rangle\text{'})$

Como hemos visto en la sección 6.2 de este capítulo, hay todavía otro tipo de preposiciones, que no están seleccionadas por un verbo concreto, sino que son posibles con todos los verbos de cierta clase semántica. Las dos preposiciones que presentan más claramente este comportamiento son *ante* y *contra*, las cuales denotan ambas cierta idea de antagonismo, y esto de la manera más fuerte con la preposición *contra*. Repetimos aquí el ejemplo más llamativo, con el verbo *excitar*:

(19) [El jefe de personal] fumaba y le observaba, con las narinas posiblemente excitadas ante el olor de un antagonista. (PR, p. 199)[27]

No es esta la preposición normal con la que se construye este verbo (la preposición más usual es probablemente *con*, como lo nota el diccionario *van Dale*). Por otra parte, esta preposición es posible gracias al contenido semántico de este verbo, el cual puede traer consigo una noción de antagonismo.

No basta especificar en la entrada léxica de la preposición *ante* el que puede utilizarse para introducir un $\text{OBL}_{Exp^{do}}$ (a través del atributo CASO-P), ya que entonces todo verbo podría construirse con esta preposición. Pensamos que el poder descriptivo y explicativo de la versión esencialmente sintáctica de la GLF, adoptada hasta ahora, alcanza aquí sus límites. No es imposible resolver este problema en el marco teórico adoptado en este trabajo, pero entonces tendríamos que introducir algunos pares de atributos y valores bastante arbitrarios. Así, podríamos introducir un rasgo [±ANTAG] en la entrada léxica de ciertos verbos psicológicos y controlar su presencia en el verbo si queremos utilizar la preposición *ante*. Pero no nos parece una buena idea introducir rasgos puramente semánticos en una teoría esencialmente sintáctica. Pensamos que sería mejor situar tales restricciones semánticas en un componente semántico de la gramática. No elaboraremos más esta idea pero señalemos que actualmente se están elaborando en la teoría de la GLF varias ideas que conciernen a tal componente semántico (Dalrymple 1999).

También hemos visto que ciertos verbos, en combinación con ciertas preposiciones, pueden adquirir un nuevo sentido. El ejemplo más claro de este fenómeno

27 Hablaremos de la construcción participial en la sección siguiente. Pero partiremos provisionalmente de la hipótesis de que se comporta de una manera idéntica por lo que se refiere a la selección de las preposiciones.

era el predicado *exaltarse contra*: mientras que *exaltarse* se define en el DEA como "dejarse llevar de la pasión, perdiendo la moderación o la calma", *exaltarse contra* se define (en el diccionario *Salamanca*) como "mostrar (...) nerviosismo o impaciencia". Pero este fenómeno no se limita a este predicado: *preocuparse de*, por ejemplo, significa "dedicar atención a", mientras que el predicado *preocuparse* sin preposición se define como "sentir intranquilidad o temor por" (*Salamanca*). Lo mismo acontece a veces con la preposición *en*. Normalmente esta preposición implica un matiz de finalidad (como con *preocuparse* o *interesarse*), pero en otros casos también se modifica el sentido básico del verbo. Así, *molestarse en* ya no quiere decir "mostrar (...) enfado o disgusto (...)", sino más bien "mostrar (...) interés por (...)" (*Salamanca*). Estos casos de especialización léxica pueden especificarse directamente en el léxico, pero de nuevo sería más interesante poder deducirlos de un componente semántico de la gramática (ya que los cambios de sentido no son arbitrarios). Tampoco elaboraremos este asunto aquí.

6.3.4. Las oraciones adjetivales

Como ya hemos señalado en lo que precede, hay un paralelismo entre las construcciones participiales y las construcciones medias. Trataremos de mostrar en esta sección que es posible derivar de la construcción media la construcción participial ejemplificada en este capítulo. Nótese que esta es también la manera como se derivan en la GLF los predicados pasivos adjetivales de los predicados pasivos verbales. Por otra parte, en muchos casos sólo se pueden distinguir las oraciones pasivas adjetivales de las oraciones "medias" participiales por medio de la preposición utilizada:

(94) Conesal respiró más agobiado por su hijo que por sus perseguidores y acogió con fastidio el acercamiento del barman. (PR, p. 179)

(95) Entraron una muchacha vestida de dama antigua, con miriñaque, un «noble» y un «turco»; divertidos con la conversación, se demoraban en la puerta entreabierta. (BC2, p. 33)

El segundo ejemplo no puede incluir un predicado pasivo, adjetival o no, ya que la preposición *con* no puede introducir un complemento agente. En cambio, el primer ejemplo puede incluir tanto un predicado pasivo adjetival como un predicado "medio" participial: hemos visto que la preposición *por* puede introducir tanto el complemento agente de una oración pasiva como el tema de una oración "media". En un primer momento, introduciremos brevemente el análisis léxico funcional de los predicados pasivos adjetivales, y después examinaremos en qué medida es posible aplicar un análisis semejante a la construcción "media" participial.

El análisis de los predicados pasivos adjetivales ocupa un lugar muy importante en la GLF ya que su análisis ha proporcionado varios argumentos en favor de la plausibilidad global de la teoría. Así, el primer capítulo del libro que introdujo por primera vez la teoría de la GLF (Bresnan 1982a), está dedicado al análisis de la oración pasiva, e incluye una larga sección sobre las oraciones pasivas adjetivales. El análisis de Bresnan parte de la observación de que hay un paralelismo evidente entre los predicados pasivos verbales y los predicados pasivos adjetivales. Según esta autora, la entrada léxica de un predicado pasivo adjetival es idéntica a la de un predicado pasivo verbal, con excepción justamente de la categoría léxica. En efecto, los predicados pasivos adjetivales parecen compartir todas las características, no sólo morfológicas sino también sintácticas de los predicados verbales: "after all, *the eaten dog* means 'the dog that was eaten' and not 'the dog that has eaten', and in fact all of the adjectival passives (...) have a meaning based on the passive rather than the active verb (hence the name "adjectival passive")" (Bresnan 1982b: 23). Ya que la voz pasiva se construye en el léxico, podemos derivar de ella, siempre en el léxico, los predicados pasivos adjetivales. Según Bresnan, esta derivación es muy simple: consiste esencialmente en sustituir la categoría de la entrada léxica por un predicado adjetival en vez de un predicado verbal. Las demás características de los predicados pasivos adjetivales serían simplemente una consecuencia de su carácter adjetival en vez de verbal (Bresnan 2001: 30ss). Además, la formación de las oraciones pasivas adjetivales parece obedecer a una restricción a la que no está sujeta la formación de las oraciones pasivas verbales: el "sujeto" de un predicado pasivo adjetival debe ser un tema.[28] Así, por ejemplo, se pueden construir dos predicados pasivos verbales a base de un verbo como *give* en inglés (Bresnan 2001: 26):

(96) a. A present was given to the child by Louise.
b. The child was given a present by Louise.

Sin embargo, sólo el SN *a present* puede ser el sujeto de un predicado pasivo adjetival, ya que *the child* no es un tema, sino una meta ("goal"):

(97) a. a frequently given present (*present* = el tema)
b. * a frequently given child (*child* = la meta)

Además, este es uno de los argumentos en favor de un análisis *léxico* si consideramos los predicados pasivos adjetivales como derivados de los predicados pasivos verbales: la regla de formación de los predicados adjetivales añade simplemente una restricción a la regla de formación de la voz pasiva verbal (un proceso de

28 Bresnan (2001: 34) señala que es necesario precisar más esta restricción, pero bastará para nuestros propósitos.

derivación inverso sería más problemático).[29]

Por lo tanto, las entradas léxicas respectivas de un predicado pasivo verbal y adjetival pueden representarse como en las entradas siguientes (hacemos abstracción ahora de la estructura-a y representamos directamente las funciones gramaticales):

(98) a. construido V $(\uparrow \text{PRED}) = \text{`construido}\langle \left\{ \begin{array}{c} \emptyset \\ (\uparrow \text{OBL}_{AG}) \end{array} \right\} (\uparrow \text{SUJ})\rangle\text{'}$

b. construido A $(\uparrow \text{PRED}) = \text{`construido}\langle \left\{ \begin{array}{c} \emptyset \\ (\uparrow \text{OBL}_{AG}) \end{array} \right\} (\uparrow \text{SUJ})\rangle\text{'}$

Una de las consecuencias de este análisis es el hecho de que un adjetivo puede tener su propia estructura argumental (en este caso selecciona un sujeto y puede seleccionar un complemento oblicuo).

El análisis más natural de los predicados medios adjetivales es el de hacer derivarlos de los predicados medios pronominales, de la misma manera que el predicado pasivo adjetival se deriva de un predicado pasivo verbal.[30] Pero contrariamente a la regla que construye los predicados pasivos adjetivales, la regla que nos ocupa ahora tiene una consecuencia morfológica importante: el verbo pronominal se sustituye con un participio (pasado). Así, las entradas léxicas de *entristecerse* y de *entristecido*, serían las siguientes (hacemos abstracción del hecho de que en realidad el complemento oblicuo es opcional):

(89) entristecerse V $(\uparrow \text{PRED}) = \text{`entristecerse}\langle(\uparrow [+r]_{Exp^{do}})(\uparrow [-r])\rangle\text{'}$

(99) entristecido A $(\uparrow \text{PRED}) = \text{`entristecido}\langle(\uparrow [+r]_{Exp^{do}})(\uparrow [-r])\rangle\text{'}$

Una de las ventajas de este análisis es que no tenemos que especificar dos veces las restricciones que ejerce el verbo o el participio sobre la forma de la preposición que introduce el complemento oblicuo. Así, el participio medio *contentado* hereda simplemente los esquemas funcionales del verbo medio pronominal del que se deriva léxicamente:

(100) contentado A $(\uparrow \text{PRED}) = \text{`contentado}\langle(\uparrow [+r]_{Exp^{do}})(\uparrow [-r])\rangle\text{'}$
$(\uparrow \text{OBL}_{Exp^{do}}\ \text{PRED}) = \text{`con}\langle(\uparrow \text{OBJ})\rangle\text{'}$

29 Sin embargo, hemos visto un caso en el que las oraciones pasivas verbales están aparentemente *más* restringidas que las oraciones pasivas adjetivales. Con un verbo como *preocupar*, sólo es aceptable una pasiva adjetival, nunca una pasiva verbal: "Juan está/*es preocupado". Formularemos una respuesta a este problema en lo que sigue.

30 Pero no está claro cómo podemos analizar los verbos como *encantar*, que no parecen tener una variante media pronominal, pero sí participial. Quizás tengamos que postular una entrada léxica abstracta de la que podemos hacer derivar ambas formas. Por otra parte, el DEA cita dos ejemplos de *encantarse* en un uso aparentemente medio, pero sin complemento preposicional.

En general el sujeto de estos predicados adjetivales es un núcleo que ya desempeña otra función gramatical en la oración:

(101) Juan está divertido con esa película.

(102) Vieron al hombre exaltado con la conversación.

En el primer ejemplo el "sujeto" de *divertido* ocupa al mismo tiempo el lugar del sujeto de la oración completa (es decir, es el sujeto de *está*). En el segundo ejemplo, el "sujeto" de *exaltado* es al mismo tiempo el objeto (directo) de la oración principal (del predicado *vieron*). En la GLF hay dos procedimientos a través de los cuales dos funciones gramaticales pueden ligarse con un mismo núcleo en la estructura-c: el control funcional y el control anafórico (Falk 2001: 121ss). Ya hemos utilizado un procedimiento similar en la sección 1.2.4, páginas 34ss, pero en el caso que consideramos ahora, contrariamente al caso ejemplificado ahí, se trata de dos funciones gramaticales en dos complejos predicativos distintos. En ambos ejemplos se trata de otro tipo de control, el control funcional en el primer ejemplo y el control anafórico en el segundo.

Empecemos con el control anafórico: en los dos complejos predicativos las dos funciones gramaticales requeridas se realizan con dos estructuras-f distintas, pero conectadas anafóricamente una con otra. Representamos la estructura-c y la estructura-f del ejemplo (102) en las figuras 6.3 y 6.4. En la estructura-f representada en la figura 6.4, la relación anafórica establecida entre el objeto de la oración principal y el sujeto del adjetivo, está indicada por la identidad del índice *i*.[31] Los participios adjetivales no son los únicos elementos que pueden tener un sujeto 'PRO' anafóricamente determinado, ya que el sujeto de un infinitivo también puede adquirir su contenido referencial en otro predicado (Falk 2001: 124):

(103) Tengo la intención de leer este libro.

En este caso el sujeto de leer es correferente con el sujeto de "tengo la intención". Por consiguiente, adoptamos la regla siguiente que asigna el valor PRO al atributo PRED del sujeto de un adjetivo, y que es equivalente a la regla adoptada por Falk (2001: 124) para analizar los infinitivos:

(104) Añade la ecuación opcional ($\uparrow$ SUJ PRED) = 'PRO' a la entrada léxica de un adjetivo.

Es una regla opcional porque un adjetivo también puede adquirir su sujeto por otros procedimientos, como, por ejemplo, a través del control funcional de que hablaremos de inmediato. Por otra parte, esta regla no es exclusiva de los participios

31 Cfr. Falk (2001: 189) para una discusión crítica del empleo de índices para representar la referencia de un SN.

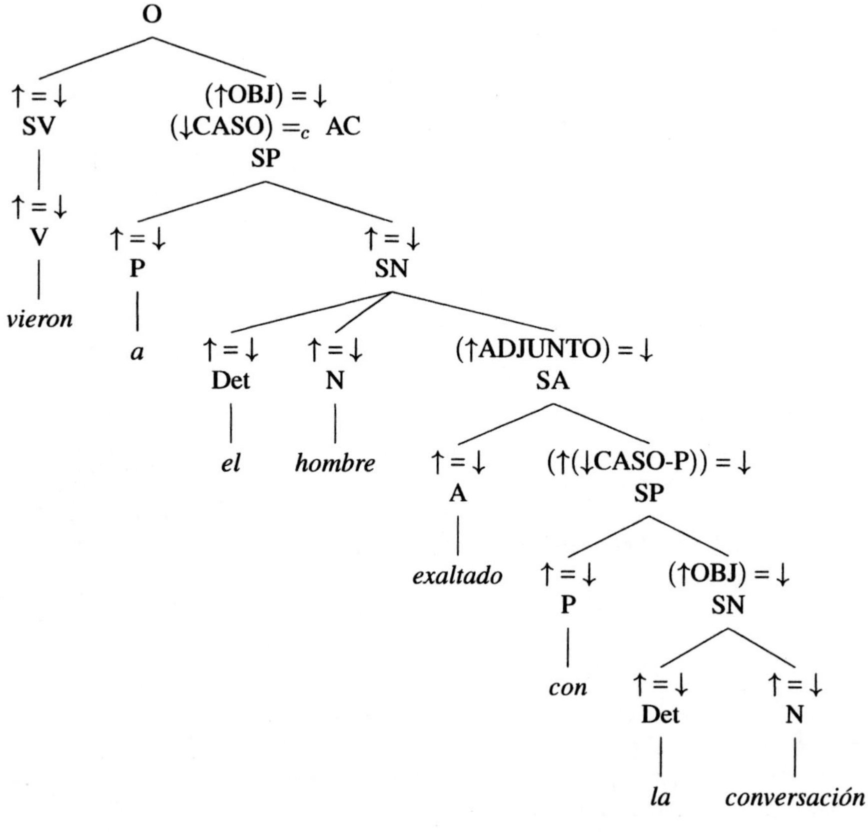

Figura 6.3: La estructura-c de 'Vieron al hombre exaltado con. . . '

$$
\left[\begin{array}{ll}
\text{PRED} & \text{`ver}\langle(\uparrow \text{SUJ})(\uparrow \text{OBJ})\rangle\text{'} \\
\text{SUJ} & \left[\begin{array}{ll}\text{PRED} & \text{'ellos'}\end{array}\right] \\
\text{OBJ} & \left[\begin{array}{ll}
\text{PRED} & \text{`hombre'} \\
\text{INDEX} & i \\
\text{CASO} & \text{AC} \\
\text{ADJUNTO} & \left[\begin{array}{ll}
\text{PRED} & \text{`exaltado}\langle(\uparrow \text{OBL}_{Exp^{do}})(\uparrow \text{SUJ})\rangle\text{'} \\
\text{SUJ} & \left[\begin{array}{ll}\text{PRED} & \text{`PRO'} \\ \text{INDEX} & i\end{array}\right] \\
\text{OBL}_{Exp^{do}} & \left[\begin{array}{ll}
\text{PRED} & \text{`con}\langle(\uparrow \text{OBJ})\rangle\text{'} \\
\text{CASO-P} & \text{OBL}_{Exp^{do}} \\
\text{OBJ} & \left[\begin{array}{ll}\text{PRED} & \text{`conversación'}\end{array}\right]
\end{array}\right]
\end{array}\right]
\end{array}\right]
\end{array}\right]
$$

Figura 6.4: La estructura-f de 'Vieron al hombre exaltado con. . . '

medios, sino que caracteriza la clase de los adjetivos en general: muchos adjetivos pueden encontrarse en tal construcción, por lo menos los adjetivos que incluyen un sujeto en su marco de subcategorización (cfr. Bresnan 2001: 275).

En el ejemplo (101), el sujeto del adjetivo está legitimado por el control funcional. Cuando hay control funcional, las dos funciones gramaticales no están representadas por dos estructuras-f distintas, sino que comparten simplemente la misma estructura-f (lo que en general se representa gráficamente con una línea que conecta ambas funciones gramaticales). Representamos la estructura-c y la estructura-f del ejemplo (101) en las figuras 6.5 y 6.6. Analizamos aquí el verbo *estar*, por lo menos en el uso aquí ejemplificado, de la misma manera que se analiza en inglés el verbo *seem*, y como se debería analizar probablemente en español el verbo *parecer*. En efecto podríamos sustituir el verbo *estar* por el verbo *parecer* en (101) sin tener que modificar la oración de otro modo:

(105) Juan parecía divertido con la conversación.

En la GLF, se analiza el verbo *seem* como un verbo que selecciona una función predicativa "abierta" llamada XCOMP (Falk 2001: 129): está "abierta" porque incluye un predicado cuyo sujeto puede quedar sin especificar ya que adquiere su contenido funcional fuera del XCOMP. No sólo las oraciones infinitivas pueden desempeñar la función de predicado en un XCOMP, sino también otras categorías

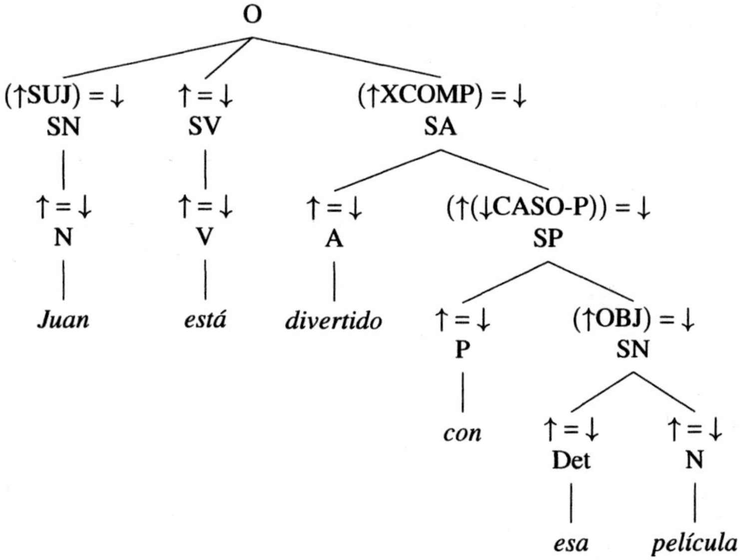

Figura 6.5: La estructura-c de 'Juan está divertido con…'

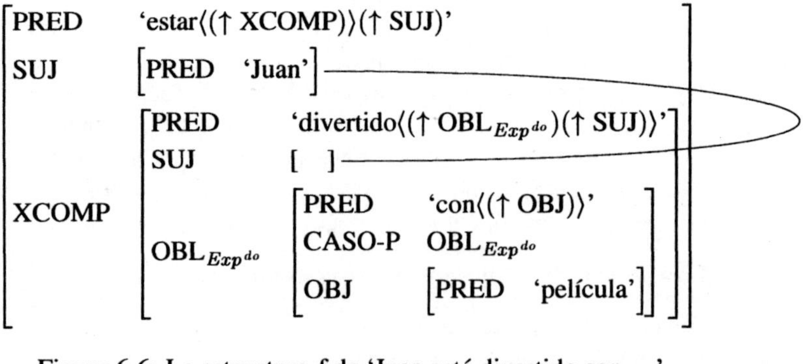

Figura 6.6: La estructura-f de 'Juan está divertido con…'

gramaticales como, en este caso, un adjetivo. La identidad del sujeto de la oración principal (es decir del verbo *parecer*) y del sujeto del XCOMP puede expresarse con el esquema funcional siguiente en la entrada léxica del verbo principal:

(106) parecer V $(\uparrow \text{PRED}) = \text{`parecer}\langle(\uparrow \text{XCOMP})\rangle(\uparrow \text{SUJ})\text{'}$
$(\uparrow \text{SUJ}) = (\uparrow \text{XCOMP SUJ})$

Por convención, escribimos la función del sujeto fuera de los paréntesis angulares, ya que no ocupa un papel temático en el predicado *parecer* (pero sí en el XCOMP). Por eso, es posible utilizar este verbo en una oración impersonal, en la que además, el complemento tiene su propio sujeto (pero en este caso, el complemento de *parece* no desempeña una función abierta):

(107) Parece que Juan tiene razón.

No está tan claro que el sujeto de *estar* (en el uso que nos ocupa aquí) no desempeñe un papel temático en este predicado (por ejemplo, no se puede utilizar impersonalmente), pero tampoco está claro qué papel podría desempeñar. No elaboraremos más esta cuestión, y consideraremos *estar* como un verbo esencialmente equivalente a *parecer*.[32] Nótese que otra vez no es una característica de la construcción participial media la que trae consigo el control funcional, sino la entrada léxica del verbo principal *estar*.

Para terminar, nos quedamos con dos problemas distintos pero a nuestro parecer correlacionados:

1. ¿cómo distinguir un predicado pasivo adjetival y un predicado medio adjetival en un ejemplo como el siguiente?

   (108) Juan está preocupado por el comportamiento de su hermano.

2. ¿cómo explicar que con los verbos psicológicos, y esto contrariamente a lo que pasa con otros verbos, la construcción pasiva adjetival está *menos* restringida que la construcción pasiva verbal (ya que el verbo *preocupar* parece estar compatible sólo con un predicado pasivo adjetival, no con un predicado pasivo verbal)?

Hemos conservado estas dos preguntas hasta el final de este capítulo, porque ahora podemos dar una respuesta simultánea a ambas. En efecto, en el ejemplo (108) simplemente no *puede* haber una oración pasiva. Los únicos ejemplos en los que

32 Si resulta que el sujeto de *estar* desempeña efectivamente un papel temático con respecto a este predicado, podemos simplemente analizar el ejemplo (101) como hemos analizado ya el uso atributivo de un participio medio (como está ejemplificado en 102). Un ejemplo con *parecer* debe de todos modos analizarse como analizamos aquí el ejemplo (101).

un verbo psicológico se encuentra en una construcción pasiva, verbal o adjetival, son, a nuestro parecer, los que implican un uso agentivo del verbo. Así, el ejemplo siguiente podría ser un ejemplo de una oración pasiva o media, dependiendo del carácter agentivo o no del complemento preposicional:

(109) Juan estaba asustado por el payaso.

Pero con un verbo como *preocupar*, que nunca puede ser agentivo, una lectura pasiva está excluida. De este modo también podemos dar una respuesta a la segunda pregunta: los contraejemplos son sólo aparentes, ya que no son ejemplos de una construcción pasiva sino de una construcción media.

6.4. Conclusión

En este capítulo hemos estudiado en detalle dos construcciones, una pronominal y otra participial, que se pueden derivar de varios tipos de verbos psicológicos, aunque sólo productivamente con los verbos de la clase de {PREOCUPAR}. En un primer momento, hemos tomado el análisis de la construcción pasiva como punto de partida, ya que los dos tipos de construcciones, pasivas y medias, comparten varias características superficiales. Sin embargo, una de las diferencias entre nuestro análisis de la "voz" media y el análisis corriente de la voz pasiva en la GLF, es que los predicados medios parecen "generarse" en un nivel léxico más profundo que los predicados pasivos: hemos situado la regla de formación de los predicados medios entre la estructura-θ y la estructura-a, mientras que se sitúa generalmente la regla de formación de la voz pasiva entre la estructura-a y la estructura-f. Esto corresponde con la observación de que la construcción media parece estar más lexicalizada que la construcción pasiva.

Después, hemos estudiado cómo se puede explicar la variedad de preposiciones con las que se puede construir una oración media. Hemos notado que el complemento oblicuo de los predicados psicológicos medios tiene un comportamiento ambiguo en comparación con otros tipos de preposiciones:

- ciertos verbos seleccionan la forma concreta de la preposición con la que se construye el complemento oblicuo, otros no.
- en la mayoría de los casos, la preposición conserva parte de su sentido original, al mismo tiempo que adapta su sentido al contenido temático general de tema de un estado psicológico.

Hemos señalado que con el análisis semántico de las distintas preposiciones, en combinación con ciertos verbos psicológicos, alcanzamos los límites del poder descriptivo y explicativo de la variante principalmente sintáctica de la GLF adoptada en este trabajo. Finalmente, hemos mostrado cómo se pueden derivar los predicados medios adjetivales de los predicados medios verbales.

Capítulo 7

Verbos psicológicos y ligamiento

7.1. Un análisis semántico o discursivo de los verbos psicológicos

Hemos visto en los capítulos precedentes que es posible hacer derivar las relaciones gramaticales requeridas por un predicado de los papeles temáticos desempeñados por sus argumentos, por lo menos si adoptamos una teoría temática suficientemente detallada. Hemos mostrado que los verbos psicológicos de la clase de {PREOCUPAR} son verbos transitivos regulares desde el punto de vista de su estructura-a (y por lo tanto también de su estructura-f). Pero si es así ¿cómo podemos explicar las particularidades aparentemente sintácticas de que dan muestras los verbos de la clase de {PREOCUPAR}? En el capítulo 3, ya hemos señalado que en realidad estas particularidades muchas veces no dependen de factores sintácticos, sino de factores semánticos o discursivos (como el carácter agentivo o no del verbo).

Por esto, Bouchard (1995b: 383) propone un análisis "no estructural" de estas particularidades, "where these syntactic pecularities are because of the specific referential properties of some arguments in Psych constructions." Pero en la opinión de Bouchard, estas propiedades referenciales no forman parte integrante de la entrada léxica de estos verbos. Están correlacionadas con la caracterización de un argumento en términos de "intencionalidad", con la posibilidad de caracterizarlo como "I-Subject" o no (sujeto intencional o no, en la terminología de Ruwet). Ahora bien, esta caracterización depende en parte del uso agentivo o no de un verbo (y probablemente también, a veces, de otros factores contextuales).[1] Aunque en general el análisis de Bouchard puede explicar muchos datos empíricos, nos parece que varios aspectos quedan sin resolver.[2]

No repetiremos aquí todos los argumentos proporcionados por Bouchard, sino que estudiaremos más a fondo una de las particularidades propias de los verbos psicológicos, la posibilidad de que un pronombre reflexivo en el interior de un SN sujeto esté ligado por un objeto directo o indirecto:[3]

(1) Los comentarios maledicentes sobre sí$_i$ mismo le$_i$ preocupan a Juan$_i$ de

1 En realidad, Bouchard (1995b: 278–279) hace una distinción entre tres términos, con respecto al carácter intencional de un argumento: "Concept", "Substantive" y "I-Subject". Aquí nos bastará la distinción bipartita entre sujeto intencional y correlato de la intencionalidad, introducida por Ruwet (1995), y sintetizada aquí en la sección 3.3.3, páginas 92ss.

2 Así, por ejemplo, ya hemos visto (página 120) que los datos españoles parecen contradecir la opinión de Bouchard (1995b: 310) de que los verbos psicológicos de la clase de {PREOCUPAR} son compatibles con una construcción pasiva verbal; en español, por lo menos en sus usos no-agentivos, sólo se encuentran en construcciones *adjetivales* (y hemos visto en el capítulo precedente que no son pasivas, sino medias).

3 Tanto los verbos de la clase de {PREOCUPAR} como los de la clase de {AGRADAR} se comportan del mismo modo con respecto a este fenómeno.

manera obsesiva.

Veremos que el análisis de Bouchard parece estar en contradicción con ciertos datos castellanos. Pero mostraremos también que la distinción entre sujeto intencional (SI) y correlato de la intencionalidad (CI) puede aclarar mejor, también en español, el comportamiento de estos verbos con respecto al ligamiento, a condición de que delimitemos mejor su campo de aplicación.

En este capitulo, no podremos hacer más que proponer un inicio de análisis. Por ejemplo, no está muy claro en el texto de Bouchard (1995b) en qué nivel de análisis se sitúa exactamente su distinción entre *Concept*, *Substantive* y *I-Subject*: ¿en un nivel semántico, o más bien en un nivel discursivo?[4] Nos parece que se sitúa más bien en un nivel propiamente discursivo: en muchos caso un mismo SN puede interpretarse intencionalmente o no, dependiendo del contexto discursivo. Por otra parte hay una correlación evidente con un nivel semántico, y más concretamente con la estructura-θ (así, por ejemplo, un experimentante es normalmente un SI).

7.2. La teoría básica del ligamiento en español

Antes de efectuar el análisis del ligamiento desde el objeto, revisaremos brevemente la teoría del ligamiento "estándar", aplicada al castellano.[5] Evidentemente tendremos que pasar por alto numerosos aspectos de la teoría, tanto empíricos como teóricos. Además, abordaremos aquí el tema desde un punto de vista bastante informal, ya que un análisis formalmente justificado nos llevaría muy lejos. Con todo, para situar mejor la construcción que será el tema de este capítulo, tenemos que explicitar algunos datos e hipótesis fundamentales de la teoría del ligamiento.

En las distintas teorías generativas, se disciernen generalmente dos tipos de palabras sin referencia propia, y que adquieren su referencia gracias a otras palabras en la oración (o a través del contexto discursivo o situacional): los pronombres reflexivos y recíprocos por una parte, y los demás tipos de pronombres por otra. Se documentan algunas de estas palabras en los ejemplos siguientes, un pronombre reflexivo en (2a), un pronombre recíproco en (2b) y un pronombre personal no reflexivo ni recíproco en (3):

(2) a. Luisa *se* ayuda a *sí misma*.

4 En otros lugares, el propio Bouchard señala que esta distinción es fundamental.

5 Para esta sección nos basaremos esencialmente en Demonte (1989) y Otero (1999), los cuales dan una versión de la teoría del ligamiento desde el punto de vista de la teoría del Régimen y Ligamiento. Más abajo veremos sucintamente cómo se pueden analizar los mismos datos en la teoría de la GLF. La terminología relacionada con el ligamiento en las teorías generativas es bastante técnica y de origen inglés. Aquí utilizamos los términos y traducciones propuestos por Otero (p. ej. el término mismo de "ligamiento", la noción de "anáfora a larga distancia", las nociones de "dominio local" y de "logoforicidad", etc.)

b. Luisa y Rosa *se* ayudan *la una a la otra.*

(3) Luisa dice que Rosa *la* ayuda.

En las teorías generativas, se subsumen generalmente los pronombres reflexivos y recíprocos bajo el término general de "anáforas", y los demás pronombres bajo el término de "pronominales" (o simplemente pronombres).[6] Las formas que pueden utilizarse como anáforas reflexivas son esencialmente *se*, *sí (mismo)* o la combinación de ambas formas *se ... sí (mismo)*, como en el ejemplo (2a). Las anáforas recíprocas son otra vez *se*, *el uno al otro*[7] o la combinación de ambas formas *se ... el uno al otro*. Todas estas formas también pueden utilizarse con otras personas gramaticales, pero entonces ya no es posible hacer una distinción entre las formas átonas de las anáforas y las formas átonas de los pronominales:

(4) a. *Nos* ayudamos (*el uno al otro*).

b. Trata de ayudar*te* (a *ti mismo*).

(5) Juan {*nos* / *te*} ha ayudado.

En la función del objeto directo o indirecto (o, en la terminología introducida en el capítulo 5, no-dativo o dativo), la palabra *se* es obligatoria y está eventualmente "reduplicada" por la forma tónica *sí (mismo)* o *el uno al otro* (Otero 1999: 1458ss):[8]

(6) María *(se) mira a sí misma. (Torrego 1995: 223)

(7) Juan *(se) habla a menudo a sí mismo. (Otero 1999: 1460)

En los demás casos sólo se utiliza la forma tónica:

(8) El presidente (*se) desconfía de sí mismo. (Torrego 1995: 224)

Los pronominales se realizan con los demás tipos de pronombres personales, *lo*, *la*, *él*, *ella*, etc.:

(9) María *lo* mira (a Juan, a *él*).

(10) El presidente desconfía de *ella*.

6 Cfr. Otero (1999: 1430) para más precisiones terminológicas.

7 O una forma equivalente, como por ejemplo en combinación con una preposición, *el uno* del *otro*, *el uno* con *el otro*, etc. (cfr. Otero 1999: 1480ss).

8 Simplificamos un poco los datos, ya que en algunos (pocos) casos, la reduplicación no es obligatoria, por ejemplo cuando se trata del complemento de un adjetivo (Torrego 1995: 224): "María siempre (se) ha sido fiel a sí misma".

Como ya hemos señalado, las formas pronominales (átonas) de las personas gramaticales otras que la tercera persona son idénticas a las formas anafóricas átonas.[9] Una de las conclusiones más importantes de la teoría del ligamiento estándar es el que hay generalmente complementariedad entre la distribución de las anáforas y la de los pronominales. En los contextos en los que es posible una anáfora no es posible un pronominal (con un mismo antecedente), y viceversa (Demonte 1989: 177ss):

(11) a. Juan$_i$ se quiere a sí$_i$ mismo.
b. * Juan$_i$ lo$_i$ quiere.

(12) a. Juan$_i$ sabe que Marta lo$_i$ quiere.
b. * Juan$_i$ sabe que Marta se quiere a sí$_i$ mismo.

De ahí la formulación clásica de la teoría del ligamiento a través de los dos principios A y B, que, siguiendo a Demonte (1989: 178), expresamos aquí de una manera muy informal:[10]

(13) Una anáfora tiene que tener un antecedente en un dominio local. (= principio A)

(14) Un pronominal no puede tener un antecedente en un dominio local. (= principio B)

Siguiendo a Otero (1999: 1447), definimos este dominio local como la oración mínima que contiene un antecedente, o un ligador, en potencia.[11] Por otra parte, para que un elemento pueda ser el antecedente de una anáfora, es preciso que la "ligue". Demonte (1989: 179) define el ligamiento de la manera siguiente, con una referencia crucial a la condición de mando-c:

(15) un elemento α liga a un elemento β si y sólo si α manda-c a β y ambos tienen el mismo índice.

En general el dominio local se identifica con la oración mínima en la que se encuentra la anáfora o el pronominal (como era el caso en todos los ejemplos precedentes) ya que el sujeto de esta oración es un ligador en potencia (manda-c a los demás complementos de la oración). Pero esta definición también permite ejemplos en los que el dominio local no es una oración, sino, por ejemplo, un SN o

9 Las formas *tónicas* de los pronominales son idénticas a las formas tónicas de las anáforas reflexivas, sólo si estas últimas no están reforzadas por la palabra *mismo*: *mí*, *ti*, *nosotros*, *vosotros*.

10 No hablaremos aquí del principio C, que rige la referencia de las "expresiones referenciales", ya que no hay consenso sobre su validez, incluso entre los lingüistas que trabajan en el marco de la teoría del Régimen y Ligamiento (cfr. las referencias en Bresnan 2001: 220).

11 Otero señala que la distinción entre antecedente y ligador no es inocente, por razones que quedarán más claras más abajo. Sin embargo, aquí no haremos esta distinción.

ciertos tipos de SSPP (el primer ejemplo proviene de Demonte 1989: 181, los demás de Otero 1999: 1446,1499):[12]

(16) a. Adriana$_j$ guardaba celosamente [la foto de María$_i$ de sí misma$_{i/*j}$] .
b. [Luisa$_i$ encuentra divertidas las historias sobre sí$_i$] .

(17) a. I. * Luis$_i$ vio un pájaro$_j$ [PRO$_j$ junto a sí$_i$] .
II. Luis$_i$ vio un pájaro$_j$ [PRO$_j$ junto a él$_i$] .
b. I. * José$_i$ puso la manta$_j$ [PRO$_j$ encima de sí$_i$] .
II. José$_i$ puso la manta$_j$ [PRO$_j$ encima de él$_i$] .
c. I. * Juana$_i$ encontró una serpiente$_j$ [PRO$_j$ cerca de sí$_i$] .
II. Juana$_i$ encontró una serpiente$_j$ [PRO$_j$ cerca de ella$_i$] .

En estos ejemplos, hemos delimitado los dominios locales respectivos con corchetes. Los SSPP serían dominios locales porque formarían "cláusulas mínimas" (Otero 1999: 1445). El sujeto tácito de ellos, correferente con el objeto de la oración principal, es un antecedente en potencia. La situación con los SSNN es algo distinta. En (16a), podemos interpretar María como una especie de agente (la persona que sacó la fotografía), y por eso puede considerarse como un antecedente en potencia. En (16b), en cambio, no hay un "agente" en el interior del SN; por consiguiente no hay un antecedente en potencia en el SN, sino sólo en la oración principal. Sin embargo, tenemos que dejar a un lado aquí varios aspectos que complican el análisis. Tendremos la ocasión de detenernos en algunos de ellos en lo que sigue.[13]

El análisis de la palabra *mismo*, con la que los pronombres reflexivos, y a veces también los pronominales, pueden combinarse, también es problemático, porque tiene un comportamiento poco regular. En general esta palabra sería opcional (cfr. Otero 1999: 1449):

(18) Rosa y Blas hablaron sobre sí (mismos).

Sin embargo, en ciertos contextos, por ejemplo cuando se encuentra en el complemento de un nombre "pictórico" (es decir, sustantivos como *foto*, *descripción*, etc.), este elemento sería "menos facultativo" (Otero 1999: 1457):

(19) Juan mostró una buena percepción de sí ?(mismo).

12 Véase el capítulo 6 (página 255), para el análisis de un elemento PRO en el marco de la GLF.

13 Por ejemplo, no está claro por qué no se puede postular un sujeto PRO en el SN. Por otra parte, no todos los SSPP se comportan como cláusulas mínimas. Véase Rivero (1986) para un análisis detenido del ligamiento al interior de los SSNN en español.

A falta de un análisis más detallado, seguiremos aquí la opinión de Otero (1999: 1509), según el cual, "*mism-* es siempre un aditamento, que puede resultar más o menos indispensable, según los casos". Pero veremos que esta observación tendrá consecuencias en lo que sigue.

Por otra parte, la supuesta complementariedad entre anáforas y pronominales dista mucho de ser absoluta, como lo señala Demonte (1989: 190ss) para el español.[14] Según esta autora hay varios contextos en los que tanto una anáfora como un pronominal son posibles (con la misma referencia). Algunos de estos casos pueden explicarse por la hipótesis de que en ciertos contextos el dominio local de una anáfora no es necesariamente idéntica al dominio local de un pronominal; en estos contextos los dominios locales pueden solaparse, y ambos elementos son posibles. No elaboraremos más esta hipótesis, pero nos concentraremos más bien en algunos ejemplos en los que esta explicación no puede ser válida. Hemos visto más arriba que ciertos SSPP pueden formar una cláusula mínima y constituyen por sí mismos un dominio local. Sin embargo, no todos los SSPP se comportan de esta manera (Demonte 1989: 194):

(20) Pedro$_i$ abusó {de él$_{*i}$ / de sí$_i$} mismo.

(21) Juan$_i$ soñó {con él$_{*i}$ / consigo$_i$} mismo.

(22) Dionisio$_i$ se atuvo {a él$_{*i}$ / a sí$_i$} mismo.

Con todo, hay una diferencia esencial entre estos ejemplos y los ejemplos con SSPP citados más arriba: en los ejemplos (20) a (22), contrariamente a lo que pasa en los ejemplos bajo (17), se trata de complementos subcategorizados. Pero otros SSPP subcategorizados aceptan tanto una anáfora como un pronominal correferente con el sujeto, al contrario de lo que pasa en los ejemplos precedentes (Demonte 1989: 195):

(23) Juan$_i$ habló {de él$_i$ / de sí$_i$} mismo toda la tarde.

(24) Luisa$_i$ sólo piensa {en ella$_i$ / sí$_i$} misma.

(25) ? Enrique$_i$ duda {de él$_i$ / de sí$_i$} mismo.

Otero (1999: 1502) da otros muchos ejemplos en los que ambos elementos son posibles en un SP subcategorizado. Por otra parte, ciertos SSPP *no* subcategorizados sólo aceptan una anáfora, no un pronominal (Demonte 1989: 195), al contrario de los ejemplos citados en (17):

(26) Juan$_i$ habló {con él$_{*i}$ / consigo$_i$} mismo.

(27) Elena$_i$ trabaja {con ella$_{*i}$ / consigo$_i$} misma.

14 Véase Bresnan (2001: 212ss) entre otros autores, para un repaso de esta problemática en varias lenguas tipológicamente distintas.

En resumen, la diferencia entre los ejemplos (20) a (22) y los ejemplos (23) a (25) no puede explicarse estructuralmente, ya que no hay ninguna diferencia estructural entre ambas series de ejemplos. Por eso, seguiremos aquí la propuesta de Otero (1999) y consideraremos este uso de *él mismo* como un uso "logofórico". Estudiaremos más detenidamente esta noción en la sección 7.4, más abajo.

7.3. Ligamiento desde el objeto

Como ya hemos señalado brevemente en el capítulo 3 (páginas 118 y 128 respectivamente), el objeto directo o indirecto de un verbo de la clase de {PREOCUPAR} o de la clase de {AGRADAR} puede ligar un pronombre reflexivo en el interior del sujeto. Estos ejemplos constituyen un problema para la teoría del ligamiento estándar, ya que en su representación estructural más usual, el objeto no puede mandar-c un elemento dentro del sujeto.

7.3.1. Datos empíricos

Empezaremos por revisar los datos empíricos tales como los expone Demonte (1989: 185–187) (esta sección será en parte una repetición, un poco más detallada, de las secciones correspondientes del capítulo 3). La primera observación que se desprende de los ejemplos de Demonte (1989) es que este tipo de construcciones no sólo es posible con los verbos psicológicos de las dos clases de {PREOCUPAR} y de {AGRADAR}, sino también con otros verbos o predicados que seleccionan un objeto indirecto:

(28) a. La confesión sobre $sí_i$ mismo le costó mucho trabajo a $Juan_i$.
b. ? La foto de $sí_i$ mismo le agradó mucho a $Emilio_i$.
c. La información sobre si_i mismo le llegó a $Pepe_i$ muy deteriorada.

(29) a. A $Juan_i$ le costó mucho trabajo la confesión sobre $sí_i$ mismo.
b. A $Emilio_i$ le agradó mucho la foto de $sí_i$ mismo.
c. A $Pepe_i$ le llegó muy deteriorada la información sobre $sí_i$ mismo.

Por otra parte, el antecedente debe ser el *núcleo* del sintagma que desempeña la función del objeto, no un núcleo que depende de él:[15]

(30) a. * A la hija de $Juan_i$ le gustó mucho la foto de $sí_i$ mismo.
b. * A la hermana de $Pepe_i$ le llegó muy deteriorada la información sobre $sí_i$ mismo.

15 Pero veremos más abajo que hay varias excepciones a esta regla.

Según varios hablantes, pero no según todos, sólo puede haber ligamiento si el objeto está reduplicado por un clítico:

(31) a. Los comentarios maledicentes sobre sí$_i$ mismo le$_i$ preocupan a Juan$_i$ de manera obsesiva.
b. ?? Los comentarios maledicentes sobre sí$_i$ mismo preocupan a Juan$_i$ de manera obsesiva.

(32) a. La foto de sí$_i$ mismo le$_i$ gustó mucho a Juan$_i$.
b. ?? La foto de sí$_i$ mismo gustó mucho a Juan$_i$.

(33) a. Esa caracterización de sí$_i$ misma le$_i$ horrorizó a la psicoanalista$_i$.
b. ?? Esa caracterización de sí$_i$ misma horrorizó a la psicoanalista$_i$.

Por fin, para varios hablantes el ligamiento no sólo es posible con un objeto directo si se trata de un verbo psicológico, sino también, aunque más marginalmente, con verbos transitivos "regulares", y esto a la inversa de lo que señalan Belletti & Rizzi (1987) con respecto al italiano:

(34) a. ? La información sobre sí$_i$ mismo, describía al policía$_i$ mucho más elocuentemente que mil palabras.
b. ? El retrato de sí$_i$ mismo arrancaba aplausos al hombre$_i$ del sombrero de paja.

Ya hemos citado otros ejemplos sin verbos psicológicos, pero con un objeto *indirecto*, en los ejemplos (28a), (28c), (29a) y (29c), más arriba.

Antes de continuar nuestra discusión, tenemos que hacer algunas observaciones acerca del tipo de sustantivos que pueden ser el núcleo del SN sujeto. En primer lugar, generalmente se trata de "picture nouns" ("sustantivos de representación" en Otero 1999: 1457, o "nombres pictóricos" en Demonte 1989: 181), o, más generalmente, de nombres que "desarrollan una estructura argumental completa" (Demonte 1989: 181, cfr. también Rivero 1986). Los nombres que tienen más claramente una estructura argumental propia son evidentemente los nombres derivados de predicados verbales, como *descripción*, *imitación*, *descubrimiento*, etc. Pero hay también varios nombres comunes no deverbales que pueden tener una especie de estructura argumental: Otero (1999: 1457) cita como ejemplos, sustantivos como *teoría*, *foto*, *idea*, etc. Así, según Rivero (1986: 174) los nombres en los ejemplos siguientes están "syntactically saturated, because all the arguments specified in the lexical frames of the respective head Ns are present":

(35) a. La foto de Juan de Londres
b. La carta de Juan a María
c. El gusto de Juan por la ropa cara

d. La petición de Juan a María de que el niño se callara

Si el "sujeto" del SN (es decir, en estos ejemplos, el agente o el experimentante) está explícitamente presente, es posible que haya una anáfora ligada por él, ya que en este caso, el dominio local es el SN mismo (el "sujeto" es un antecedente en potencia):[16]

(36) [Pedro y Demetrio $]_i$ guardaban celosamente la foto de María$_j$ de {sí$_j$ misma / *sí$_i$ mismos}. (Demonte 1989: 182)

Si no hay un antecedente en potencia en el SN, el dominio local es la oración misma en la que se encuentra el SN (ibid.):

(37) [Pedro y Demetrio $]_i$ guardaban celosamente las fotos de sí$_i$ mismos.

Sin embargo, no nos ayuda postular un sujeto nulo (PRO) en la posición de sujeto del SN: cuando el sujeto del SN no está explícitamente presente no tenemos que interpretarlo necesariamente como correferente con el antecedente de la anáfora. Así, en el ejemplo (16b), citado más arriba, el "agente" del SN (el que cuenta las historias), puede ser la propia Luisa u otra persona (quizás también un agente con interpretación arbitraria). Pero en el último caso, no podemos postular un sujeto PRO ya que entonces la anáfora no estaría ligada en su dominio local (el SN):

(38) Luisa$_i$ encuentra divertidas [las historias (*de PRO$_k$) sobre sí$_i$] .

7.3.2. Algunas propuestas de análisis

7.3.2.1. Una explicación estructural

Belletti & Rizzi (1987) proponen una explicación puramente estructural del comportamiento de los verbos psicológicos en los contextos de ligamiento desde el objeto directo. Según estos autores, estos ejemplos son gramaticales porque la condición de mando-c se cumple ya en la estructura profunda de los verbos de la clase de {PREOCUPAR} (y por extensión también de la clase de {AGRADAR}).[17] Representamos (parcialmente) la estructura profunda del ejemplo italiano siguiente, tal como la proponen Belletti & Rizzi (1987: 80), en la figura 7.1 (cfr. la sección 2.6 más arriba, página 54):

(39) Questi pettegolezzi su di sé preoccupano Gianni.
'Estos chismes sobre sí mismo preocupan a Gianni'

16 Los ejemplos siguientes son equivalentes a los ejemplos (16a) y (16b) citados más arriba.

17 Este análisis depende crucialmente de la arquitectura transformacional de la teoría del Régimen y Ligamiento.

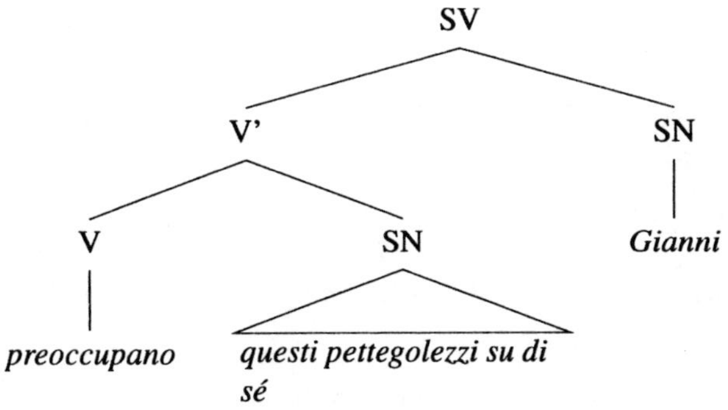

Figura 7.1: La estructura-P de 'Questi pettegolezzi su di sé...'

En esta estructura arborescente (de estructura-P), el SN *Gianni* manda-c al pronombre reflexivo en el SN "questi pettegolezzi su di sé", y por lo tanto puede ser su antecedente. No exploraremos más esta propuesta, que tiene de todos modos varias consecuencias teóricas importantes en el marco de la teoría del Régimen y Ligamiento. Nos limitaremos aquí a señalar que varios autores han citado numerosos contraejemplos a la observación de que el ligamiento desde el objeto sólo sería posible con los verbos psicológicos. En varios de estos ejemplos, el pronombre reflexivo no puede estar mandado-c por su antecedente, ni en la estructura profunda, ni en la estructura superficial. Ya hemos citado algunos ejemplos más arriba: (28a), (29a), (34a) y (34b).[18] Bouchard (1995b: 296ss) y Cançado & Franchi (1999) dan otros muchos contraejemplos, en inglés y en portugués respectivamente (se trata sobre todo de ejemplos con verbos causativos). Reproducimos aquí algunos de estos ejemplos:

(40) a. Each other's criticisms forced John and Mary to confront their problems.
b. Pictures of each other caused John and Mary to start crying.
c. Those rumors about himself made John behave more carefully.
d. Pictures of herself used to make Sue blush.

(41) a. A distância entre si e o orientador obriga João a longas viagens.
'La distancia entre sí y el director obliga a Juan a largos viajes.'

18 Los ejemplos (28c) y (29c) tampoco incluyen un verbo psicológico, pero sí un verbo inacusativo. Por lo tanto, si siguiéramos una teoría con movimiento, podríamos quizás explicar estructuralmente estos ejemplos, ya que en la estructura-P, el sujeto (superficial) ocuparía el lugar del objeto. No exploraremos aquí esta posibilidad.

b. O descaso da própria mulher trouxe João à realidade.[19]
'El descuido de su (lit. la) propia mujer trajo a Juan a la realidad.'

c. Uma estória [sic] sobre si mesmo levou João ao cinema.
'Una historia sobre sí mismo llevó a Juan al cine.'

Varios ejemplos equivalentes en castellano nos parecen también posibles:[20]

(42) a. Esas críticas de sí mismo forzaron a Juan a encarar sus problemas.
b. Esta fotografía de sí mismo hizo llorar a Juan.
c. La distancia entre sí mismo y el director incita a Juan a largos viajes.

7.3.2.2. Una explicación temática

Otros autores, como Giorgi (1984), Grimshaw (1994) o Zribi-Hertz (1996: 193ss), exploran más bien una explicación *temática* de tales hechos. La formulación más elaborada de esta propuesta se encuentra en Giorgi (1984). Está correlacionada con la hipótesis de que en realidad, los pronombres anafóricos que tienen su antecedente en el objeto (directo o indirecto), son ejemplos de "anáforas a larga distancia" ("long distance anaphors"). Bajo este término se subsumen generalmente los usos de los elementos anafóricos que no cumplen el principio A de la teoría del ligamiento (cfr. Reuland & Koster 1991: 2). Más abajo, estudiaremos más detenidamente las anáforas a larga distancia (ALD) pero es importante tener ya en cuenta este dato, ya que casi todos los ejemplos de Giorgi (1984) incluyen el pronombre posesivo italiano *proprio*, una palabra que según esta autora puede comportarse como una ALD. Por eso, los ejemplos italianos no pueden traducirse directamente al castellano, ya que la palabra *propio* en castellano, en los usos que nos ocupan aquí, es normalmente un refuerzo del pronombre posesivo (*su propio*), y tiene el mismo comportamiento con respecto a la teoría del ligamiento. Veamos algunos de los ejemplos proporcionados por Giorgi (1984: 316):[21]

(43) La propria$_i$ salute preoccupa molto Osvaldo$_i$.
'La (su) propia salud preocupa mucho a Osvaldo'

(44) La malattia della propria$_i$ moglie preoccupa molto Osvaldo$_i$.
'La enfermedad de la (su) propia mujer preocupa mucho a Osvaldo'

---

19 Aparentemente, en portugués la palabra *próprio* puede comportarse como una anáfora, quizás una anáfora a larga distancia (Cançado & Franchi 1999: 135).

20 No con un pronombre recíproco, ya que en castellano, un pronombre recíproco no puede ser complemento de un sustantivo—cfr. el ejemplo (53) más abajo.

21 Nótese que las traducciones al castellano de estos ejemplos (con *su propio*) son todas gramaticales: "Su propia salud preocupa mucho a Osvaldo", "Su propia mujer ha asesinado a Osvaldo".

(45) * La propria$_i$ moglie ha assassinato Osvaldo$_i$.
'La (su) propia mujer ha asesinado a Osvaldo'

Según Giorgi (1984: 318), una anáfora a larga distancia debe tener un antecedente más preeminente en la jerarquía temática siguiente:

(46) 1) agent, 2) experiencer, 3) theme and others

Ya que el objeto de los ejemplos (43) y (44) es un experimentante, y el sujeto un tema, una anáfora en el interior del sujeto puede tener como antecedente al experimentante. En (45), en cambio, el sujeto es un agente, el objeto no puede ser más preeminente según la jerarquía temática, y por lo tanto no puede ligar un elemento en el interior del sujeto.

Aunque Giorgi (1984) no hace referencia a ejemplos causativos del tipo ejemplificado en (40) y (41), estos ejemplos pueden explicarse bastante fácilmente con una teoría temática un poco más detallada que la utilizada por Giorgi, más concretamente una teoría que puede hacer referencia a un papel temático causativo; parece natural suponer que la causa se encuentra en un nivel relativamente alto de la jerarquía temática.[22] Sin embargo, como ya hemos visto en los ejemplos (34a) y (34b), según varios hablantes, ejemplos con verbos ni psicológicos, ni causativos también aceptan, aunque un poco más marginalmente, el ligamiento desde un objeto. Bouchard (1995b: 296) señala un comportamiento idéntico con respecto al inglés, y Cançado & Franchi (1999: 140) con respecto al portugués:

(47) a. ? These stories about himself don't describe John very well.
b. ? These nasty stories about himself broke John's resistance.

(48) a. Estórias [sic] sobre si têm a aprovação do vaidoso mestre.
'Historias sobre sí tienen la aprobación del maestro vanidoso.'
b. Fofocas dos próprios amigos não convêm a quem assuma tão importante cargo.
'Chismorreos sobre (lit. de) los propios amigos no convienen a quien asuma tan importante cargo.'
c. Uma foto de si mesmo na primeira página do jornal vale o dia para um político.
'Una foto de sí mismo en la primera página del diario es esencial (lit. vale el día) para un político.'

Por lo tanto, el análisis temático tampoco puede explicar todos los datos empíricos.

22 Así, por ejemplo, en la teoría temática de Dowty (1991) el hecho de causar un evento es una propiedad prototípica del agente (cfr. el capítulo 5). Probablemente también podría deducirse de nuestra teoría temática, ya que un evento causativo implica normalmente dos eventos, y la causa forma parte del primer subevento; por otra parte hemos visto que el hecho de desempeñar el papel temático principal en un primer subevento constituye una propiedad de agente-P.

7.3.2.3. Una explicación discursiva

Bouchard (1995b: 298) señala que junto a los contraejemplos ya citados, hay todavía otros argumentos contra un análisis estructural. Así, la aceptabilidad de un ejemplo con ligamiento desde el objeto varía considerablemente dependiendo de la interpretación del SN sujeto. Un nombre pictórico, como *picture*, puede tener dos interpretaciones distintas, "one in which we are referring to the object itself, (...) and one in which we refer to what the picture represents":

(49) a. That picture of Mary is funny because it has an odd shape/frame.
b. That picture of Mary is funny because of what she looks like in it.

El ligamiento desde el objeto sólo es posible cuando el SN tiene una interpretación "representacional", no una interpretación "objetiva" (Bouchard 1995b: 300):

(50) a. That book about herself struck Mary as embarrassing.
b. * That book about herself struck Mary on the head.

Sin embargo, desde un punto de vista estructural, estos ejemplos parecen idénticos.[23] Por eso, Bouchard (1995b: 299) propone analizarlos en términos de "logoforicidad"; define (informalmente) un pronombre logofórico como "one that takes as antecedent elements that bear certain discourse roles". Siguiendo a Zribi-Hertz (1989), señala que este papel "discursivo" debe ser el de "Subject of Consciousness" (es decir, en la terminología del propio Bouchard, un *I-Subject*, en la terminología de Ruwet, un sujeto intencional). Por otra parte, identifica (sin justificarlo mucho) estos ejemplos de ligamiento desde el objeto con el fenómeno del ligamiento a larga distancia. Por consiguiente, el ligamiento desde el objeto cumpliría la condición siguiente (Bouchard 1995b: 299):

(51) A long distance anaphor can be bound by a Subject of Consciousness [es decir, un SI], if the Anaphor is in the Content of Consciousness [es decir, el CI] of that Subject of Consciousness.

Esta condición puede explicar la mayoría de los ejemplos citados hasta ahora. Ya hemos señalado en varias ocasiones que el objeto de un verbo psicológico es un sujeto intencional, y por lo tanto también un sujeto de conciencia; por consiguiente puede ligar una anáfora dentro del sujeto. Varios ejemplos que no incluyen verbos psicológicos también pueden denotar un contenido de conciencia correlacionado con un sujeto de conciencia, como los ejemplos (28a), (29a) y (34b), así como los ejemplos portugueses citados en (48a) a (48c). El contraste entre (50a) y (50b)

23 Señalemos que este contraste tiene una explicación natural en una teoría temática: el sujeto con una interpretación objetiva ya no se interpreta como un tema, sino como una especie de agente (no-animado).

puede explicarse de la manera siguiente: el contexto concreto del segundo ejemplo ("struck Mary on the head") implica una interpretación concreta del sujeto ("that book about herself"), así como una interpretación no intencional del objeto de la oración *Mary*. Por lo tanto, en (50b), *Mary* no puede ser un sujeto de conciencia. En (50a), en cambio, la oración denota una realidad "psicológica", *Mary* es un sujeto de conciencia, y, por lo tanto, puede ligar una anáfora dentro del sujeto (Bouchard 1995b: 299-300). Bouchard no explica cómo se pueden analizar los ejemplos causativos citados en (40), pero parece que el hecho mismo de que el objeto es al mismo tiempo el sujeto (lógico) de la oración que sigue al verbo causativo, basta para conferirle el estatus de sujeto de conciencia.

Sin embargo, esta explicación tampoco puede explicar perfectamente todos los ejemplos citados hasta ahora. Los ejemplos (28c) y (29c) no parecen hacer directamente referencia a un estado psicológico, y tampoco a un contenido de conciencia (pero quizás, como ya hemos señalado, puedan explicarse estos ejemplos a través de un análisis inacusativo del verbo *llegar*). El verbo *describir*, como en el ejemplo (34a), tampoco denota un estado psicológico. Por otra parte, el hecho mismo de utilizar un pronombre reflexivo en este ejemplo parece traer consigo una referencia al punto de vista del policía: la información describe bien al policía según *su propio* punto de vista; quizás los ejemplos (28c) y (29c) pueden explicarse de la misma manera.

Por lo tanto, aunque quedan algunas zonas oscuras, en general este análisis explica mejor que las demás propuestas el conjunto de datos empíricos aquí reproducidos. Sin embargo, este análisis trae consigo un conflicto con los datos castellanos, ya que, según Otero, el pronombre reflexivo *sí mismo*, presente en todos los ejemplos citados por Demonte (1989), no puede considerarse como un pronombre logofórico (y probablemente tampoco como una anáfora a larga distancia).

7.4. La logoforicidad

Varios autores distinguen dos tipos de anáforas, con un comportamiento relativamente constante de una lengua a otra. El primer tipo de anáforas obedece a la teoría del ligamiento introducida brevemente en la sección 7.2. Por otra parte, en varias lenguas se documentan pronombres con un sentido reflexivo que no deben estar ligados en un dominio local (por lo menos si lo definimos como lo hemos definido aquí), por ejemplo el pronombre posesivo *proprio* en italiano. Estos pronombres se conocen bajo varios nombres: son "anáforas a larga distancia", o "pronombres logofóricos" (aunque para muchos autores, estos términos denotan dos realidades distintas, no es siempre fácil distinguir ambos tipos de pronombres).[24] Reuland & Koster (1991: 10) enumeran las propiedades siguientes como típicas de este tipo de anáforas en varias lenguas tipológicamente distintas:

(52) a. L[ong] D[istance]-anaphors allow an antecedent outside the governing category (...)
b. The antecedents of LD-anaphors are subject to a more restrictive prominence condition than c-command. The most common requirement is that the antecedent must be a subject.
c. LDA is restricted to reflexives. Reciprocals are not allowed as LD-anaphors (...)
d. LD-anaphors are morphologically simplex. Morphologically complex anaphors are local (...)
e. Outside the local domain there is no complementarity between pronouns and anaphors.

Ahora bien, el pronombre reflexivo *sí mismo* (y más particularmente en la construcción que nos interesa aquí) no se comporta como una anáfora a larga distancia prototípica, si consideramos estas cinco propiedades.

Empecemos con la cuarta propiedad: en castellano, las anáforas morfológicamente simples y morfológicamente complejas parecen comportarse de una manera idéntica por lo que se refiere a sus propiedades de ligamiento (Otero 1999: 1436). Por lo que se refiere a la tercera característica, parece que las anáforas recíprocas no se excluyen de la construcción estudiada aquí. No podemos controlarlo en castellano, ya que el castellano no acepta un pronombre recíproco como complemento de un sustantivo (Otero 1999: 1480):

(53) * Juan y Pedro admiran las fotos el uno del otro.

Pero en otras lenguas, como en inglés, un pronombre recíproco es posible en esta configuración (Giorgi 1984: 313):

(54) Each other's pictures would please the boys.

24 Originalmente, la noción de logoforicidad tenía un dominio de aplicación más estricto y designaba un tipo de pronombres que se encuentran en varias lenguas africanas. Hacen referencia a "one whose speech, thoughts, or feelings are represented in indirect discourse, from that person's own point of view" (Bresnan 2001: 242). En estas lenguas, los pronombres logofóricos tienen normalmente una forma propia. El uso de este término para designar otros tipos de pronombres no-localmente ligados ha sido criticado por varios autores (cfr. Bresnan 2001: 252). Vamos a utilizar aquí provisionalmente este término, pero siempre teniendo presente que no está claro en qué medida es posible identificar los fenómenos de ligamiento a larga distancia con la logoforicidad tal como ha sido descrita en esas lenguas africanas. Trataremos de resolver esta confusión terminológica, por lo menos por lo que se refiere a los datos castellanos, en el resto de este capítulo.

Tampoco se cumple la segunda propiedad: es justamente una de las características de la construcción aquí estudiada, el hecho de que el antecedente *no* es el sujeto de la oración, sino el objeto.

Por otra parte, no parece que haya complementariedad entre las anáforas y los pronominales en estos contextos, ya que a primera vista ambos tipos de pronombres son compatibles con esta construcción:

(55) a. Los comentarios maledicentes sobre sí_i mismo le_i preocupan a Juan_i de manera obsesiva.

b. Los comentarios maledicentes sobre él_i mismo le_i preocupan a Juan_i de manera obsesiva.

Finalmente, no podemos saber en un ejemplo como (55a) si el antecedente está o no en la categoría rectora de la anáfora (es decir en su dominio local), ya que en esta oración simplemente no hay un "antecedente, o un ligador, en potencia" (por lo menos si no adoptamos el análisis transformacional de Belletti y Rizzi): el único candidato, *Juan*, no manda-c a la anáfora y esta es una de las condiciones para ser un antecedente en potencia. En resumen, por una parte, la anáfora en estos contextos no se comporta como una anáfora ligada normal, por otra parte tampoco tiene todas las propiedades características de las ALD. Otero (1999: 1436ss) da otra serie de argumentos para mostrar que *sí* en castellano no se comporta como las ALD prototípicas de otras lenguas.

Por eso, no podemos asimilar simplemente los datos castellanos a los datos italianos, ya que el italiano parece sí conocer una auténtica anáfora a larga distancia. Así, en italiano, es posible que haya un antecedente en potencia "entre" el antecedente efectivo y el pronombre *proprio*, justamente porque esta palabra puede ser una ALD (Giorgi 1984: 317):

(56) La salute di quelli_j che amano la propria_i moglie preoccupa molto Osvaldo_i.
'La salud de aquellos que aman a su (lit. la) propia mujer preocupa mucho a Osvaldo'

Un ejemplo castellano equivalente nos parece excluido (sustituimos el pronombre *proprio* italiano por el pronombre reflexivo castellano, ya que *propio* en español normalmente no se comporta como una anáfora):

(57) * La salud de los_j que admiran la foto de sí_i mismo le preocupa a Juan_i.

Por otra parte, según Otero (1999), si hay un tipo de pronombres en castellano que se comportan como pronombres *logofóricos*, no son los pronombres reflexivos (*sí* o *sí mismo*), sino más bien los pronombres no reflexivos, *él (mismo)*, *ella (misma)*, etc. No repetiremos aquí los argumentos alegados por Otero para motivar el carácter logofórico de los pronombres *no* reflexivos, ya que esta cuestión no es directamente relevante para nuestro tema. Sin embargo, conviene profundizar un poco más en la correlación que establece este autor entre por una parte, correferencia estructuralmente determinada y ligamiento (es decir, ligamiento en el sentido "lógico" del término), y, por otra parte, entre logoforicidad y falta de ligamiento (por lo menos en español). Según Otero (1999: 1435), la oración siguiente puede dar lugar a dos interpretaciones distintas:

(58) Juan$_i$ telefoneó a su$_i$ madre y Luis también.

Bajo una interpretación, tanto Luis como Juan telefonean a la madre de Juan; bajo otra interpretación, Juan telefonea a su propia madre y Luis telefonea también a su propia madre. En la primera interpretación, podemos hablar de un caso de "identificación estricta", en la segunda de una "identificación imprecisa". Según Otero la identificación estricta implica "correferencia sin ligamiento", mientras que la identificación imprecisa implica "correferencia con ligamiento".[25]

La teoría del ligamiento en sentido estricto sólo trataría de los casos de correferencia *con* ligamiento, no de la correferencia *sin* ligamiento. Por otra parte, según Otero, el pronombre reflexivo *sí (mismo)* se comporta siempre como una variable ligada, a la inversa de *él (mismo)* que generalmente *no* se comporta como una variable ligada. Podemos concretar un poco más esta hipótesis con los ejemplos siguientes, en los que tanto *él (mismo)* como *sí (mismo)* pueden encontrarse en un mismo contexto, y pueden ser correferentes con un mismo antecedente (Otero 1999: 1500):

(59) a. Sólo Ana$_i$ habla siempre de sí$_i$.
b. Sólo Ana$_i$ habla siempre de ella$_i$.

En realidad, los valores de verdad y de falsedad de estos ejemplos son distintos, lo que podemos explicitar de la manera siguiente (Otero 1999: 1501):

(60) a. Si imaginamos un contexto en el que Ana, Rosa y Luisa hablan siempre de Ana, es verdad que sólo Ana habla siempre de sí (pero no es verdad que sólo Ana hable siempre de ella, ya que Rosa y Luisa también hablan de ella).
b. Si imaginamos un contexto en el que Ana habla siempre de Ana, Rosa habla siempre de Rosa y Luisa habla siempre de Luisa, es verdad que sólo Ana habla siempre de ella (pero no es verdad que sólo Ana hable siempre de sí, ya que Rosa y Luisa también hablan de sí).

25 En la segunda interpretación (imprecisa) podríamos caracterizar el pronombre posesivo como una variable (ligada) *x*, cuya interpretación puede variar según el contexto en el que se encuentra: en la primera oración se refiere a Juan, en la segunda oración (elíptica) a Luis.

A nuestro parecer, en castellano, los ejemplos con "ligamiento" desde el objeto no pueden tener una interpretación con identificación estricta, sino sólo con identificación variable, lo que implica que también se trataría de ejemplos de correferencia con ligamiento, en el sentido *lógico* del término:

(61) Rumores sobre sí mismo le preocupan más a Aznar que a Chirac.

Nos parece poco probable que este ejemplo implique que Chirac esté preocupado por rumores sobre Aznar (interpretación estricta). Una interpretación con identificación variable (es decir, con ligamiento) nos parece más probable aquí: Aznar se preocupa con rumores sobre Aznar, y Chirac se preocupa con rumores sobre Chirac.[26]

En resumen, hay una contradicción con respecto al comportamiento de los pronombres "ligados" desde el objeto directo, por lo menos en castellano. Por una parte, su aparición depende de factores normalmente asociados con la logoforicidad (en el sentido amplio del término), por otra parte, normalmente no se comportan como pronombres logofóricos típicos, ni tampoco como ALD.

7.5. Una jerarquía discursiva

En esta sección propondremos una manera de resolver esta contradicción, en la cual utilizaremos las herramientas analíticas elaboradas en el marco de la GLF. No elaboraremos aquí una solución definitiva y global de las distintas facetas de la problemática estudiada en este capítulo, pero trataremos de mostrar, de una manera bastante informal, cómo la teoría de la GLF puede arrojar una luz nueva sobre los datos analizados aquí. Más concretamente, veremos que otra vez, la arquitectura propia de esta teoría, organizada por distintos niveles de análisis, conectados entre sí por reglas de correspondencia específicas, y obedeciendo a distintas exigencias formales, nos dará la posibilidad de entrever una manera de resolver la contradicción a la que acabamos de hacer alusión.

Empezaremos por revisar brevemente la teoría del ligamiento tal como ha sido adaptada a la teoría de la GLF; en las secciones anteriores, nos hemos limitado a exponer una versión de la teoría del ligamiento, que es bastante neutra con respecto a las distintas teorías lingüísticas (generativas). Seguiremos aquí en líneas generales las propuestas de Falk (2001). Falk (2001: 173) caracteriza la teoría de los elementos anafóricos en la GLF de la manera siguiente:

26 Es interesante notar que en la traducción neerlandesa de este ejemplo se utilizaría el pronombre reflexivo *zichzelf*, no la forma normalmente asociada con las ALD (*zich*) (cfr. Reuland & Koster 1991: 14). Además nos parece tener la misma interpretación que el ejemplo castellano.

> The LFG approach (...) is lexical (in that properties of anaphoric elements are lexical properties) and functional (in that anaphoric relations are defined in terms of f-structure properties).

La primera característica implica que la complementariedad (en muchos casos ficticia) entre pronombres y anáforas no es una propiedad necesaria de la teoría del ligamiento, sino que las distintas posibilidades de ligamiento de que dan muestras los distintos elementos sin referencia propia son características *léxicas* de ellos.[27] La segunda característica, funcional, tiene como consecuencia el que la noción de mando-c ya no es una noción central en la teoría del ligamiento.[28] La noción de mando-c parece ser más bien un caso particular de un fenómeno más general: el antecedente debe ser más preeminente que la anáfora en algún nivel de análisis (y la estructura-c, en la que interviene el mando-c, puede ser uno de estos niveles de análisis).

Falk (2001: 177) distingue tres niveles en los que un antecedente puede ser más preeminente que una anáfora:

- c-structure: precedence
- f-structure: relational hierarchy
- a-structure: thematic hierarchy

El primer tipo de preeminencia se sitúa en la estructura-c, y expresa simplemente el hecho de que un elemento puede ser más preeminente que otro porque le precede en la estructura arborescente.[29] Este tipo de preeminencia desempeña un papel muy limitado en inglés pero puede ser más importante en otras lenguas. Un elemento también puede ser más preeminente que otro porque está en un nivel más alto de la jerarquía temática (por eso, esta parte de la teoría subsume las propuestas de Giorgi 1984 expuestas más arriba).

En inglés, parece tener más importancia el segundo tipo de preeminencia, que se organiza según una jerarquía establecida entre los distintos tipos de relaciones, o funciones, gramaticales. Esta jerarquía puede representarse de la manera siguiente, si la abreviamos un poco (Falk 2001: 58):[30]

27 Véase también Reuland & Koster (1991: 4) para una propuesta similar pero situada dentro de la teoría del Régimen y Ligamiento.

28 Aunque esta noción puede continuar desempeñando un papel importante en ciertas lenguas, ya no es una noción central de la teoría en general.

29 Falk habla más exactamente de "f-precedence", que define (p. 175) como "the f-structure projection of a c-structure relation", pero esta distinción no tendrá relevancia aquí. La condición de mando-c también es un tipo de preeminencia que se sitúa en la estructura-c.

30 Ya hemos señalado (capítulo 5) que en castellano no existe la función de objeto secundario (OBJ2 o OBJ_θ). No está claro cuáles deberían ser los lugares respectivos de OBJ [DAT +] y de OBJ [DAT −] en esta jerarquía, pero tampoco tendrá directamente relevancia aquí. Véase Bresnan (2001: 212) para una versión más completa de esta jerarquía.

(62) SUBJ > OBJ > OBJ2 > OBL_θ

La noción de preeminencia según la jerarquía relacional puede caracterizarse más precisamente de la manera siguiente, si seguimos a Bresnan (2001: 213):[31]

(63) *A* es más preeminente *localmente* que *B* (según la jerarquía relacional) si ambos elementos hacen parte de la misma estructura-f y si *A* está en un nivel más alto que *B* en la jerarquía relacional. A es más preeminente que *B* si *A* es más preeminente localmente que un elemento *C* que incluye a *B*.

La segunda parte de la definición hace posible que un elemento sea más preeminente que otro que se encuentre en un nivel más profundo de la estructura-f. Podemos redefinir la noción de ligamiento de la manera siguiente (Bresnan 2001: 214):[32]

(64) *A* liga a *B* si *A* es más preeminente que *B* y si ambos tienen el mismo índice.

Definida de esta manera, la preeminencia según la jerarquía relacional subsume por la mayor parte la relación de mando-c (que se define en la estructura-c). Así, si un antecedente en la posición del objeto no puede ligar una anáfora en la posición del sujeto no es porque el objeto no mande-c al sujeto, sino simplemente porque el objeto no está en un nivel más alto de la jerarquía relacional que el sujeto. Bresnan (2001: 220) señala que esta versión de la teoría del ligamiento es empíricamente más adecuada, no sólo en las lenguas no configuracionales (cfr. el capítulo 1), sino también en las lenguas normalmente consideradas como esencialmente configuracionales (como el inglés).

En la GLF, se distinguen varios tipos de dominios locales y cada elemento anafórico especifica en su entrada léxica el dominio local en el que debe tener su antecedente (o en el que no puede tener su antecedente, si se trata de un pronominal). El equivalente en la teoría de la GLF de la "categoría rectora" (el dominio local más comúnmente distinguido en la teoría del Régimen y Ligamiento, cfr. Demonte 1989: 180) es el núcleo oracional o "clause nucleus" (Falk 2001: 178):

(65) A (clause) nucleus is the subpart of an f-structure consisting of a PRED feature and all the argument functions it selects.

Más específicamente, el dominio local tal como lo define Otero para el español ("la frase mínima que contiene un antecedente en potencia") parece corresponder con la noción de "núcleo oracional completo mínimo" (Falk 2001: 182): el núcleo oracional mínimo que no sólo incluye un rasgo PRED sino también un sujeto

31 Adaptamos ligeramente su definición para adaptarla a nuestra argumentación.

32 Esta definición podría extenderse a los tipos de preeminencia tales como funcionan en los demás niveles de análisis que acabamos de citar.

(SUJ).[33] Nótese que en otras lenguas puede haber otros tipos de dominios locales (cfr. Falk 2001: 184-185).

El nivel de preeminencia más importante en castellano (como en inglés) parece ser la estructura-f. Por lo tanto, en español, una anáfora debe estar ligada en su núcleo oracional completo mínimo, el pronominal debe estar libre en su núcleo oracional completo mínimo. Consideremos otra vez los dos ejemplos siguientes y sus estructuras-f simplificadas en las figuras 7.2 y 7.3:[34]

(2a) Luisa$_i$ se ayuda a sí$_{i/*k}$ misma.

(3) Luisa$_i$ dice que Rosa$_j$ la$_{i/*j/k}$ ayuda.

$$\begin{bmatrix} \text{PRED} & \text{`ayudar}\langle(\uparrow \text{SUJ})(\uparrow \text{OBJ})\rangle\text{'} \\ \text{SUJ} & \begin{bmatrix}\text{PRED} & \text{`Luisa'}\\ \text{INDEX} & i\end{bmatrix} \\ \text{OBJ} & \begin{bmatrix} \text{PRED} & \text{`PRO'} \\ \text{TIPO} & \text{AN} \\ \text{INDEX} & i\,/\,{*k}\end{bmatrix}\end{bmatrix}$$

Figura 7.2: La estructura-f de 'Luisa se ayuda a sí misma'

En el ejemplo (2a), la anáfora debe ser correferente con Luisa, ya que el dominio local de la anáfora incluye toda la estructura-f: el núcleo oracional (completo) mínimo no puede ser otro que la estructura-f entera. Por otra parte, el antecedente es un sujeto y la anáfora un objeto: por lo tanto el antecedente está en un nivel más alto de la jerarquía relacional que la anáfora y es por consiguiente preeminente en la estructura-f. En el ejemplo (3), el dominio local del pronominal es la estructura-f bajo COMP: el pronominal no puede ser correferente con el antecedente "en potencia" inmediato, *Rosa*, ya que un pronominal no puede tener su antecedente en su dominio local. Sí puede ser correferente con el sujeto de la oración principal o con otro elemento (*k*) fuera de la oración.

En los ejemplos precedentes el núcleo oracional corresponde a una oración con un verbo propio. Pero esto no es necesariamente el caso, como se puede ver en los dos ejemplos siguientes, cuyas estructuras-f respectivas representamos en las

33 No tomamos en cuenta aquí el hecho de que quizás el dominio local de una anáfora no sea siempre idéntica al dominio local relevante para un pronominal.

34 AN y PRON bajo el atributo TIPO son simplemente abreviaciones de "anáfora" y de "pronominal".

$$\begin{bmatrix} \text{PRED} & \text{`decir}\langle(\uparrow \text{SUJ})(\uparrow \text{COMP})\rangle\text{'} \\ \text{SUJ} & \begin{bmatrix}\text{PRED} & \text{`Luisa'} \\ \text{INDEX} & i\end{bmatrix} \\ \text{COMP} & \begin{bmatrix} \text{PRED} & \text{`ayudar}\langle(\uparrow \text{SUJ})(\uparrow \text{OBJ})\rangle\text{'} \\ \text{SUJ} & \begin{bmatrix}\text{PRED} & \text{`Rosa'}\\ \text{INDEX} & j\end{bmatrix} \\ \text{OBJ} & \begin{bmatrix}\text{PRED} & \text{`PRO'} \\ \text{TIPO} & \text{PRON} \\ \text{INDEX} & i\,/\,{*j}\,/\,k\end{bmatrix}\end{bmatrix}\end{bmatrix}$$

Figura 7.3: La estructura-f de 'Luisa dice que Rosa la ayuda'

figuras 7.4 y 7.5:[35]

(66) Adriana$_i$ guarda la foto de sí$_{i/*k}$ misma.

(67) Adriana$_j$ guarda la foto de María$_i$ de sí$_{i/*j/*k}$ misma.

$$\begin{bmatrix} \text{PRED} & \text{`guardar}\langle(\uparrow \text{SUJ})(\uparrow \text{OBJ})\rangle\text{'} \\ \text{SUJ} & \begin{bmatrix}\text{PRED} & \text{`Adriana'} \\ \text{INDEX} & i\end{bmatrix} \\ \text{OBJ} & \begin{bmatrix} \text{PRED} & \text{`foto}\langle(\uparrow \text{OBJ})\rangle\text{'} \\ \text{OBJ} & \begin{bmatrix}\text{PRED} & \text{`PRO'} \\ \text{TIPO} & \text{AN} \\ \text{INDEX} & i\,/\,{*k}\end{bmatrix}\end{bmatrix}\end{bmatrix}$$

Figura 7.4: La estructura-f de 'Adriana guarda la foto de sí misma'

En el segundo ejemplo el dominio local es simplemente el SN. En el primer ejemplo, el dominio local no es el SN sino la oración entera, ya que el SN no incluye

35 Ya hemos señalado más arriba que no está claro por qué en el primer ejemplo no puede haber un sujeto PRO en la posición del sujeto. No vamos a elaborar este tema aquí, pero conviene señalar que si hubiera un PRO en esta posición, el dominio local sería el SN mismo.

$$\begin{bmatrix} \text{PRED} & \text{‘guardar}\langle(\uparrow \text{SUJ})(\uparrow \text{OBJ})\rangle\text{’} \\ \text{SUJ} & \begin{bmatrix} \text{PRED} & \text{‘Adriana’} \\ \text{INDEX} & j \end{bmatrix} \\ \text{OBJ} & \begin{bmatrix} \text{PRED} & \text{‘foto}\langle(\uparrow \text{SUJ})(\uparrow \text{OBJ})\rangle\text{’} \\ \text{SUJ} & \begin{bmatrix} \text{PRED} & \text{‘María’} \\ \text{INDEX} & i \end{bmatrix} \\ \text{OBJ} & \begin{bmatrix} \text{PRED} & \text{‘PRO’} \\ \text{TIPO} & \text{AN} \\ \text{INDEX} & i\,/\,{*j}\,/\,{*k} \end{bmatrix} \end{bmatrix} \end{bmatrix}$$

Figura 7.5: La estructura-f de ‘Adriana guarda la foto de María de...’

un sujeto: es un núcleo oracional, pero no es completo. Esto explica por qué la anáfora puede (y debe) estar ligada en la oración entera.

Al igual que en otras teorías, los pronombres logofóricos no pueden incluirse fácilmente en la teoría del ligamiento en sentido estricto, ya que no parecen estar legitimados por factores puramente estructurales (cfr. los ejemplos en Zribi-Hertz 1996: 186). Por otra parte, como ya hemos señalado más arriba, las anáforas en los casos de ligamiento desde el objeto directo tienen al mismo tiempo propiedades de anáforas localmente ligadas y de pronombres cuya referencia está determinada por factores discursivos. Sin embargo, nada en la arquitectura de la GLF impide que una anáfora pueda estar ligada (estructuralmente) por un antecedente más preeminente en una (hasta ahora hipotética) estructura-d(iscursiva), en paralelo a los distintos tipos de preeminencia en la estructura-c, la estructura-f y la estructura-θ. En varias ocasiones ya hemos aludido a la necesidad de incluir un nivel discursivo en la arquitectura de la GLF, el cual incluiría información propiamente discursiva. Pero si hay un nivel de análisis discursivo, es normal que un elemento pueda ser más preeminente que otro en este nivel. En este contexto podemos suponer que un SI (un sujeto de conciencia) es más preeminente según la jerarquía discursiva que un CI (un contenido de conciencia).

De este modo sería posible explicar el comportamiento aparentemente contradictorio del ligamiento desde el objeto (in)directo: al mismo tiempo la anáfora está ligada estructuralmente en un dominio local (la oración entera) y obedece a factores discursivos. Por lo tanto, un elemento *A* también puede ligar un elemento *B* si *A* es más preeminente que *B* en un nivel discursivo. Por lo demás, el análisis es idéntico al análisis de otras oraciones con elementos anafóricos, como se puede deducir de los ejemplos siguientes:

(33a) Esa caracterización de sí_i misma le_i horrorizó a la psicoanalista_i.

(68) La foto de Juan_i de sí_i mismo le preocupa a Pedro_j.

En el primer ejemplo el dominio local es la oración entera; el objeto directo es el sujeto de conciencia, el sujeto hace parte del contenido de conciencia y por lo tanto el objeto es más preeminente que el sujeto en la estructura-d, según este criterio. Sin embargo, en el segundo ejemplo, el dominio local es el SN sujeto, y por lo tanto la anáfora debe estar ligada en él.

Hay una peculiaridad interesante que diferencia este tipo de ligamiento del ligamiento a base de la jerarquía relacional. Normalmente es preciso que haya una relación de mando-c entre el antecedente y la anáfora, o en el marco teórico aquí elaborado, que el antecedente es más preeminente que la anáfora según la definición (63). En los ejemplos siguientes, el antecedente no es más preeminente que la anáfora según la jerarquía relacional (el antecedente no manda-c a la anáfora), pero estas oraciones sí son gramaticales (Bouchard 1995b: 297):

(69) a. These rumours about himself_i caught John_i's attention.
b. The jokes about herself_i got Mary_i's goat.
c. The photos of himself_i made John_i's face turn red.
d. The rumors about herself_i made Mary_i's hair stand up.

Nos parece que ejemplos castellanos similares también son posibles:[36]

(70) a. Estos rumores sobre sí_i mismo llamaron la atención de Juan_i.
b. Esas historias sobre sí_i mismo tienen la aprobación de Juan_i.

Por otra parte, si el núcleo del objeto es un nombre animado, esta configuración no es posible—véanse también los ejemplos (30a) y (30b) más arriba:

(71) * Estas historias sobre si_i mismo (le) preocupan a la hermana de Juan_i.

La diferencia esencial entre este ejemplo y los ejemplos precedentes, es justamente el hecho de que "la hermana de Juan" es ya por sí misma un sujeto de conciencia, y no necesariamente *Juan* mismo, mientras que en los ejemplos precedentes, el único sujeto de conciencia posible, es el complemento del objeto. Por lo tanto, si el ligamiento obedece a un criterio discursivo, la preeminencia según la jerarquía relacional (o el mando-c) no es pertinente: el antecedente simplemente debe ser el sujeto de conciencia más próximo. Pero esto no debe sorprendernos, ya que en

36 El segundo ejemplo se basa en un ejemplo portugués proporcionado por Cançado & Franchi (1999: 140)

un nivel discursivo las propiedades propiamente estructurales de la estructura-c no tienen necesariamente relevancia.

En resumen, la parte más original de esta propuesta es el hecho de que los ejemplos de correferencia con ligamiento (es decir, los "verdaderos" ejemplos de ligamiento), también pueden obedecer a condiciones y restricciones propiamente discursivas. Por otra parte, señalemos que nuestra hipótesis de que hay una estructura-d, con sus propias características formales (que todavía quedan por determinar), en la que también puede haber un tipo de preeminencia, cuadra bien con la "filosofía" general de la teoría de la GLF (cfr. Falk 2001: 190).

7.6. Conclusión

Hemos visto en este capítulo que los fenómenos de ligamiento desde el objeto (in)directo no pueden explicarse adecuadamente con un análisis estructural, ni tampoco con un análisis temático, ya que obedecen más bien a factores discursivos. Por otra parte, la arquitectura particular de la GLF puede resolver una aparente contradicción de que da muestras el ligamiento desde el objeto en español: no sólo obedece a condiciones discursivas, sino que también comparte varias características con la correferencia *con* ligamiento. Con ayuda de las herramientas analíticas de la GLF hemos podido especificar más la propuesta original de Bouchard (1995b), que considera, a nuestro parecer erróneamente, el ligamiento desde el objeto directo como un ejemplo de correferencia no-local. Los datos castellanos son importantes aquí ya que la forma reflexiva castellana, según Otero (1999), nunca puede tener una interpretación logofórica ni tampoco puede utilizarse como una anáfora a larga distancia.

Conclusión

El resultado más saliente de esta investigación es la conclusión de que, como ya lo había sugerido Bouchard (1995b), los verbos de la clase de {PREOCUPAR} son verbos transitivos "normales". Pero hemos podido motivar esta idea más extensamente, y creemos en algunos casos más adecuadamente, que en las propuestas originales de Bouchard (pero, no lo olvidemos, sus ideas sobre los verbos psicológicos forman sólo un capítulo de un libro más extenso y de un alcance más general). Hemos mostrado en los capítulos precedentes cómo se puede deducir, de una manera teóricamente fundada, la estructura funcional de estos verbos de un análisis semántico o temático detenido. Para ello hemos utilizado una estructura léxica intermedia (la estructura-a) y distintas reglas de proyección que operan entre los diversos niveles de análisis. Por tanto, si con los verbos de la clase de {PREOCUPAR}, los papeles temáticos parecen "invertidos" en comparación con los verbos de la clase de {TEMER}, esto es en primer lugar una consecuencia de su contenido temático particular. Sin embargo, de nuestra investigación se desprende también que el contenido semántico de estos verbos todavía puede repercutir de otro modo en la estructura-f de las oraciones, no a través de las reglas de proyección entre estructura-θ, estructura-a y estructura-f, sino a través del contenido "intencional" de sus argumentos. Gracias al concepto de la intencionalidad hemos podido elucidar mejor el comportamiento de estos verbos con respecto a la teoría del ligamiento. Con nuestra teoría temática hemos evitado también un análisis "heterogéneo" de los verbos de la clase de {PREOCUPAR}, ya que tanto en su uso agentivo, como en su uso no agentivo, obedecen a reglas y principios fundamentalmente equivalentes. Además, las características *inacusativas* de los verbos de la clase de {AGRADAR} pueden deducirse directamente de esta teoría temática.

Con las bases teóricas establecidas en el capítulo 5 hemos podido explicar varias características propias de los verbos psicológicos tanto de la clase de {AGRADAR} como de la clase de {PREOCUPAR}. Todavía en el capítulo 5 hemos conseguido asignar un lugar adecuado a los verbos que, como *interesar*, tienen un OD que se realiza siempre con un pronombre dativo (a través del fenómeno del leísmo). Más generalmente, hemos especificado más la índole y el lugar teórico de los objetos indirectos en español, y probablemente también en otras lenguas romances. En el capítulo 6 hemos analizado una construcción típica, pero no exclusiva, de los verbos de la clase de {PREOCUPAR}: la construcción media. Hemos situado el principio de formación de esta construcción en las reglas de proyección que operan entre la estructura-θ y la estructura-a; de este modo hemos podido hacer depender la posibilidad de la construcción media directamente del análisis temático de estos verbos. Este análisis ha encontrado una confirmación en la observación de que otros tipos de verbos, que denotan una relación de inclusión o de posesión, y que tienen por lo tanto una estructura-θ parecida a la de los verbos psicológicos, pueden dar lugar a la misma construcción. Finalmente, en el último capítulo hemos proporcionado algunas pistas para el análisis de los fenómenos de ligamiento, tales como se manifiestan con los verbos psicológicos. Hemos visto, otra vez, que su comportamiento con respecto al ligamiento no puede deducirse de una particularidad estructural de los verbos de la clase de {PREOCUPAR}, ya que otros tipos de verbos, no psicológicos, pueden encontrarse en una configuración equivalente.

Desde un punto de vista más generalmente teórico, hemos elaborado en este trabajo una teoría temática con la que es posible analizar adecuadamente la proyección temática de los verbos psicológicos. Por otra parte, aunque en líneas generales esta teoría puede dar cuenta de los datos cubiertos por las teorías temáticas de Dowty y de Wechsler, quedan por analizar varias consecuencias teóricas y empíricas a las que puede dar lugar esta teoría. En el último capítulo hemos formulado también algunas reflexiones a propósito del ligamiento en castellano, las cuales pueden tener un reflejo teórico más general; así, nuestras propuestas han dependido crucialmente de la hipótesis de que opera en la teoría del ligamiento un tipo de jerarquía de preeminencia discursiva.

Pero está claro que quedan varias zonas oscuras en nuestro análisis: así, no hemos podido hacer más que esbozar un análisis del ligamiento desde el objeto. Por otra parte sólo hemos dedicado nuestra atención de una manera fragmentaria al análisis de la voz pasiva por lo que se refiere a los verbos psicológicos de la clase de {PREOCUPAR}. Además, varios aspectos de la naturaleza inacusativa de los verbos psicológicos de la clase de {AGRADAR} quedan todavía por analizar, ya que estos verbos no se comportan como verbos inacusativos prototípicos. Pero lo que falta más —y nos parece una laguna general en la bibliografía lingüística, por lo menos generativa— es una teoría de las distintas maneras como varios factores semánticos o discursivos pueden intervenir en la sintaxis. Más aún, en muchos casos, no está totalmente claro a qué nivel de análisis, discursivo o semántico, pertenecen ciertas nociones, como tampoco está claro en qué medida el nivel semántico coincide con el nivel temático o si son más bien dos niveles distintos. Esta problemática se ha manifestado más agudamente en el último capítulo (con respecto a la noción de intencionalidad), pero también aparece en otros lugares (por ejemplo en el análisis de las preposiciones en las construcciones medias). Sin embargo, hemos mostrado en el último capítulo que si queremos resolver estos problemas, la GLF puede desempeñar un papel importante en el panorama de las teorías generativas, gracias a su arquitectura formal que incluye niveles de análisis paralelos, con su propia organización interna y conectados entre sí por reglas y principios variados.

Apéndice A

Fragmentos de una gramática española

En este apéndice, se encontrará un resumen de las reglas, principios, entradas léxicas, etc. introducidos en este estudio. En las secciones A.3 y A.2 hemos añadido algunas reglas y entradas utilizadas en la construcción de una estructura-f o estructura-c concreta, pero no mencionadas explícitamente en el texto. En otros casos las hemos modificado ligeramente para hacerlas coherentes con el razonamiento de capítulos ulteriores.

A.1. Reglas y principios

(1) **Lexical Integrity** (p. 13):
Morphologically complete words are leaves of the c-structure tree and each leaf corresponds to one and only one c-structure node.

(2) **Economy of Expression** (p. 14):
All syntactic phrase structure nodes are optional and are not used unless required by independent principles (completeness, coherence, semantic expressivity).

(3) **Uniqueness Condition** (p. 20):
Every attribute has a unique value.

(4) **Principio de Completitud** (p. 22):
El Principio de Completitud exige que cada función designada por un PRED esté presente en la estructura-f de este PRED. Además, cada elemento en la estructura-f que cumple una función argumental debe incluir un rasgo semántico.

(5) **Principio de Coherencia** (p. 22):
Todas las funciones argumentales en una estructura-f deben ser designadas por un PRED.

(6) **Propiedades de agente-P** (p. 201)

a. el participante está implicado volitivamente en el evento
b. el participante desempeña el papel temático principal en un primer subevento
c. el participante siente o percibe algo
d. el participante contiene o posee algo

(7) **Propiedades de paciente-P** (p. 202)

a. el participante sufre un cambio de estado
b. el participante desempeña el papel temático principal en un segundo subevento

c. el participante es el objeto de un sentimiento o de una percepción

d. el participante está contenido o entra en otra cosa, u otro participante lo posee u obtiene

(8) **Correspondencia entre estructura-θ y estructura-a** (p. 206, 238)
Los agentes-P corresponden con argumentos [−o]
Los agentes-P secundarios corresponden con argumentos [+o] en la opción marcada
Los pacientes-P corresponden con argumentos [−r]
Los demás papeles temáticos corresponden con argumentos [+r]

(9) **Correspondencia entre estructura-a y estructura-f** (p. 208, 239)

a. un argumento [−o] corresponde con SUJ

b. un argumento [−r] corresponde con SUJ o con OBJ

c. un argumento [+o] corresponde con $\left(\begin{array}{c} \text{OBJ} \\ (\uparrow \text{DAT}) = + \end{array} \right)$

d. un argumento [+r] corresponde con OBL_θ

(10) **Function-argument biuniqueness** (p. 209)
Each a-structure role corresponds to a unique f-structure function, and each f-structure function corresponds to a unique a-structure role.

(11) **The Subject Condition** (p. 209)
Every verb must have one and only one SUBJ.

(12) **Regla de formación de la construcción pasiva** (p. 237):
Do not map $\hat{\theta}$ to the syntax.

(13) **Regla de formación de la construcción media** (p. 245):
Asigna un rasgo [+r] al papel otro que el agente secundario o suprímelo.

A.2. Las reglas sintagmáticas

(14) $\text{O}' \longrightarrow \left(\begin{array}{c} \text{SN} \\ (\uparrow \text{FD}) =\downarrow \end{array} \right) \left(\begin{array}{c} \text{SP} \\ (\uparrow \text{FD}) =\downarrow \end{array} \right) \begin{array}{c} \text{O} \\ \uparrow=\downarrow \end{array}$ (p. 35)

(15)
$$\text{O} \longrightarrow \left(\begin{array}{c}\text{SN}\\ (\uparrow \text{SUJ}) =\downarrow\end{array}\right) \begin{array}{c}\text{SV}\\ \uparrow=\downarrow\end{array} \left(\begin{array}{c}\text{SN}\\ (\uparrow \text{SUJ}) =\downarrow\end{array}\right)$$
$$\left(\begin{array}{c}\text{SN}\\ (\uparrow \text{OBJ}) =\downarrow\end{array}\right) \left(\begin{array}{c}\text{SP}\\ (\uparrow \text{OBJ}) =\downarrow\\ (\downarrow \text{AC}) = +\end{array}\right) \left(\begin{array}{c}\text{SP}\\ (\uparrow \text{OBJ}) =\downarrow\\ (\downarrow \text{DAT}) = +\end{array}\right)$$
$$\left(\begin{array}{c}\text{SP}\\ (\uparrow (\downarrow \text{CASO-P})) =\downarrow\end{array}\right)^{*} \left(\begin{array}{c}\text{SA}\\ (\uparrow \text{XCOMP}) =\downarrow\end{array}\right)$$
$$\left(\begin{array}{c}\text{SP}\\ \downarrow \in (\uparrow \text{ADJUNTO})\end{array}\right)^{*} \quad \text{(p. 30, 35, 209, 258)}$$

(16)
$$\text{SV} \longrightarrow \left(\begin{array}{c}\text{CL}\\ (\uparrow \text{OBJ}) =\downarrow\\ (\downarrow \text{DAT}) = +\end{array}\right) \left(\begin{array}{c}\text{CL}\\ (\uparrow \text{OBJ}) =\downarrow\\ (\downarrow \text{AC}) = +\end{array}\right) \begin{array}{c}\text{V}\\ \uparrow=\downarrow\end{array} \quad \text{(p. 35)}$$

(17)
$$\text{SP} \longrightarrow \begin{array}{c}\text{P}\\ \uparrow=\downarrow\end{array} \begin{array}{c}\text{SN}\\ \uparrow=\downarrow\end{array} \quad \text{(p. 24)}$$

(18)
$$\text{SP} \longrightarrow \begin{array}{c}\text{P}\\ \uparrow=\downarrow\end{array} \begin{array}{c}\text{SN}\\ (\uparrow \text{OBJ}) =\downarrow\end{array} \quad \text{(p. 32)}$$

(19)
$$\text{SN} \longrightarrow \left(\begin{array}{c}\text{Det}\\ \uparrow=\downarrow\end{array}\right) \left(\begin{array}{c}\text{SA}\\ (\uparrow \text{ADJUNTO}) =\downarrow\end{array}\right) \begin{array}{c}\text{N}\\ \uparrow=\downarrow\end{array}$$
$$\left(\begin{array}{c}\text{SA}\\ (\uparrow \text{ADJUNTO}) =\downarrow\end{array}\right)^{*} \quad \text{(p. 29)}$$

(20)
$$\text{SA} \longrightarrow \begin{array}{c}\text{A}\\ \uparrow=\downarrow\end{array} \left(\begin{array}{c}\text{SP}\\ (\uparrow (\downarrow \text{CASO-P})) =\downarrow\end{array}\right) \quad \text{(p. 29)}$$

A.3. Vocabulario

A.3.1. Verbos

(21) cae V
$(\uparrow \text{PRED}) = \text{‘caer}\langle(\uparrow \text{SUJ})\rangle\text{’}$
$(\uparrow \text{MODO}) = \text{IND}$
$(\uparrow \text{TIEMPO}) = \text{PRESENTE}$
$(\uparrow \text{SUJ PRED}) = \text{‘él’}$
$(\uparrow \text{SUJ PERS}) = 3$
$(\uparrow \text{SUJ NÚMERO}) = \text{SG}$

(p. 16)

(22) viste V
$(\uparrow \text{PRED}) = \text{‘ver}\langle(\uparrow \text{SUJ})(\uparrow \text{OBJ})\rangle\text{’}$
$(\uparrow \text{MODO}) = \text{IND}$
$(\uparrow \text{TIEMPO}) = \text{PRETÉRITO PERFECTO SIMPLE}$

			(↑ SUJ PRED) = 'tú' (↑ SUJ PERS) = 2 (↑ SUJ NÚMERO) = SG
	(p. 16)		
(23)	enviamos	V	(↑ PRED) = 'enviar⟨(↑ SUJ)(↑ OBJ)(↑ OBJ_{IND})⟩' (↑ MODO) = IND (↑ TIEMPO) = PRESENTE (↑ SUJ PRED) = 'nosotros' (↑ SUJ PERS) = 1 (↑ SUJ NÚMERO) = PL
	(p. 16)		
(24)	vio	V	(↑ PRED) = 'ver⟨(↑ SUJ)(↑ OBJ)⟩' (↑ MODO) = IND (↑ TIEMPO) = PRETÉRITO PERFECTO SIMPLE ((↑ SUJ PRED) = 'él') (↑ SUJ PERS) = 3 (↑ SUJ NÚMERO) = SG
	(p. 21)		
(25)	tener	V	(↑ PRED) = 'tener⟨(↑ SUJ)(↑ OBJ)⟩' ¬(↑ OBJ CASO) = AC
	(p. 28)		
(26)	adorar	V	(↑ PRED) = 'adorar⟨(↑ SUJ)(↑ OBJ)⟩' (↑ OBJ CASO) $=_c$ AC
	(p. 28)		
(27)	ver	V	(↑ PRED) = 'ver⟨(↑ SUJ)(↑ OBJ)⟩' [(↑ OBJ ANIM) = + ∧ (↑ OBJ DETERM) = +] ⇒ (↑ OBJ CASO) = AC
	(p. 28)		
(28)	gozar (p. 31)	V	(↑ PRED) = 'gozar⟨(↑ SUJ)(↑ OBL_{DE} OBJ)⟩'
(29)	poner (p. 32)	V	(↑ PRED) = 'poner⟨(↑ SUJ)(↑ OBJ)(↑ OBL_{LOC})⟩'
(30)	baila (p. 198)	V	(↑ PRED) = 'bailar⟨(↑ SUJ)⟩'
(31)	interesar	V	(↑ PRED) = 'interesar⟨(↑ [−o])(↑ [−r])⟩' (↑ OBJ DAT) = +
	(p. 218)		

(32)	construir (p. 237)	V	(↑ PRED) = 'construir⟨(↑ SUJ)(↑ OBJ)⟩'
(33)	construido (p. 237, 254)	V	(↑ PRED) = 'construido⟨$\left\{ \begin{array}{c} \emptyset \\ (\uparrow \mathrm{OBL}_{AG}) \end{array} \right\}$(↑ SUJ)⟩'
(34)	entristecerse (p. 249)	V	(↑ PRED) = 'entristecerse⟨(↑ $[+r]_{Exp^{do}}$)(↑ $[-r]$)⟩'
(35)	contentarse (p. 249)	V	(↑ PRED) = 'contentarse⟨(↑ $[+r]_{Exp^{do}}$)(↑ $[-r]$)⟩' (↑ $\mathrm{OBL}_{Exp^{do}}$ PRED) = 'con⟨(↑ OBJ)⟩'
(36)	entretenerse (p. 251)	V	(↑ PRED) = 'entretenerse⟨(↑ $[+r]_{Exp^{do}}$)(↑ $[-r]$)⟩' ((↑ $\mathrm{OBL}_{Exp^{do}}$ PRED) = 'en⟨(↑ OBJ)⟩')
(37)	parecer (p. 259)	V	(↑ PRED) = 'parecer⟨(↑ XCOMP)⟩(↑ SUJ)' (↑ SUJ) = (↑ XCOMP SUJ)

A.3.2. Nombres

(38)	coche (p. 17)	N	(↑ PRED) = 'coche' (↑ ANIM) = - (↑ NÚMERO) = SG (↑ GÉNERO) = MASC
(39)	secretaria (p. 25)	N	(↑ PRED) = 'secretaria' (↑ ANIM) = + (↑ NÚMERO) = SG (↑ GÉNERO) = FEM
(40)	Juan (p. 33)	N	(↑ PRED) = 'Juan' (↑ ANIM) = + (↑ DETERM) = + (↑ NÚMERO) = SG (↑ GÉNERO) = MASC
(41)	libro	N	(↑ PRED) = 'libro' (↑ ANIM) = -

(↑ NÚMERO) = SG
(↑ GÉNERO) = MASC

(p. 33)

A.3.3. Adjetivos

(42) construido A (↑ PRED) = 'construido$\langle\left\{\begin{array}{c}\emptyset \\ (\uparrow \text{OBL}_{AG})\end{array}\right\}$(↑ SUJ)⟩'

(p. 254)

(43) entristecido A (↑ PRED) = 'entristecido⟨(↑ $[+r]_{Exp^{do}}$)(↑ $[-r]$)⟩'

(p. 254)

(44) contentado A (↑ PRED) = 'contentado⟨(↑ $[+r]_{Exp^{do}}$)(↑ $[-r]$)⟩'
(↑ $\text{OBL}_{Exp^{do}}$ PRED) = 'con⟨(↑ OBJ)⟩'

(p. 254)

A.3.4. Clíticos

(45) le CL ((↑ PRED) = 'PRO')
(↑ CASO) = AC
(↑ NÚMERO) = SG
(↑ PERS) = 3
(↑ GÉNERO) = MASC
(↑ ANIM) = +
(↑ DETERM) = +

(p. 36)

A.3.5. Determinantes

(46) el Det (↑ DEF) = +
(↑ NÚMERO) = SG
(↑ GÉNERO) = MASC

(p. 17)

(47) los Det (↑ DEF) = +
(↑ NÚMERO) = PL
(↑ GÉNERO) = MASC

(p. 20)

A.3.6. Preposiciones

(48)	a (p. 26)	P	$(\uparrow \text{CASO}) = \text{AC}$
(49)	a (p. 30)	P	$(\uparrow \text{CASO}) = \text{DAT}$
(50)	de (p. 31)	P	$(\uparrow \text{CASO-P}) = \text{OBL}_{DE}$
(51)	de (p. 31)	P	$(\uparrow \text{PRED}) =$ ‘de$\langle(\uparrow \text{OBJ})\rangle$’
(52)	en (p. 32)	P	$(\uparrow \text{PRED}) =$ ‘en$\langle(\uparrow \text{OBJ})\rangle$’ $(\,(\uparrow \text{CASO-P}) = \text{OBL}_{LOC}\,)$
(53)	con (p. 249)	P	$(\uparrow \text{PRED}) =$ ‘con$\langle(\uparrow \text{OBJ})\rangle$’ $(\uparrow \text{CASO-P}) = \text{OBL}_{Exp^{do}}$

A.4. Niveles de correspondencia de algunos verbos

(54) *bailar* (p. 207 y 210)

estructura-θ	<P-A >
	|
estructura-a	[−o]
	|
estructura-f	SUJ

(55) *caer* (p. 207 y 210)

estructura-θ	<P-P >
	|
estructura-a	[−r]
	|
estructura-f	SUJ

(56) *construir* (p. 207 y 210)

estructura-θ	<P-A,	P-P >
	|	|
estructura-a	[−o]	[−r]
	|	|
estructura-f	SUJ	OBJ

(57) *dar* (p. 211):

estructura-θ	<P-A,	P-A②,	P-P >
estructura-a	[−o]	[+o]	[−r]
estructura-f	SUJ	OBJ	OBJ
		(↑ DAT) = +	

(58) *mentir* (p. 212):

estructura-θ	<P-A,	P-A② >
estructura-a	[−o]	[+o]
estructura-f	SUJ	OBJ
		(↑ DAT) = +

(59) *temer* (p. 212):

estructura-θ	<P-A②,	P-P >
estructura-a	[−o]	[−r]
estructura-f	SUJ	OBJ

(60) *preocupar* (p. 213):

estructura-θ	<P-A,	P-P >
estructura-a	[−o]	[−r]
estructura-f	SUJ	OBJ

(61) *gustar* (p. 213):

estructura-θ	<P-A②,	P-P >
estructura-a	[+o]	[−r]
estructura-f	OBJ	SUJ
	(↑ DAT) = +	

(62) *poner* (p. 239):

estructura-θ	<P-A,	P-P,	Loc >
estructura-a	[−o]	[−r]	[+r]$_{Loc}$
estructura-f	SUJ	OBJ	OBL$_{Loc}$

(63) *construido* (p. 237, 240):

estructura-θ	<P-A,	P-P >
estructura-a	[−o]	[−r]
estructura-f	∅/OBL$_{AG}$	SUJ

(64) *preocuparse* (p. 246):

estructura-θ	<P-A,	P-P/P-A② >
estructura-a	[+r]	[−r]
estructura-f	∅/OBL$_{Exp^{do}}$	SUJ

(65) *aborrecer* (p. 246):

estructura-θ	<P-A②,	P-P >
estructura-a	[−o]	[−r]
estructura-f	SUJ	OBJ

(66) *aborrecerse de* (p. 246):

estructura-θ	<P-A②,	P-P >
estructura-a	[−o]	∅/[+r]
estructura-f	SUJ	∅/OBL$_{Exp^{do}}$

(67) *componer* (p. 246):

estructura-θ	<P-A②,	P-P >
estructura-a	[−o]	[−r]
estructura-f	SUJ	OBJ

(68) *componerse de* (p. 246):

estructura-θ	<P-A②,	P-P >
estructura-a	[−o]	[+r]
estructura-f	SUJ	$\mathrm{OBL}_{Cont^{ido}}$

(69) *doler* (p. 247):

estructura-θ	<P-A②,	P-P >
estructura-a	[+o]	[−r]
estructura-f	OBJ	SUJ
	($\uparrow$ DAT) = +	

(70) *dolerse de* (p. 247):

estructura-θ	<P-A②,	P-P >
estructura-a	[−o]	∅/[+r]
estructura-f	SUJ	∅/$\mathrm{OBL}_{Exp^{do}}$

(71) *bastar* (p. 247):

estructura-θ	<P-A②,	P-P >
estructura-a	[+o]	[−r]
estructura-f	OBJ	SUJ
	($\uparrow$ DAT) = +	

(72) *bastarse con* (p. 247):

estructura-θ	<P-A②,	P-P >
estructura-a	[−o]	[+r]
estructura-f	SUJ	$\mathrm{OBL}_{Pos^{ído}}$

Apéndice B

Los verbos de la clase de {PREOCUPAR}

La clase de {PREOCUPAR}

verbo	suj. cosa	suj. hum.	activo	V-se (+ prep.)	part. (+ prep.)
abrumar	+	+	+/-	con	con/por
aburrir	+	+	+/-	con/de	de
acobardar	+	+	+/-	ante	-
acorralar	+	+	+/-	-	+
acosar	+	+	+/-	-	por
afectar	+	-	-	con	por
afrentar	+	+	+/-	-	con
agitar	+	-	-	con	+
agobiar	+	+	+/-	con	por
agotar	+	+	+/-	-	+
ahogar	+	-	-	con	-
alborozar	+	+	+/-	con	+
alegrar	+	+	+/-	con/de/por	-
alertar	+	+	+/-	-	+
aliviar	+	-	-	+	+
amansar	+	+	+/-	con	+
amedrentar	+	+	+/-	con	por
angustiar	+	-	-	con/por	+
animar	+	+	+/-	-	por
apabullar	+	+	+/-	+	+
apaciguar	+	+	+/-	con	-
apagar	+?	-?	-?	-	+
apasionar	+	+	+/-	con/por	con
aplastar	+	-	-	-	-
apurar	+	-	-	+	por
asombrar	+	+	-	con/de	de
asustar	+	+	+/-	con/de/por	+
atontar	+	+	-	-	+
atraer	+	+	+/-	-	-
aturdir	+	+	+/-	con	+
avergonzar	+	+	-	de	de
cabrear	+	+	+/-	con	+
calmar	+	+	+/-	+	-
cansar	+	+	+/-	con/de	de
cohibir	+	+	+/-	+	+

La clase de {PREOCUPAR}

verbo	suj. cosa	suj. hum.	activo	V-se (+ prep.)	part. (+ prep.)
complacer	+	+	+/-	en	-
conmover	+	+	+/-	con	+
consolar	+	+	+/-	+	-
consumir	+	+	-	con/de	por
contentar	+	+	+/-	con	-
crispar	+	+	+/-	con	+
decepcionar	+	+	+/-	+	+
defraudar	+	+	+/-	-	-
deprimir	+	+	+/-	+	+
desanimar	+	+	+/-	con	+
desarmar	+	+	+/-	-	+
desasosegar	+	+	+/-	+	+
desazonar	+	+	+/-	-	con/por
desconcertar	+	+	+/-	ante/con	+
desconsolar	+	+	+/-	por	+
desencantar	+	+	-	con	+
desengañar	+	+	+/-	de	de
desesperanzar	+	+	+/-	+	+
desesperar	+	+	-	+	+
desganar	+	-	-	-	+
deshacer	+	+	+/-	-	+
deslumbrar	+	+	+/-	-	-
desmoralizar	+	+	+/-	+	-
desorientar	+	+	+/-	-	+
desparramar	+	-	-	-	bajo
despechar	+	+	+/-	+	con
disgustar	+	+	+/-	con/por	+
distraer	+	+	+/-	+	con
divertir	+	+	+/-	con	con
embobar	+	+	+/-	con	+
embriagar	+	+	-	con	de
emocionar	+	+	-	+	+
enardecer	+	+	+/-	-	por
encandilar	+	+	+/-	+	+
encantar	+	+	-	-	con/de

La clase de {PREOCUPAR}

verbo	suj. cosa	suj. hum.	activo	V-se (+ prep.)	part. (+ prep.)
encender	+	+	+/-	de	+
enconar	+	+	+/-	-	-
encrespar	+	+	-	+	+
enfadar	+	+	-	con/por	con
enfurecer	+	+	-	con/de/por	-
enganchar	+	-	-	-	por
enojar	+	+	+/-	con/por	+
enorgullecer	+	+	-	de/por	-
ensombrecer	+	+	-	-	-
entretener	+	+	+/-	con/en	-
entristecer	+	+	-	con/de/por	-
enturbiar	+	+	-		-
entusiasmar	+	+	+/-	con	+
escandalizar	+	+	+/-	con	+
espantar	+	+	+/-	con/de	-
esperanzar	+	+	-	+	+
estimular	+	-	-	+	-
estorbar	+	+	+/-	-	-
estremecer	+	-	-	+	-
exaltar	+	-	-	contra	con
exasperar	+	+	-	+	-
excitar	+	+	+/-	+	ante
extrañar	+	+	-	de	+
fascinar	+	+	+/-	con	por
fastidiar	+	+	+/-	+	con
frustrar	+	+	+/-	+	por
halagar	+	-	-	-	por
helar	+	-	-	-	con
hipnotizar	+	+	-	-	+
horrorizar	+	+	+/-	+	ante
humillar	+	+	+/-	ante	por
ilusionar	+	+	+/-	con	-
impresionar	+	+	+/-	con/por	por
incomodar	+	+	+/-	con	-
indignar	+	+	+/-	con/por	contra

La clase de {PREOCUPAR}

verbo	suj. cosa	suj. hum.	activo	V-se (+ prep.)	part. (+ prep.)
inmutar	+	+	-	por	-
inquietar	+	+	+/-	por	-
inspirar	+	-	-	-	-
interesar	+	+	-	por	en/por
intranquilizar	+	+	+/-	+	-
intrigar	+	+	-	-	+
irritar	+	+	+/-	con	por
joder	+	+	+/-	-	con
maravillar	+	+	+/-	por	de
martirizar	+	+	+/-	+	+
molestar	+	+	+/-	en	+
obsesionar	+	+	-	con/por	con/por
ofender	+	+	+/-	por	+
oprimir	+	-	-	-	-
paralizar	+	-	-	-	+
perturbar	+	+	+/-	+	por
preocupar	+	+	-	de/en/por	con/por
recrear	+	+	+/-	en	-
regocijar	+	+	+/-	+	+
relajar	+	+	+/-	+	+
ruborizar	+	+	-	por	-
satisfacer	+	+	+/-	con/de	con
seducir	+	+	+/-	-	por
serenar	+	+	+/-	+	-
sobresaltar	+	+	-	+	+
solazar	+	+	+/-	con	por
sorprender	+	+	+/-	con/de	de
subyugar	+	-	-	-	-
torturar	+	+	+/-	+	+
tranquilizar	+	+	+/-	+	-
traumatizar	+	+	-	+	por
turbar	+	+	-	por	con

Apéndice C

Abreviaciones

C.1. Gramáticas y diccionarios

- *DCR* = Diccionario de Construcción y Régimen de la Lengua Castellana (Cuervo 1994)
- *DEA* = Diccionario del Español Actual (Seco et al. 1999)
- *Esbozo* = Esbozo de una Nueva Gramática de la Lengua Española (Real Academia Española 1973)
- *GDLE* = Gran Diccionario de la Lengua Española (Sánchez Pérez et al. 1985)
- *Moliner* = Diccionario de Uso del Español (Moliner 1998)
- *Salamanca* = Diccionario Salamanca de la Lengua Española (Gutiérrez Cuadrado et al. 1996)
- *van Dale* = van Dale Handwoordenboek Spaans-Nederlands (Slagter et al. 1993)

C.2. Conceptos

AC	acusativo (rasgo/valor de un rasgo)
A	adjetivo (núcleo)
agente-P	protoagente
ALD	anáfora a larga distancia
AN	anáfora (valor de un rasgo)
ANIM	animado (rasgo)
CASO-P	caso-preposición (rasgo)
CI	correlato de la intencionalidad
CL	clítico (núcleo)
COMP	complemento (rasgo)
DAT	dativo (rasgo)
DEF	definido (rasgo)
Det	determinante (núcleo)
DETERM	determinado (rasgo)
estructura-a	estructura argumental
estructura-c	estructura de constituyentes
estructura-d	estructura discursiva
estructura-f	estructura funcional
estructura-P	estructura profunda

estructura-θ	estructura temática
FD	función discursiva (rasgo)
FEM	femenino (valor de un rasgo)
GLF	Gramática Léxica Funcional
I	inflection (flexión, núcleo)
ILP	individual-level predicate (predicado de nivel individual)
IND	indicativo (valor de un rasgo)
INTERR	interrogativo (valor de un rasgo)
MASC	masculino (valor de un rasgo)
N	nombre (núcleo)
±o	carácter objetivo
O	oración (núcleo)
OBJ	objeto (rasgo)
OBJ_{IND}	objeto indirecto (rasgo)
OBJ_{θ}	objeto temático (o secundario)
OBL_{θ}	objeto oblicuo temático
P	preposición (núcleo)
P-A	protoagente
P-A②	protoagente secundario
paciente-P	protopaciente
PERS	persona (valor de un rasgo)
PL	plural (valor de un rasgo)
P-P	protopaciente
PRED	predicado (rasgo)
PRO	pronombre (valor de un rasgo)
PRON	pronominal (valor de un rasgo)
pro_{arb}	*pro* arbitrario
±r	carácter restringido
red-θ	red temática
SA	sintagma adjetival (núcleo)
SAdv	sintagma adverbial (núcleo)
SG	singular (valor de un rasgo)
SI	sujeto intencional
SLP	stage-level predicate (predicado de nivel de estadio)
SN	sintagma nominal (núcleo)
SP	sintagma preposicional (núcleo)
SV	sintagma verbal (núcleo)
SUJ	sujeto (rasgo)
TCL	Teoría de la Correspondencia Léxica
TIPOR	tipo de oración (rasgo)

T/SM restriction	Target/Subject Matter restriction
V	verbo (núcleo)
XCOMP	función predicativa abierta

Apéndice D

Bibliografía

D.1. Corpus

[Las entradas bibliográficas son seguidas de sus respectivas abreviaciones.]

Bioy Casares, Adolfo (1988a). Planes para una fuga al Carmelo. In Bioy Casares (1988d), páginas 9–18. (BC1).

Bioy Casares, Adolfo (1988b). Mascaras venecianas. In Bioy Casares (1988d), páginas 19–40. (BC2).

Bioy Casares, Adolfo (1988c). El relojero de Fausto. In Bioy Casares (1988d), páginas 55–75. (BC3).

Bioy Casares, Adolfo (1988d). *Historias desaforadas*. Alianza, Madrid. [1986].

Bryce Echenique, Alfredo (1981a). Dos indios. In Bryce Echenique (1981e), páginas 7–19. (BE1).

Bryce Echenique, Alfredo (1981b). El camino es así (Con las piernas, pero también con la imaginación). In Bryce Echenique (1981e), páginas 32–44. (BE2).

Bryce Echenique, Alfredo (1981c). Su mejor negocio. In Bryce Echenique (1981e), páginas 45–50. (BE3).

Bryce Echenique, Alfredo (1981d). Baby Schiaffino. In Bryce Echenique (1981e), páginas 188–222. (BE4).

Bryce Echenique, Alfredo (1981e). *Cuentos completos*. Alianza, Madrid.

Marcos Marín, Francisco A. et al. (1992). *Corpus Oral de Referencia de la Lengua Española Contemporánea*. World Wibe Web, `ftp://lola.lllf.uam.es`. (COR).

Martín Gaite, Carmen (1974). *Ritmo lento*. Destino, Barcelona. [1963] (RL).

Martín Gaite, Carmen (1994). *El cuarto de atrás*. Destinolibro, Barcelona. [1978] (CA).

Montero, Rosa (1985). *Te trataré como a una reina*. Seix Barral, Barcelona. [1983] (TCR).

Montero, Rosa (1997). *La hija del caníbal*. Espasa Calpe, Madrid. (HC).

Oviedo, José Miguel (1992). *Antología Crítica del Cuento Hispanoamericano del Siglo XX (1920-1980). 1. Fundadores e innovadores*. Alianza, Madrid. (AC1).

Palacio, Pablo (1992). Un hombre muerto a puntapiés. In Oviedo (1992), páginas 239–249. (AC1-HM).

Real Academia Española (s.d.). *Corpus de Referencia del Español Actual.* World Wide Web, `htp://www.rae.es/`. (CREA).

Torrente Ballester, Gonzalo (1988). *Filomeno, a mi pesar. Memorias de un señorito descolocado.* Planeta, Barcelona. (FIL).

Vázquez Montalbán, Manuel (1996). *El premio.* Planeta, Barcelona. (PR).

D.2. Referencias

Abeillé, Anne (1993). *Les nouvelles syntaxes. Grammaires d'unification et analyse du français.* Armand Colin, Paris.

Abraham, Werner, editor (1978). *Valence, semantic case, and grammatical relations.* John Benjamins, Amsterdam / Philadelphia.

Ackerman, Farrell (1992). On the domain of lexical rules: Hungarian causatives and wordhood. In Kenesei & Pléh (1992), páginas 9–35.

Ackerman, Farrell & Moore, John (1999). 'Telic entity' as a proto-property of lexical predicates. In Butt & Holloway King (1999). Documento internet consultado el 28/9/2001.

Ackerman, Farrell & Moore, John (2001). *Proto-properties and Argument Encoding: a Correspondence Theory of Argument Selection.* CSLI Publications, Stanford, California.

Alcina Franch, Juan & Blecua, José Manuel (1982). *Gramática española.* Ariel, Barcelona. [1975].

Alonso, Martín (1968). *Gramática del español contemporáneo.* Guadarrama, Madrid.

Alsina, Alex (1996). *The role of argument structure in grammar. Evidence from Romance.* CSLI Publications, Stanford, California.

Ashby, William J. et al., editores (1993). *Linguistic Perspectives on the Romance Languages.* John Benjamins, Amsterdam / Philadelphia.

Bach, Emmon W. & Harms, Robert T., editores (1968). *Universals in Linguistic Theory.* Holt, Rinehart & Winston, New York.

Baker, Mark (1988). *Incorporation: A theory of grammatical function changing*. The University of Chicago Press, Chicago.

Belletti, Adriana & Rizzi, Luigi (1987). Los verbos psicológicos y la teoría temática. In Demonte & Fernández Lagunilla (1987), páginas 60–122.

Bello, Andrés & Cuervo, Rufino José (1958). *Gramática de la Lengua Castellana*. Editorial Sopena Argentina, Buenos Aires. Edición de Niceto Alcalá-Zamora y Torres.

Benincà, P. (1986). Il lato sinistro della frase italiana. *Association of Teachers of Italian Journal*, 47:57–85.

Bertinetto, P. M. et al., editores (1995). *Temporal Reference, Aspect and Actionality (vol. 2)*. Rosenberg & Sellier, Turín.

Blansitt, Edward Jr. (1978). Stimulus as a semantic role. In Abraham (1978), páginas 311–325.

Bogard, Sergio (1995). El argumento no experimentante de los verbos psicológicos: ¿Un papel temático o dos? *Nueva Revista de Filología Hispánica*, 43(2):441–454.

Bordelois, Ivonne et al., editores (1986). *Generative Studies in Spanish Syntax*. Foris, Dordrecht.

Bosque, Ignacio (1991). *Las categorías gramaticales. Relaciones y diferencias*. Síntesis, Madrid. [1990].

Bosque, Ignacio & Demonte, Violeta, editores (1999). *Gramática Descriptiva de la Lengua Española*. Espasa Calpe, Madrid.

Bossong, Georg (1998). Le marquage de l'expérient dans les langues d'europe. In Feuillet (1998), páginas 259–294.

Bouchard, Denis (1992). Psych constructions and linking to conceptual structures. In Hirschbühler & Koerner (1992), páginas 25–44.

Bouchard, Denis (1995a). Les verbes psychologiques. *Langue Française (Vineuil)*, 105:6–16.

Bouchard, Denis (1995b). *The semantics of syntax*. Univ. of Chicago Press, Chicago.

Brekke, Magnar (1976). *Studies in the grammar of psychological predicates*. Tesis doctoral, univ. of Michigan.

Brekke, Magnar (1988). The experiencer constraint. *Linguistic Inquiry*, 19:169–180.

Bresnan, Joan, editor (1982a). *The Mental Representation of Grammatical Relations*. MIT Press, Cambridge.

Bresnan, Joan (1982b). The passive in lexical theory. In Bresnan (1982a), páginas 3–86.

Bresnan, Joan (2001). *Lexical-Functional Syntax*. Blackwell, Malden-Oxford.

Bresnan, Joan & Kanerva, Jonni (1989). Locative inversion in Chicheŵa: A case study of factorization in grammar. *Linguistic Inquiry*, 20(1):1–50.

Burzio, Luigi (1986). *Italian Syntax. A Government and Binding Approach*. Reidel, Dordrecht.

Butt, John & Benjamin, Carmen (1993). *A New Reference Grammar of Modern Spanish*. Arnold, London. [1988].

Butt, Miriam et al. (1999). *A Grammar Writer's Cookbook*. CSLI Publications, Stanford, California.

Butt, Miriam & Holloway King, Tracy, editores (1999). *Proceedings of the LFG99 Conference, university of Manchester*, `http://csli-publications.stanford.edu/LFG/4/lfg99.html`. World Wide Web.

Butt, Miriam & Holloway King, Tracy, editores (2000a). *Argument Realization*. CSLI Publications, Stanford, California.

Butt, Miriam & Holloway King, Tracy (2000b). Introduction. In Butt & Holloway King (2000a), páginas 1–14.

Butt, Miriam & Holloway King, Tracy, editores (2001). *Proceedings of the LFG01 Conference*, `http://csli-publications.stanford.edu/LFG/6/lfg01.html`. World Wide Web.

Butt, Miriam & Holloway King, Tracy, editores (2002). *Proceedings of the LFG02 Conference*, `http://csli-publications.stanford.edu/LFG/7/lfg02.html`. World Wide Web.

Canani, Michèle Fourment-Berni (1989). Aspects syntaxiques de la métaphore: verbes physiques – verbes psychologiques. *Studi Italiani di Linguistica Teorica ed Applicata*, 18(1-2):197–202.

Cançado, Márcia (1997). Os psico-verbos do português brasileiro e a análise inacusativa de Belletti & Rizzi: Indícios para uma proposta semântica. *D.E.L.T.A. (São Paulo)*, 13:119–139.

Cançado, Márcia & Franchi, Carlos (1999). Exceptional binding with psych verbs. *Linguistic Inquiry*, 30(1).

Cano Aguilar, Rafael (1981). *Estructuras sintácticas transitivas en el español actual.* Gredos, Madrid.

Carlson, Gregory (1977). *Reference to kinds in English.* Tesis doctoral, univ. of Massachusetts.

Carlson, Gregory & Pelletier, Francis Jeffrey, editores (1995). *The Generic Book.* Un. of Chicago Press, Chicago.

Chierchia, Gennaro (1995). Individual-level predicates as inherent generics. In Carlson & Pelletier (1995), páginas 176–223.

Chomsky, Noam (1965). *Aspects of the Theory of Syntax.* MIT Press, Cambridge.

Chomsky, Noam (1981). *Lectures on Government and Binding.* Foris Publications, Dordrecht/Cinnaminson.

Chun, Soon Ae & Zubin, David A. (1990). Experiential vs. agentive constructions in Korean narrative. In Hall et al. (1990), páginas 81–93.

Comrie, Bernard (1976). *Aspect: An Introduction to the Study of Verbal Aspect and Related Problems.* Cambridge University Press, Cambridge.

Cooper, Robin et al., editores (1990). *Situation Theory and its Applications.* CSLI Publications, Stanford, California.

Coppieters, René (1993). La théorie conceptuelle de l'individu et son rôle dans l'analyse sémantique. *Recherches Linguistiques de Vincennes*, 22:7–30.

Coste, J. & Redondo, A. (1965). *Syntaxe de l'Espagnol Moderne.* Société d'Edition d'Enseignement Supérieur, Paris.

Cresti, Diana (1990). A unified view of psych-verbs in Italian. In Dziwirek et al. (1990).

Croft, William A. (1986). Surface subject choice of mental verbs. Conferencia impartida en la reunión anual de la Linguistics Society of America, Nueva York.

Cuervo, Rufino José (1994). *Diccionario de Construcción y Régimen de la Lengua Castellana*. Instituto Caro y Cuervo, Santafé de Bogotá. Continuado y editado por el Instituto Caro y Cuervo. 8 volúmenes.

Dahmen, Wolfgang et al., editores (1998). *Neuere Beschreibungsmethoden der Syntax romanischer Sprachen. Romanistisches Kolloquium XI*. Gunter Narr, Tübingen.

Dalrymple, Mary, editor (1999). *Semantics and Syntax in Lexical Functional Grammar. The Resource Logic Approach*. MIT Press, Cambridge.

Dalrymple, Mary et al. (1999). Overview and introduction. In Dalrymple (1999), páginas 1–37.

De Bruyne, Jacques (1989). *Spaanse Spraakkunst*. De Sikkel, Malle. [1979].

De Kock, Josse et al., editores (1996). *Lingüística contrastiva*. Número 4 de Gramática española: Enseñanza e investigación. I. Apuntes metodológicos. Ediciones Universidad de Salamanca, Salamanca.

Delbecque, Nicole & De Paepe, Christian, editores (1998). *Estudios en honor del profesor Josse De Kock*. Leuven University Press, Leuven.

Delbecque, Nicole & Lamiroy, Béatrice (1992). The Spanish 'dative': a problem of delimitation. *Leuvense Bijdragen*, 81:113–161.

DeMello, George (1996). [Pronombre 'sí'] vs. [Pronombre no-reflexivo]: 'Juan lo compró *para sí*' vs. 'Juan lo compró *para él* mismo'. *Bulletin of Hispanic Studies (Liverpool)*, LXXIII(3):297–310.

Demonte, Violeta (1989). *Teoría Sintáctica: De Las Estructuras a La Rección*. Editorial Síntesis, Madrid.

Demonte, Violeta & Fernández Lagunilla, Marina, editores (1987). *Sintaxis de las lenguas románicas*. El Arquero, Madrid.

Di Desidero, Linda (1992). On the stativity of the FEAR verbs of psychological state. *Northwestern Univ. Working Papers in Linguistics (Evanston)*, 4:31–40.

Di Desidero, Linda (1993). Psych verbs: Agency and the nature of complex events. *Northwestern Univ. Working Papers in Linguistics (Evanston)*, 5:11–22.

Dowty, David (1979). *Word Meaning and Montague Grammar: The Semantics of Verbs and Times in Generative Semantics and in Montague's PTQ*. Reidel, Dordrecht.

Dowty, David (1987). Thematic proto-roles, subject selection, and lexical semantic defaults. Manuscrito, Ohio State University.

Dowty, David (1991). Thematic proto-roles and argument selection. *Language*, 67:547–619.

Droste, Flip G. & Joseph, John, editores (1991). *Linguistic Theory and Grammatical Description: Nine Current Approaches*. John Benjamins, Amsterdam / Philadelphia.

Dziwirek, Katarzyna et al., editores (1990). *Grammatical Relations: A Cross-Theoretical Perspective*. CSLI Publications, Stanford, California.

Engdahl, Elisabet (1990). Argument roles and anaphora. In Cooper et al. (1990), páginas 379–393.

Falk, Yehuda (2001). *Lexical-Functional Grammar. An Introduction to Parallel Constraint-Based Syntax*. World Wide Web, `http://pluto.mscc.huji.ac.il/~msyfalk/Textbook.html`. Documento internet consultado el 14/5/2001.

Felser, Claudia (1999). *Verbal Complement Clauses. A Minimalist Study of Direct Perception Constructions*. John Benjamins, Amsterdam / Philadelphia.

Fernández-Ordóñez, Inés (1999). Leísmo, laísmo y loísmo. In Bosque & Demonte (1999), páginas 1317–1393.

Fernández Pérez, Milagros (1990). Consideración del aspecto en español a partir de sus implicaciones sintácticas. In Wotjak & Veiga (1990), páginas 127–131.

Fernández Soriano, Olga (1999). El pronombre personal. Formas y distribuciones. Pronombres átonos y tónicos. In Bosque & Demonte (1999), páginas 1209–1273.

Feuillet, Jack, editor (1998). *Actance et Valence dans les Langues de l'Europe*. Mouton de Gruyter, Berlin.

Fillmore, Charles (1968). The case for case. In Bach & Harms (1968).

Franckel, Jean-Jacques & Lebaud, Daniel (1990). *Les figures du sujet: A propos des verbes de perception, sentiment, connaissance*. Ophrys, Paris.

García, Erica C. (1975). *The Role of Theory in Linguistic Analysis: The Spanish Pronoun System*. North Holland, Amsterdam.

Geis, Jonnie E. (1973). Subject complementation with causative verbs. In Kachru et al. (1973).

Georgopoulos, Carol (1991). On psych predicates. In Georgopoulos & Ishihara (1991), páginas 217–238.

Georgopoulos, Carol & Ishihara, Roberta, editores (1991). *Interdisciplinary Approaches to Language: Essays in Honor of S.-Y. Kuroda*. Kluwer, Dordrecht.

Giorgi, Alessandra (1984). Toward a theory of long distance anaphors. *The Linguistic Review*, 4:307–362.

Givón, Talmy (1984). *Syntax. A Functional-Typological Introduction. Volume I.* John Benjamins, Amsterdam / Philadelphia.

Glasbey, Sheila (2001). Tense, aspect and the temporal structure of discourse: Towards an LFG account. In Butt & Holloway King (2001). Documento internet consultado el 15/12/2001.

González, Luis (1997). *Transitivity and Structural Case Marking in Psych Verbs. A Fragment of an HPSG Grammar of Spanish.* Tesis doctoral, univ. of California.

González, Nora (1988). *Object and raising in Spanish.* Garland, New York.

Grimshaw, Jane (1994). *Argument Structure.* MIT Press, Cambridge. [1990].

Gruber, Jeffrey S. (1970). *Studies in Lexical Relations.* Tesis doctoral, MIT.

Guillet, Alain & La Fauci, Nunzio, editores (1984). *Lexique-grammaire des langues romanes.* John Benjamins, Amsterdam / Philadelphia. Actes du Premier Colloque Européen sur la Grammaire et le Lexique Comparés des Langues Romanes, Palerme, 1981.

Gutiérrez Cuadrado, Juan et al. (1996). *Diccionario Salamanca de la Lengua Española.* Santillana - Universidad de Salamanca, Madrid - Salamanca.

Haegeman, Liliane (1995). *Introduction to government and binding theory.* Blackwell, Oxford. [1991].

Hall, Kira et al., editores (1990). *Proceedings of the 16th annual meeting of the Berkeley Linguistics Society.*

Harris, Alice C. (1984a). Case marking, verb agreement, and inversion in Udi. In Perlmutter & Rosen (1984).

Harris, Alice C. (1984b). Inversion as a rule of universal grammar: Georgian evidence. In Perlmutter & Rosen (1984).

Härtl, Holden (1999). *fürchten* vs. *ängstigen*: Thematische Rollen und Ereignisstrukturen psychischer Verben in einem Modell der Sprachproduktion. In Wachsmuth & Jung (1999). Documento internet consultado el 28/9/2001.

Herschensohn, Julia (1992). Case marking and French psych-verbs. *Linguisticae Investigationes*, 16(1):21–40.

Herschensohn, Julia (1993). A postfunctionalist perspective on French psych unaccusatives. In Ashby et al. (1993).

Herschensohn, Julia (1999). What does zero syntax add to an analysis of French psych verbs. In Treviño & Lema (1999), páginas 105–119.

Hirschbühler, Paul & Koerner, Konrad, editores (1992). *Romance Languages and Modern Linguistic Theory*. John Benjamins, Amsterdam / Philadelphia.

Holtus, Günter et al., editores (2001). *Lexikon der Romanistischen Linguistik. Volume I, 1. Geschichte des Faches Romanistik. Methodologie (Das Sprachsystem)*. Max Niemeyer Verlag, Tübingen.

Hopper, Paul J. & Thompson, Sandra A. (1980). Transitivity in grammar and discourse. *Language*, 56(2):251–299.

Iwata, Seizi (1993). Three types of passives for psych-verbs. *English Linguistics*, 10:160–183.

Iwata, Seizi (1995). The distinctive character of psych-verbs as causatives. *Linguistic Analysis*, 25:95–120.

Jackendoff, Ray (1990). *Semantic Structures*. MIT Press, Cambridge.

Jong, Jelly Julia de (1996). *The Case of Bound Pronouns in Peripheral Romance*. Groningen Dissertations in Linguistics, Groningen.

Kachru, Braj B. et al., editores (1973). *Papers in Honor of Henry and Renee Kahane*. University of Illinois Press, Urbana, Illinois.

Kailuweit, Rolf (s.d.). Psych-verb linking in Romance — a Role-and-Reference-Grammar approach. Manuscrito.

Kaplan, Ronald M. & Bresnan, Joan (1982). Lexical-functional grammar: a formal system for grammatical representation. In Bresnan (1982a), páginas 29–130.

Kelling, Carmen (2002). Argument realization: French psych verb nominalizations. Notas de un póster presentado en la International Lexical Functional Grammar Conference, National Technical University of Athens, 3-5/07/2002.

Kenesei, István & Pléh, Csaba, editores (1992). *Approaches to Hungarian. Vol. 4: The Structure of Hungarian*. JATE, Szeged.

Kim, Young-joo & Larson, Richard (1989). Scope interpretation and the syntax of psych-verbs. *Linguistic Inquiry*, 20:681–688.

Koster, Jan & Reuland, Eric, editores (1991). *Long-distance anaphora*. Cambridge University Press, Cambridge.

Lakoff, George (1970). *Irregularity in Syntax*. Holt, Rinehart & Winston, New York.

Lazard, Gilbert (1994). *L'actance*. Presses Universitaires de France, Paris.

Legendre, Géraldine (1989). Inversion with certain French experiencer verbs. *Language*, 65:752–782.

López García, Ángel (1996). *Gramática del español. II. La oración simple*. Arco/Libros, Madrid.

Loughraieb, Mounira (1997). Quels rôles thématiques pour les prédicats psychologiques? *Verbum (Nancy)*, 4:479–492.

Manney, Linda (1990). Mental experience verbs in modern Greek: A cognitive explanation for active versus middle voice. In Hall et al. (1990).

Marín Gálvez, Rafael (2000). *El componente aspectual de la predicación*. Tesis doctoral, Universitat Autònoma de Barcelona.

Mathieu, Yvette Yannick (1995). Verbes psychologiques et interprétation sémantique. *Langue Française, Vineuil*, 105:98–106.

Mathieu, Yvette Yannick (1996). Une base de connaissances lexicale et sémantique des verbes psychologiques; Lexique, syntaxe et analyse automatique des textes. *LINX*, 34–35:307–313.

Matthews, Peter H. (1997). *The Concise Oxford Dictionary of Linguistics*. Oxford University Press, Oxford.

McCawley, Noriko A. (1972). *A Study of Japanese Reflexivisation*. Tesis doctoral, univ. of Illinois.

McCawley, Noriko A. (1976). On experiencer causatives. In Shibatani (1976).

McGinnis, Martha (2000). *Semantic and Morphological Restrictions in Experiencer Predicates.* World Wide Web, `http://www.ucalgary.ca/~mcginnis/papers/CLA00.pdf`. Documento internet consultado el 28/9/2001.

Melis, Chantal (1999). Variación sintáctica con los verbos de emoción. *Español Actual (Revista de español vivo), Madrid*, 71:49–62.

Mendes, Amália (1999). Analyse aspectuelle et structure lexico-conceptuelle des verbes psychologiques. *Verbum, Nancy*, XXI(1):25–36.

Mendikoetxea, Amaya (1999a). Construcciones con *se*: medias, pasivas e impersonales. In Bosque & Demonte (1999), páginas 1631–1722.

Mendikoetxea, Amaya (1999b). Construcciones inacusativas y pasivas. In Bosque & Demonte (1999), páginas 1575–1629.

Miguel, Elena de (1992). *El aspecto en la sintaxis del español: Perfectividad e impersonalidad.* Ediciones de la Universidad Autónoma de Madrid, Madrid.

Miguel, Elena de (1999). El aspecto léxico. In Bosque & Demonte (1999), páginas 2977–3060.

Mittwoch, Anita (1990). In defence of Vendler's achievements. In Vetters & Vandeweghe (1990), páginas 71–85.

Moliner, María (1998). *Diccionario de uso del español.* Gredos, Madrid. [1967].

Mourelatos, Alexander P. D. (1981). Events, processes and states. In Tedeschi & Zaenen (1981), páginas 191–212.

Müller, Gereon & Sternefeld, Wolfgang, editores (2001). *Competition in Syntax.* Mouton de Gruyter, Berlin/New York.

Oliveira, Maria Elisa de Macedo (1984). *Syntaxe des Verbes Psychologiques du Portugais.* Instituto Nacional de Investigação Científica, Centro de Linguística da Universidade de Lisboa.

Otero, Carlos Peregrín (1999). Pronombre reflexivos y recíprocos. In Bosque & Demonte (1999), páginas 1427–1517.

Perlmutter, David M. (1984). Working 1s and inversion in Italian, Japanese and Quechua. In Perlmutter & Rosen (1984).

Perlmutter, David M. & Postal, Paul M. (1984). The 1-advancement exclusiveness law. In Perlmutter & Rosen (1984).

Perlmutter, David M. & Rosen, Carol G., editores (1984). *Studies in Relational Grammar 2*. Univ. of Chicago Press, Chicago.

Pesetsky, David (1987). Binding problems with experiencer verbs. *Linguistic Inquiry*, 18:126–140.

Pesetsky, David (1995). *Zero syntax: Experiencers and cascades*. MIT Press, Cambridge.

Pinker, Steven (1989). *Learnability and Cognition*. MIT Press, Cambridge.

Pollard, Carl & Sag, Ivan A. (1994). *Head-driven Phrase Structure Grammar*. The University of Chicago Press, Chicago.

Postal, Paul M. (1971). *Cross-Over Phenomena*. Holt, Rinehart & Winston, New York.

Pustejovsky, James (1988). Event semantic structure. Manuscrito, Brandeis University.

Pustejovsky, James, editor (1993). *Semantics and the Lexicon*. Kluwer, Dordrecht.

Pustejovsky, James (1995). *The Generative Lexicon*. MIT Press, Cambridge.

Pustejovsky, James & Busa, Federica (1995). Unaccusativity and event composition. In Bertinetto et al. (1995), páginas 159–177.

Real Academia Española (1973). *Esbozo de una nueva gramática de la lengua española*. Espasa Calpe, Madrid.

Renzi, Lorenzo et al. (1991). *Grande grammatica italiana di consultazione. I. La frase. I sintagmi nominale e preposizionale*. Il Mulino, Bologna. [1988].

Reuland, Eric & Koster, Jan (1991). Long-distance anaphora: an overview. In Koster & Reuland (1991), páginas 1–25.

Rifón, Antonio (1997). Sobre la oposición verbal 'dinamicidad' / 'estatividad' en español. *Romanistik in Geschichte und Gegenwart (Hamburg)*, 3(2):241–254.

Rivero, María-Luisa (1986). Binding in NPs. In Bordelois et al. (1986), páginas 165–181.

Roegiest, Eugeen (1979). A propos de l'accusatif prépositionnel dans quelques langues romanes. *Vox Romanica*, 38:37–54.

Roegiest, Eugeen (1996a). Accusatif, ergatif et datif en espagnol moderne. *Romanistik in Geschichte und Gegenwart (Hamburg)*, 2(1):79–90.

Roegiest, Eugeen (1996b). El régimen directo preposicional del rumano y del portugués en contraste con el español. In De Kock et al. (1996), páginas 63–96.

Roegiest, Eugeen (1998a). Le enamoro porque lo maltrato: Cognition, grammaire relationnelle et interface entre sémantique et syntaxe en espagnol. In Dahmen et al. (1998), páginas 41–54.

Roegiest, Eugeen (1998b). Variación del objeto directo español y dinamicidad verbal. In Delbecque & De Paepe (1998), páginas 469–488.

Roegiest, Eugeen (1999). Objet direct prépositionnel ou objet indirect en espagnol. *Verbum*, XXI(1):67–80.

Roegiest, Eugeen (2001a). La grammaire relationnelle. In Holtus et al. (2001), páginas 393–407.

Roegiest, Eugeen (2001b). Variación pronominal en español: el pronombre dativo entre sintaxis y semántica. Manuscrito, Universidad de Gante.

Ruwet, Nicolas (1972). *Théorie Syntaxique et Syntaxe du Français*. Editions du Seuil, Paris.

Ruwet, Nicolas (1993). Les verbes dits psychologiques: trois théories et quelques questions. *Recherches Linguistiques de Vincennes*, 22:95–124.

Ruwet, Nicolas (1994). Etre ou ne pas être un verbe de sentiment. *Langue Française, Vineuil*, 103:45–55.

Ruwet, Nicolas (1995). Les verbes de sentiment: peuvent-ils être agentifs? *Langue Française, Vineuil*, 105:28–39.

Saltarelli, Mario (1992). The subject of psych-verbs and case theory. In Hirschbühler & Koerner (1992).

Sánchez Pérez, Aquilino et al. (1985). *Gran Diccionario de la Lengua Española*. Sociedad General Española de Librería, Madrid.

Schlesinger, I. M. (1992). The experiencer as an agent. *Journal of Memory and Language*, 31:315–332.

Seco, Manuel et al. (1999). *Diccionario del Español Actual*. Santillana, Madrid. 2 volúmenes.

Shibatani, Mahayoshi, editor (1976). *The grammar of causative constructions*. Academic Press, New York.

Slagter, Peter Jan et al. (1993). *Van Dale Handwoordenboek Spaans-Nederlands*. Van Dale Lexicografie, Utrecht/Antwerpen.

Stroik, Thomas (1996). *Minimalism, Scope, and VP Structure*. SAGE Publications, Thousand Oaks, London & New Delhi.

Subirats-Rüggeberg, Carlos (1984). Les verbes psychologiques à complétive sujet en espagnol. In Guillet & La Fauci (1984), páginas 287–309.

Subirats-Rüggeberg, Carlos (1987). *Sentential complementation in Spanish. A lexico-grammatical study of three classes of verbs*. Número 14 de Linguisticae investigationes. Supplementa. John Benjamins, Amsterdam / Philadelphia.

Suñer, Avel.lina (1990). Características sintácticas y semánticas de los verbos afines a lamentar. In Wotjak & Veiga (1990), páginas 221–229.

Tedeschi, Philip J. & Zaenen, A., editores (1981). *Tense and aspect*. Número 14 de Syntax and Semantics. Academic Press, New York.

Tenny, Carol (1994). *Aspectual Roles and the Syntax-Semantics Interface*. Kluwer, Dordrecht.

Tenny, Carol (1998). Psych verbs and verbal passives in Pittsburghese. *Linguistics*, 36(3):591–597.

Torrego, Esther (1995). From argumental to non-argumental pronouns: Spanish doubled reflexives. *Probus*, 7:221–241.

Treviño, Esthela & Lema, José, editores (1999). *Semantic Issues in Romance Syntax*. John Benjamins, Amsterdam / Philadelphia.

van de Velde, Danièle (1995). Les verbes dits «psychologiques» revus à la lumière des noms correspondants. *Revue de Linguistique Romane*, 59:67–98.

Van Valin, Robert D., editor (1993a). *Advances in Role and Reference Grammar*. John Benjamins, Amsterdam / Philadelphia.

Van Valin, Robert D. (1993b). A synopsis of Role and Reference Grammar. In Van Valin (1993a), páginas 1–164.

Van Valin, Robert D. & Lapolla, Randy J. (1997). *Syntax. Structure, meaning and function*. Cambridge University Press, Cambridge.

van Voorst, Jan (1992). The aspectual semantics of psychological verbs. *Linguistics and Philosophy*, 15:65–92.

van Voorst, Jan (1995). Le contrôle de l'espace psychologique. *Langue Française, Vineuil*, 105:17–27.

Vanhoe, Henk (2002a). *Aspectos de la sintaxis de los verbos psicológicos en español. Un análisis léxico funcional*. Tesis doctoral, Universiteit Gent.

Vanhoe, Henk (2002b). Aspects of the syntax of psychological verbs in spanish. A lexical functional analysis. In Butt & Holloway King (2002).

Vanhoe, Henk (2002c). La mano apasionada de... Una construcción de emoción exteriorizada. *Romanistik in Geschichte und Gegenwart (Hamburg)*. En prensa.

Vázquez Rozas, Victoria (1990). Una aproximación al análisis de las cláusulas sujeto-predicado-complemento indirecto. In Wotjak & Veiga (1990), páginas 231–236.

Vázquez Rozas, Victoria (1995). *El Complemento Indirecto en Español*. Servicio de Publicacións e Intercambio Científico, Santiago de Compostela.

Vendler, Zeno (1967). *Linguistics in Philosophy*. Cornell UP, Ithaca.

Verkuyl, Henk J. (1989). Aspectual classes and aspectual composition. *Linguistics and Philosophy*, 12:39–94.

Verkuyl, Henk J. (1993). *A theory of aspectuality*. Cambridge University Press, Cambridge.

Vetters, Carl & Vandeweghe, Willy, editores (1990). *Perspectives on Aspect and Aktionsart*. Número 6 de Belgian Journal of Linguistics. Ed. de l'Université de Bruxelles, Bruxelles.

Vogel, Carl & Villada, Begoña (1999). *An HPSG Analysis of Grammatical Relations, Syntactic Valency and Semantic Argument Structure in Spanish Psychological Predicates and other Instances of Quirky Case and Agreement*. World Wide Web, `http://citeseer.nj.nec.com/cs/`. Documento internet consultado el 11/6/2001.

Wachsmuth, I. & Jung, B., editores (1999). *KogWis99: Proceedings der 4. Fachtagung der Gesellschaft für Kognitionswissenschaft, Bielefeld, 28/9-1/10/1999*, `http://archiv.ub.uni-bielefeld.de/vortrag/KogWis99.html`. World Wide Web.

Wanner, Anja (2001). The optimal linking of arguments: The case of English psych verbs. In Müller & Sternefeld (2001), páginas 377–399.

Wechsler, Stephen (1995). *The Semantic Basis of Argument Structure*. CSLI Publications, Stanford, California.

Wescoat, Michael T. (1989). *Practical Instructions for Working with the Formalism of Lexical Functional Grammar*. World Wide Web, `http://www-lfg.stanford.edu/lfg/lfg-introductions/pracinstrucsforlfg.ps`. Documento internet consultado el 1/10/1999.

Wescoat, Michael T. & Zaenen, Annie (1991). Lexical functional grammar. In Droste & Joseph (1991), páginas 103–136.

Whitley, Stanley (1995). Gustar and other psych verbs: A problem in transitivity. *Hispania*, 78(3):573–585.

Wotjak, Gerd & Veiga, Alexandre, editores (1990). *La descripción del verbo español*. Universidade de Santiago de Compostela, Santiago de Compostela.

Zaenen, Annie (1993). Unaccusativity in dutch: integrating syntax and lexical semantics. In Pustejovsky (1993), páginas 129–161.

Zribi-Hertz, Anne (1989). Anaphor binding and narrative point of view: English reflexive pronouns in sentence and discourse. *Language*, 65:695–727.

Zribi-Hertz, Anne (1996). *L'anaphore et les pronoms. Une introduction à la syntaxe générative*. Presses universitaires du Septentrion, Villeneuve-d'Ascq.

Índice de autores

Índice de conceptos

Índice de verbos

Studien zur romanischen Sprachwissenschaft und interkulturellen Kommunikation

Herausgegeben von Gerd Wotjak

Band 1 Gerd Wotjak (ed.): Teoría del campo y semántica léxica. Théorie des champs et sémantique lexicale. 1998.

Band 2 Eva Martha Eckkrammer / Hildegund Maria Eder: (Cyber)Diskurs zwischen Konvention und Revolution. Eine multilinguale textlinguistische Analyse von Gebrauchstextsorten im realen und virtuellen Raum. 2000.

Band 3 Monika Gräfe: Untersuchungen zur Konstituentenabfolge spanischer Adverbiale auf Satz- und Textebene mit EDV-gestützter quantitativer Analyse. 2000.

Band 4 Juan Pablo Larreta Zulategui: Fraseología contrastiva del alemán y el español. Teoría y práctica a partir de un corpus bilingüe de somatismos. 2001.

Band 5 Catalina Jiménez Hurtado: Léxico y Pragmática. 2001.

Band 6 Félix Jiménez Ramírez: El español en la Suiza alemana. Estudio de las características lingüísticas e identitarias del español de la segunda generación en una situación de contacto de lenguas. 2001.

Band 7 Gerd Wotjak (Hrsg.): Studien zum romanisch-deutschen und innerromanischen Sprachvergleich. Akten der IV. Internationalen Tagung zum romanisch-deutschen und innerromanischen Sprachvergleich (Leipzig, 7.10.-9.10.1999). 2001.

Band 8 Romanische Sprachen in Amerika. Festschrift für Hans-Dieter Paufler zum 65. Geburtstag. Herausgegeben von Kerstin Störl und Johannes Klare. 2002.

Band 9 José-Antonio Calañas Continente: El dominio léxico *Existencia* en alemán. Diccionario lexemático-funcional alemán-español del lexicón verbal básico. 2002.

Band 10 Gabriele Blaikner-Hohenwart (Hrsg.): Portugiesisch, Papiamentu et al. Salzburger Beiträge zu Prozessen und Produkten der Translation in der Romania. 2003.

Band 11 Juan Cuartero Otal: Cosas que se hacen. Esquemas sintáctico-semánticos agentivos del español. 2003.

Band 12 Michael Schreiber: Vergleichende Studien zur romanischen und deutschen Grammatikographie. 2004.

Band 13 Carmen Mellado Blanco: Fraseologismos somáticos del alemán. Un estudio léxico-semántico. 2004.

Band 14 Henk Vanhoe: Aspectos de la sintaxis de los verbos psicológicos en español. Un análisis léxico funcional. 2004.

www.peterlang.de